Gesprächspsychotherapie

Grundlagen und spezifische Anwendungen

Jobst Finke

4., unveränderte Auflage

4 Abbildungen

Georg Thieme Verlag
Stuttgart · New York

*Bibliografische Information
der Deutschen Nationalbank*

Die Deutsche Nationalbibliothek verzeichnet diese Publikation in der Deutschen Nationalbibliografie; detaillierte bibliografische Daten sind im Internet über http://dnb.d-nb.de abrufbar.

Anschrift des Verfassers:

Dr. med. Jobst Finke
Hagelkreuz 16
45134 Essen

1. Auflage 1994
2. Auflage 2003
3. Auflage 2004

Wichtiger Hinweis: Wie jede Wissenschaft ist die Medizin ständigen Entwicklungen unterworfen. Forschung und klinische Erfahrung erweitern unsere Erkenntnisse, insbesondere was Behandlung und medikamentöse Therapie anbelangt. Soweit in diesem Werk eine Dosierung oder eine Applikation erwähnt wird, darf der Leser zwar darauf vertrauen, dass Autoren, Herausgeber und Verlag große Sorgfalt darauf verwandt haben, dass diese Angabe **dem Wissensstand bei Fertigstellung des Werkes** entspricht.

Für Angaben über Dosierungsanweisungen und Applikationsformen kann vom Verlag jedoch keine Gewähr übernommen werden. **Jeder Benutzer ist angehalten,** durch sorgfältige Prüfung der Beipackzettel der verwendeten Präparate und gegebenenfalls nach Konsultation eines Spezialisten festzustellen, ob die dort gegebene Empfehlung für Dosierungen oder die Beachtung von Kontraindikationen gegenüber der Angabe in diesem Buch abweicht. Eine solche Prüfung ist besonders wichtig bei selten verwendeten Präparaten oder auch solchen, die neu auf den Markt gebracht worden sind. **Jede Dosierung oder Applikation erfolgt auf eigene Gefahr des Benutzers.** Autoren und Verlag appellieren an jeden Benutzer, ihm etwa auffallende Ungenauigkeiten dem Verlag mitzuteilen.

© 2010 Georg Thieme Verlag
Rüdigerstraße 14
70469 Stuttgart
Deutschland
Telefon: +49(0)711/8931-0
Unsere Homepage: www.thieme.de

Printed in Germany

Umschlaggestaltung: Thieme Verlagsgruppe
Umschlaggrafik: Martina Berge, Erbach
Satz: Hilger VerlagsService, Heidelberg
Druck: Grafisches Centrum Cuno, Calbe

ISBN 978-3-13-129604-7   2 3 4 5 6

Geschützte Warennamen (Warenzeichen) werden **nicht** besonders kenntlich gemacht. Aus dem Fehlen eines solchen Hinweises kann also nicht geschlossen werden, dass es sich um einen freien Warennamen handelt.

Das Werk, einschließlich aller seiner Teile, ist urheberrechtlich geschützt. Jede Verwertung außerhalb der engen Grenzen des Urheberrechtsgesetzes ist ohne Zustimmung des Verlages unzulässig und strafbar. Das gilt insbesondere für Vervielfältigungen, Übersetzungen, Mikroverfilmungen sowie die Einspeicherung und Verarbeitung in elektronischen Systemen.

Vorwort

Diese Schrift ist hervorgegangen aus dem Buch Empathie und Interaktion, erschienen 1994 bei Thieme. Nach der zweiten Auflage kam ich mit dem Verlag überein, für die dritte eine Überarbeitung und eventuelle Ergänzungen vorzunehmen. Der Versuch einer solchen Überarbeitung führte mich schließlich dazu, das Buch so weitgehend umzuschreiben, dass praktisch ein neues entstanden ist. Hierfür waren sowohl Entwicklungen innerhalb der Gesprächspsychotherapie als auch vor allem solche in ihrem Umfeld maßgeblich. Immer nachdrücklicher wurde in den letzten Jahren die Notwendigkeit von störungsspezifischen Konzepten in der Psychotherapie allgemein betont, und von Seiten der Psychotherapieforschung, namentlich der Vergleichsforschung, wurde die präzise Vergleiche ermöglichende exakte Beschreibung der Therapiepraxis bis hin zu ihrer Manualisierung gefordert.

So habe ich hier das aus den jeweiligen Therapieprinzipien abzuleitende therapeutische Handeln sehr detailliert, differenzierend und im Sinne einer klaren Didaktik stark untergliedernd beschrieben. Der besseren Anschaulichkeit wegen wurden viele jeweils kurze Interventionsbeispiele aufgenommen. Dies betrifft auch die therapiepraktischen Erörterungen bei den einzelnen Krankheitsbildern, deren Anzahl erweitert wurde, sodass fast alle wichtigen Krankheitsbilder zur Sprache kommen. Im oben genannten Sinne habe ich auch die Darstellung der verschiedenen Anwendungsfelder umgeschrieben und ebenfalls gegenüber Empathie und Interaktion ergänzt. Eher gestrafft erfolgen dagegen persönlichkeitstheoretische Erörterungen und therapietheoretische Betrachtungen, da hier das Schwergewicht vorwiegend auf die therapeutische Praxis gelegt wurde. So ist ein Buch entstanden, das dem Leser möglichst konzentriert viele Hinweise für ein nuancenreiches, den Bedürfnissen unterschiedlich gestörter Patienten entsprechendes Vorgehen bieten und lebendig zur Reflexion des therapeutischen Tuns anregen will.

Ich möchte dem Thieme-Verlag Dank sagen für die Geduld bei der verzögerten Erstellung dieses Buches; hier möchte ich vor allem Frau Engeli und Frau Addicks danken, die die letzte, entscheidende Entstehungsphase hilfreich begleiteten. Besonderen Dank schulde ich Herrn Dr. Gerhard Stumm sowie Herrn Prof. Dr. Ludwig Teusch für die Mühen der Korrektur und für viele anregende Hinweise und Änderungsvorschläge. Sehr danken möchte ich schließlich auch meiner Frau, Dr. Hannah Feldhammer, für die Unterstützung bei der gesamten technischen und bibliografischen Organisation der Arbeit.

Essen, im Mai 2004 *Jobst Finke*

Einleitung: Handlungskonzepte, Störungsspezifität und Adaptivität als Merkmale einer modernen Gesprächspsychotherapie

Die Gesprächspsychotherapie hat sich, dies teilt sie mit anderen Psychotherapieverfahren, im Laufe ihrer 60-jährigen Entwicklung zu einer gewissen Vielgestaltigkeit von Positionen ausdifferenziert. Ziel dieses Buches ist die praxisnahe Ausarbeitung solcher Positionen, die sowohl von den wissenschaftlichen als auch von den quasi politischen Rahmenbedingungen her zunehmend Bedeutung gewinnen. Dies sind Positionen, die funktionalistische wie differenzierende Aspekte betonen und Psychotherapie verstanden wissen wollen als ein theoretisch begründbares System von Handlungsregeln, mit dem unterschiedliche Phänomene spezifisch beeinflusst werden.

Beziehung und Technik

Die Beachtung der therapeutischen Beziehung sowie der Behandlungstechnik schließen einander nicht aus, vielmehr bedingen sie einander. Ein Beziehungskonzept muss einerseits durch Handeln realisiert werden, andererseits begründet das therapeutische Handeln ein bestimmtes Beziehungsangebot. Dieses Beziehungsangebot wird durch die spezifische Rolle und Einstellung, wie auch die Suchhaltung des Therapeuten bestimmt. Ziel dieses Buches ist, die verschiedenen Interventionen zu beschreiben, die aus der jeweiligen Einstellung und damit aus dem entsprechenden Beziehungsangebot des Therapeuten abzuleiten sind. Es sollen ein konzeptgeleitetes Vorgehen beschrieben und die Handlungsregeln, die implizit auch ein eher intuitionsgeleitetes Vorgehen bestimmen, expliziert werden. So ergibt sich ein System beziehungstheoretisch begründeter Handlungsoptionen. Auf diese Weise wird die Vielfalt der Interventionsformen unter systematischen Gesichtspunkten erfasst und die Komplexität gesprächspsychotherapeutischen Vorgehens verdeutlicht.

Störungsspezifität

„Störungsspezifität" will dem Umstand Rechnung tragen, dass es vor allem bei länger dauernden Störungen zu einer Interaktion von Symptomen und zentralen Emotionen sowie Motivationen des Patienten kommt. Das Erfassen von idealtypischen Mustern solcher Interaktion berücksichtigt also auch zentrale Aspekte der Persönlichkeit. Das Anliegen ist hier die Beschreibung von Schlüsselthemen, die die Schnittstellen zwischen Störung und Persönlichkeit zum Ausdruck bringen. Das Wissen um diese störungs- und persönlichkeitsspezifischen Schlüsselthemen soll den Therapeuten für die jeweils relevante Problematik sensibilisieren und die Möglichkeit seines verstehenden Zugangs zum Patienten sowohl erweitern wie auch präzisieren. Darüber hinaus sollen die Interventionsformen erörtert werden, mit denen die im Therapieprozess jeweils bedeutsame Thematik angemessen zu bearbeiten ist. So wird die Verschränkung von inhaltlichen und prozessualen Aspekten der Therapie aufgezeigt.

Multiperspektivität und Adaptivität

In dieser Schrift wird der Standpunkt dargelegt, dass das therapeutische Vorgehen nie uniform sein sollte, sondern sich vielmehr dem jeweiligen Stadium des Therapieprozesses und den Bedürfnissen des Patienten, wie sie sich aus seiner Störung und seiner Persönlichkeit ergeben, anpassen sollte. Mit dieser Adaptivität eng verbunden ist die Multiperspektivität, nach der der Therapeut je nach Erfordernis unterschiedliche therapietheoretische Positionen bezieht. Eine Perspektive, unter der sich der Therapeut auf ein Verstehen und Klären zentriert, kann z. B. dann in eine solche der Ressourcenaktivierung oder der Förderung von Bewältigungskompetenz wechseln, wenn der Therapeut den sicheren Eindruck gewinnt, dass dies zunächst für den Patienten hilfreicher ist.

In diesem Buch soll auch gezeigt werden, mit welchem Beziehungskonzept z. B. eine Bewältigungsorientierung in Einklang zu bringen ist und mit welchen Interventionen sie am ehesten realisiert werden kann. Eine auf Verstehen und Klären ausgerichtete Perspektive kann wiederum Unterschiedliches in den Blick nehmen, nämlich eine intraindividuelle oder aber eine interindividuelle Problematik. Im ersten Falle kann von einer Inkongruenzzentrierung, im letzten von einer interaktionellen Zentrierung gesprochen werden. Die Letztere wiederum kann sich entweder auf einen Beziehungskonflikt gegenüber dem Therapeuten oder eben gegenüber einer außertherapeutischen Person beziehen. Hier wird zu erörtern sein, welche Interventionsformen diesen verschiedenen Gesichtspunkten jeweils entsprechen. So wird hier die Praxis der Gesprächspsychotherapie als ein sowohl systematisch begründbares wie auch sehr komplexes Geschehen dargestellt.

Dieses Buch wendet sich gleichermaßen an Fortgeschrittene wie Anfänger der personzentrierten Psychotherapie und Beratung. Die hier vorgenommene präskriptive Darstellung der gesprächspsychotherapeutischen Praxis soll aber nicht als starre Behandlungsanleitung verstanden werden, sondern als eine Leitlinie, entlang derer der Therapeut sein eigenes Handeln reflektieren kann. Es sollen gewissermaßen nur Gesichtspunkte vorgegeben werden, die dem Fortgeschrittenen zur Überprüfung des eigenen Konzeptes dienen und zu seiner eventuellen Ergänzung oder Änderung anregen sollen. Dem Anfänger dagegen mag dieses Buch eine wichtige Hilfestellung beim Aufbau eines zunehmend individueller werdenden Behandlungskonzeptes geben.

Inhaltsverzeichnis

1	**Gesprächspsychotherapie: Modell einer erlebenszentrierten, beziehungs- und klärungsorientierten Psychotherapie**	1
1.1	Kennzeichen des Verfahrens	1
1.2	Therapieziele	2
1.3	Zentrale Wirkfaktoren	2
1.3.1	Verändern durch Anerkennen	3
1.3.2	Verändern durch Verstehen	4
1.3.3	Verändern durch Begegnen	4
1.4	Die verschiedenen Schulen in der Gesprächspsychotherapie	5
1.4.1	Verändern durch Anerkennen	5
1.4.2	Verändern durch Verstehen	6
1.4.3	Verändern durch Begegnen und Interaktion	7
2	**Störungs- und Therapietheorie der Gesprächspsychotherapie**	9
2.1	Persönlichkeitstheorie	9
2.2	Störungstheorie	10
2.2.1	Psychische Störung und Aktualisierungstendenz	10
2.2.2	Inkongruenz	12
2.2.3	Zwischenmenschliche Beziehung	13
2.3	Therapietheorie der Gesprächspsychotherapie	14
2.3.1	Therapie als Fördern der Selbstheilungskraft: Verändern durch Anerkennen ..	14
2.3.2	Therapie als Sinnerfahrung und Aufhebung des Selbstwiderspruchs: Verändern durch Verstehen	16
2.3.3	Therapie als Dialog: Verändern durch Begegnen	17
3	**Therapieprinzipien und Therapietechnik**	19
3.1	Therapieprinzip des Bedingungsfreien Akzeptierens	22
3.1.1	Ziele und Funktionen des Bedingungsfreien Akzeptierens	23
3.1.2	Praxis des Bedingungsfreien Akzeptierens	24
3.1.3	Schwierigkeiten und Gefahren bei der Realisierung des Bedingungsfreien Akzeptierens	26
3.1.4	Indikation des Bedingungsfreien Akzeptierens	27
3.2	Therapieprinzip des Einfühlenden Verstehens	28
3.2.1	Empathie	28
3.2.2	Verstehen	29
3.2.3	Ziele und Funktionen des Einfühlenden Verstehens	31
3.2.4	Praxis des Einfühlenden Verstehens ..	33
3.2.5	Schwierigkeiten und Gefahren des Einfühlenden Verstehens	44
3.2.6	Indikation des Einfühlenden Verstehens	46
3.3	Thematisierte Beziehung: das Beziehungsklären	47
3.3.1	Zur Taxonomie des Konzepts Beziehungsklären	47
3.3.2	Rogers zum Phänomen der „Übertragung"	47
3.3.3	Ziele und Funktionen des Beziehungsklärens	48
3.3.4	Praxis des Beziehungsklärens	50
3.3.5	Schwierigkeiten und Gefahren des Beziehungsklärens	57
3.3.6	Indikation des Beziehungsklärens	59
3.4	Therapieprinzip Echtheit	60
3.4.1	Konfrontieren und Abwehrbearbeitung	61
3.4.2	Selbstöffnen/Selbsteinbringen	67
3.5	Regeln der Gesprächsführung	77
4	**Diagnostik und Indikation**	79
4.1	Ziele der Diagnostik	79
4.1.1	Diagnostik zur Indikationsstellung	79
4.1.2	Diagnostik zur Erklärung von Störungen	80
4.1.3	Diagnostik zur Qualitätssicherung und zur Vergleichbarkeit von Forschungsergebnissen	80
4.2	Ebenen der Diagnostik	80
4.3	Problemseiten der Diagnostik	81
4.4	Indikation	82

5	**Gesprächspsychotherapie verschiedener Störungen**	85
5.1	Depression	86
5.1.1	Diagnostik und Indikation	86
5.1.2	Inkongruenz- und Beziehungskonstellation	87
5.1.3	Behandlungspraxis	89
5.2	Angststörungen	97
5.2.1	Diagnostik und Indikation	97
5.2.2	Inkongruenz- und Beziehungskonstellation	98
5.2.3	Behandlungspraxis	99
5.3	Somatoforme Störungen	104
5.3.1	Diagnostik und Indikation	104
5.3.2	Inkongruenz- und Beziehungskonstellation	105
5.3.3	Behandlungspraxis	106
5.4	Persönlichkeitsstörungen	109
5.4.1	Borderline-Persönlichkeitsstörungen	112
5.4.2	Die narzisstische Persönlichkeitsstörung	119
5.4.3	Abhängige (asthenische) Persönlichkeitsstörung	126
5.4.4	Paranoide Persönlichkeitsstörung	128
5.5	Paranoide Schizophrenie	131
5.5.1	Diagnostik und Indikation	131
5.5.2	Inkongruenz- und Beziehungskonstellation	132
5.5.3	Behandlungspraxis	133
5.6	Alkoholabhängigkeit	136
5.6.1	Diagnostik und Indikation	136
5.6.2	Inkongruenz- und Beziehungskonstellation	137
5.6.3	Behandlungspraxis	137
5.7	Essstörungen	141
5.7.1	Diagnostik und Indikation	141
5.7.2	Inkongruenz- und Beziehungskonstellation	142
5.7.3	Behandlungspraxis	143
6	**Gesprächspsychotherapie und Pharmakotherapie**	147
6.1	Anwendungsbereiche der Therapie mit Psychopharmaka	147
6.2	Kombinationstherapie: Pro und Kontra	148
6.3	Psychopharmakotherapie und die therapeutische Beziehung	149
7	**Gruppengesprächspsychotherapie**	151
7.1	Historische Entwicklung	151
7.2	Stellung der Gruppengesprächspsychotherapie innerhalb zentraler Konzepte der Gruppentherapie	152
7.3	Behandlungspraxis	154
7.4	Indikation der Gruppengesprächspsychotherapie	157
8	**Paar- und Familientherapie**	159
8.1	Paartherapie	159
8.1.1	Ziele und Indikation der Paartherapie	159
8.1.2	Paarkonzept und Beziehungskonstellation	160
8.1.3	Behandlungspraxis	161
8.2	Familientherapie	163
8.2.1	Diagnostik und Indikation	163
8.2.2	Familienkonzept und Beziehungskonstellation	163
8.2.3	Behandlungspraxis	164
9	**Der Traum und das Traumverstehen**	165
9.1	Gesprächspsychotherapeutisches Traumkonzept	165
9.1.1	Progressive Tendenz	167
9.1.2	Die Traumgestalten als Aspekte des Selbst	167
9.1.3	Traumgestalten als Aspekte der relevanten Anderen	168
9.1.4	Darstellung des Gegenteils	168
9.1.5	Kompensatorische Funktion des Traums	168
9.2	Interventionen in der Arbeit mit Träumen	169
9.2.1	Vergegenwärtigen des Traumerlebens	169
9.2.2	Verstehen der Traumgeschichte	169
10	**Rahmenbedingungen der gesprächspsychotherapeutischen Praxis**	173
10.1	Voraussetzungen und Gestaltungsformen für die Durchführung von Gesprächspsychotherapie	173
10.2	Ausbildung zum Gesprächspsychotherapeuten	175
	Literatur	177
	Sachverzeichnis	187

1 Gesprächspsychotherapie: Modell einer erlebenszentrierten, beziehungs- und klärungsorientierten Psychotherapie

1.1 Kennzeichen des Verfahrens

Was ist das Charakteristische der Gesprächspsychotherapie? Zunächst ist zu sagen, dass sie eine erlebenszentrierte, beziehungsorientierte und einsichtsvermittelnde Methode ist. Sie lässt sich daher in die Gruppe der hermeneutisch orientierten oder klärungszentrierten Psychotherapien einordnen, also in die Reihe jener Verfahren, bei denen die Einsicht in Sinnzusammenhänge bzw. die Problemklärung im Sinne einer Förderung des Selbstverstehens gegenüber der Problembewältigung eine herausragende Rolle spielt (Grawe 1994, 2000).

Das eigentlich Charakteristische besteht hier in der besonderen Art dieser Klärungsarbeit, d. h. in den spezifischen Wegen, auf denen durch das Verstehen des Therapeuten das Selbstverstehen des Patienten erreicht wird. Das therapeutische Verstehen ist auf Verständigung gerichtet und an ein spezifisches Beziehungsangebot gebunden. Diese Ausrichtung auf die therapeutische Beziehung erfolgt so, dass das jeweilige Beziehungsangebot Art und Ziele der therapeutischen Verstehenshaltung und der sich daraus ergebenden Interventionen bestimmt (Finke 1999b). Hiervon wird in diesem Buch noch häufig die Rede sein.

„Erlebenszentriert" ist dieses Verfahren, da das Erleben des Patienten als ein unmittelbarer, präreflexiver und so „authentischer" Vorgang im Zentrum der therapeutischen Aufmerksamkeit steht. In der (Lebens-)Philosophie Wilhelm Diltheys (1833 bis 1911), auf den sich der Rogers-Schüler Gendlin (1962) explizit bezieht („Erleben" übersetzt er mit „experiencing"), haben die Begriffe des Erlebens und des Verstehens eine zentrale Stellung. Das Erleben, das von Dilthey erkenntnistheoretisch in einem Gegensatz zur Repräsentation gesehen wird, hat für ihn eine welterschließende Funktion, es ist die Grundlage einer „vollen und unverstümmelten" Erfahrung der „ganzen und vollen Wirklichkeit" (Dilthey 1958, Bd. VIII, S. 171). Es bildet den Ausgangs- und den Bezugspunkt des Verstehens eigenen und fremden „Seelenlebens", wobei das Verstehen als ein „Sichhineinversetzen" und als ein „vollkommenes Miterleben" (Bd. VII, S. 214) dem Erklären gegenübergestellt wird.

Die Gesprächspsychotherapie wird zu den humanistischen Therapieverfahren gerechnet, d. h. zu jenen Verfahren, die Positionen der humanistischen Psychologie vertreten (Quitmann 1996; Hutterer 1998; Finke 2002). Deren Anliegen besteht darin, in der Theoriebildung, in Forschung und Therapie die Sonderstellung des Menschen zu beachten, die durch seine Sprachfähigkeit, seine Symbol- und Sinnbildungskompetenz sowie seine Möglichkeit zur Selbstreflexion und zu Wertentscheidungen zum Ausdruck kommt. Es wird hier ein Menschenbild vertreten, in dem die schöpferische, freiheitsfähige und wertsetzende Potenz der Person betont wird. Eine biologistische Perspektive, in der nur die naturhafte Seite des Menschen in den Blick gerät – seine Triebe, seine Konditionierungsfähigkeit und seine biologischen Wachstumsprozesse –, wird zurückgewiesen. Störungs- und therapietheoretisch schließt dies gegenüber einer defizitzentrierten eine ressourcenorientierte, die konstruktiven Entwicklungsmöglichkeiten und die Selbstbestimmungsfähigkeiten von Patienten hervorhebende Sichtweise ein.

Die Gesprächspsychotherapie wurde von ihrem Begründer, Carl R. Rogers (1902–1987) klientenzentrierte Psychotherapie genannt, alternativ gebrauchte er später den Terminus „personzentriert". Durch Tausch (1968), der im Wesentlichen dieses Verfahren im deutschen Sprachraum bekannt machte, wurde der Name „Gesprächspsychotherapie" eingeführt. Diese Bezeichnung hat sich in Deutschland weitgehend durchgesetzt, so soll sie hier auch verwendet werden, gelegentlich wird hier allerdings auch von klientenzentrierter bzw. personzentrierter Psychotherapie die Rede sein.

Rogers (1942/1972) nannte sein Verfahren zunächst „nichtdirektiv". Damit wollte er sagen, dass der Therapeut sich nicht nur jeglicher Ratschläge, Bewertungen und Problemlösungsempfehlungen enthalten, sondern auch auf eine Lenkung und gezielte Strukturierung des Gesprächs verzichten sollte. Mit der dann eingeführten Bezeichnung „klientenzentriert" wollte er die Eigenart der therapeutischen Verstehenshaltung zum Ausdruck bringen (Stumm u. Keil 2002; Stumm 2003b). Der Klient sollte nicht in erster Linie aus der Perspektive des Therapeuten gesehen, er sollte nicht aus dem Horizont bestimmter störungstheoretischer Vorannahmen interpretiert werden, sondern vielmehr aus sich selbst heraus, d. h. aus seinem eigenen Bezugsystem verstanden werden. Der Patient soll in seinem Selbstverständnis nicht fremdbestimmt werden. Dies bedeutet, dass der Therapeut sein Bemühen um ein Verstehen vor allem darauf ausrichten soll, die Perspektive des Patienten zu übernehmen und als das „Alter Ego" des Patienten (Rogers 1973a, S. 47/[1]1951) das durch die psychische Störung abgebrochene innere Zwiegespräch des Patienten mit sich selbst wieder anzuregen. Der Patient soll sich so mit sich selbst über seine eigentlichsten Gefühle, Wünsche und Sinnkonzepte verständigen. Bei diesem Prozess der Selbstverständigung sollte der Therapeut nur ein „Katalysator" sein. Dass das Konzept, radikal verstanden, seine Grenzen hat (Finke 1999a), wird noch erörtert werden. Rogers (1977) selbst hatte es später bereits durch die Einführung des Konzeptes einer Dialogbeziehung (Therapie als Begegnung von „Person zu Person") erheblich erweitert.

1.2 Therapieziele

Ein Therapieverfahren ist auch über seine Änderungsziele zu definieren. Diese werden in der Gesprächspsychotherapie zwar auch in der Beseitigung von Symptomen gesehen, im Zentrum der Aufmerksamkeit stehen jedoch jene Merkmale, denen eine wichtige Rolle bei der Verursachung psychischer Störungen zugeschrieben wird: Selbstablehnung und Selbstentwertung, Selbstverschlossenheit und Selbstentzweiung sowie Beziehungsstörungen. Angestrebt wird hier eine Verbesserung der Selbstannahme bzw. der Selbstbejahung, der Selbsttransparenz und der Selbstübereinstimmung (Kongruenz) sowie der Beziehungsfähigkeit. Dabei wird angenommen, dass diese Größen zueinander in einem wechselseitigen Bedingungsverhältnis stehen, d. h. dass eine Person, die sich selbst bejaht, mit sich selbst übereinstimmt und sich selbst in zentralen Bedürfnissen und Motiven durchsichtig ist, auch andere bejahen und mit diesen eine konstruktive Beziehung eingehen kann. Hiermit hängen auch andere Therapieziele zusammen, wie die Autonomieentwicklung und die Festigung des Identitätserlebens. Es ist zu vermuten, dass eine Person um so eher in der Lage ist, eine konstruktive, die Autonomie des anderen achtende Beziehung zu führen, je innerlich unabhängiger und ihrer selbst sicherer sie ist.

1.3 Zentrale Wirkfaktoren

In diesem Zusammenhang stellt sich die Frage, welche Wirkfaktoren in der Psychotherapie im Allgemeinen und in der Gesprächspsychotherapie im Besonderen als bestimmend angesehen werden. Hier geht es u. a. um die Fragestellung, ob für das Therapieergebnis in erster Linie gezielte, spezifische Interventionsstrategien und -techniken oder aber allgemeine Faktoren, die man etwa als therapeutisches Klima oder eben als Merkmale einer guten Beziehung beschreiben könnte, verantwortlich sind.

Viele Forschungsergebnisse sprechen für die herausragende Bedeutung der therapeutischen Beziehung. Die Rolle von spezifischen Therapietechniken als wirksames Agens konnte demgegenüber bisher weniger eindeutig nachgewiesen werden (Strupp 1973; Hoffmann 1987; Tscheulin 1992; Orlinsky u. Howard 1986; Enke u. Czogalik 1993; Orlinsky 1994). Man geht bisher von der Hypothese aus, dass nicht wenige Merkmale einer konstruktiv wirksamen Beziehung bei den verschiedenen Psychotherapieverfahren ähnlich sind, dass also bei allen Therapien gemeinsame Faktoren („common factors") für ein jeweils positives Therapieergebnis verantwortlich sind (Enke u. Czogalik 1993). So ist auch des öfteren versucht worden, diese gemeinsamen, allgemeinen Wirkfaktoren genauer zu benennen. Yalom (1974) stellte für die Gruppenpsychotherapie 12 Faktoren zusammen, die sich aber z. T. inhaltlich überlappen. Unter anderem sind dies: Universalität des Leidens, Einflößen von Hoffnung, Identifikation, Katharsis, Einsicht, existentielles Bewusstwerden, interpersonales Lernen.

Pfeiffer (1991b) schlug folgende Aufstellung allgemein wirksamer Faktoren vor:
1. Mobilisieren der Zuversicht und Veränderungsbereitschaft,
2. Aufnehmen einer emotional bedeutsamen Beziehung,
3. Interpretation des Leidens und der Therapie nach einem plausiblen, der kulturellen Situation entsprechenden Konzept,
4. „Auftauen" verfestigter Erlebens und Verhaltensmuster,
5. korrigierende emotionale Erfahrungen mit Umstrukturierung von stereotypen Beziehungserwartungen.

Grawe (2000) kommt auf Grund seiner Auswertungen von fast eintausend Psychotherapiestudien zur Annahme von vier für die Wirksamkeit von Psychotherapie bedeutsamen Faktoren, die allerdings bei den einzelnen Verfahren unterschiedlich ausgeprägt seien:
❍ Ressourcenaktivierung,
❍ Problem- bzw. Motivationsklärung,
❍ Problemaktualisierung oder prozessuale (Erlebnis-)Aktivierung,
❍ Fördern der Problembewältigung.

Diese vier Faktoren haben Parallelen zu den von Pfeiffer erwähnten, lediglich der Beziehungsfaktor wird hier nicht ausdrücklich benannt. Gerade aber auf die therapeutische Beziehung als Wirkfaktor wird, wie oben erwähnt, häufig verwiesen, insbesondere auf solche Beziehungsmerkmale, die auch konstitutiv für das Beziehungsangebot in der Gesprächspsychotherapie sind: „Gegenseitige Achtung und Respekt, empathische Resonanz und Sympathie, gegenseitige Bestätigung und Verpflichtung sowie Offenheit" (Orlinsky u. Howard 1986).

Dies bedeutet aber nicht schon, dass etwa alle Psychotherapeuten das Gleiche machen bzw. machen sollten. Es gibt vielmehr Hinweise darauf, dass es für die Wirksamkeit einer Therapie eine bestimmte Passung geben muss zwischen den allgemeinen Wirkfaktoren bzw. der Akzentuierung bestimmter Allgemeinfaktoren einerseits und der verfahrensspezifischen Interventionstechnik andererseits (Meyer 1990; Tscheulin 1992). Diese Interpretation läuft darauf hinaus, dass die verfahrensspezifische Therapietechnik doch eine bestimmte, wenn auch noch nicht ganz geklärte Bedeutung für den Therapieprozess hat. Auch ist geltend gemacht worden, dass die Bedeutung der Therapietechnik möglicherweise wegen ihrer unzureichenden messmethodischen Erfassung in den jeweiligen Untersuchungen oder aber durch ihren ungenügend präzisen Einsatz seitens der beteiligten Therapeuten bisher nicht eindeutig nachgewiesen werden konnte (Strupp 1973).

Für die Gesprächspsychotherapie sind drei – im Folgenden genannte – Hauptwirkfaktoren konstitutiv; d. h., diese Faktoren definieren zugleich das Verfahren und sind die bestimmenden Merkmale der Therapietheorie.

1.3.1 Verändern durch Anerkennen

Diese Position ist vielleicht die für Rogers wichtigste, zumindest ist sie die charakteristischste insofern, als sie in keinem anderen Verfahren mit dieser Nachdrücklichkeit vertreten wird. Sie prägt auch in wesentlicher Weise die beiden anderen Positionen, vor allem die des *Einfühlenden Verstehens*, wovon gleich noch die Rede sein wird.

Die Position geht von der Grundannahme aus, dass Veränderung, auch im Sinne eines vertieften Selbstverstehens, möglich ist schon allein durch *Bedingungsfreies Akzeptieren* der Person des Klienten. Persönlichkeitstheoretisch impliziert sie eine individualtheoretische und eine sozialtheoretische Komponente. Hinsichtlich der Ersteren verweist diese Annahme auf Entwicklungspotenziale in jedem Menschen, auf seine grundsätzliche Fähigkeit, sich gemäß seinem Entwurf, seiner inneren Bestimmung von sich aus zum Konstruktiven zu entwickeln, sofern nur ein förderliches Klima und die bejahende Haltung einer bedeutsamen Kontaktperson gegeben ist. Eine gezielte und strategisch subtil abgestimmte Einflussnahme oder gar eine wie auch immer verstandene therapeutische Zurichtung des Klienten ist demnach nicht notwendig, ja oft sogar schädlich. Denn der Klient findet nur zur Selbstverwirklichung, wenn er auch in der therapeutischen Situation auf der Suche nach seinem Selbst selbstbestimmend sein kann. Da andererseits jedoch auch vorausgesetzt wird, dass für eine Aktualisierung der Entwicklungspotenzen die akzeptierende und bejahende Haltung einer relevanten Bezugsperson bzw. des Therapeuten nötig ist, verweist diese Position auch auf das grundsätzliche Bedürfnis des Menschen nach Anerkennung, auf sein Angewiesensein auf Gemeinschaft (Schmid 1998) und damit auf die Grenzen seiner Autonomie.

Das therapeutische Anerkennen wirkt auf den Patienten wie eine Bestärkung und Ermutigung. Therapietheoretisch ergibt sich so aus dieser Position der hohe Stellenwert, der in der personenzentrierten Therapie dem Mobilisieren von Ressourcen des Patienten zuteil wird.

Die bejahende Grundhaltung wird mittelbar besonders durch einen wichtigen Aspekt des *Einfühlenden Verstehens*, des zweiten Wirkfaktors, realisiert: durch ein geduldiges und bestätigendes Nachbilden des Erlebens des Klienten, bei dem der Therapeut als dessen Alter Ego fungiert.

1.3.2 Verändern durch Verstehen

Das *Einfühlende Verstehen* ist ein weiteres Merkmal der drei zentralen Änderungskonzepte der Gesprächspsychotherapie. Hier sind strenggenommen zwei Unterfaktoren zu unterscheiden, zunächst jener, der eher durch die Empathie akzentuiert wird. Das Einfühlen bedeutet hier, dass der Therapeut das Erleben des Patienten nicht aus der Distanz eines unbeteiligten Beobachters und schon gar nicht konfrontierend spiegelt („Es fällt mir auf, dass Sie immer ..."), sondern aus der Perspektive eines sich identifizierenden Teilnehmers. Dieser einfühlsame Mitvollzug, das bejahende Nachbilden der Gefühle, Gedanken und Wünsche des Patienten vermittelt diesem aber nicht nur Ermutigung, sondern stimuliert ihn auch, auf sich selbst zu lauschen und sich mit sich selbst auseinander zu setzen. Der Therapeut übernimmt hier die Rolle eines Alter Ego des Patienten (Rogers 1973a/1951). Zunächst stellvertretend für den Patienten verwirklicht der Therapeut neben einem grundsätzlichen Anerkennen auch eine introspektive Haltung, mit der sich dann der Patient identifizieren soll. Der sich vorwiegend auf die Empathie beziehende Aspekt des *Einfühlenden Verstehens* überschneidet sich z. T. mit dem oben bereits unter „Anerkennen" Gesagten.

Der andere Aspekt dieses Wirkfaktors ist ein Verstehen als ein Erfassen von Sinngehalten. Es soll verstanden werden, was zunächst noch unverständlich ist (Keil 1997). Gerade aber das Unverständliche macht ein ausdrückliches Verstehen nötig. Zunächst unverständlich (für den Therapeuten, aber eben auch für den Patienten selbst) sind jene Aspekte des Erlebens, die, wie Rogers (1987/[1]1959) formuliert, nicht oder nur verzerrt symbolisiert werden. Die anzustrebende „exakte Symbolisierung" (Rogers 1987, S. 30/[1]1959) setzt eine entsprechende Entzifferungsarbeit voraus. Es geht also um das Erfassen eines zunächst noch verborgenen Sinns. Dies aber ist in unmittelbarer Abstimmung mit dem Patienten, d. h. unter seiner aktiven Teilnahme zu vollziehen. Es ist ein Verstehen „in kleinen Schritten" (Finke 1999a), bei denen der Verstehenshorizont eines Patienten, sein eigenes Bezugssystem jeweils um Nuancen erweitert wird. Das so angeregte Selbstverstehen des Patienten gibt ihm Einsicht in bisher nicht symbolisierte Bedürfnisse und in teilweise auch widersprüchliche Gefühle und Wünsche und hilft ihm so, zunehmend besser mit sich selbst überein zu stimmen, d. h. Kongruenz herzustellen.

1.3.3 Verändern durch Begegnen

Etwa ab Ende der 50er Jahre betonte Rogers zunehmend das Therapiemerkmal *Kongruenz/Echtheit* und sah nun auch in der „Begegnung von Person zu Person" (Rogers 1957, 1977) den bedeutsamen Faktor des Therapieprozesses. Der Therapeut sollte nun nicht mehr ausschließlich „sein eigenes Selbst beiseite stellen", um ganz zum anderen Selbst des Klienten zu werden, sondern er sollte als „reale Person" dem Patienten gegenübertreten und sich ihm transparent machen (vgl. van Balen 1992). Die Unmittelbarkeit und Gegenwärtigkeit des Therapeuten wird gefordert (Schmid 1999). In Behandlungsmerkmalen wie *Konfrontieren*, *Beziehungsklären* und vor allem *Selbsteinbringen* hat dieses Therapiekonzept, meist durch die Arbeiten von Rogers' Schülern (z. B. Carkhuff 1969), seine Konkretisierung gefunden.

In gewisser Hinsicht stellt diese Entwicklung therapietheoretisch einen Paradigmenwechsel dar. Denn der bedeutsame Wirkfaktor scheint nun weniger in einem einfühlsam-verstehenden Mitvollzug des Erlebens des Klienten als in der Möglichkeit gesehen zu werden, diesem neue und konstruktive Beziehungserfahrungen und damit die Ungültigkeit seiner bisherigen verzerrten Beziehungswahrnehmungen und -erwartungen zu vermitteln (Pfeiffer 1991a; Schmid 1994, 1996). Die Alter-Ego-Position als ursprünglich zentrales Beziehungskonzept des personenzentrierten Ansatzes wird abgelöst von der Dialogbeziehung.

Es ist aber festzuhalten, dass es in der Praxis hier nicht um eine alternative Sichtweise gehen soll. Die

Einführung der Dialogbeziehung stellt vielmehr eine Verbreiterung der therapietheoretischen Basis dar, die zu einer Erweiterung der therapeutischen Handlungsmöglichkeiten und damit auch der Indikationsbereiche führt. Therapiepraktisch bestimmen die therapeutische Situation, die Art des Klienten und seiner Störung sowie Art und Phase des therapeutischen Prozesses (Swildens 1991), wann welche Interventionsformen indiziert sind. Interventionen auf der Ebene der Dialogbeziehung ergänzen also nur jene Interventionen, die aus einer Alter-Ego-Position heraus erfolgen. Die Einführung des Begegnungsmomentes bzw. der Dialogbeziehung in die Personzentrierte Psychotherapie bedeutet also auf der Ebene therapietheoretischer Überlegungen eine Erhöhung von Komplexität und auf der Ebene der Therapiepraxis eine Erweiterung der Handlungsmöglichkeiten (Finke 1994).

1.4 Die verschiedenen Schulen in der Gesprächspsychotherapie

Im Verlauf der Entwicklung der Gesprächspsychotherapie ist es, wie in fast jedem anderen Psychotherapieverfahren, zu einer Binnendifferenzierung gekommen (Keil 1998; Keil u. Stölzl 2001; Stumm u. Keil 2002). Die Richtungen, die sich hier ausdifferenziert haben, unterscheiden sich in der Akzentsetzung, die sie einem der drei Änderungskonzepte beimessen. Zwar wird deren Bedeutung insgesamt von allen anerkannt, doch lässt sich jeweils die Betonung eines der hier genannten Konzepte feststellen. So sollen auch die verschiedenen Richtungen innerhalb der Gesprächspsychotherapie hier am Leitfaden dieser Änderungskonzepte vorgestellt werden.

1.4.1 Verändern durch Anerkennen

Die Gesprächstherapeuten, die man als Vertreter dieser Position ansprechen kann, betonen sehr die Aktualisierungstendenz als schöpferische, zur Ganzheitlichkeit und zum Konstruktiven drängende Lebenskraft und haben dementsprechend ein starkes Vertrauen in das Selbstentfaltungs- und Selbstheilungspotenzial des Patienten. Dieses Potenzial kann zur Entfaltung gebracht werden allein durch die anerkennende Zuwendung und empathische Anteilnahme des Therapeuten. Daraus folgt, dass hier kaum die Notwendigkeit zu spezifischen Hilfestellungen des Therapeuten in Form von gezielten Strategien oder Interventionen gesehen wird. Es wird sogar befürchtet, dass solche Maßnahmen die Selbstentfaltungskräfte des Patienten behindern und das eigentlich Förderliche, nämlich die bedingungsfrei wertschätzende, einen Raum der Freiheit eröffnende Zuwendung des Therapeuten durch entstehenden Zieldruck, Dirigismus und Erfolgszwang unterlaufen würden. Vielmehr werden gerade durch eine von allem Planen und Beabsichtigen absehende therapeutische Grundhaltung der Anerkennung und der bejahenden Einfühlung die Selbstheilungskräfte des Patienten in einem hohen Ausmaß aktiviert. Ein konzeptgeleitetes und somit auch lenkendes Vorgehen ist unnötig und kann die volle Selbstentfaltung eher blockieren oder wirkt gar der Selbstfindung und Selbstbestimmung des Patienten entgegen. Insofern wird hier also auch das, was einem Behandlungskonzept in der Regel voraus- und mit ihm einhergeht, nämlich eine Art diagnostischer Urteilsfindung, eher als störend verworfen. Sie stört die wirklich vorurteilsfreie Unmittelbarkeit in der Begegnung mit dem Patienten.

Das Merkmal *Einfühlendes Verstehen* wird ausschließlich im Sinne der ersten Komponente des Begriffes, nämlich der Empathie konzeptualisiert. Es kommt hier ausschließlich darauf an, dass der Therapeut aus der Rolle eines Alter Ego das Erleben des Patienten einfühlsam mitvollzieht. Der Therapeut hat dabei ganz dem Patienten zu folgen und soll nicht umgekehrt den Patienten zu einer bestimmten Weise der Auseinandersetzung mit diesem Erleben bewegen oder auf irgendeine andere Art den Therapieprozess lenken wollen. Vor allem in diesem Verzicht auf jegliche Lenkung und jegliche Therapietechnik wird das Grundaxiom der klientenzentrierten Gesprächspsychotherapie gesehen.

Die psychische Störung wird vorwiegend als Ausdruck einer beeinträchtigten Selbstentwicklung betrachtet, die ihre Ursache in Mangelerfahrungen bezüglich Anerkennung und Wertschätzung hat. Vertreter dieser Richtung sind u. a. Bozarth (1996), Brodley u. Brody (1996), Mearns u. Thorne (1988) und schließlich, allerdings mit Einschränkungen, Biermann-Ratjen et al. (1995).

1.4.2 Verändern durch Verstehen

Wenn hier z. T. recht verschiedene Ausformungen der Gesprächspsychotherapie unter dem Schlüsselbegriff des Verstehens zusammengestellt werden, so mag dies nicht unproblematisch sein; es soll damit jedoch angedeutet werden, dass es hier nicht nur um Empathie, sondern um ein gezieltes Erfassen von Bedeutungsverweisungen, Sinnstrukturen und Emotions-Motivations-Zusammenhängen seitens des Therapeuten geht. Der Therapeut wird also in der Rolle des Experten gesehen. Damit wird auch die Frage der Therapieplanung und Technikzentrierung positiver gesehen. Eine Therapeutenzentriertheit, wie etwa in der Medizin oder auch bei manchen Psychotherapieverfahren üblich, so wird hier u. a. argumentiert, dürfe nicht dadurch korrigiert werden, dass sie einfach in ihr pures Gegenteil verkehrt würde. Klientenzentriertheit soll hier bedeuten, dass der Klient zwar zunächst vorrangig aus seinem eigenen Bezugssystem verstanden wird, dass der Therapeut andererseits aber den Klienten nicht nur einfühlsam begleitet, sondern als Experte den Selbsterkundungsprozess des Klienten durch bestimmte Verstehenshilfen bzw. Bearbeitungsangebote (Sachse 1999) anregt und fördert. Hinsichtlich des Änderungskonzepts des *Einfühlenden Verstehens* wird hier der zweite Teil dieses Begriffes betont. Die von Rogers (1987/[1]1959) skizzierte Aufgabe der Therapie, „verzerrte Symbolisierungen" in „exakte Symbolisierungen" zu überführen, setzt eine oft sehr komplexe Entzifferungsarbeit und damit hermeneutische Kompetenz voraus (Keil 1997). Störungstheoretisch steht hier bei den meisten Autoren das Inkongruenzmodell im Vordergrund.

Die hier gemeinten Methoden innerhalb der Gesprächspsychotherapie betonen (in unterschiedlichem Maße) deshalb gegenüber dem vorgenannten Ansatz eine differenziertere Ausformulierung des therapeutischen Handels, d. h. ein möglichst detailliertes Beschreiben von Handlungsregeln bzw. von unterschiedlich zielgerichteten Interventionsformen, also das Konzeptualisieren einer differenziellen Therapietechnik.

Hiermit sind spezifische, d. h. mit dem durch Prozess- wie durch Persönlichkeits- und Störungsmerkmale geprägten aktuellen Erleben des Klienten abgestimmte Verstehensangebote des Therapeuten gemeint. Diese Verstehensangebote sollen das augenblickliche Bezugssystem des Klienten jeweils erweitern und damit mehr „Erfahrungsoffenheit" schaffen. Damit ist ein therapeutisches Vorgehen gefordert, das sich prinzipiell einem Zweck-Mittel-Rationalismus unterstellt und sich von der Frage leiten lässt, durch welche Mittel, also therapeutische Handlungsmuster bzw. Techniken, welche Ziele zu erreichen sind. Aus übergeordneten und das Verfahren charakterisierenden Therapiezielen wie Verbesserung der Kongruenz, der Selbsttransparenz und Selbstexploration werden das therapeutische Vorgehen leitende Subziele abgeleitet, die an individuellen, sowohl prozessspezifischen wie persönlichkeits- und störungsspezifischen Merkmalen ausgerichtet sind. Kennzeichnend für diese Ausrichtung der Gesprächspsychotherapie sind also Merkmale, die man mit Zielorientiertheit, Prozessdirektivität und Störungsbezogenheit des therapeutischen Vorgehens beschreiben kann. Insgesamt bedeutet dies, dass therapeutisches Handeln in Bezug auf unterschiedliche Ziele als ein System von Handlungsregeln bzw. Interventionskategorien konzeptualisiert wird. Diese Handlungsregeln sind insofern nicht beliebig, als sie in einem engen, systematischen Bezug zu den von Rogers beschriebenen drei therapeutischen Grundeinstellungen bzw. Therapieprinzipien stehen.

Vor allem in den vergangenen 15 Jahren hat sich diese schon von den unmittelbaren Schülern Rogers' (Gendlin 1978; Truax 1966; Carkhuff u. Truax 1967) initiierte und in Deutschland im Sinne einer differenziellen Gesprächspsychotherapie (Tscheulin 1992) konzipierte Richtung weiter ausdifferenziert. So sind zu unterscheiden:

- Die Focusing-orientierte Psychotherapie (Gendlin 1998) und die Process-Experiential Psychotherapy (Greenberg et al. 1998), die jeweils ein sehr erlebnisaktivierendes, besonders auch leibnahe Gefühle aufgreifendes und klärendes Vorgehen darstellen.
- Die zielorientierte Gesprächspsychotherapie (Sachse u. Maus 1991; Sachse 1999), in der auf den Therapieprozess bezogene Ziele, wie z. B. Vertiefung der Selbstexploration, durch spezifische „Bearbeitungsangebote" erreicht werden sollen. Auch störungsspezifische Aspekte werden hier berücksichtigt.
- Die prozessorientierte und störungsbezogene Gesprächspsychotherapie (Swildens 1991; Teusch u. Finke 1995; Finke u. Teusch 2002). Hier erfolgt eine Zielausrichtung und Differenzierung des therapeutischen Vorgehens sowohl nach dem Stadium des jeweiligen Therapieprozesses als auch auf Grund von Merkmalen, die mit der

jeweiligen Störung und Persönlichkeit des Klienten in Verbindung stehen. Die Konzeptualisierung einer Störung erfolgt im Sinne der gesprächspsychotherapeutischen Perspektive unter Beachtung der jeweils zu unterstellenden Inkongruenzkonstellation (Speierer 1994). Es werden hier sowohl störungsspezifische als auch persönlichkeitsorientierte und situations- bzw. prozessspezifische Aspekte berücksichtigt und in Form von Themen fokussiert, die jeweils therapierelevante Ziele repräsentieren. Die Ausführungen dieses Buches sind im Wesentlichen den Positionen eines solchen Ansatzes der Gesprächspsychotherapie verpflichtet.

1.4.3 Verändern durch Begegnen und Interaktion

Bei den klientenzentrierten Therapeuten, die die therapeutische Beziehung in den Mittelpunkt ihres Interesses stellen, lassen sich wiederum zwei unterschiedliche Richtungen ausmachen, Therapie als Begegnung und Therapie als Interaktion.

Therapie als Begegnung

Die Vertreter dieser Richtung (u. a. Pfeiffer 1991a, 1993; Schmid 1996, 2001a, 2002; Frenzel 2001) beziehen sich auf den späten Rogers und sehen die Therapie als ein dialogisches Geschehen. Hier wird in der Unmittelbarkeit der Begegnung „von Person zu Person" und in dem „realen Zugegensein" des Therapeuten (Rogers 1977) das entscheidende Moment der Therapie gesehen. Die geforderte Gegenwärtigkeit des Therapeuten bedeutet, dass dieser nicht nur den Patienten wertschätzend und empathisch begleitet, sondern dass er auch kongruent antwortet, d. h. sich transparent macht und sich den Patienten als reale Person „gegenüberstellt", indem er sein Erleben der therapeutischen Situation und seine Vorstellungen, Bewertungen sowie Gefühle verdeutlicht. Die psychische Störung wird als das Ergebnis negativer Beziehungserfahrungen konzipiert, die sich nun in stereotypen Beziehungserwartungen äußern. Diese können durch neuartige, konstruktive Beziehungserfahrungen des therapeutischen Dialogs korrigiert werden. Da die Vertreter eines dialogischen Ansatzes weitgehend auf eine Therapietechnik und eine funktionale Ausrichtung des Therapiegeschehens verzichten wollen, haben sie Gemeinsamkeiten mit der unter Kap. 1.4.1 beschriebenen Schule, die, wie bereits dargelegt, jedes zielorientierte, nach einem vorgängigen Behandlungskonzept ausgerichtete und den Therapieprozess steuernde Vorgehen ablehnt. Beide sehen darin die Preisgabe einer wirklich klientenzentrierten Einstellung zugunsten eines letztlich doch therapeutenzentrierten Konzeptes, das die volle Entfaltung der Person des Klienten in ihrer konzeptuell nie einzuholenden Einmaligkeit gefährde.

Therapie als Interaktion

Zu dieser Richtung sind Autoren zu rechnen, die die therapeutische Beziehung stärker als konkrete Interaktion, als Formen interpersonaler Austauschprozesse konzipieren und auf die maladaptiven Interaktionsmuster des Patienten zentrieren. Dies bedeutet auch die Betonung einer Interaktionsdiagnostik mit dem Ziel, dem Patienten Einsicht in dysfunktionale Interaktionsmuster und ihre lebensgeschichtliche Begründung zu vermitteln (van Kessel u. van der Linden 1993; van Kessel u. Keil 2002). Demnach versuchen die Patienten (eher unbewusst) entsprechend ihren durch frühere Beziehungserfahrungen geprägten Beziehungserwartungen dem Therapeuten bestimmte Rollen anzutragen. Die entsprechenden verbalen und vor allem auch die nonverbalen Äußerungen des Patienten sind als Beziehungsanspielungen an den Therapeuten zu verstehen und im Sinne des Beziehungsklärens (s. Kap. 3.3.1) hinsichtlich der hier wirksamen Beziehungserwartungen und -bedürfnisse zusammen mit dem Klienten zu bearbeiten.

Die Autoren beziehen sich auf die interpersonale Theorie Sullivans und ihre Adaptation durch Kiesler (1982). Hier ergeben sich aber auch Annäherungen an das Konzept der Übertragungsanalyse in der Psychoanalyse, vor allem in ihrer modernen Form des interaktionellen, die Gegenseitigkeit betonende Übertragungskonzeptes (Mertens 1990b).

Da bei der Klärung der maladaptiven Interaktionsmuster eine zielgerichtete und symptomorientierte Therapietechnik angewandt wird, ergeben sich Parallelen zu der unter Kap. 1.4.2 beschriebenen Richtung.

Diese Auflistung und Verortung verschiedener Ausprägungsformen der Gesprächspsychotherapie ist natürlich nur in einem ungefähren Sinne zutreffend, da hier wegen der Übersichtlichkeit ausdrücklich ein grobes Raster gewählt wurde. Vor allem wurden manche Formen wegen der besonderen Schwierigkeit ihrer Einordnung unter das hier gewählte Raster bisher gar nicht erwähnt, so z. B. die körper- und medienbezogenen Verfahren wie etwa die personzentrierte Körpertherapie (Korbei u. Teichmann-Wirth 2002) und die personzentrierte Gestaltungs- bzw. Kunsttherapie (Rogers 2002). Hinsichtlich der Formen sind die verschiedenen Anwendungsfelder der Gesprächspsychotherapie wie die Gruppen-, Paar- und Familien- sowie die Kinder- und Jugendpsychotherapie zu unterscheiden, deren jeweilige Ausgestaltung von den oben beschriebenen Ausrichtungen abhängt.

2 Störungs- und Therapietheorie der Gesprächspsychotherapie

Die Störungs- und die Therapietheorie eines Psychotherapieverfahrens formieren sich explizit oder manchmal auch nur implizit vor dem Hintergrund einer Persönlichkeitstheorie. Im Falle der Gesprächspsychotherapie handelt es sich um eine mehr oder weniger explizit ausformulierte Theorie, die hier zunächst nur überblicksartig skizziert werden soll.

2.1 Persönlichkeitstheorie

Diese Theorie ist ideengeschichtlich durch organizistische, lebensphilosophische und z. T. auch existenzphilosophische Positionen bestimmt.

Im Zentrum dieser Theorie steht das Konzept der *Aktualisierungstendenz*, die als eine konstruktive, zur ganzheitlichen Entfaltung aller Möglichkeiten drängende Lebenskraft gesehen wird. Die subjektive Seite dieser Aktualisierungstendenz ist das organismische, d. h. das ursprüngliche, unmittelbare und unverstellte Erleben (zum Begriff des Erlebens s. Kap. 1.1). Wenn sich der Mensch dieses Erlebens bewusst wird, d. h. wenn er reflektierend darauf Bezug nehmen kann, ist die Möglichkeit eines Selbstbezuges, einer Stellungnahme zum eigenen *organismischen Erleben* gegeben. Die mehr oder weniger konturierte Gestalt dieses Selbstverhältnisses ist das *Selbstkonzept*. Wenn organismisches Erleben und Selbstkonzept übereinstimmen, die Person also kongruent und sich transparent ist, wenn sie ihrem organismischen Erleben vertrauen und alle ihre Bedürfnisse und Neigungen in voller Autonomie bei gleichzeitiger Achtung der Autonomie anderer verwirklichen kann, ergäbe sich die „*fully functioning person*" (Rogers 1973b/ [1]1962). Hiermit ist natürlich keine empirisch mögliche Person gemeint, sondern nur ein Ziel bzw. eine regulative Idee, also ein Konzept, das Einstellungen und Handlungsziele, auch von Therapeuten, regulieren soll. (Dabei soll hier von der Frage abgesehen werden, ob das Konzept im Kontext möglicher Wertkonflikte und Grenzsituationen menschlicher Existenz in sich widerspruchsfrei ist.)

Die Person ist in ihrer Entwicklung aber nicht nur von der Aktualisierungstendenz, sondern auch von sozialen Bedürfnissen, vor allem dem Bedürfnis nach Anerkennung bestimmt. Dies macht sie im Konstruktiven wie im Negativen offen für soziale Einflussnahmen, vor allem hinsichtlich der Entwicklung ihres Wertempfindens. Die Verinnerlichung von interpersonal vermittelten Normen bzw. Bewertungsmaßstäben kann zu einer „Selbsterweiterung" aber auch zu einer Selbstentwertung, d. h. zu einem negativen Selbstkonzept führen. Dies bedeutet die Ablehnung und die Entwertung des eigenen organismischen Erlebens. Eine Person, die sich unter solche Bewertungsbedingungen (Rogers 1987/[1]1959) stellt oder gestellt sieht, lebt im Zustand der Nicht-Übereinstimmung mit sich selbst bzw. der Selbstentzweiung (Inkongruenz). Wenn die Person dieser qualvollen Selbstentzweiung dadurch zu entgehen sucht, dass sie die als negativ bewerteten Aspekte ihres organismischen Erlebens ausblendet bzw. nicht symbolisiert, lebt sie im Zustand der Selbstverborgenheit, d. h. mit einem Mangel an Selbsttransparenz und Kongruenz. Selbstentzweiung und Selbstverborgenheit sind Formen von Selbstentfremdung und stellen Möglichkeiten der menschlichen Existenz dar. Diese defizienten Modi personaler Existenz zeigen aber auch an, dass der Mensch nicht einfach nur der Naturnotwendigkeit von Wachstumsprozessen unterstellt ist, sondern dass er sich so oder so zu sich selbst verhalten kann (und muss) und dass u. U. gerade auch in seinem Scheitern deutlich werden kann, dass er prinzipiell verantwortungs-, wahl- und freiheitsfähig ist. Von hier aus ist ein Anschluss an zentrale Positionen der humanistischen Psychologie (s. Kap. 1.1) und des Existenzialismus, auf den sich Rogers als eine Wurzel seines Denkens beruft (Stumm 2003a), gegeben.

Diese persönlichkeitstheoretische Skizze soll nur den Rahmen darstellen, innerhalb dessen die wichtigen Eckpunkte der Persönlichkeitstheorie in ihrer Verflechtung mit der Störungs- und Therapietheorie in den folgenden Abschnitten behandelt werden sollen.

2.2 Störungstheorie

In welchem Zusammenhang stehen Störungs- und Therapietheorie? Gemäß dem traditionellen Modell einer deduktiven Systematik wird aus der Persönlichkeitstheorie die Störungstheorie abgeleitet und aus dieser die Therapietheorie; aus der Letzteren wiederum ergibt sich dann das konkrete therapeutische Vorgehen. Dieser Zusammenhang von ätiologisch begründetem Krankheitskonzept und dem sich daraus ergebenden Behandlungskonzept gilt in der wissenschaftlichen Heilkunde gewissermaßen als verbindliche Norm. Die Realität, auch der somatischen Medizin, ist freilich nicht immer danach ausgerichtet. Oft werden durch Zufall als geeignet erscheinende und dann in Wirksamkeitsstudien erprobte Heilverfahren gefunden, für die erst danach eine erklärende Theorie gesucht werden muss. Solche auf eine elaborierte Praxis gründende Behandlungsmethoden beeinflussen dann ihrerseits oft in entscheidender Weise das Krankheitskonzept bzw. führen zu Umformulierungen der bisher gültigen Störungstheorie.

Der Tendenz nach war dies partiell auch in der Gesprächspsychotherapie so, obwohl bei Rogers schon früh (1973a/[1]1951) der Entwurf einer Persönlichkeitstheorie und damit auch ein bestimmtes Störungsmodell das Therapiekonzept bestimmte. Andererseits haben die empirisch gewonnenen Therapieprinzipien der Gesprächspsychotherapie auch die Ausbildung der Persönlichkeits- und Störungstheorie weiter differenziert. Für die gesprächspsychotherapeutische Persönlichkeits- und Störungstheorie spielen drei Grundkonzepte eine Rolle: die Aktualisierungstendenz, die zwischenmenschliche Beziehung und die Inkongruenz. Diese Konzepte ergänzen einander, obwohl bei vielen Gesprächspsychotherapeuten die Neigung besteht, jeweils ein Konzept besonders zu betonen, sowohl hinsichtlich des bevorzugten Änderungs-, wie auch hinsichtlich des Störungskonzepts. Diese sich auf die drei Grundkonzepte beziehenden Störungsmodelle werden im Folgenden besprochen.

2.2.1 Psychische Störung und Aktualisierungstendenz

Ideengeschichtlicher Hintergrund des Konzepts „Aktualisierungstendenz"

Rogers vertritt einen Organizismus, d. h. die Lehre vom Organismus als einem ganzheitlichen System, das sowohl für das einzelne Individuum als auch für das Universum insgesamt bestimmend ist. Dies lässt ihn dann oft vom „Organismus" sprechen, wenn er die menschliche Person meint (Spielhofer 2001), allerdings ist sein Sprachgebrauch hier nicht immer einheitlich (Stumm u. Kriz 2003).

Die zentrale Aussage des hier gemeinten Konzepts besteht in der Überzeugung, dass jeder „Organismus", also auch jedes menschliche Individuum, eine ausgeprägte Tendenz zur Selbstentfaltung, zur „Entwicklung all seiner Möglichkeiten" (Rogers 1973b), zur Aktualisierung seiner letztlich konstruktiven Potenzen in sich trägt. Die Bedeutung dieses Konzepts mag vielleicht zunächst nicht unmittelbar einsichtig sein, zu selbstverständlich erscheint die Aussage einer allgemeinen Wachstumstendenz aller Lebewesen. Dass es sich hier aber nicht nur um eine These handelt, die eigentlich trivial ist, ergibt sich vor allem im Hinblick auf ihre störungs- und therapietheoretischen Konsequenzen. Der Mensch wird nicht so sehr von seinen Defiziten, von seinen Störungen, sondern von seinen positiven Möglichkeiten her definiert; in jeder Krankheit wird die Möglichkeit zur Gesundung gesehen, was ein nachdrückliches Vertrauen des Therapeuten in die Selbstheilungskraft des Patienten und ein Arbeiten mit seinen Ressourcen nach sich zieht. Ideengeschichtlich ist die Basis dieses Konzepts schon in der Entelechie-Lehre des Aristoteles vorgegeben. Rogers dürfte hier besonders durch lebensphilosophische Strömungen inspiriert worden sein. In Reaktion auf einen sehr deterministisch ausgerichteten Biologismus in der zweiten Hälfte des 19. Jahrhunderts, der alle Lebensvorgänge weitgehend mechanistisch deutete, einerseits und einer Bewusstseinsphilosophie andererseits, der alles nicht primär durch Rationalität bestimmte nachdrücklich als „das Andere der Vernunft" (Böhme u. Böhme 1996) erschien, wurde seit Nietzsche das Eigenständige, vor allem auch das Schöpferische und Entfaltungsmächtige „des Lebens" betont. Bergson sprach vom „elan vital", einem Lebensschwung, einer kreativen Kraft, die jenseits rationaler Planung auf Weiter- und Höherentwicklung drängt. Entferntere Wurzeln der organismischen Position sind in der romantischen Naturphilosophie zu sehen (Schelling, Novalis), mit der Rogers wohl über Emerson in Kontakt kam (Korunka 2001; Finke 2002).

Heute wird im Zusammenhang mit dem Konzept der Aktualisierungstendenz gelegentlich auf systemtheoretische Überlegungen (Kritz 1999) und v. a. auf die Autopoiesemodelle der modernen Biologie verwiesen (Biermann-Ratjen et al. 1995), in denen der Organismus als selbstorganisierendes System konzipiert wird, bei dem die Wirkung von Außenereignissen nicht i. S. einer eindimensionalen Kausalität zu sehen ist, sondern es vielmehr zu einer Transformation der Konsequenzen solcher Ereignisse nach jeweils eigenen Regeln kommt.

Es ist jedoch zu beachten, dass unter einer humanistischen Perspektive diese Aktualisierungstendenz nicht vorrangig im Sinne eines naturhaften Wachstums zu verstehen ist, sondern als eine spezifisch humane Form der Selbstverwirklichung, die von jeder Form einer quasi pflanzenhaften Entfaltung abgehoben werden muss (Spielhofer 2001). Die menschliche Entfaltungstendenz muss dann auch als die verantwortliche Wahl der eigenen Existenzform gedacht werden, zumal Rogers selbst in der Existenzphilosophie einen Bezugspunkt seines Denkens sah (Rogers, 1973b, S. 167; Stumm 2003). Dies impliziert, die menschliche Entwicklung nicht ausschließlich nach dem Modell des Wachstums zu sehen, sondern als Vollzüge des Sich-Entscheidens für das, was man als seine eigene Bestimmung erfährt, was man als das je Meine und Eigenste erkannt hat (die „Eigentlichkeit" und die „Je-Meinigkeit" nach Heidegger, 1963, S. 42f) und was man als den Entwurf seiner selbst gewählt hat (Sartre 1965, S. 145ff). Rogers ging es immer darum, auch hier steht er der Lebensphilosophie nicht fern, die Perspektive eines existenzialistischen Humanismus mit einer organizistischen zu versöhnen, was bedeutet, letztlich dem Umstand gerecht zu werden, dass der Mensch sowohl ein „Naturwesen" wie ein „Kulturwesen" ist. Für Rogers sind Geist und Natur als eins zu denken (wie in der romantischen Naturphilosophie), Freiheit, naturhafte Notwendigkeit, Autonomie sowie lebensmächtige Entfaltung als miteinander tief verschränkt und sich gegenseitig bedingend anzusehen. So ist ein gegenseitiges Bedingungsverhältnis von eher biologisch bestimmten Wachstumsprozessen sowie sozial-kulturell bestimmten Bildungsprozessen zu berücksichtigen.

Gestörte Aktualisierungstendenz

Will man eine psychische Störung auf der Basis des Aktualisierungskonzepts erklären, ist entweder von einer Blockade oder von einem Defizit eben dieser aktualisierenden Tendenz auszugehen. Bei „neurotischen" Störungen ist eine inkongruenzbedingte Blockade, bei den Persönlichkeitsstörungen jedoch, sehr vereinfachend formuliert, eher ein Defizit der Aktualisierungstendenz anzunehmen. Versucht man diesen Zusammenhang vom subjektiven Aspekt der Aktualisierungstendenz, dem organismischen Erleben, her zu sehen, so ist in letzterem Fall eine Desorganisation dieses Erlebens zu beschreiben. Abgesehen davon, dass bei Persönlichkeitsstörungen anhand von Zwillingsstudien auch der Einfluss von biologisch-konstitutionellen Faktoren nachgewiesen werden konnte (Bohus 2001), ist eine Dysregulation der emotional-motivationalen Steuerungs- und Abstimmungsvorgänge auf Grund oft schwerster psychischer Traumata in der Kindheit und Jugendzeit der Patienten anzunehmen. Eine Häufung derartiger Traumata in der Vorgeschichte konnte z. B. bei Borderline-Patienten auch empirisch belegt werden. Auf Grund dieser traumatisierenden Erfahrungen ist es zur Entkopplung von Gefühlen und Bedürfnissen aus dem Gesamtzusammenhang des Erlebens und zur emotionalen Fixierung auf die durchlittenen Situationen gekommen. Häufig wurden jahrelang schwerste Gewalt-, Demütigungs- und Ohnmachtserfahrungen durchgemacht. Diese haben in der Regel auch zu Fehlentwicklungen des Selbstkonzeptes und des Beziehungskonzepts geführt, die ihrerseits auf das organismische Erleben zurückwirkten. Die Desorganisation und der Strukturverlust des organismischen Erlebens zeigen sich in Symptomen wie unkontrollierbaren Impulsdurchbrüchen, massivem, scheinbar anlasslosem Überflutetsein von unerträglichen Gefühlen der Angst, Wut oder innerer Unruhe, abruptem Wechsel von Gefühlen tiefster Depressivität und innerer Leere mit kritikloser Abenteuersuche und hemmungslosem Risikoverhalten. Auch ein selbstverletzendes Verhalten, bei dem sich Patienten oft schwere, z. T. sogar lebensbedrohliche Wunden beibringen, steht für eine tiefgreifende Fehlsteuerung im organismischen Erleben. Der unmittelbar vitale Erlebensgrund der Patienten scheint tief beeinträchtigt.

Es ist allerdings zu sagen, dass auch bei Patienten mit einer Persönlichkeitsstörung für Teilaspekte ihres Erlebens eine Inkongruenz beschrieben werden kann. Ebenso ist zu betonen, dass nicht alle Personen, denen eine Persönlichkeitsstörung zugeschrieben wird, so schwer gestört sind, wie hier angedeutet. Dann ist, auch unter Beachtung der Inkongruenzkonstellation, eine angemessene Gewichtung der anzunehmenden pathogenetischen Faktoren von Fall zu Fall vorzunehmen.

2.2.2 Inkongruenz

Wenn das Individuum Ziele anstrebt und sich mit Werten identifiziert, die mit seinen eigensten, „organismischen", nicht symbolisierten Wünschen und Bedürfnissen im Widerspruch stehen, liegt eine Inkongruenz vor. Dies bedeutet eine Diskrepanz zwischen der Aktualisierungstendenz einerseits und dem Selbstkonzept andererseits. Dieses Konzept vom eigenen Selbst ist immer auch ein „Weltkonzept" und ein „Fremdkonzept", insofern in dieses Vorstellungen über die Mitwelt und verinnerlichte Werte bedeutsamer Bezugspersonen sowie gesellschaftlich etablierte Normen eingehen. Im Falle der Inkongruenz besteht ein Widerspruch zwischen der „organismischen", d. h. ursprünglichen und unmittelbaren Erfahrung auf der einen Seite und dem Selbstverständnis auf der anderen. Dank der Aktualisierungstendenz ist der Mensch zwar grundsätzlich darauf ausgerichtet, mit sich selbst identisch zu sein. So strebt er danach, mit seinem Fühlen, Wollen und Wünschen zu einer Einheit zu kommen. Jedoch ist er immer wieder der Gefährdung ausgesetzt, dass ihm diese Selbstübereinstimmung nicht gelingt. Es besteht die grundsätzliche Gefahr einer Inkongruenz, einer Entzweiung zwischen ursprünglichsten und unmittelbarsten Bedürfnissen einerseits sowie mittelbaren, d. h. durch Sozialisation vermittelten Wünschen und Zielsetzungen andererseits (Stumm u. Keil 2002).

Dies hat seinen Grund in der zwiefachen Ausrichtung des Menschen. Er ist per Aktualisierungstendenz auf die Entfaltung der eigensten Möglichkeiten ausgerichtet, ist aber auch bestimmt von einem Bedürfnis nach sozialer Anerkennung, Zuwendung und positiver Beachtung (Rogers 1987, S. 34/[1]1959). Dieses Bedürfnis macht zwar den Menschen zu einem sozialen, auf Gemeinschaft ausgerichteten Wesen (Schmid 1998, 2002), gleichzeitig bringt ihn aber gerade dies in Gefahr, Werte und Forderungen zu verinnerlichen, die nicht seine eigensten sind. Die Verinnerlichung führt dazu, dass das Erleben von Selbstachtung an das Realisieren dieser „uneigentlichen" Werte gebunden ist. Der Konflikt zwischen individuellen und sozialen Strebungen bedeutet also für das Individuum immer die Gefahr einer Selbstentfremdung. In diesem Sinne gilt für die neurotische Störung als typisch, dass sich die sozialen Bedürfnisse zu sehr auf Kosten der individuellen durchgesetzt haben, bzw. dass sich die Letzteren in einem bohrenden Widerspruch zu den ersteren befinden. Dabei ist sich ein so gestörtes Individuum dieser Tatsache zunächst meist gar nicht oder nur andeutungsweise bewusst. Denn es hat sich mit den Erwartungen der wichtigen Bezugsperson weitgehend identifiziert, d. h. es hat sein eigenes Selbstkonzept, sein Selbstbild und sein Selbstideal nach den Normen und Einstellungen dieser anderen Personen so sehr ausgerichtet, dass ein starker Widerspruch zu seinen eigenen Bedürfnisse und Bewertungen besteht. Um diesen Widerspruch zu bewältigen, werden die Bedürfnisse nicht mehr exakt, sondern nur noch verzerrt oder gar nicht symbolisiert (Rogers 1987, S. 30/[1]1959). Das Individuum wehrt sich, ohne dessen gewahr zu werden, sogar gegen eine solche exakte Symbolisierung, es lebt im Zustand einer „Wahrnehmungsverweigerung" bzw. der „Abwehr" gegenüber den eigensten Wünschen (Rogers 1987, S. 31/[1]1959), da eine solche Wahrnehmung das Selbstkonzept und damit auch das Selbstwertgefühl und die Selbstachtung erschüttern würde. Gelingt die Abwehr komplett, ist die Person zwar in ihrer Entfaltung, nicht jedoch unbedingt in ihrem Befinden beeinträchtigt. Oft ist dies erst der Fall, wenn die Inkongruenz als der Widerspruch zwischen dem Selbstkonzept und der „organismischen", also originären und unverstellten Erfahrung, „unterschwellig wahrgenommen" (Rogers, a. a. O., S. 25) und verzerrt in Form von Symptomen symbolisiert wird. Im Zustand der Inkongruenz lebt das Individuum in Selbstentzweiung und Selbstentfremdung, denn es lebt entsprechend den Normen und Bedürfnissen anderer (Rogers, a. a. O., S. 52).

Dieses anhand von Personen mit „neurotischen" Störungen entwickelte Konzept will übrigens nicht die Position vertreten, dass jede Form sozialer Einflussnahme, wie z. B. Erziehung und Bildung, schon zur Selbstentfremdung führt. Vielmehr ist zu bedenken, dass eine konstruktive Sozialisation eine „Selbstbereicherung" darstellt, da eine gelungene Selbstentwicklung nicht als ausschließliche Entfaltung von bereits vorgegebenen Möglichkeiten zu denken ist. Viele, scheinbar originär und individuell erscheinende Bedürfnisse erhalten erst durch die Kulturation, also durch Sprache und die verschiedenen Dimensionen des sozialen Raumes, ihre spezifische Differenziertheit und Bedeutungsfülle. Ein bestimmtes Gefühl, eine bestimmte Form der Scham oder des Erlebens von Liebe oder Schuld kann ich so erst an mir erfahren, weil die Möglichkeit eines solchen Erlebens kulturell vorgeformt wurde. Die Verknüpfung mit kulturellen Bezugssystemen ist bei selbstreflexiven bzw. Selbstbewertungsemotionen besonders ausgeprägt (Roos 2000), sie findet sich aber auch bei den so genannten Grund- oder Primäremotionen wie Ärger, Angst, Traurigkeit und Freude. Auch den Wunsch nach Selbstverwirklichung und Autonomie kann erst in einem kulturellen Raum empfunden werden, in dem diese als Idee schon vorgegeben sind.

Auf der Ebene einer grundlegenden anthropologischen Betrachtung gilt es also zu bedenken, dass die Möglichkeiten des Menschen zu einem wirklich autonomen und authentischen Erleben immer nur bedingt sind, und zwar durch die jeweilige Kultur- und Sozialisationsgemeinschaft. Für psychotherapeutische Belange ist allerdings auch hervorzuheben, dass das Individuum ganz konkret in eine Diskrepanz kommen kann zu jenen Bedürfnissen und Werten, die es einerseits als die eigenen erlebt, und zu solchen Normen und Zielsetzungen, die ihm andererseits sehr unmittelbar durch die nächsten Kontaktpersonen vorgegeben werden. Psychotherapie hat es also demzufolge häufig mit durch Überanpassung entstandenen Blockierungen spontanen Erlebens, mit Ängsten vor den eigenen Gefühlen und Wünschen zu tun.

Auf dem Boden des Inkongruenzmodells ist die neurotische Störung zu erklären als eine (allerdings nicht ganz geglückte) Unterdrückung eigener Bedürfnisse, als ein Leiden verursachender Widerspruch von (scheinbar) unvereinbaren Gefühlen, Vorstellungen und Wünschen. Es handelt sich dabei um Gefühle und Wünsche, die mit der Selbstverwirklichung einerseits und dem Bedürfnis nach Anerkennung und sozialer Integration andererseits zu tun haben. Symptome wie Angst, Depression und Zwang sind dann als eine verzerrte Symbolisierung solcher Gefühle und Wünsche zu verstehen (Rogers a. a. O., S. 30, 53). Sie sind aber auch, vor allem wenn es sich um einer längerfristig bestehende Störung handelt, als Versuch einer Bewältigung dieses inneren Zwiespalts, als Versuch einer Überwindung der Inkongruenz zu sehen.

Leiden und damit ggf. auch krankheitswertige Symptome verursacht eine Inkongruenz aber nur, wenn sie ansatzweise bzw. „unterschwellig" (Rogers 1987/[1]1959) wahrgenommen wird. Gelingt die Ausblendung der mit dem Selbstkonzept unvereinbaren Bedürfnisse völlig, besteht in der Regel kein Leidensdruck, allerdings wirkt die Person dann oft für Außenstehende „inkongruent" und in ihrem Verhalten manchmal nicht nur widersprüchlich, sondern auch gestört.

Im Rahmen einer speziellen Störungslehre sind je nach individueller Struktur des Selbstkonzepts und des organismischen Erlebens unterschiedliche *Inkongruenzkonstellationen* zu beschreiben (Speierer 1994). Diese sind inhaltlich in Form der für die jeweilige Störung charakteristischen Schlüsselthemen zu erfassen (s. Kap. 7).

Lebensgeschichtliche Genese. Die lebensgeschichtliche Genese der Inkongruenz ist durch Eltern bedingt, die das Erfüllen von Wünschen des Kindes (des jungen Patienten) nach positiver Beachtung in hohem Maße von jeweils spezifischen Bedingungen abhängig machten. So wurden „Bewertungsbedingungen" aufgestellt, die das Kind derart verinnerlichte, dass es künftig einen großen Teil seiner organismischen Erfahrungen nach diesen Maßstäben als mit seinem Selbstkonzept unvereinbar erleben wird (Rogers a. a. O., S. 50f). Die Haltung dieser Eltern (und ihre Interaktion mit dem Kind), die ein ausreichendes Maß an bedingungsfreier Wertschätzung bzw. Empathie nicht realisierten, ist dann für den jeweiligen Einzelfall noch differenziert zu beschreiben (s. Kap. 7).

Spezifisches Lebensereignis. Durch ein spezifisches Lebensereignis werden Aspekte der organismischen Erfahrung so aktualisiert, dass die Unterdrückung ihrer Symbolisierung zunächst nicht mehr komplett gelingt: Die Person erlebt unterschwellig die Inkongruenz und eine Bedrohung ihres Selbstkonzepts und reagiert mit Angst und mit einer Verzerrung der Symbolisierung in Form von Symptomen (Rogers a. a. O., S. 52f). Dies bedeutet den Beginn der eigentlichen Störung bzw. der Erkrankung.

2.2.3 Zwischenmenschliche Beziehung

Betont das Konzept der Aktualisierungstendenz die (allerdings grundsätzlich auch störbare, s. o.) individuelle Entfaltung und Selbstentwicklung auf

Grund der eigenen Wachstumspotenz, so wird mit dem Inkongruenzmodell auf die Störbarkeit dieser Entfaltungstendenz auf Grund der sozialen Bindung des Individuums verwiesen. Manche Implikationen des Inkongruenzmodells scheinen dabei fast die Vorstellung nahe zu legen, dass gerade diese Bindung zu überwinden ist, indem sich das Individuum zu seinen eigensten Gefühlen und Bedürfnissen bekennt, diese auch akzeptiert und sich insofern von den Forderungen sozial vermittelter Normen lossagt. Besonders der späte Rogers hat aber darauf hingewiesen, dass dies ein Missverständnis sei. Mit dem Beziehungskonzept wird in einem affirmativen Sinne die grundsätzliche Verwiesenheit der Person auf die anderen und auf die Gemeinschaft hervorgehoben. Diese Verwiesenheit erscheint nicht als ein defizienter Modus menschlicher Existenz. Zwar formuliert Rogers zunächst so, dass die Aktualisierungstendenz als das „einzige Motiv des Organismus" zu sehen sei (Rogers 1987, S. 22/[1]1959), doch sagt er auch, dass daneben noch ein zweites Bedürfnis beschrieben werden müsse, nämlich ein „need for positive regard", das Bedürfnis nach Anerkennung und Zuwendung sowie nach Bindung (Rogers a. a. O., S. 34f). Möglicherweise auch unter dem Eindruck mehrerer Begegnungen mit Martin Buber betont Rogers in den 60er Jahren des 20. Jh. zunehmend das Dialogische. Menschsein ist im Jetzt immer auch „In-Beziehung-Sein" (Schmid 1996). Das hat dann auch zu bedeuten, dass der Mensch das, was er ist, die Art seines Erlebens, seines Wertens und Wollens immer auch dem Einfluss relevanter anderer schuldet, im Guten wie im Schlechten, im Gesunden wie im Kranken.

Die stärkere Betonung einer sozialpsychologischen Perspektive hat ihre besondere Bedeutung auch für die Störungslehre, psychische Erkrankungen werden von einigen Autoren vorrangig als Störungen der Beziehungsfähigkeit gesehen (Pfeiffer 1993). Da der Mensch durch seine Beziehungserfahrungen geprägt wird, neigt er im Fall negativer Erfahrungen dazu, diese auch in späteren Beziehungen zu erwarten und seine Interaktionen entsprechend zu strukturieren. Solche maladaptiven Interaktionsmuster führen dann wieder zu neuen Enttäuschungen und zu dem Gefühl mangelnder Wertschätzung und Anerkennung. Die chronische Unterminierung des Selbstwerterlebens durch negative Beziehungserfahrungen sowie das unbefriedigte Bindungsbedürfnis finden beispielsweise in Symptomen wie Depressionen und Angst ihren Ausdruck. Die psychische Krankheit ist demnach wesentlich als Beziehungsstörung zu verstehen (Pfeiffer 1993; van Kessel u. van der Linden 1993; Schmid 1996; van Kessel u. Keil 2002). Da der Mensch aber immer auch korrigierende Beziehungserfahrungen machen, d. h. an neuen Erfahrungen die Ungültigkeit seiner bisherigen Beziehungserfahrungen erleben kann, ist Psychotherapie als Beziehungstherapie möglich und nötig.

Im Rahmen einer gesprächspsychotherapeutischen Störungslehre sind auch verschiedene Formen gestörter Beziehungen zu beschreiben bzw. idealtypisch maladaptive Interaktionsmuster und Beziehungserwartungen darzustellen, die auch in der therapeutischen Beziehung aktualisiert werden können (s. Kap. 5).

2.3 Therapietheorie der Gesprächspsychotherapie

Ein Psychotherapieverfahren ist über die Beschreibung verschiedener Ebenen zu definieren (Hoffmann 1986; Höger 1989). Über die Ebene der Störungstheorie und der dieser vorgeordneten Persönlichkeitstheorie wurde im vorigen Kapitel bereits gesprochen. Aus der Persönlichkeits- sowie der Störungstheorie leitet sich in der Regel die Therapietheorie ab, in der die Änderungskonzepte eines Verfahrens zusammengestellt sind, also seine Grundannahmen über Heilungsprozess und Wirkfaktoren. Ansatzweise wurde Letzteres schon in Kap. 1 erwähnt, jetzt soll der therapietheoretische Hintergrund dieser Konzepte in Form von drei Postulaten noch weiter ausgeleuchtet werden. Aus der Therapietheorie ergeben sich die Therapieprinzipien (s. Kap. 3), dies sind die drei Grundmerkmale der gesprächspsychotherapeutischen Behandlungspraxis, bei denen es sich um Einstellungen des Therapeuten handelt. Aus diesen leitet sich dann die Therapietechnik (s. Kap. 3) mit ihren einzelnen Interventionsformen ab. Abbildung **1** soll diese Zusammenhänge darstellen.

2.3.1 Therapie als Fördern der Selbstheilungskraft: Verändern durch Anerkennen

Ein Kennzeichen der Gesprächspsychotherapie ist ihr Vertrauen in die Selbstheilungskraft des Patienten, was sich in der Bereitschaft ausdrückt, sich im

2.3 Therapietheorie der Gesprächspsychotherapie

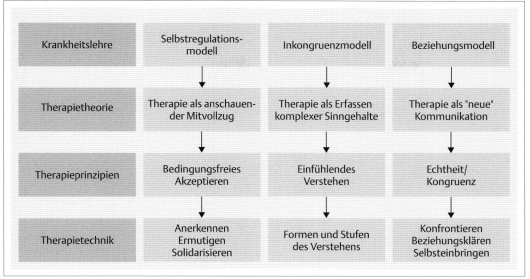

Abb. 1 Der methodische Begründungszusammenhang von Krankheitslehre, Therapietheorie, Therapieprinzipien und Therapiepraxis

therapeutischen Prozess in besonderer Weise auf die gesunden Persönlichkeitsanteile des Patienten zu zentrieren. Über das in diesem Zusammenhang zu erwähnende Konzept der Aktualisierungstendenz wurde schon im vorigen Abschnitt gesprochen. Nun soll noch einmal Rogers (1987, S. 21f/[1]1959) zitiert werden. Die Aktualisierungstendenz ist „die dem Organismus innewohnende Tendenz zur Entwicklung all seiner Möglichkeiten; und zwar so, dass sie der Erhaltung oder Förderung des Organismus dienen (...). Der Begriff beinhaltet die Tendenz des Organismus zur Differenzierung seiner selbst und seiner Funktionen, er beinhaltet Erweiterung im Sinne von Wachstum (...), dies meint die Entwicklung hin zur Autonomie". Die Aktualisierungstendenz ist also eine Art Lebenskraft, die auf die Weiterentwicklung und Ausdifferenzierung des Individuums zielt, aber auch zu Einheit und Ganzheit tendiert.

Hervorzuheben ist hierbei das tiefe Vertrauen, das Rogers in die konstruktive Potenz dieser Lebenskraft hat, was zu einem Vertrauen auch auf die Selbstheilungskräfte im Patienten führt. Die Vermittlung dieses Vertrauens dürfte an sich schon ressourcenmobilisierend auf den Patienten wirken. Es schützt auch den Therapeuten vor der Versuchung, ständig korrigierend eingreifen zu wollen und nicht immer „dem Wunsch zu verfallen, herbeizustürzen und die Dinge in Ordnung zu bringen" (Rogers 1973b, S. 37/[1]1961). Vielmehr kann der Therapeut im Vertrauen auf die Selbstheilungskraft eine gewisse Gelassenheit zeigen, die an sich schon auf den Patienten beruhigend und auch das Selbstvertrauen fördernd wirken kann, vor allem, wenn diese Gelassenheit mit warmherziger Zuwendung und bedingungsfreier Wertschätzung verbunden ist. Dieses Vertrauen ermöglicht es auch, die Zuwendung mit der Aura einer gewissen Absichtslosigkeit zu verbinden, was für den Patienten einen Raum von Freiheit und Unmittelbarkeit der therapeutischen Begegnung eröffnet. In einer Zeit, in der von der Psychotherapie gefordert wird, immer zielgerichtet eingreifender, immer strukturierter, immer funktioneller zu werden sowie immer umstandsloser lösungsorientiert zu sein, kann diese Haltung dem Patienten die ermutigende Gewissheit geben, auch in seinem defizienten Erleben und Befinden anerkannt zu sein. Der Änderungsoptimismus des Therapeuten, der keine unmittelbare Änderungsforderung stellt, kann im Patienten gerade den Mut zur Änderung mobilisieren.

Im folgenden Kapitel über die Therapieprinzipien und die Behandlungstechnik wird zu zeigen sein, wie sich diese Position behandlungspraktisch konkretisiert. Dabei mag es dort so erscheinen, als bestünde ein Widerspruch zwischen der oben angesprochenen „Gelassenheit" und „Absichtslosigkeit" einerseits und den dort beschriebenen zielgerichteten Handlungsoptionen andererseits. Dieser scheinbare Widerspruch ist insofern dialektisch aufzulösen, als beide Positionen als Polaritäten zu verstehen sind, zwischen denen sich das konkrete Therapeutenverhalten zu bewegen hat. Der Versuch, für bestimmte Zielsetzungen therapeutische Handlungsregeln zu beschreiben, wird leicht den Eindruck einer sehr funktionalistischen Einstellung suggerieren. Hierbei ist jedoch zu bedenken, dass diese Einstellung durch eine gewissermaßen gegenläufige Einstellung immer in einer Balance zu halten ist.

2.3.2 Therapie als Sinnerfahrung und Aufhebung des Selbstwiderspruchs: Verändern durch Verstehen

Die psychogene Erkrankung wird, wie im vorigen Abschnitt schon gezeigt, als Ausdruck einer Inkongruenz gesehen. Diese Inkongruenz bedeutet, dass der Patient mit sich selbst diskrepante Erfahrungen macht, dass er mit sich selbst im Widerspruch ist. Da diese Widersprüchlichkeit ängstigend ist, versucht er, ihre Wahrnehmung abzuwehren (Rogers 1987/[1]1959). Die Symptome können dann im Dienst dieser Abwehr stehen. In der Therapie wird dieser Zwiespalt als quälende Selbstentzweiung wieder erfahrbar.

Wenn psychische Störungen als Folge einer Inkongruenz zwischen dem Selbstverständnis einer Person und ihren faktischen, aber nicht symbolisierten Bedürfnissen aufgefasst werden, dann folgt daraus, dass die dem Selbstverstehen entzogenen Bedürfnisse diesem wieder zugänglich gemacht werden müssen. Sie müssen wieder, wie Rogers formuliert, „exakt symbolisiert" werden. Nur so kann die Person aus der Selbstverborgenheit befreit, kann sie für sich selbst wieder transparent werden. In einem weiteren Schritt geht es darum, sich mit den bisher nicht akzeptierten Aspekten der eigenen Person zu versöhnen und so Kongruenz wieder herzustellen.

Das Aufheben der Selbstverdeckung und damit auch einer Selbstentfremdung im therapeutischen Prozess zunehmender Selbsterfahrung setzt eine hermeneutische Entzifferungsarbeit voraus. Denn es gilt ja, das wegen der Symbolisierungsstörung zunächst Unverständliche zu verstehen (Keil 1997; Finke 1999a). Das therapeutische Verstehen muss also einen verborgenen Sinn erschließen, was bedeutet, dass dieses Verstehen das bisherige Bezugssystem des Patienten überschreiten muss, da die Bezugspunkte dieses Systems bereits der Entstellung durch die Symbolisierungsstörung unterliegen.

Nun ist aber das therapeutische Vorgehen in der Gesprächspsychotherapie so konzipiert, dass das Verstehen des Therapeuten, vor allem soweit es kundgegeben wird, unter ständiger Bezugnahme auf das Verstehen des Patienten erfolgt. Der therapeutische Prozess ist hier also als Verständigung zwischen Therapeut und Patient zu sehen. Das bedeutet, dass sich das Bezugssystem des Patienten auch ständig erweitert, sodass dessen jeweiliges Überschreiten in kaum merkbaren Schritten erfolgt. Allerdings besteht hier doch ein Unterschied zu der unter Abschnitt 2.2.1 dargestellten Position. Dort wird davon ausgegangen, dass der Patient eigentlicher Verstehenshilfen in Form von Verstehensangeboten, die sein augenblickliches Bezugssystem überschreiten, nicht bedarf, da der Patient auf Grund seines selbstexplorativen Potenzials ganz aus sich selbst heraus zu einem vollen Selbstverstehen fähig ist. Eine hermeneutische Aufgabe als ein Verstehen des Unverständlichen seitens des Therapeuten wird dort zurückgewiesen, da der hiermit verbundene Anspruch auf Deutungskompetenz dem Therapeuten nicht zukomme und nur zu einer Fremdbestimmung des Patienten führe. Die Vertreter der hier besprochenen Position halten dem entgegen, das Psychotherapie nicht als reine Selbstaussage des Patienten begriffen werden könne, schon weil der Patient, ausschließlich in sich selbst gespiegelt, sich eben nicht aus seiner Selbstbefangenheit und Selbsttäuschung befreien könne, ihm vielmehr so viele Aspekte seiner Inkongruenz unverstanden bleiben müssten.

Verstehen der Lebensgeschichte

Innerhalb der Gesprächspsychotherapie ist seit einiger Zeit ein vermehrtes Interesse an entwicklungsgeschichtlichen Aspekten festzustellen (Biermann-Ratjen et al. 1995; Biermann-Ratjen 2002; Reisel 2001). Diese Rückbesinnung auf eine biografische Perspektive und damit auf die Geschichtlichkeit der Person ist nicht nur aus einem störungstheoretischen Anliegen anzuerkennen, sondern sie liegt auch in der Konsequenz eines humanistischen Menschenbildes, wonach die Geschichtsfähigkeit, die Möglichkeit, die vergangene Zeit als je eigene Geschichte erleben zu können, ein die Sonderstellung des Menschen kennzeichnendes Merkmal ist. Die Entwicklungsgeschichte der Person interessiert hier also unter dem Aspekt der subjektiv angeeigneten Lebenszeit, der erlebten Vergangenheit, der Überführung von „Naturzeit" in „Humanzeit" (Zurhorst 1987). Lebensgeschichtliche Erfahrungen werden vergegenwärtigt, um Lebenserwartungen und damit Zukunftsperspektiven auszubilden, zu differenzieren und ggf. zu korrigieren. Erst wenn so die Vergangenheit an die Zukunft angeschlossen wird, ist ein Erleben von Identität möglich, denn erst die vergegenwärtigte Zeiterfahrung schafft ein Gefühl von Identität. Ein Identitätserleben aber ist die nötige Voraussetzung für eine Art Selbstverwirklichung, da ein Erleben und ein „Konzept" für das ausgebildet sein muss, was als das „Selbst" verwirklicht werden soll.

Das Verstehen des Erlebens des Patienten hat seinen Bezugspunkt zunächst im Hier und Jetzt. Das bedeutet, dass die im Verstehen gemeinten Sinngehalte sich auf das aktuelle Erleben des Patienten beziehen. Es schließt allerdings nicht aus, dass ein anderer Bezugspunkt manchmal auch das Dort und Damals ist. Es kommt jedoch darauf an, das Dort und Damals sinnbildend mit dem Hier und Jetzt zu verbinden und ihm so erlebnishafte Aktualität zu verleihen. So wird die Vergangenheit des Patienten, die Geschichte seiner Beziehungserfahrungen wie seiner Selbsterfahrungen, vergegenwärtigt. Damit soll nicht einem kurzschlüssigen und therapeutisch wenig fruchtbaren Erklären der Gegenwart durch die Vergangenheit das Wort geredet werden. Für die Kohärenz des Selbstkonzepts und die Ausbildung eines stabilen Identitätserlebens ist aber die erinnernde Aneignung der eigenen Geschichte bedeutsam.

Da Erinnerungen ein wesentliches Element der „inneren Welt" des Patienten sind, ist es wichtig, sie zum Gegenstand therapeutischer Arbeit zu machen. Diese Arbeit bedeutet dann das Umgestalten bzw. ein erneuertes und verändertes Erzählen der „inneren" Lebensgeschichte des Patienten (Finke 1990b; Vossen 1993; Zurhorst 1993). Insbesondere aus einer humanistischen Perspektive muss im Erinnern als dem Versuch einer Selbstvergewisserung ein unverzichtbares Merkmal menschlicher Personalität gesehen werden. Im Vollzug des Erinnerns versucht der Mensch, sich der Ganzheit seines Lebens inne zu werden, sich die Herkunft seines Erlebens und Entscheidens zu vergegenwärtigen, sich Rechenschaft zu geben sowie sinnbildend zu seinem „gelebten Leben" Stellung zu nehmen. Erst in solchem Erinnern schafft er sich eine Identität.

Ein derartiges Erinnern geschieht in der Unmittelbarkeit des Hier und Jetzt aus dem Bedürfnis, die Vergangenheit in der Gegenwart „aufzuheben", d. h. zu bergen, und andererseits die Gegenwart vor dem Hintergrund der Vergangenheit zu verstehen. Dies ist dann keinesfalls ein emotional blasses „Reden über ...", das dem emotional gefüllten Erleben sehr entrückt ist. Es gibt eine Form des Erinnerns, die das Vergangene gegenwärtiger macht als es jemals gewesen war. In diesem Erinnern muss sich der Patient seine Vergangenheit neu aneignen, damit er nicht nur die Kohärenz seines Selbst voll gewinnen, sondern auch sich selbst stärker bejahen und freier von Schuldgefühlen leben kann. Dieses Erinnern führt aber nicht zu endgültigen Verstehensinhalten, zu eindeutigen und abschließenden Rekonstruktionen der Vergangenheit. Vielmehr ist gerade auch das lebensgeschichtliche Verstehen unabschließbar.

2.3.3 Therapie als Dialog: Verändern durch Begegnen

Vor allem für die frühe Phase der Gesprächspsychotherapie ist fast ausschließlich ein Beziehungskonzept bestimmend, in dem der Therapeut konsequent die Rolle eines Alter Ego des Patienten einnimmt, das heißt, der Therapeut versucht, sich in den Patienten hineinversetzend ganz dessen Perspektive zu übernehmen (Rogers 1973a/[1]1995). Später (ab ca. 1960) hat Rogers diese Position ergänzt um die einer dialogischen Position. Der Therapeut soll nun auch zu einem realen Gegenüber, zu einem authentisch antwortenden Anderen für den Patienten werden. Therapie wird unter diesem Aspekt als Begegnung von „Person zu Person" gesehen (Rogers u. Schmid 1991; Schmid 1994). Aus dieser Position wurde, wie oben dargestellt, ein Störungskonzept abgeleitet; sie impliziert auch ein entsprechendes Änderungskonzept.

Die Aufgabe des Therapeuten wird jetzt nicht so sehr darin gesehen, durch Verstehensangebote die Auseinandersetzung des Patienten mit sich selbst zu stimulieren, sondern dem Patienten die

Auseinandersetzung mit einem personalen Gegenüber zu ermöglichen. Psychotherapie wird jetzt stärker als ein dialogisches Geschehen konzipiert, in dem der Therapeut den Patienten nicht vorwiegend auf sich selbst zurückverweist, sondern in dem sich der Therapeut als Person transparent macht und sich als ein reales Gegenüber („real person") zur Verfügung stellt. Psychotherapie ist jetzt nicht nur intrapsychische, sondern auch interpersonale Auseinandersetzung. Die Änderung von zentralen Erlebnismustern soll nun nicht nur durch den Prozess der Selbstverständigung fördernde Verstehens-angebote erfolgen, sondern das „reale Zugegensein" des Therapeuten soll selbst Medium der Therapie werden (Rogers 1977, S. 170). Der Therapeut ist nun nicht nur der Verstehende, sondern auch der Antwortende (Pfeiffer 1991; Rogers u. Schmid 1991; Finke 1994; Schmid 1996). Von der Person des Therapeuten wird die unmittelbare Präsenz und auch Transparenz im Hier und Jetzt gefordert, indem er sein Erleben der therapeutischen Situation (in konstruktiver, d. h. auch selektiver Weise) verdeutlicht (Lietaer 1992). Das bedeutet, dass er sein eigenes Bezugssystem dem des Patienten gegenüberstellt und z. B. auch wertend Stellung nimmt. Das Therapieprinzip *Echtheit* (s. Kap. 3) gewinnt eine besondere Bedeutung (Beck 1991). Der Therapeut hat sich als in den Therapieprozess Eingebundener, als Teilnehmer eines Interaktionsgeschehens zu begreifen, der in diesem Prozess selbst auch immer wieder in Frage gestellt wird und dabei bis zu einem gewissen Grad auch an sich selbst eine Veränderung erfährt (Pfeiffer 1991). Die Veränderung der Erlebensstrukturen des Patienten geschieht hier durch neue Kommunikationserfahrungen. Das Unerwartete und Neue in der therapeutischen Interaktion lässt bisherige Kommunikationserfahrungen als ungültig erscheinen. Dysfunktionale Interaktionsmuster werden nicht bestätigt, der Patient kann sie als unangebracht erleben und so korrigierende Erfahrungen machen. In der Unmittelbarkeit der Begegnung von Therapeut und Patient können durch frühere Beziehungserfahrungen geprägte, stereotype Beziehungserwartungen korrigiert werden.

Über die therapeutische Bedeutsamkeit der beiden Aspekte der Gesprächspsychotherapie, dem verstehend-spiegelnden sowie dem dialogisch-interaktionellen, ist nicht alternativ, sondern indikativ zu entscheiden. Dabei ist ein Indikationskriterium die jeweilige Phase des Therapieprozesses. Vor allem in späteren Prozessphasen wird man bei vielen Patienten vermehrt aus einer Dialogposition intervenieren (Finke u. Teusch 1999). Ein weiteres Kriterium ist die Persönlichkeitsstruktur bzw. -störung des Patienten. Bei Patienten mit bestimmten Persönlichkeitsstörungen (s. Kap. 5) und auch bei ausgeprägt extrovertierten, wenig introspektionsfähigen Personen (Tscheulin 1992) ist ein Ansatz, der stark ein spiegelndes, den Patienten auf sich selbst verweisendes Vorgehen betont, weniger angezeigt. Hier käme es vielmehr darauf an, dass der Therapeut als reale Person greifbar wird, und zwar sowohl in akzeptierenden, stützenden als auch in konfrontierenden Anteilen. Das bedeutet nicht, dass das Therapieprinzip des *Einfühlenden Verstehens* ganz ausgeklammert wird, es wird lediglich zu Gunsten des Prinzips der *Echtheit* weniger ausschließlich akzentuiert (s. dazu auch Kap. 5).

3 Therapieprinzipien und Therapietechnik

Wurden in der Therapietheorie die Grundannahmen über die Möglichkeiten psychotherapeutischer Einflussnahmen überhaupt beschrieben, so sind in den Therapieprinzipien spezifischer die Charakteristika dieser Einflussnahmen darzustellen. Die Therapieprinzipien beinhalten Grundregeln der therapeutischen Praxis, die im Falle der Gesprächspsychotherapie überwiegend auf der Ebene von Einstellungen bzw. Haltungen des Therapeuten formuliert sind. Aus diesen Einstellungen ist dann das konkrete therapeutische Handeln, d. h. die Behandlungstechnik, abzuleiten.

In der Gesprächspsychotherapie gelten bekanntlich drei Grundeinstellungen des Therapeuten (die sog. drei Basismerkmale) als Bedingungen für eine erfolgreiche Psychotherapie: *bedingungsfreies Akzeptieren, einfühlendes Verstehen* und *Echtheit/Kongruenz*. In diesen Basismerkmalen sah Rogers (1957) notwendige und hinreichende Bedingungen für den Therapieerfolg. Dies ist auch zutreffend, sofern die sog. Basismerkmale als Therapieprinzipien gesehen werden, aus denen das therapeutische Handeln im Sinne einer Therapietechnik erst zu entwickeln ist (Höger 1989), was in der Literatur manchmal nicht mit der genügenden Deutlichkeit herausgestellt wird. Die nicht selten anzutreffende Verwechslung von Therapieprinzipien und Therapietechnik hat zu mancherlei Irrtümern und Scheindebatten geführt, so z. B. zur Frage, ob die drei Basismerkmale (neben den notwendigen Merkmalen der Patienten) wirklich notwendige und hinreichende Therapiebedingungen wären. Rogers ging bei seiner diesbezüglichen Behauptung davon aus, dass es sich bei den Basismerkmalen nur um Einstellungsmerkmale, nicht schon um Beschreibungen der Therapietechnik handelt (Rogers 1957). So wird die Forderung wenig sinnvoll, den „Basisvariablen" noch sog. Zusatzvariablen an die Seite zu stellen, um zu einer genügend differenzierten Behandlungsmethodik zu kommen. Da diese „Zusatzvariablen" („Konkretisieren", „Beziehungsklären", „Selbsteinbringen") tatsächlich Interventionen auf der Ebene therapeutischen Handelns darstellen, kann man sie nicht, wie ihre Bezeichnung suggerieren mag, in eine Ergänzungsreihe mit den „Basisvariablen" stellen, denn Letztere sind auf einer ganz anderen Abstraktionsebene, eben der von Einstellungen bzw. Prinzipien angesiedelt. Die „Zusatzvariablen" ergeben sich nicht aus einer Addition zu, sondern aus einer Ableitung von den Basismerkmalen, also den Therapieprinzipien der Gesprächspsychotherapie (Abb. **2**).

Aus dem gleichen Grund erscheint die Gegenüberstellung von „Basisverhalten" und „differenzieller Therapie" wenig sinnvoll. Therapeutisches Verhalten sollte stets in dem Sinne differenziell sein, als es den Besonderheiten der jeweiligen therapeutischen Situation und des Patienten zu entsprechen versucht. Auch eine weitere Gegenüberstellung ist unter theoretischen Aspekten zu kritisieren, zumindest zu relativieren, nämlich die von Beziehung und Technik. Zur Realisierung einer bestimmten Beziehung ist ein bestimmtes Handeln notwendig, also eine Technik. Auch umgekehrt gilt: Eine bestimmte Technik bzw. ein bestimmtes Therapeutenverhalten konstituiert eine Beziehung.

Beziehung und Technik. In Hinblick auf die letztgenannte Aufgabe kommt es darauf an, zu zeigen, wie, d. h. durch welches Handeln die therapeutische Beziehung zu gestalten ist. Es soll, mit anderen Worten, gezeigt werden, wie ein bestimmtes Beziehungsangebot zu vermitteln ist, damit der Patient dieses Angebot auch in der vom Therapeuten beabsichtigten Weise wahrnimmt. Die Behandlungspraxis eines Verfahrens muss also immer schon eine bestimmte Vermittlungstechnik enthalten. Die Frage ist nur, ob diese Technik ausdrücklich konzeptualisiert wird, ob also entsprechende Handlungsregeln explizit gemacht und als solche beschrieben werden oder ob das therapeutische Handeln rein intuitiv erfolgt, nur inspiriert vom Geist der drei Grundprinzipien. Rogers selbst trat bekanntlich für die letztgenannte Alternative ein,

Abb. 2 Therapieprinzipien und Therapiepraxis

da er im anderen Fall eine Fixierung des Therapeuten auf das Technische unter Vernachlässigung der Grundhaltungen befürchtete. Er sorgte sich, dass eine zu detaillierte und schematisierte Behandlungsanleitung das eigentliche Anliegen der therapeutischen Einstellungen verdecken und dass das Bemühen um ein perfektes Exekutieren therapeutischer Techniken die Bedeutung der therapeutischen Beziehung vergessen lassen könnte. Dies wird auch heute noch, wie in Kap. 1 dargestellt, von einigen Vertretern der Gesprächspsychotherapie so gesehen (Übersicht auch bei Keil 1998; Stumm u. Keil 2002). Zunehmend setzt sich aber die Ansicht durch, dass sowohl für die Lehrbarkeit eines Verfahrens als auch für seine exakte Vergleichbarkeit mit anderen Verfahren und für den Ausweis seiner Wissenschaftlichkeit das Beschreiben der Regeln des therapeutischen Handelns unverzichtbar ist. Schon früh war deshalb auch innerhalb der Gesprächspsychotherapie versucht worden, dem Rechnung zu tragen (z. B. Truax u. Carkhoff 1967; Carkhoff 1969; Tauch 1970). Tausch hatte aus der Grundhaltung des einfühlenden Verstehens eine Handlungsregel abgeleitet, das „Verbalisieren emotionaler Erlebnisinhalte" (VEE). Diese Regel ist inzwischen in verschiedener Hinsicht weiter ausdifferenziert worden (Swildens 1991; Sachse u. Maus 1991; Sachse 1992; Tscheulin 1992; Frohburg 1992; Teusch 1993, Teusch u. Finke 1995; Finke 1999a). Das Anliegen dieser Schrift ist zudem, das therapeutische Handeln in der Gesprächspsychotherapie so zu beschreiben, dass möglichst viele Aspekte einer Behandlungspraxis abgebildet werden, die der Komplexität von Therapieprozessen bei sehr unterschiedlichen Patienten zu entsprechen sucht.

Therapieprinzip und Beziehungsangebot. Mit der Verwirklichung der therapeutischen Prinzipien bzw. der Grundmerkmale wird seitens des Therapeuten auch eine bestimmte Beziehung begründet bzw. ein Beziehungsangebot gemacht. Das Grundmerkmal *Bedingungsfreies Akzeptieren* konstituiert ein durch Vertrauen, Wertschätzung und Respekt zu kennzeichnendes Beziehungsangebot. Es stellt gewissermaßen die Basisbeziehung dar. Durch die Grundmerkmale *Einfühlendes Verstehen* einerseits und *Echtheit* andererseits werden dagegen zwei spezifische und unterschiedliche Beziehungsangebote begründet, denn es wird dem Therapeuten jeweils eine unterschiedliche Aufgabe bzw. Rolle zugewiesen. Bei der Realisierung des *Einfühlenden Verstehens* soll der Therapeut die Rolle eines „anderen Selbst", eines „Alter Ego" des Patienten übernehmen, wozu gehört, dass der Therapeut „sich selbst, das Selbst der gewöhnlichen Interaktion, beiseite stellt" (Rogers 1973a, S. 47/¹1951). Dieses Beziehungsangebot ist also durch ein völliges Sichhineinversetzen in die „innere Welt" des Patienten und durch eine konsequente Übernahme der Patientenperspektive zu charakterisieren. Der Therapeut soll in Identifikation mit dem Patienten und gewissermaßen stellvertretend für diesen als dessen Doppelselbst „Introspektion" und „Selbstexploration" betreiben. Der spätere Rogers dagegen betont sehr das Grundmerkmal der *Echtheit*; er fordert hier das „reale Zugegensein" und die Transparenz des Therapeuten, der es zu einer „existenziellen Begegnung von Person zu Person" kommen lassen müsse (Rogers 1977, S. 162, 170f). Der Therapeut soll hier also dem Patienten als „reale Person", als Dialogpartner gegenüberstehen und sich selbst bzw. seine eigene Perspektive, sein Bezugssystem gerade nicht beiseite stellen, sondern einbringen (van Baalen 1992). Zunächst ist hier aber nicht so sehr eine Expertenperspektive gemeint, sondern ein sehr persönlicher, gewissermaßen lebensweltlicher Blickpunkt. Zwei Beziehungskonzepte stehen sich also gegenüber: das der Alter-Ego-Beziehung und das der Dialogbeziehung (Finke 1999a). In der Therapie schließen sich beide Konzepte nicht aus, sondern stehen zueinander in einem Ergänzungsverhältnis, sodass sie bei unterschiedlichen Patienten und unterschiedlichen Therapiesituationen mit unterschiedlicher Gewichtung zum Einsatz kommen.

Von diesen beiden Beziehungskonzepten lässt sich noch ein weiteres abgrenzen, nämlich das der Beobachterbeziehung. Hier nimmt der Therapeut nicht die Rolle eines Teilnehmers, sondern eines außen stehenden Beobachters und Experten ein, der mehr oder weniger distanziert versucht, das Erleben und Verhalten des Patienten (aber auch sein eigenes) zu beurteilen, etwa nach verschiedenen Diagnosekriterien zu kategorisieren oder auf der Folie bestimmter Theorien zu erklären. Geht es in der Teilnehmer-Beziehung um die Verständigung zwischen zwei souveränen Subjekten (wobei die identifikatorische Einfühlung und die dialogische Auseinandersetzung zwei Komponenten dieser Verständigung sind) und primär nicht um eine diagnosegestützte Änderungsabsicht, so impliziert die Beobachter-Beziehung im Sinne der wissenschaftlichen Subjekt-Objekt-Spaltung der Moderne gerade das Erkennen und sodann gezieltes Beeinflussen des Untersuchungs- und Behandlungsgegenstands, und das ist in der Psychotherapie die Persönlichkeit des Patienten (Abb. 3).

Die gewissermaßen modernitätskritische Pointe bei Rogers besteht in einer starken Betonung der Teilnehmer-Beziehung und einer fast ebenso nachdrücklichen Skepsis gegenüber der Beobachter- bzw. Experten-Perspektive. Hier jedoch wird dafür plädiert, das polare Spannungsverhältnis dieser beiden Beziehungsebenen nicht undialektisch auseinander fallen zu lassen, vielmehr ihm so zu entsprechen, dass der Therapeut die Bedeutung beider Ebenen für eine wissenschaftlich begründete Psychotherapie anerkennt und sich im Vollzug seiner Praxis zwischen ihnen oszillierend bewegt, so dass es zu einem Austausch zwischen beiden Perspektiven kommen kann. Die Beobachter-Beziehung sollte zwar in der Gesprächspsychotherapie im laufenden Therapieprozess nur eine eher indirekte Rolle spielen, gewissermaßen als eine Hintergrundperspektive, auf die der Therapeut im Überprüfen seiner Interaktionen immer wieder reflektierend Bezug nimmt.

Bestimmte Interventionsformen sind allerdings an eine solche Position gebunden, so etwa das *Konfrontieren* (s. Kap. 3.4) Auch spielt die Position außerhalb der therapeutischen Sitzung eine wichtige Rolle, wenn der Therapeut sich fragt, ob am Verhalten des Patienten ihn etwas hätte stutzig machen müssen, ob er selbst angemessen interveniert hat, was sich zwischen ihm und dem Patienten ereignet hat, welches Beziehungsangebot der Patient ihm gemacht hat und mit welchem Angebot er, der Therapeut, geantwortet hat, ob sein tatsächliches Beziehungsverhalten deckungsgleich war mit dem intendierten usw. Der Therapeut wird also auf den Patienten wie auf sich selbst den kritischen Blick eines Beobachters richten. Diese Expertenperspek-

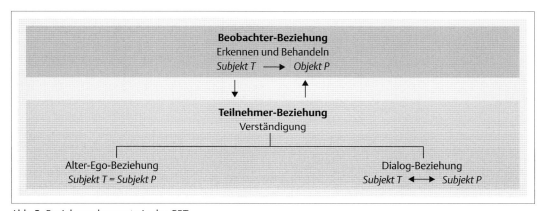

Abb. 3 Beziehungskonzepte in der GPT

tive ist auch die für die Supervisionsarbeit typische. Charakteristisch für die Gesprächspsychotherapie ist lediglich, dieser Position in der aktuellen therapeutischen Interaktion nicht zu viel Raum zu geben, sie ist aber das nötige Korrektiv für die Alter-Ego- wie für die Dialogbeziehung. Das gilt andererseits auch für die sich aus dem *Bedingungsfreien Akzeptieren* ergebende Position. Auch diese Position und die Beobachter- bzw. Expertenposition stehen zueinander in einem dialektischen Verhältnis und müssen stets miteinander abgeglichen werden.

3.1 Therapieprinzip des Bedingungsfreien Akzeptierens

Dieses Merkmal ist wohl für Rogers das wichtigste und auf jeden Fall kann man sagen, dass es die Basis der Behandlungspraxis darzustellen hat. Das *Bedingungsfreie Akzeptieren* ist die den gesamten Therapieprozess fundierende Grundhaltung. Sie führt zu einer Festigung der therapeutischen Beziehung, zu einer Förderung des Selbstwerterlebens und zu einer Mobilisierung der Ressourcen.

Das *Bedingungsfreie Akzeptieren* („unconditional positive regard", Rogers 1957) bedeutet zunächst die Haltung des Respekts, der Wertschätzung und der Achtung für die Person des Patienten. Darüber hinaus aber bedeutet es auch eine Bereitschaft zur engagierten Anteilnahme, einer tiefen Bejahung und einem sich sorgenden Interesse am Schicksal des Patienten. Diese Anteilnahme und Anerkennung hat „bedingungsfrei" zu geschehen, also unabhängig von den jeweiligen Stellungnahmen und Werthaltungen des Patienten. Der Therapeut soll nicht den Patienten in seinen Meinungen und Empfindungen lenken oder gar manipulieren wollen, indem er nur bestimmte Inhalte durch Zuwendung belohnt und so den Patienten in seinem Denken, Fühlen und Werten beeinflusst. Dies ist aber nur prinzipiell und nicht absolut in dem Sinne zu verstehen, dass der Therapeut in keinem Falle und in keiner Situation auch nicht ansatzweise wertend Stellung nimmt, wie wir das noch bei der Erörterung des Prinzips Echtheit sehen werden. Auch verpflichtet dieses Prinzip den Therapeuten nicht darauf, jede Überzeugung und jedes Verhalten des Patienten zu akzeptieren, er sollte jedoch jeweils genau registrieren und reflektieren, wo und warum ihm ein solches Akzeptieren nicht gelingt. Das Akzeptieren ist dann ein Indikator für die Resonanz, d. h. auch für die noch nicht voll symbolisierten Gefühle des Therapeuten gegenüber seinem Patienten. Über diese Resonanz muss sich der Therapeut aber stets Rechenschaft geben, da sie auch unbeabsichtigt seine Interventionen beeinflusst.

Anerkennung und Engagement sind die entscheidenden Charakteristika dieser Therapeutenhaltung. Das bedeutet, dass der Therapeut nicht die Rolle eines distanzierten Beobachters einzunehmen hat, sondern die eines interessierten Teilnehmers. Das gilt mindestens für die Dauer des therapeutischen Kontakts. Nach (und gelegentlich auch während) der therapeutischen Sitzung, so z. B. in der Supervision, wird der Therapeut natürlich auch kritischer Beobachter sein, er beobachtet in der Rückschau die therapeutische Interaktion, sein eigenes Verhalten (einschließlich seiner spontanen Gefühle) und natürlich das des Patienten. Denn der Therapeut ist, auch nach den Erwartungen des Patienten, verpflichtet, sein Wissen und seine Urteilsfähigkeit als Experte dem Patienten zumindest indirekt zur Verfügung zu stellen.

Die sich hier ergebenden Pole machen gewissermaßen die Basis der Therapie aus, die anerkennende Grundhaltung auf der einen Seite und das interessierte Expertentum auf der anderen. Man könnte diese Basis auch die „Arbeitsbeziehung" oder therapeutische Allianz nennen (Finke 1999a). Es ist dies der Anteil des Therapeuten an dieser Arbeitsbeziehung. In dem auszuhandelnden Einverständnis zwischen Therapeut und Patient über die Grundlagen und Voraussetzungen der Therapie ist vom Patienten „Mitarbeit", d. h. die Bereitschaft, solchen Wandel zu ermöglichen, gefordert. Das bedeutet aber auch, dass der Therapeut ein Verhalten, bei dem solche Bereitschaft scheinbar nicht zu erkennen ist, nicht kommentarlos geschehen lässt. Vielmehr wird der Therapeut es ansprechen und den Patienten um Stellungnahme bitten. Doch wird der Therapeut dies in einer Weise tun, die deutlich macht, dass er den Patienten als Person achtet, auch in dem, was dieser im Augenblick an Bereitschaft und Fähigkeit zur Mitarbeit scheinbar nicht zu mobilisieren vermag.

3.1.1 Ziele und Funktionen des Bedingungsfreien Akzeptierens

▬▬ Festigen der therapeutischen Beziehung

Hier ist an das oben unter dem Stichwort „Arbeitsbeziehung" Genannte zu erinnern. Für die therapeutische Situation ist es verständlicherweise wichtig, dass der Patient seinem Therapeuten möglichst weitgehend vertraut. Denn nur so kann er sich öffnen, kann er überhaupt den Mut fassen, auch über ihm peinliche Dinge zu sprechen. Ein solches Vertrauen wird natürlich durch ein Klima warmherziger Wertschätzung gefördert, ja oft erst ermöglicht.

Rogers (1973b, S. 47/[1]1961) formuliert dies so: „Je mehr ich den einzelnen zu akzeptieren vermag, je mehr Zuneigung ich für ihn empfinde, desto leichter kann ich eine für ihn nützliche Beziehung schaffen. Akzeptieren heißt hier ein warmherziges Anerkennen dieses Individuums als Person von bedingungslosem Selbstwert – wertvoll, was auch immer seine Lage, sein Verhalten oder seine Gefühle sind. Das bedeutet Respekt und Zuneigung, eine Bereitschaft, ihn seine Gefühle auf seine Art haben zu lassen. (...) Das Akzeptieren jedes schillernden Aspekts dieses anderen Menschen lässt die Beziehung für ihn zu einer Beziehung der Wärme und Sicherheit werden; die Sicherheit, als Mensch gemocht und geschätzt zu werden, ist anscheinend ein höchst wichtiges Element einer hilfreichen Beziehung." Dass der Gesprächspsychotherapeut mit einem so bestimmten Beziehungsangebot dem Patienten ein Beziehungsmuster anbietet, in dem der Therapeut die Rolle des guten Elternteils übernimmt, hat Rogers ausdrücklich formuliert (1977, S. 23/[1]1975): „Der gleiche Sachverhalt (des *Bedingungsfreien Akzeptierens*) lässt sich auch so beschreiben, dass der Therapeut den Klienten schätzt wie Eltern ihr Kind schätzen – nicht weil er jede seiner Äußerungen und Verhaltensweisen gutheißt, sondern weil er ihn vollkommen und nicht nur unter bestimmten Bedingungen akzeptiert."

Diese Wertschätzung, das Akzeptieren des Patienten in all seinen Stellungnahmen und Reaktionsweisen, kann der Therapeut vornehmen, weil er im Grunde von den positiven Entwicklungsmöglichkeiten seines Patienten überzeugt ist, weil er an die „grundlegende Aktualisierungstendenz" glaubt, eine Tendenz, die nach Rogers grundsätzlich auf das Konstruktive gerichtet ist. Gerade diese Grundhaltung und Überzeugung erzeugt jenes therapeutische Klima, in dem dem Patienten ein Vertrauen, dem Therapeuten und sich selbst gegenüber, möglich ist.

▬▬ Fördern der Selbstakzeptanz

Die anerkennende, akzeptierende Zuwendung des Therapeuten soll dem Patienten helfen, sich selbst besser akzeptieren zu können. Die dadurch bewirkte Verbesserung des Selbstwertgefühls, die Korrektur des negativen Selbstkonzepts ist auch eine wichtige Voraussetzung für die weitere Therapie.

Damit beim Patienten ein Prozess der Auseinandersetzung mit sich selbst, der Selbstöffnung und der Selbsterfahrung in Gang gesetzt wird, muss vorausgesetzt werden, dass er seine Ängste, seine Scham und seine Tendenz zur Selbstverurteilung eindämmen kann. Nur so kann die schmerzhafte Erschütterung des Selbstkonzepts ertragen und damit die Verleugnung wesentlicher Aspekte des eigenen Selbst überflüssig werden. Für diesen Prozess ist es wichtig, dass der Patient im Therapeuten eine Person sehen kann, die ihm Wohlwollen und positive Wertschätzung entgegenbringt und die verleugneten Aspekte seines Selbst mit einer gewissen freundlichen Gelassenheit akzeptieren kann. Der Therapeut muss also dieses Akzeptieren und Wertschätzen zunächst stellvertretend für den Patienten übernehmen und dürfte so für den Patienten ein gutes Modell für eine offene, nicht verurteilende Haltung darstellen. Der Patient soll sich mit dieser akzeptierenden Haltung identifizieren, um sie so auch für sich zu verinnerlichen.

▬▬ Mobilisieren von Ressourcen

Der Patient muss in seinen konstruktiven Möglichkeiten bestärkt werden und es muss bei ihm ein Änderungsoptimismus initiiert werden, der ihm hilft, diese Möglichkeiten zu aktivieren. Schon die nur indirekt (durch Mimik, Gestik, aber auch die entsprechende Wortwahl) ausgedrückte anerkennende Grundhaltung wirkt im Sinne einer solchen Bestärkung. Die bejahende Haltung bedeutet, dem Patienten in der Offenheit seiner Möglichkeit begegnen zu wollen, und zwar auch dort, wo diese Möglichkeiten praktisch auf das Erleben des Destruktiven eingeengt zu sein scheinen. Diese bejahende Grundhaltung hat auch die Funktion eines impliziten Appells an die konstruktiven und kreativen Möglichkeiten des Patienten. Wenn der ohnmächtig hassende und sich selbst verachtende Patient das Angenommensein und gar die Wertschätzung des Therapeuten spürt, dürfte sich schon hierdurch die Destruktivität seiner Gefühle reduzieren und er kann in Identifikation mit dem Therapeuten sich selbst besser akzeptieren. Eine grundsätzliche Appellfunktion dürfte übrigens in der einen oder anderen Weise in jeder Form von Psychotherapie wirksam sein. Jeder einsichtsorientierten Therapie zum Beispiel ist der Appell an die Wahrhaftigkeit des Patienten inhärent.

Die Ressourcenaktivierung wird in jüngster Zeit in der Psychotherapie allgemein, z. B. auch in der Verhaltenstherapie, als wichtiger Wirkfaktor gesehen (Grawe 2000).

3.1.2 Praxis des Bedingungsfreien Akzeptierens

Das Therapieprinzip *Bedingungsfreies Akzeptieren* beinhaltet die Unvereinbarkeit dieses Prinzips mit bestimmten, in der Alltagskommunikation durchaus üblichen Verhaltensweisen wie Kritisieren, Zurechtweisen, Abwerten, Vorwürfe erheben. Hierzu sind auch Interpretationen zu rechnen, wenn sie einen kritischen oder gar aggressiven Unterton haben, etwa beginnend mit der Redewendung „Das machen Sie doch nur, weil Sie damit im Grunde ...".

In positiver Formulierung beinhaltet das Prinzip *Bedingungsfreies Akzeptieren* zunächst das empathische Hinhören. Der Therapeut ist mit seiner ganzen Aufmerksamkeit auf den Patienten gerichtet. Selbst wenn der Patient sich nicht im Sinne der therapeutischen Zielsetzung verhält, sich also nicht intensiv mit seinen Gefühlen und Gedanken auseinandersetzt und etwa ausschweifend über irgendwelche externalen Begebenheiten berichtet, wird der Therapeut sich weder mit seiner Aufmerksamkeit zurückziehen noch den Patienten zurückweisen. Er wird vielmehr zu hören versuchen, was jetzt in dem Patienten vorgeht, und wird ihn auch in seinem Abwehrverhalten annehmen. Denn er sucht dieses als Ausdruck von Ängsten, Scham oder Verzweiflung zu verstehen.

Die akzeptierende Anteilnahme wird der Therapeut aber nicht nur gestisch-mimisch und durch die Haltung des Hinhörens, sondern auch verbal zum Ausdruck bringen. Aus dem Prinzip *Bedingungsfreies Akzeptieren* sind auch spezifische Interventionsformen abzuleiten wie *Bestätigen, Ermutigen, Bekunden von Solidarität* und *Sorge*. Hier gibt es allerdings Überschneidungen mit Unterformen der Interventionskategorie *Selbstöffnen* (s. u.), was seinen Grund auch darin hat, dass das *Bedingungsfreie Akzeptieren* die Basis für jedwede Form des Intervenierens ist, auch für das Verstehen. Besonders prägnant kommt dies in dem Zitat eines Autors zum Ausdruck, der die Gesprächspsychotherapie noch gar nicht kennen konnte, Karl Jaspers (1959, S. 299/[1]1913):

„Verstehen ist Erhellen und Entlarven: Verstehende Psychologie hat in ihrem Verfahren eine merkwürdige Doppelheit. Sie kann oft wie boshaft erscheinen in der Entlarvung von Täuschungen, sie kann gütig erscheinen in dem Bejahen durch Erhellung eines Wesenhaften. Beides ist ihr zugehörig. Im faktischen Betrieb drängt sich oft die boshafte Seite auf. Skeptisch oder hassend meint man ständig nur, 'dahinterzukommen'. Die Wahrheit dieses Verstehens will ein Durchschauen der universalen Unwahrhaftigkeit sein. (...) Dagegen ist das erhellende Verstehen eine bejahende Grundhaltung. Sie geht liebend auf das Wesen, sie vergegenwärtigt, sie vertieft dessen Anschauung, sieht das substantiell Seiende vor ihren Augen wachsen. (Sie) ist der Spiegel, in dem das bejahende Selbstbewußtsein und die liebevolle Anschauung fremder Wirklichkeit möglich wird."

Die bejahende, akzeptierende Grundhaltung findet also ihren Ausdruck in dem Vorzeichen, unter dem jedes Bemühen um Verstehen steht, sie prägt das Vorverständnis, mit dem der Therapeut versucht, seinen Patienten zu verstehen.

Aus dieser „bejahenden Grundhaltung" folgt auch der Verzicht auf ein häufiges Hinterfragen der Äußerungen des Patienten, diese werden vielmehr so aufgenommen, wie der Patient sie gemeint hat. Dieses Gemeinte (jedoch für den Patienten selbst zunächst oft nur unklar Gewusste) sollte in zunehmend komplexeren Aspekten verdeutlicht werden. Die Grundhaltung impliziert ebenfalls ein geduldiges Eingehen auf das Klagen von Symptomen. Der Patient soll sich nicht abgewiesen, sondern in dem, was ihn augenblicklich bewegt, akzeptiert fühlen.

Der folgende Ausschnitt aus einem Therapiegespräch soll das verdeutlichen: Die Patientin, eine 44-jährige Agraringenieurin, ist verheiratet und hat zwei Kinder. Kurz nach dem Tod ihrer Tante sowie ihrer einerseits recht dominierenden, andererseits aber häufig ängstlich-klagenden und warnenden Mutter erkrankte die Patientin an Panikattacken mit Herzrasen, Schwindel, Atemnot. Hier wurde schon bald in der Therapie deutlich, wie frustrierend eigentlich das Zusammenleben mit ihrem Mann war, den sie bis zum Tode der Mutter als Partner weitgehend „ausgeblendet" hatte. Obwohl der Patientin im Laufe der Therapie bewusst geworden war, dass die Angstsymptome sowohl ihre Angst vor einem weiteren Zusammenleben mit ihrem Mann als auch die Angst, sich von ihm zu trennen, ausdrückten, äußerte sie jeweils nach einigen Sitzungen, in denen diese Zusammenhänge erarbeitet worden waren, wieder die Befürchtungen, dass hinter ihren Symptomen doch eine körperliche Erkrankung stehen könnte.

P: Gestern war es wieder so furchtbar, die Todesangst, es war entsetzlich.
T: In solchen Augenblicken ist es, als stünde der Tod direkt vor Ihnen.
P: Ja, aber eigentlich ist es jetzt immer noch so. Ich kann mir nicht sicher sein, dass es nicht doch eine schlimme Krankheit ist.
T: Wieder und wieder quälen Sie solche Gedanken.
P: Ja, aller Mut hat mich verlassen. Ich schäme mich, dem Tod nicht ruhiger ins Auge sehen zu können.
T: Es ist jetzt wieder wie eine Gewissheit für Sie ...
P: Ja.
T: All Ihr besseres Wissen ist dann wie weggeblasen, und Sie sind jetzt von diesen Ängsten einfach überrollt.
P: Ja, ich hatte mich dann an meinen Sohn geklammert, ich wusste nicht, wie ich es überstehen sollte. Ich komme einfach nicht gegen die Angst an, ich kann es nicht mehr aushalten.
T: Die Angst füllt Sie jetzt völlig aus, sodass Sie kaum noch an etwas andres denken können.

Der Therapeut deutet also das Verhalten der Patientin nicht als Widerstand (s. Kap. 3.4.1 „Abwehrbearbeitung"). Er wird auch nicht ungeduldig oder ärgerlich, dass die Patientin, wie schon öfter in den Sitzungen davor, wieder einmal vor der Handlungskonsequenz fordernden Einsicht in die psychischen Zusammenhänge ihres Leidens ausweicht. Er versucht vielmehr, ihr zu vermitteln, dass sie sich auch mit diesem Abwehrverhalten angenommen fühlen darf, um dann später allerdings dieses Verhalten und seine Schutzfunktion zu thematisieren.

Die Haltung des *Bedingungsfreien Akzeptierens* wird in der Regel indirekt kommuniziert, beispielsweise durch die geschilderte Art des Verstehens, das aufmerksame Zuhören, die engagierte Zuwendung. Sie kann aber auch durch spezifische Interventionen zum Ausdruck gebracht werden:

Bekunden von Interesse und Sorge. Der Therapeut macht seine persönliche Anteilnahme deutlich, er will dem Patienten ein stützender und an seinem Schicksal interessierter Begleiter sein. Hierzu folgende Gesprächsskizze:

Ein 35-jähriger kaufmännischer Angestellter, der von seiner Frau angeblich sehr abrupt wegen eines anderen Mannes verlassen wurde, kommt wegen einer recht ausgeprägten depressiven Symptomatik in Behandlung.

P: Es war ein großer Fehler, dass ich in all den Jahren vorher nicht mehr auf meine Frau zugegangen bin, dass ich nicht mehr nach ihr gefragt habe, dass ich sie nicht mehr verwöhnt habe.
T: Diese Vorwürfe quälen Sie immer noch.
P: Ja, ich habe mich da auch sehr schuldig gemacht.
T: Wieder und wieder müssen Sie sich das jetzt sagen. Es ist, als ob Sie sich einfach nicht davon lassen könnten, sich immer wieder zu verurteilen.
P: Sie verstehen mich nicht. Niemand versteht es. Sie können sich da nicht hineinversetzen.
T: Es ist mir wichtig, dass Sie sich gerade hier verstanden fühlen. Aber wenn Sie sich jetzt unverstanden fühlen, so ist es richtig, dass Sie das sagen.
P: Ja, es ist so ... Niemand kann sich da wirklich hineinversetzen.
T: Sie fühlen sich dann wie von aller Welt verlassen.
P: Ja.
T: Ich versuche mich da in Sie hineinzuversetzen: Es ist, als fühlten Sie sich da in einer Welt, in der niemand Sie wirklich mehr erreichen kann.
P: Niemand versteht mich wirklich. Niemand kann das nachfühlen.
T: Ich glaube es Ihnen, dass Ihnen so zumute ist. Ich wünschte, Sie könnten sich etwas weniger einsam fühlen.
P: Nein, ich glaub, es wird nie anders werden.
T: Es bekümmert mich, dass Sie gar nicht mehr an eine gute Zukunft glauben können.

Der Therapeut versucht, den Patienten in seiner Überzeugung und vielleicht auch in seinem Bedürfnis, sich unverstanden und allein zu fühlen, zu akzeptieren und zu respektieren, indem er nicht dieses Bedürfnis bzw. diese Abwehr und die trotzige Zurückweisung anspricht, sondern nur das Gefühl des Isoliertseins. Gleichzeitig versucht er aber auch deutlich zu machen, dass er Interesse am Schicksal des Patienten hat und dass er sich um diesen sorgt. Der Therapeut erwartet dabei nicht, dass der Patient diese Sorge schon ausdrücklich anerkennen könnte, vielmehr akzeptiert er die Zurückweisung des Patienten. Dieser Schritt des Patienten, sich zu separieren und auf seine Unerreichbarkeit zu pochen, kann auch eine wichtige Bewegung zur Autonomie sein.

Als weitere Interventionsformen, die sich aus dem hier besprochenen Therapieprinzip ergeben, sind zu nennen:

Bestätigen. Einstellungen, Entscheidungen oder Verhaltensweisen werden ausdrücklich anerkannt oder bekräftigt.

> T: Ja, so sollten Sie weitermachen.

Ermutigen. Der Patient wird in seinen Schritten positiver Änderung gelobt und zum Durchhalten angeregt.

> T: Sie haben da sehr großen Mut bewiesen, Sie werden es schaffen, diesen Weg weiter zu gehen.

Bekunden von Solidarität. Der Therapeut bekundet seine Übereinstimmung mit den Zielen und Wegen des Patienten.

> T: Ich würde wohl in einer ähnlichen Lage genau so entscheiden und ich werde Ihnen hier zur Seite stehen.

Es ergeben sich bei diesen Interventionen Überschneidungen mit Interventionsformen, wie sie auch aus dem Therapieprinzip *Echtheit* abzuleiten sind (und weiter unten besprochen werden). Der Unterschied besteht darin, dass dort viel nachdrücklicher als hier die persönliche Betroffenheit des Therapeuten, seine emotionale Resonanz zum Ausdruck kommen muss.

3.1.3 Schwierigkeiten und Gefahren bei der Realisierung des Bedingungsfreien Akzeptierens

Die hier implizit aufgestellten Forderungen an den Therapeuten mögen manchmal so klingen, als würde von diesem ein ganz besonderes Maß an Edelmut und menschlicher Güte gefordert. Diese Forderung wäre in sich sehr problematisch, denn vom Psychotherapeuten ein „Sondersoll an Moral" zu verlangen, fördert letztlich nur die Heuchelei (Waldenfels 1991). Ohne dieses sicherlich schwierige Thema vertiefen zu können, soll hier nur gesagt werden, dass es sich hier einmal nur um die spezifische Ausformung einer allgemeinen Berufsethik und zum anderen um die spezifischen Charakteristika psychotherapeutischen Expertentums handelt. Zu den Letzteren gehört durchaus ein hohes Maß an Fähigkeit, eigene Enttäuschungen, Kränkungen und Ärger sowie Stolz und Eitelkeit bei sich selbst wahrzunehmen und sie in der Interaktion mit dem Patienten kontrollieren zu können. Es gehört außerdem ein gewisses Ausmaß an Fähigkeit dazu, „von sich selbst" abzusehen und den anderen in seinem eigenen Sosein gelten zu lassen. Diese Fähigkeit ist aber im konkreten psychotherapeutischen Prozess immer wieder bedroht.

Die Realisierung des *Bedingungsfreien Akzeptierens* kann auf Seiten des Therapeuten dadurch behindert werden, dass er sich von den destruktiven Emotionen, etwa Gefühlen sehr feindseliger Art, gewissermaßen anstecken lässt. Die Empörung, der Ärger, die Enttäuschung können dann so mächtig werden, dass der Therapeut zumindest für die nächsten Augenblicke nicht mehr in der Lage ist, verstehend nach Gefühlen und Motiven zu fragen, also eine empathische Haltung einzunehmen. Wichtig ist hier auf jeden Fall, dass der Therapeut subtil registriert, wenn ihm ein solches Akzeptieren nicht mehr gelingt, oder anders formuliert, dass er seine Resonanz auf den Patienten differenziert wahrnimmt. Diese Wahrnehmung kann ihm wichtige Hinweise für ein Verstehen des Beziehungsgeschehens geben.

Eine bejahende, akzeptierende Haltung kann den empathischen Zugang erleichtern. Auch umgekehrt aber kann das empathische Verstehen der Sinngehalte und Bedeutungssetzungen im Erleben des Patienten bei dem Therapeuten die Möglichkeit verbessern, seinen Patienten zu akzeptieren. Wenn beides für den Therapeuten nicht mehr möglich ist, muss er im Anschluss an die Therapiesitzung versuchen, sich über sein eigenes Erleben Rechenschaft zu geben. Schließlich könnte er in einer Supervisionsgruppe sich bei dieser Selbsterkundung helfen lassen.

Die Möglichkeit zum *Bedingungsfreien Akzeptieren* kann zudem dann gestört sein, wenn das Erleben des Patienten an Probleme des Therapeuten selbst rührt und in diesem u. U. so heftige, schmerzliche Erinnerungen wachruft, dass sich gegen den aktuellen Anlass dieses Schmerzes, den Patienten, Ablehnung und Ärger einstellen.

Der therapeutische Sinn des unbedingten Akzeptierens kann dadurch verkehrt werden, dass der Therapeut im scheinbaren Vollzug dieses *Bedingungsfreien Akzeptierens* einer Selbstidealisierung unterliegt. Die Haltung des Akzeptierens und Wertschätzens dient ihm dann gewissermaßen nur noch dazu, sein eigenes Selbstideal zu erfüllen. Als scheinbar grenzenlos Akzeptierender fühlt sich der Therapeut wie auserwählt. Die Folge einer solchen Selbsterhöhung wäre dann natürlich, dass der Therapeut nicht mehr wirklich empathisch sein kann und auch in der Haltung des Akzeptierens unecht würde, was der Patient sehr bald spüren würde. Wenn der Patient jetzt ablehnend reagiert, ist der Therapeut in der Gefahr, seine Selbstidealisierung als bedroht zu erleben und seinerseits feindselig zu reagieren. Stützt der Patient aber, aus Gründen der eigenen Persönlichkeitsproblematik, das Selbstideal des Therapeuten dadurch, dass er ihm signalisiert, wie sehr er sich von ihm angenommen und verstanden fühlt, kann es zu einem Circulus vitiosus kommen, in dem sich beide Interaktionspartner gegenseitig so in einer Rolle fixieren, dass es immer schwerer wird, die Verkehrung der therapeutischen Situation rückgängig zu machen. Auch in einem solchen Falle könnte wohl nur noch die Supervision eine Wende ermöglichen.

Eine weitere Gefahr bestünde darin, dass der Therapeut sich selbst in der Fähigkeit zum *Bedingungsfreien Akzeptieren* so weitgehend bestätigen will, dass er deshalb Blockierungen im Therapieprozess und Abwehrverhalten des Patienten in der Wahrnehmung ausblendet, um eben sein Selbstideal nicht zu gefährden. Schließlich auch kann der so akzeptierend und gütig erlebte Therapeut im Patienten Schuldgefühle auslösen, z. B. weil er selbst Aggressionen empfindet, die er sich nun gar nicht mehr einzugestehen wagt. Die Güte des Therapeuten würde hier also gewissermaßen einschüchternd wirken und den Patienten daran hindern, Gefühle von Ärger und Enttäuschung gegenüber seinem Therapeuten wahrzunehmen.

Besonders harmoniebedürftige und konfliktscheue Therapeuten könnte die Forderung des *Bedingungsfreien Akzeptierens* dazu verführen, die eigenen persönlichen Schwierigkeiten „auszuleben". Sie könnten die Situation, durchaus mehr oder weniger unabsichtlich, durch ein besonderes Maß entgegenkommender Fürsorglichkeit so konstellieren, dass ihre Patienten es gar nicht mehr wagen, Zweifel, Kritik oder sogar Ärger auszudrücken. Denn dies würde dem „ungeschriebenen" Gebot eines allseitigen harmonischen und verständnisvollen Einvernehmens widersprechen (Gutberlet 1990).

Ihrerseits sehr harmoniebedürftigen Patienten dagegen käme diese Tendenz ihrer Therapeuten sehr entgegen. Natürlich würde dies bedeuten, dass sie in ihrer Neigung, inter- und intrapersonale Konflikte abzuwehren, bestärkt würden. Die Abwehr würde also therapeutischerseits unterstützt, der Therapeut würde dysfunktionale Einstellungen und Interaktionsmuster nicht korrigieren, sondern verstärken. Insbesondere durch häufige Interventionen wie Bestätigen, Ermutigen und Solidarisieren können Patienten in ihrer Abhängigkeit fixiert werden. Deshalb ist hier eine kritische Sicht auf die therapeutische Interaktion aus der Beobachterperspektive nötig. Zwar brauchen solche Patienten gerade auf Grund ihrer geringen Spannungstoleranz und Ängstlichkeit zunächst das Erleben einer bejahenden, verständnisvollen und auch die Abwehr zunächst nicht in Frage stellenden Beziehung, um sich überhaupt auf eine Auseinandersetzung mit konflikthaften Themen einlassen zu können. Die Gefahr liegt aber darin, dass der Therapeut das Vermeiden solcher Themen seitens des Patienten ausblendet, um das von Verständnis und Geborgenheit geprägte Klima nicht zu gefährden.

3.1.4 Indikation des Bedingungsfreien Akzeptierens

Als Rahmenbedingung ist das *Bedingungsfreie Akzeptieren* in der Therapie eines jeden Patienten unverzichtbar. Erst in einem Klima des Respekts und der Anerkennung kann sich der Patient mit ängstigenden und konflikthaften Themen auseinander setzen.

Hinsichtlich der sehr spezifischen, aus diesem Therapieprinzip abgeleiteten Interventionen stellt sich aber die Frage der Indikation insofern, als diese eben nur bei bestimmten Patienten von Wichtigkeit sind. Hier sind besonders sehr selbstunsichere und kontaktgehemmte Patienten mit Sozialängsten zu nennen. Ein sehr ausdrücklich akzeptierendes Vorgehen kann auch wichtig sein bei Patienten, die ihre tiefe Selbstunsicherheit überkompensatorisch zu bewältigen suchen, wie das z. B. oft bei narzisstisch Gestörten zu beobachten ist. Hier erfordert der Einsatz von Bestätigung, Lob usw. jedoch sehr viel Feingefühl hinsichtlich der richtigen „Dosierung" und des richtigen Zeitpunktes.

Sinnvoll können solche Interventionen auch bei Borderline-Patienten sein, wenn sie differenziell eingesetzt werden. Falls diese Interventionen sehr authentisch und mit einer gewissen überzeugenden Unmittelbarkeit gegeben werden, können sie die interaktionsbezogene Wahrnehmung dieser Patienten schärfen und dadurch eine verlässlichere Selbstbewertung und Selbststeuerung aufbauen. Die Anwendung der hier genannten Interventionen bedarf einer überlegten Indikationsstellung, da diese nicht nur unnötig sein, sondern sogar als überfürsorglich und aufdringlich empfunden werden könnten. Auch könnte der Patient von dem Behütet- und Gestütztwerden abhängig werden, sodass eine Anregung seiner Autonomietendenzen untergraben würde.

Regeln für die Gesprächsführung

- Zeigen Sie Ihrem Patienten Ihr lebendiges Interesse an seinem Schicksal und an seiner Person, indem Sie ihm aufmerksam zuhören und dies auch durch eine zugewandte Körperhaltung und ggf. auch durch Äußerungen von Solidarität zum Ausdruck bringen.
- Formulieren Sie Ihre Interventionen, auch konfrontierende, immer so, dass darin Wertschätzung und Respekt zum Ausdruck kommen.
- Nehmen Sie die Aussagen des Patienten unmittelbar ernst, d. h. verzichten Sie auf ein sofortiges (skeptisches) Hinterfragen, sondern akzeptieren Sie zunächst die Sichtweise des Patienten und klären Sie geduldig den unmittelbar gegebenen Aussagesinn.
- Bekunden Sie Ihre Anteilnahme und u. U. auch Ihre Sorge.
- Bestätigen Sie die Erfolge des Patienten, ermutigen Sie ihn zu weiteren konstruktiven Schritten.

3.2 Therapieprinzip des Einfühlenden Verstehens

Auch dieses Therapieprinzip ist als eine Haltung bzw. Einstellung anzusehen. Wenn im Folgenden eher der Handlungsaspekt dieser Einstellung gemeint ist, wird von Einfühlen und Verstehen die Rede sein. Darüber hinaus impliziert dieses Prinzip auch ein bestimmtes Beziehungsangebot bzw. ein bestimmtes Beziehungskonzept, das dem Therapeuten eine bestimmte Rolle zuweist, nämlich die des anderen Selbst, des „Alter Ego" (Rogers 1973a, S. 47/[1]1951) seines Patienten. Der Therapeut muss in dieser Rolle, so Rogers, sein eigenes Selbst, das Selbst der Alltagskommunikation, beiseite stellen und „in die Haut des Klienten schlüpfen" (Rogers 1977, S. 20). Er soll „die innere Welt des Klienten mit ihren ganz persönlichen Bedeutungen so verspüren als wäre sie die eigene" (Rogers 1977, S. 184) und dabei gewissermaßen stellvertretend für den Patienten Gefühle benennen sowie Bedürfnisse erkunden, die für diesen so noch nicht sagbar sind. Diese Alter-Ego-Beziehung als konsequente Übernahme der Patientenperspektive gilt allgemein als das entscheidende Kennzeichen der Gesprächspsychotherapie, da in keinem anderen Psychotherapieverfahren dieses Beziehungskonzept so betont wird (Finke 1999a).

Die Position hat Parallelen in der hermeneutischen Tradition. Schleiermacher (1977, S. 169/[1]1838), der Begründer einer systematischen Hermeneutik, sprach davon, dass es beim Verstehen darauf ankäme, „sich selbst gleichsam in den anderen zu verwandeln". Dilthey wurde mit seinen Konzepten des „Erlebens" und des „Verstehens" schon eingangs zitiert (s. Kap. 1). Diesen tradierten hermeneutischen Positionen lässt sich entnehmen, dass es hier auch um eine Art der Einfühlung geht und dass es zwischen dem Einfühlen sowie dem Verstehen fließende Übergänge gibt. Da der Begriff „einfühlendes Verstehen" („empathic understanding") aber beide Komponenten ausdrücklich benennt, ist es nicht nur aus didaktischen Gründen angezeigt, beide Komponenten auch getrennt und in ihren Unterschieden zu beschreiben.

Das Einfühlen entspricht einem eher emotional-intuitiven Zugang zu Gefühlen und Wünschen, das Verstehen bewegt sich auf einer eher kognitiven Ebene des Erfassens von Sinnzusammenhängen. Dies soll im Folgenden erläutert werden.

3.2.1 Empathie

Einer der Begründer der Einfühlungstheorie ist Th. Lipps (zit. nach Pongratz 1967). Für ihn ist das Einfühlen ein „inneres Mitmachen", eine imaginierende Nachahmung des Erlebens des anderen. Das Sich-Einfühlen ist ein zumindest zeitlich begrenztes Sich-Identifizieren, eine partielle Teilhabe am Erleben des anderen. Rogers hat allerdings auf den

Als-ob-Charakter dieses Identifizierens hingewiesen und M. Scheler (1923, S. 16), ein bedeutender Vertreter der Phänomenologie und der Lebensphilosophie, hatte in diesem Sinne den Unterschied zwischen Einfühlen und Einsfühlen herausgestellt. Beim Einsfühlen kommt es zu einer Gefühlsansteckung, zu einer Stimmungsübertragung, also gewissermaßen zu einer Art emotionaler Verschmelzung zwischen Therapeut und Patient. Beim Einfühlen dagegen bleibt für den Sich-Einfühlenden eine gewisse emotionale Distanz gewahrt, er bleibt sich im Akt des Nachempfindens und Nachbildens der Gefühle des anderen seines Getrenntseins bzw. Andersseins bewusst. Diese Unterscheidung zwischen Einsfühlung und Einfühlung führt zur Notwendigkeit, verschiedene Modi von Empathie zu unterscheiden, Unterscheidungskriterium soll der jeweilige Auslöser der Empathiereaktion sein.

Ausdrucksvermittelte Empathie

Gestik, Mimik, Körperhaltung, Sprechtempo und Tonfall der Stimme sind wichtige Auslöser für eine meist ganz spontane empathische Reaktion im Gegenüber. Es wird in diesem weitgehend unwillkürlich eine emotionale Resonanz induziert. Eine Empathieinduktion durch das Ausdrucksverhalten des Anderen ist meist eine sehr unmittelbare, intuitive, präreflexive Reaktion, die phylo- wie ontogenetisch ein ursprüngliches Phänomen darstellt (Bischof-Köhler 1989, S. 30ff). In analoger Form findet es sich auch vor allem bei gesellig lebenden Tieren als „Stimmungsübertragung" (Lorenz 1965, I, S. 242). Das basale Phänomen ist hier das o. g. Einsfühlen, bei dem es zu einer Gefühlsansteckung, d. h. zu einem unmittelbaren Identifikationserlebnis kommt. Mit fortschreitender Entwicklung der Selbst-Andere-Unterscheidung wird dann z. B. das Mitleid nur noch bedingt ein Mitleiden, in dem das Leiden des Anderen zwar noch nachempfunden, aber eben nicht mehr als eigenes Leid erlebt wird. Für die therapeutische Einfühlung jedoch dürfte wichtig sein, dass der Therapeut sich einerseits natürlich von seinem Patienten als unterschieden und nicht mit ihm überdauernd als verschmolzen erlebt, dass er andererseits jedoch eine partielle, zeitlich begrenzte Einsfühlung, also eine emotionale Identifikation mit seinem Patienten, zulassen kann. Dies wird ihm ermöglichen, ein bestimmtes Gefühl im Patienten viel unmittelbarer und plastischer zu erfassen und auch die Fähigkeit, es sehr erlebnisnah und mitfühlend zu verbalisieren, verbessern.

Situationsvermittelte Empathie

Die lebendige Schilderung einer Lebenssituation durch den Patienten löst im Therapeuten (auf der Basis einer emotionalen Resonanz) Bilder und Vorstellungen von der inneren Welt des Patienten aus. Die Schilderung z. B. einer konflikthaften Begegnung des Patienten mit seinem Vater weckt im Therapeuten eine bestimmte Anschauung, vielleicht auch Erinnerungsbilder an eigene Lebensereignisse, die in ihm eine Ahnung davon entstehen lassen, wie dem Patienten in dieser Situation möglicherweise zumute war. Im Therapeuten entsteht ein Bild von der „inneren Welt" des Patienten, eine zunächst noch vage Vorstellung von der Perspektive seines Fühlens und Denkens, und er versucht, diese Perspektive zu übernehmen. Diese Form der Empathie ist schon stärker vorstellungsgeleitet und weniger von fast reflexhafter Gefühlunmittelbarkeit (Binder 2003).

Imaginationsvermittelte Empathie

Wird der Therapeut mit einem Erleben oder Lebensereignis seines Patienten konfrontiert, das ihm relativ fremd erscheint und bei dem sich ihm keine spontanen Vorstellungen und nicht die Möglichkeit des Miterlebens einstellen, so kann der Therapeut sich ganz gezielt bemühen, zu dem geschilderten Ereignis zu imaginieren, d. h. sich das Ereignis in der Phantasie so zu vergegenwärtigen, dass er einen Zugang zu dem möglichen Erleben des Patienten gewinnt. Dabei kann er lebenspraktisches, aber auch theoretisches Wissen zu Hilfe nehmen, durch dieses Wissen also seine Vorstellungsbilder ergänzen und vertiefen. Im Vollzug dieses Ausphantasierens des geschilderten Ereignisses wird der Therapeut dann zunehmend besser die entsprechenden Gefühle des Patienten nachempfinden können.

3.2.2 Verstehen

Verstehen als Sinnerfassen

Das „Verstehen" betrifft die mehr kognitive Komponente des hier zu besprechenden Therapieprinzips. Ging es bei der Empathie um ein eher intuitives Erfassen eines Gefühls oder Bedürfnisses, so geht es beim Verstehen um das Erfassen eines Sinngehalts. Ein Sinngehalt wird konstituiert durch den Zusammenhang z. B. eines bestimmten Gefühls mit einem anderen Gefühl, mit einem Bedürfnis, mit einer Vorstellung bzw. einer Idee oder mit einer Beziehungserfahrung bzw. einem Lebensereignis. Zu verstehen ist also jeweils das, worauf ein Gefühl verweist. Dieser Verweisungszusammenhang konstituiert ein System von Sinngehalten und Bedeutungen. Rogers (1977, S. 136, 20) sprach von einem „Eintauchen in die Welt komplexer Sinngehalte" und von einem Gespür für die „ganz privaten personalen Bedeutungen". Eine Bedeutung erhält aber z. B. ein Gefühl erst durch den Zusammenhang mit etwas anderem, auf das es verweist. Ärger kann z. B. auf die Enttäuschung von Beziehungserwartungen verweisen. Dieses Erfassen von Verweisungszusammenhängen nennen wir Verstehen.

Die „privaten personalen Bedeutungen", von denen Rogers sprach, sind insofern oft „ganz privat", als sie sich aus den alltagssprachlich vorgegebenen Sinnkontexten gelöst haben, der Patient hat gewissermaßen eine zunächst unverständliche Privatsprache etabliert, diese wird dann aber auch für ihn selbst unverständlich, d. h. bestimmte Aspekte seines „organismischen" Erlebens sind von der Selbstverständigung ausgeschlossen (Lorenzer 1976). Rogers sprach hier von unterdrückten oder von „verzerrten Symbolisierungen", die es gilt, in „exakte Symbolisierungen" (Rogers 1987, S. 30f/ [1]1959), also in die öffentlich geregelte Semantik der Allgemeinsprache, zu überführen. Symbolisierungsverzerrungen bedeuten eine Sinnentstellung der Äußerungen des Patienten, die es verstehend zu entziffern gilt. Die Aufgabe des Verstehens besteht also auch im Erhellen eines zunächst verborgenen Sinns (Keil 1997; Finke 1999a). Dabei ist mit Blick auf das therapeutische Vorgehen zu unterscheiden zwischen dem, was der Therapeut bereits versteht, und dem, was er vom Verstandenen kommuniziert. (Siehe auch Abschnitt „Behandlungspraxis".)

Vorverständnis des Therapeuten

Ein Grundsatz in der Gesprächspsychotherapie besagt, dass der Patient aus sich selbst heraus, d. h. aus seinem Bezugssystem verstanden werden soll (Rogers 1973a, S. 44f/[1]1951). Es soll so verhindert werden, dass der Patient in seinem Selbstverständnis fremdbestimmt wird, indem er sich selbst aus dem Bezugssystem eines anderen definiert. Es soll der Gefahr entgegengewirkt werden, dass sich der Patient mit dem Bild, das ein anderer von ihm hat, identifiziert. Der Patient soll demnach nur im Horizont seiner eigenen Kundgaben und Konzepte verstanden werden. Hier ist zu fragen: Kann die reine Selbstaussage des Patienten ein stimmiges Therapieziel und ein gültiges Therapieideal sein? Kann der Patient, so ausschließlich in sich selbst gespiegelt, sich aus seiner Selbstverborgenheit befreien? Und es stellt sich die Frage: Kann der Therapeut ohne jegliches Vorverständnis überhaupt verstehen? Braucht er nicht eine bestimmte Perspektive, einen bestimmten Blickpunkt, um überhaupt sehen zu können? Die Hermeneutik spricht von der Notwendigkeit eines Vorverständnisses. Verstehen heißt, etwas als etwas verstehen und es setzt so eine Ahnung, ein Vorwissen über das, was verstanden werden soll, voraus. Dieses Vorwissen wird zunächst von der praktischen Lebenserfahrung, einschließlich der Selbsterfahrung, sodann aber auch vom theoretischen Bezugssystem des Therapeuten bereitgestellt. Andererseits ist festzuhalten: Das Verstehen des Patienten aus seinem Bezugssystem, das Erspüren seiner inneren Welt aus seiner Perspektive ist ein wichtiger Schritt im Gesamtprozess des Verstehens. Innerhalb dieses Prozesses muss aber auch das Bezugssystem des Therapeuten wirksam werden, weil er nur so die Störung des Patienten umfassend konzipieren und umgekehrt sein vorhandenes Störungskonzept sich am konkreten Fall bewähren kann.

Das Menschenbild und vor allem die Störungslehre der Gesprächspsychotherapie geben hinsichtlich dieses Konzepts einen klaren Bezugsrahmen vor. Dieser besteht in den theoriebestimmten Vorannahmen, die in Form von Arbeitshypothesen das Verstehen leiten. Freilich müssen diese Hypothesen in ihren inhaltlichen Bezügen immer wieder mit der Wirklichkeit des Patienten abgeglichen und entsprechend korrigiert werden. Entsprechend der Persönlichkeits- und der Störungstheorie der Gesprächspsychotherapie ist das Vorverständnis hinsichtlich folgender Aspekte zu beschreiben.

Symbolisierungshypothese

Eine Person ist nur insoweit kongruent und voll erlebnisfähig, wie sie ihre organismischen Erfahrungen „exakt" symbolisieren kann. Da bei psychischen („neurotischen") Störungen ein Teil der organismischen Erfahrungen gar nicht oder nur verzerrt symbolisiert wird (Rogers 1987, S. 30f/ [1]1959), sind sie auch nicht oder nur in verzerrter

Form im Bezugssystem des Individuums repräsentiert (Rogers a. a. O., S. 37). Der Therapeut rechnet auf Grund dieses störungstheoretischen Vorverständnisses damit, dass die Äußerungen des Patienten zum Teil der genannten Verzerrung oder Ausblendung unterliegen. Der Patient ist also in einem Selbstmissverständnis befangen, hinter dem manifesten Sinn seiner Äußerungen verbirgt sich noch ein latenter. Wenn der Therapeut sich in seinen Verbalisierungen am Bezugssystem des Patienten, also an dem von diesem Gemeinten, orientiert, so sucht er gleichzeitig in einem verstehenden (aber noch nicht verbalisierten) Vorgriff dieses zu überschreiten, und zwar in Richtung auf einen Entwurf, der das organismische, ganzheitliche Erleben des Patienten abbildet. Der sich hier dem Therapeuten, zunächst natürlich nur hypothetisch, erschließende Sinnzusammenhang wird dann auch seine Interventionen in einer Weise leiten, dass er dem Patienten Impulse zur stetigen Erweiterung seines Bezugsystem geben kann. Indem der Therapeut dem Patienten in der Entzifferung der Symbolverzerrungen verstehend voraus ist (zumindest zeit- und teilweise), kann er diesen anregen, die organismische Erfahrung zunehmend exakter zu symbolisieren.

Inkongruenzhypothese

„Inkongruenz" bedeutet eine Diskrepanz oder gar einen Widerspruch zwischen dem Selbstkonzept und der ganzheitlichen, originären, „organismischen" Erfahrung. Inkongruenz ergibt sich aus dem Umstand, dass der Mensch dazu neigt, auf Grund seines Bedürfnisses nach positiver Beachtung und Anerkennung gegen die ursprüngliche Selbsterfahrung Werte und Normen anderer zu verinnerlichen, um mit diesen anderen nicht in Konflikt zu geraten und sich ihre Anerkennung zu erhalten. Der Therapeut versteht also die Symptome und das Leiden des Patienten als Ausdruck des Konflikts zwischen Bindung und Autonomie, zwischen Sozialisation und Individuation. Er wird zwar den Patienten anregen, seine Autonomiewünsche „exakt zu symbolisieren" (Rogers, a. a. O.), er wird jedoch die diesbezügliche Ambivalenz des Patienten nicht vorschnell auflösen wollen (indem er diesen zu einer Entscheidung scheinbarer Autonomie drängt), sondern ein inneres Zwiegespräch des Patienten mit sich selbst fördern, in dem die beiden Pole dieser Ambivalenz zum Austrag kommen können. Der Therapeut wird also viele Äußerungen des Patienten so verstehen, dass es zu ihnen immer auch noch eine Gegenposition, ein „Ja-Aber", ein noch nicht Symbolisiertes gibt, das sich erst im weiteren Fortgang der Klärung zeigen wird (und auch erst dann zu verbalisieren ist).

Entwicklungspsychologische Hypothese

Die Symbolisierungsstörung und damit zusammenhängend die Inkongruenz entsteht im Laufe der menschlichen Entwicklung, zumeist schon in der Kindheit (Rogers 1987/[1]1959; Biermann-Ratjen 2002; Reisel 2001). Wenn das Kind nur bedingt akzeptiert wird, d. h. für bestimmte Einstellungen belohnt, für andere bestraft wird, wird es nicht nur die entsprechenden Normen als seine eigenen verinnerlichen, sondern es wird auch ein mangelndes Vertrauen zu seiner organismischen Erfahrung entwickeln, gleichzeitig immer befürchten, in dieser Erfahrung vom Anderen nicht anerkannt zu werden und sich nach solcher Anerkennung doch immer auch sehnen. Auch gegenüber dem Therapeuten wird dieser Wunsch nach Anerkennung lebendig sein, gleichzeitig aber auch die Angst, diese auch hier wieder nicht zu finden. Der Therapeut muss also nicht wenige Äußerungen des Patienten als einen solchen an ihn wie an die früheren Bezugspersonen gerichteten Wunsch verstehen.

3.2.3 Ziele und Funktionen des Einfühlenden Verstehens

Die Aufgabe des einfühlenden Verstehens besteht darin, dem Patienten zu helfen, sein organismisches Erleben zunehmend exakter zu symbolisieren und so die Inkongruenz aufzuheben. An dieser gewissermaßen hermeneutischen Leistung soll der Patient aktiv mitwirken, was er aber wiederum nur kann, wenn es ihm gelingt, sich mit den bisher nicht symbolisierten Aspekten seiner selbst zu versöhnen. Dazu muss er seine Selbstakzeptanz verbessern. Daraus ergibt sich, dass Ziele und Funktionen des einfühlenden Verstehens in mehrfacher Hinsicht zu betrachten sind. Hinsichtlich dieser Betrachtungsweisen wollen wir uns wiederum an jenen Kriterien orientieren, die Grawe (1994, 2000) als Charakteristika einer erfolgreichen Therapie herausgestellt hat.

Ressourcenaktivierung

Das *Einfühlende Verstehen* bewirkt eine Ressourcenaktivierung und setzt diese gleichzeitig voraus. Letzteres gilt insofern, als in der Gesprächspsychotherapie der Patient das Selbstverstehen ja auch zum großen Teil selbst erbringen soll. Das setzt die Aktivierung eines bisher blockierten Potentials voraus. Diese Aktivierung geschieht durch das *Bedingungsfreie Akzeptieren* des Therapeuten. Durch Einfühlen und Verstehen wird aber auch seinerseits eine solche Aktivierung ermöglicht, da hier vor allem die Einfühlungskomponente in Richtung auf die Mobilisierung von Selbstvertrauen und Selbstwertstabilisierung wirkt. Die Empathie ist also zum einen gewissermaßen ein Erkenntnisinstrument, zum anderen aber auch Therapiemittel. Hinsichtlich des Letzteren wirkt der einfühlsame Mitvollzug des eigenen Erlebens durch einen Anderen, das anerkennende Verdeutlichen der eigenen Gefühle und Wünsche durch diesen Anderen ermutigend. Die Erfahrung, sich durch den Therapeuten in bejahender Weise gespiegelt zu sehen, erweckt einen Änderungsoptimismus.

Problemaktivierung

In der Gesprächspsychotherapie ist für das hier Gemeinte der Terminus „Erlebnisaktivierung" gebräuchlicher, die hier konzeptuell eine bedeutsame Rolle spielt. Es geht darum, „das Problem", das den Patienten in die Therapie führte, zu aktivieren, indem es durch Aktualisieren der damit verbundenen Gefühle erlebnishaft präsent gemacht wird. Die Schilderung eines bestimmten Ereignisses etwa wird sofort auf ihren emotionalen Aspekt hin angesprochen. Zunächst unter Verzicht auf eine genaue Klärung der äußeren Umstände und Bedingungen spricht der Therapeut die vermutlichen Gefühle des Patienten während dieses Ereignisses sowie die emotionale Reaktion darauf in einer Weise an, die dem Patienten ermöglichen soll, diese Gefühle noch einmal intensiv nachzuerleben. Eine Erörterung der Realität, z. B. von zeitlichen und so evtl. auch ursächlichen Zusammenhängen zwischen verschiedenen Ereignissen sowie zwischen Ereignis und Befinden, wird zunächst suspendiert, um sich ausschließlich dem inneren Erlebnisraum des Patienten, dem phänomenalen Feld, wie es bei Rogers heißt, zuzuwenden. So soll auch verhindert werden, dass sich die Therapie in einem gefühlsfernen Intellektualisieren erschöpft.

Ein Mittel zur Erlebnisaktivierung besteht in der Gesprächspsychotherapie auch darin, für die meisten Interventionen nicht die Frage-, sondern die Aussageform zu wählen. Fragen erheischen immer eine kluge, eine überlegte Antwort. Sie wenden sich eher an den Intellekt und begünstigen nicht unbedingt ein spontanes, gefühlsunmittelbares Antworten. Letzteres kann durch einfühlsam formulierte Aussagen viel eher erreicht werden, weshalb z. B. „Fragebögen" etwa zur Persönlichkeitsuntersuchung tatsächlich die Frageform strikt vermeiden.

Problemklärung

Die Problemklärung ist natürlich das zentrale Ziel des Verstehens. Zu klären, d. h. zu symbolisieren sind zunächst die problemrelevanten Gefühle und Bedürfnisse. Sodann ist der jeweilige Zusammenhang zwischen Gefühlen und Bedürfnissen, Gedanken, Intentionen und Verhalten zu klären, hierzu zählt auch der Zusammenhang solcher Gefühle und Wünsche mit Beziehungserfahrungen und Beziehungserwartungen. Hier gilt es ebenfalls, Widersprüche zwischen Gefühlen und Wünschen oder Beziehungserwartungen zunächst zu vergegenwärtigen und dann anzuerkennen oder aufzulösen. Indem die Person durch diesen Klärungsprozess sich selbst durchsichtiger sowie kongruenter wird, wird sie auch autonomer, d. h. entscheidungs- und handlungsfähiger (Sachse 1999).

Das hier angedeutete Erfassen von Sinnzusammenhängen ist ein Interpretieren. Allerdings ist dieser Terminus, weniger die Sache selbst, innerhalb der Gesprächspsychotherapie umstritten. Neben Autoren, die diesen Sachverhalt zustimmend so benennen (Sachse u. Maus 1991; Swildens 1991; Tscheulin 1992; Baus 1992), finden sich gelegentlich auch Verweise darauf, dass Interpretationen mit der gesprächspsychotherapeutischen Methodik nicht vereinbar seien (z. B. Tausch 1970; Auckenthaler 1989; Fittkau u. Kalliner 1989). Hier sind aber in der Regel zwei Sonderfälle von Interpretationen gemeint, nämlich das quasi persönlichkeitsdiagnostische Etikettieren von vermeintlich überdauernden Merkmalen (z. B. „Das ist bei Ihnen so, weil Sie immer so bestätigungssüchtig und so kränkbar sind!") und das eine komplexe Materialfülle einbeziehende Schlussfolgern („Sie sind sehr neidisch auf Ihren Freund, und dieser Neid gilt eigentlich Ihrem Bruder, weil Sie es immer noch nicht verwinden können, dass Sie sich als

Kind von Ihrem Vater so vernachlässigt fühlten!"). Die Intervention im erstgenannten Beispiel wäre aus gesprächspsychotherapeutischer Sicht deshalb wenig konstruktiv, weil sie erstens den Hinweis auf etwas scheinbar Unveränderliches und zweites eine negativ getönte, fast moralisierende Bewertung enthält. Im zweiten Beispiel ist die therapeutische Intervention viel zu intellektualisierend, also zu erlebnisfern.

Problembewältigung

Das Fördern der Bewältigung von Problemen oder Konflikten kann natürlich nicht eine wesentliche Aufgabe des Verstehens sein. Dies ist eher das Ziel von Interventionen, die unter dem Therapieprinzip *Echtheit* zu besprechen sind. Immerhin wird auch durch ein verstehendes Vorgehen der Patient angeregt, sich mit Bewältigungsmöglichkeiten auseinander zu setzen. Wenn z. B. der Widerspruch zwischen zwei Bedürfnissen klärend herausgearbeitet wurde, wird der Therapeut das Thema nicht einfach abschließen, sondern den Patienten anregen, sich mit diesen Bedürfnissen bzw. dem Konflikt zwischen ihnen auseinander zu setzen, bis sich eine Lösung abzeichnet. Es wird dabei indirekt versucht, das Bewältigungspotenzial des Patienten zu stimulieren, indem der Therapeut z. B. formuliert:

T: Dieser Widerspruch erscheint Ihnen augenblicklich noch völlig unlösbar.
T: Im Moment können Sie sich einen Ausweg, eine gute Lösung noch gar nicht vorstellen.
T: Jetzt können Sie noch nicht glauben, dass es Zweck hat, den Kampf mit ihm aufzunehmen.

Der Therapeut versucht also, den Patienten anzuregen, selbst Bewältigungsstrategien zu entwerfen. Dadurch dass dem Patienten solche Strategien nicht einfach vorgeschlagen werden, ist eine gute Möglichkeit gegeben, dass sich der Patient mit seinen Schwierigkeiten, solche Strategien zu realisieren, auseinandersetzen kann.

3.2.4 Praxis des Einfühlenden Verstehens

Die beiden Komponenten des *Einfühlenden Verstehens* sollen im Folgenden nicht mehr ausdrücklich unterschieden werden. Die Komponente des Einfühlens ist eine unabdingbare Voraussetzung für das Verstehen. Wie schon dargestellt, versucht der Therapeut, durch eine emotionale Teilhabe in sich ein möglichst plastisches Bild von der „inneren Welt" des Patienten entstehen zu lassen. Sich identifizierend versucht er, diese Welt „mit den Augen des Klienten zu sehen" (Rogers 1977/[1]1975). Durch ein imaginierendes und phantasierendes Vergegenwärtigen verschiedenster Lebensereignisse und Situationen des Patienten will er die Erlebnisräume des Patienten anschaulich und erfahrbar machen. Die hier zunächst intuitiv erschauten und gefühlten Gehalte geben dem Verstehen dann Orientierungsmarken vor, auf die hin es sich ausrichten, auf die hin es fragen kann. Der Therapeut versucht daraufhin, die Äußerungen bzw. die Rede des Patienten auf diese Orientierungsmarken hin zu verstehen. Dem Therapeuten werden die Bedeutungsstrukturen im Erleben des Patienten deutlich, er beginnt das „innere Bezugssystem" (Rogers 1987/[1]1959) des Patienten zu erfassen und versucht, das Erleben sowie Verhalten des Patienten aus diesem Bezugssystem heraus zu verstehen. Bei der verstehenden Annäherung an das Bezugssystem des Patienten bringt der Therapeut jedoch sein eigenes Bezugssystem, sein eigenes „Vorverständnis", sein eigenes „Vorurteil" (Gadamer 1975) zumindest unausdrücklich mit ein. Er kann nie, wie bereits oben dargestellt, ganz „voraussetzungslos" verstehen (s. hierzu im Folgenden „Das Verstehen zwischen Selbstbefangenheit und Fremdbestimmung").

Auf verschiedene Bedeutungsebenen zentrieren

Das Therapieprinzip *Einfühlendes Verstehen* ist gegenüber den anderen Prinzipien am ehesten handlungsorientiert, d. h., es deutet am unmittelbarsten bereits eine bestimmte Behandlungspraxis an. Zwar ist auch das *Einfühlende Verstehen* zunächst ein Einstellungsmerkmal, das auf die Bereitschaft des Therapeuten hinweisen soll, sich um Empathie und Verstehen zu bemühen. Daher ist die Vorstellung naheliegend und berechtigt, dass eine solche empathische Einstellung zu unterschiedlichsten Handlungsweisen bzw. Interventionen führen kann. Für die präzise Beschreib- und Lehrbarkeit des Verfahrens ist es wichtig, die unterschiedlichen Interventionen zu klassifizieren und die Art ihrer Unterschiedlichkeit zu charakterisieren.

Wollte man, wie bisher oft geschehen (Tausch 1970), das einfühlende Verstehen als ein Handlungsmerkmal beschreiben, so könnte man zur Kennzeichnung dieser Absicht von „Einfühlen und

Verstehen" sprechen und wie folgt formulieren: Der Therapeut versucht, die Perspektive des Patienten übernehmend, den gefühlshaften Gehalt, den emotionalen „Bedeutungshof" der Äußerungen des Patienten zu erfassen und dieses Erfasste dem Patienten mitzuteilen. Es dürfte hier aber schnell klar sein (und verschiedenste Therapietranskripte, so von Rogers [1977/[1]1974] selbst, machen das deutlich), dass diese globale Formulierung die verschiedenen Möglichkeiten, auf ein und dieselbe Äußerung des Patienten „gefühlsverbalisierend" einzugehen, in keiner Weise abbildet. Ein kurzes Beispiel soll dies verdeutlichen.

Wenn etwa ein Patient sagt: „Als meine Mutter dann wieder ihre vorwurfsvolle Miene aufsetzte, war es, als müsste ich ausrasten, ich bin einfach weggegangen", dann könnte der Therapeut hier antworten:

> T: [1] Sie waren in diesem Augenblick außer sich vor Wut.
> T: [2] Dass Sie so schroff reagierten, war Ihnen hinterher ziemlich peinlich.
> T: [3] Da wurde irgend etwas in Ihnen getroffen, was Sie so wütend machte.

In allen drei Interventionen wird der Patient zur Auseinandersetzung mit sich selbst angeregt, die Beziehung zum Interaktionspartner, hier der Mutter, wird nicht angesprochen. Aber die Verstehensangebote greifen dennoch Unterschiedliches auf, sie bewegen sich auf verschiedenen Bedeutungsebenen. Im ersten Fall (T1) spricht der Therapeut das während des berichteten Ereignisses vermutlich vorherrschende Gefühl des Patienten an. Diese unmittelbar das Ereignis begleitende Emotion dürfte für den Patienten kognitiv weitgehend repräsentiert sein. In der zweiten Intervention (T2) nimmt das therapeutische Verstehen Bezug auf die stellungnehmende, selbstbewertende Instanz im Patienten, es wird hier ein selbstreflexives Gefühl aufgegriffen. In T3 wird auf die Möglichkeit von noch kaum symbolisierten, basaleren Antwortbereitschaften und ihre Bedeutungsstrukturen hingewiesen. Es wird also bei den drei verschiedenen Interventionen auf sehr unterschiedlichen Bedeutungsebenen und damit Sinngehalte Bezug genommen. Demnach ist die das *Einfühlende Verstehen* begleitende Suchhaltung des Therapeuten auf jeweils Unterschiedliches in der Patientenäußerung gerichtet. So sind verschiedene semantische Ebenen bzw. Stufen des Verstehens zu unterscheiden, die an anderer Stelle näher beschrieben werden sollen.

Differenz von Verstehen und Mitteilen des Verstandenen

Wenn hier von „Verstehen" die Rede ist, so ist zu unterscheiden zwischen dem Verstehen des Therapeuten, also den kognitiven, aber auch emotionalen Prozessen, die in ihm ablaufen, und dem, was er davon dem Patienten mitteilt. Wenn Rogers (1977, S. 20) vom *Einfühlenden Verstehen* etwa sagt: „Im Idealfall äußert sich ein solches Verstehen durch kommentierende Bemerkungen, die sich nicht nur auf das beziehen, was dem Klienten bewusst ist, sondern ‚auf die neblige Zone am Rande der Gewahrwerdung'", so meint er den mitzuteilenden Aspekt des Verstandenen. Dadurch, dass in der Rede vom „einfühlenden Verstehen" manchmal beides gemeint ist, der Verstehensprozess im Therapeuten und die Mitteilung davon, wird der Eindruck erweckt, als bestehe hier keine Differenz, als würde der Therapeut alles, was er verstanden hat, auch sogleich verbalisieren. Dem ist natürlich nicht so. Zwar wird der Therapeut im Laufe der Therapie vieles von dem, was er glaubt, verstanden zu haben, dem Patienten kommunizieren, aber für die einzelne therapeutische Sequenz gilt natürlich, dass der Therapeut nur das für den Patienten unmittelbar Evidenzfähige, das, was für den Patienten „am Rande der Gewahrwerdung" liegt, mitteilen wird. Alle darüber hinausgehenden Mitteilungen würden, da erlebnishaft zu wenig verankert, nur fruchtloses Intellektualisieren fördern. Auch könnten natürlich unzeitgemäße Verbalisierungen des Verstandenen den Patienten u. U. überfordern, da die Ängste gegenüber dem bisher nur verzerrt Symbolisierten noch zu groß sind und Letzteres noch als mit dem Selbstkonzept völlig unvereinbar erlebt wird (Rogers 1987, S. 30/[1]1951). Im Folgenden wird, wenn vom Verstehen des Therapeuten die Rede ist, wie in der Gesprächspsychotherapie üblich, in der Regel nur jener Teil des verstandenen Bedeutungsgehaltes gemeint, der auch unmittelbar mitgeteilt wird.

Verstehen in kleinen Schritten

Ein wesentliches Merkmal gesprächspsychotherapeutischer Praxis besteht in einem erlebnisaktivierenden Vorgehen, d. h., es gilt Intellektualisierungen tunlichst zu vermeiden. Das bedeutet, dass die einzelnen Interventionen des Therapeuten möglichst nicht umfassende Sinnzusammenhänge einzufangen versuchen. Der Therapeut soll vielmehr versuchen, „von Augenblick zu Augenblick" (Rogers) nur das jeweils unmittelbar Gegenwärtige in seiner Bedeutsamkeit zu erfassen. Man könnte hier von einem punktuellen Verstehen sprechen, bei dem das Verstehen von Punkt zu Punkt fortschreitet, aber die verschiedenen Punkte eines möglichen Sinnzusammenhanges nicht sofort zusammengefügt, sondern „in der Schwebe" gehalten werden. Diese „Bewegung des Verstehens" im unmittelbaren Mitvollzug des Erlebens des Patienten soll nur selten zu fest umrissenen Sinnfiguren gerinnen, d. h. in umfassenden Interpretationsgestalten eingefangen werden. Das Verstehen behält so eine gewisse „Flüssigkeit", um den Erlebnisstrom des Patienten nicht abzubrechen, sondern langsam zu durchdringen. Denn insbesondere dieses Prozesshafte des Verstehens ermöglicht am ehesten die Änderung von basalen Erlebnismustern. Danach soll möglichst der Patient selbst, angeregt durch den Therapeuten, die einzelnen Verstehensmomente zusammenfügen und somit den Sinnkreis schließen.

Eine weitere Praxisrichtlinie betrifft das Tempo des verstehenden Vorgehens. Bei Anfängern in der Psychotherapie ist öfter zu beobachten, dass sie sich und den Patienten hinsichtlich des Erschließens von immer neuen Zusammenhängen sehr unter Druck setzen. Das in den Äußerungen des Patienten Verstandene führt dann beim Therapeuten sofort zur nächsten Frage bzw. zum abermals vertiefenden Verstehensangebot, worauf dann prompt ein weiterer Sinnzusammenhang erschlossen werden soll usw. Ein solch forciertes Vorgehen führt den Patienten von seinem eigenen Erleben fort, er wird gezwungen, dem Therapeuten in seinen Überlegungen zu folgen, anstatt Kontakt zu seinem eigenen Erleben zu halten. Für ein therapeutisch effektives Vorgehen ist es wichtig, aus dem gerade Verstandenen oder Erahnten nicht sofort eine weiterführende Frage abzuleiten, sondern bei der erspürten Bedeutung eines bestimmten Phänomens zunächst zu verweilen, ihr im amplifizierenden Umkreisen Schritt für Schritt neue „Konnotationen" abzugewinnen. Der Therapeut darf sich also nicht nur von der Frage drängen lassen „Was habe ich noch nicht verstanden?", sondern er muss gewissermaßen bei dem Schon-Verstandenen schauend verweilen können. Anders ausgedrückt: Das, was im Bericht des Patienten als Bedeutung schon in Erscheinung getreten ist, gilt es festzuhalten und noch einmal vor den Patienten gewissermaßen hinzustellen, damit er diese Bedeutungsgestalt von allen Seiten betrachten und sein Erleben darin spiegeln kann. Das gesprächspsychotherapeutische Verstehen ist also ein „Interpretieren in kleinen Schritten" (Finke 1981, 1985), in dem die einsichtsvermittelnde Sinnfigur erst aus einem längeren Interaktionsprozess heraus entwickelt wird.

Verstehensangebote versus Fragen

In der Gesprächspsychotherapie gilt die Regel, dass der Therapeut keine Fragen stellt, sondern Verstehensangebote macht, also seine Interventionen in Form von Aussagen formuliert. Hierfür gibt es verschiedene Gründe. Mit einer Haltung des Fragens kann sich leicht eine Atmosphäre des kühlen Explorierens oder des detektivischen Aushorchens verbinden. Es entsteht so leicht eine emotionale Distanz und ein starkes Transparenzgefälle zwischen Patient und Therapeut dahingehend, als der Befragte nie genau weiß, worauf der Fragende mit seinen Fragen hinauswill. Zudem entsteht durch Fragen leicht ein intellektualisierendes Klima: Jede Frage erheischt eine kluge Antwort, Fragen wenden sich an den „Kopf", sie blockieren daher eine spontane, gefühlsnahe Antwort. Deshalb enthalten ja auch die so genannten Persönlichkeitsfragebögen tatsächlich gar keine Fragen, sondern Aussagen; es heißt dort nicht „Ist Ihnen oft schwindelig?", sondern „Mir ist oft schwindelig", und man muss spontan bejahen oder verneinen. Des Weiteren zielt eine Frage immer auf das, was noch nicht verstanden ist, was erst noch durch das Verstehen eingeholt werden muss. Der Therapeut in der Gesprächspsychotherapie soll aber gerade das mitteilen, was er schon verstanden hat. Er soll dadurch sein empathisches Verbundensein mit dem Patienten zum Ausdruck bringen, seine Rolle als Teilhaber an dessen innerer Welt deutlich machen. Der Therapeut soll nicht der distanziert fragende Beobachter sein, sondern der Teilnehmer an dem inneren Zwiegespräch, das der Patient mit sich selbst führt.

Diese Argumente sind aber nicht apodiktisch zu verstehen. Natürlich gibt es auch ein einfühlsames Fragen, ein Fragen auch, das seinen Fragesinn transparent macht. Außerdem kann Fragen ein echtes Interesse bekunden und so ein Engagement zum Ausdruck bringen. Dies gilt z. B. für das Erfragen von konkreten Lebenssituationen oder von Lebensereignissen. Erst aus dem Kontext einer therapeutischen Situation ist zu entscheiden, ob evtl. zu viel gefragt wurde.

Im Zentrum des Verstehens: die Gefühle

Im Zentrum der Suchhaltung des Therapeuten stehen in der Gesprächspsychotherapie die Gefühle bzw. die emotionalen Erlebnisinhalte (Rogers 1973a, S. 40f/[1]1951; Tausch 1970). Jede Äußerung des Patienten soll vor allem auf ihre emotionale Bedeutung hin betrachtet werden (Stumm 2003b). Nicht die Faktizität von Ereignissen, nicht das Wo, das Wie oder das Wann der geschilderten Situation selbst stehen im Zentrum des therapeutischen Interesses, sondern die Qualität des Erlebens dieser Situation. Wie fühlte er sich damals und was bewegt ihn jetzt? Welche seiner Erwartungen wurden erfüllt oder enttäuscht? Was bedeutet das Erlebte für sein Selbstverständnis sowie seine Lebensziele? Und was bedeutet es für seine Beziehungserwartungen gegenüber seinen nächsten Kontaktpersonen? Die Zentrierung auf die „innere Welt des Klienten" (Rogers 1977, S. 20), und zwar besonders hinsichtlich ihrer emotionalen Komponente, steht im Mittelpunkt des therapeutischen Interesses.

Durch diese Zentrierung auf das Gefühl soll eine besondere Erlebnisnähe und Unmittelbarkeit jenseits rationaler Kontrolliertheit hergestellt werden. Emotionen haben eine Signalfunktion, d. h. sie informieren über Intentionen, Wünsche und Bedürfnisse, vor allem auch über solche, die nur verzerrt oder gar nicht symbolisiert sind (Greenberg u. Paivio 1997; Sachse 1999). So kann Angst beispielsweise den Wunsch nach radikaler Autonomie und schrankenloser Unabhängigkeit ausdrücken, ein Wunsch, der mit dem Selbstkonzept unvereinbar sein und gerade deshalb Angst auslösen kann (Rogers 1987, S. 30/[1]1959). Damit verweist dieses Gefühl auch auf die bestehende Inkongruenz.

Emotionen geben auch einen Hinweis auf das Selbstverhältnis, d. h. sie charakterisieren die Beziehung, die die Person zu sich selbst hat. Schuld- und Schamgefühle etwa sagen etwas aus über das Selbstkonzept und das Selbstideal einer Person. Emotionen haben auch eine beziehungsregulierende Funktion, Ärger und Wut können Abgrenzung sowie Durchsetzung fördern. Auch können sich in diesen Gefühlen unter Umständen negative Beziehungserfahrungen und entsprechende Beziehungserwartungen spiegeln. Auf diese Weise eröffnen sich über die Vergegenwärtigung von Emotionen Wege zu psychotherapeutisch bedeutsamen Themen.

Stufen des Einfühlenden Verstehens

Es wurde bereits angedeutet, dass weder die gesprächspsychotherapeutische Praxis insgesamt noch die behandlungspraktische Ausgestaltung des Prinzips *Einfühlendes Verstehen* ein homogenes Vorgehen darstellt. Es ist also davon auszugehen, dass sich beim „Einfühlen und Verstehen" sowohl hinsichtlich der erfassten „Tiefe" des Erlebens als auch des Umfangs an Verweisungsbezügen und Bedeutungszuschreibungen unterschiedliche Ebenen bzw. Stufen beschreiben lassen. Diese Stufung ist für die therapeutische Arbeit auch insofern von Belang, als durch sie nahegelegt wird, beim Erarbeiten von Einsicht und neuen Erfahrungen sukzessiv vorzugehen. Ein gestuftes Vorgehen schlagen auch andere Gesprächspsychotherapeuten vor, so etwa Swildens (1991), Tscheulin (1992), Sachse u. Maus (1991) und Sachse (1999). Vor allem die letztgenannten Autoren haben eine Schrittfolge von Interventionen bzw. therapeutischen „Bearbeitungsangeboten" vorgelegt, die in ihrer Stufung (nicht jedoch in der inhaltlichen Beschreibung dieser Stufen) Parallelen zu dem hier vertretenen Konzept aufweist. Swildens wiederum beschrieb Stufen bzw. Stadien des Therapieprozesses, für die jeweils spezifische Themen und Interventionen bedeutsam sind.

Hier soll eine Stufung des Vorgehens durch eine Gruppierung von Emotionen vorgegeben werden, die sich durch das Ausmaß ihrer Symbolisierung unterscheiden. Auf den anfänglichen Stufen werden jene Gefühle aufgegriffen, die im Bezugssystem des Patienten noch mehr oder weniger deutlich repräsentiert sind. Auf den späteren Stufen wird auf solche Gefühle zentriert, die zumindest zu Beginn der Therapie noch kaum oder nur verzerrt symbolisiert waren. Es werden, schematisch vereinfacht, sechs Stufen beschrieben.

Stufen des Einfühlenden Verstehens

Eine Patientin sagt: „Als meine Mutter dann wieder ihre vorwurfsvolle Miene aufsetzte, war es, als müsste ich ausrasten, ich bin einfach weggegangen".

1. Umakzentuierendes Wiederholen
Einfühlendes Wiederholen
T: [1] Diese Vorwurfshaltung hat Sie fortgetrieben.

2. **Aufgreifen des vorherrschenden Gefühls**
   T: [2] Sie hätten überschäumen können vor Wut

3. **Verdeutlichen des situativen Kontexts**
   Konkretisierendes Verstehen
   T: [3] Was Sie so aus der Fassung brachte, war der anklagende Blick Ihrer Mutter.

4. **Aufgreifen von selbstreflexiven Gefühlen**
   Selbstkonzeptbezogenes Verstehen
   T: [4] Dass Sie so schroff reagierten, war Ihnen hinterher auch etwas peinlich.

5. **Aufgreifen von haltungsprägenden Gefühlen und Bedürfnissen**
   Organismusbezogenes Verstehen
   T: [5] Da wurde etwas in Ihnen getroffen, was Sie auch ohnmächtig machte.

6. **Verdeutlichen des lebensgeschichtlichen Kontexts**
   T: [6] Sie fühlten sich plötzlich wieder als das ganz kleine Mädchen, das es auch früher der Mutter nie recht machen konnte.

Stufe 1: Umakzentuierendes (einfühlendes) Wiederholen. Bei dieser gewissermaßen anfänglichen Stufe wiederholt der Therapeut den Wortsinn der Patientenaussage mit seinen eigenen Worten (also keine echohafte Wiederholung). Es handelt sich hier noch nicht eigentlich um ein psychologisches, sondern eher um ein logisches Verstehen, insofern vorwiegend der logische Sinn der Patientenäußerung wiedergegeben wird (Jaspers 1959). Der Therapeut versucht, den Aussagesinn der Patientenäußerung in formaler Hinsicht zu verdeutlichen. Er versucht, das vom Patienten Ausgesagte akzentuiert herauszustellen. Es handelt sich hierbei also um das Herausstellen von Bedeutungsaspekten, die der Therapeut für relevant hält und mit denen sich der Patient auseinandersetzen soll. Hier kann auch ein strukturierendes, nämlich Gedanken bündelndes Moment zur Geltung kommen (s. Kap. 5, schizophrene Störungen).

Der folgende kurze Auszug aus einem Therapiegespräch soll das verdeutlichen. Es handelt sich dabei um die bereits vorgestellte, 44-jährige Agraringenieurin, die nach dem kurz hintereinander erfolgten Tod ihrer Tante und ihrer Mutter an einer Panikstörung erkrankte. Die Patientin hatte zu den beiden Verstorbenen, die neben ihrem Mann und ihren Kindern mit im Hause wohnten, ein sehr enges Verhältnis.

P: Das Haus war so leer, nachdem beide gestorben waren, entsetzlich leer.
T: Sie meinen, dass nun plötzlich im Haus etwas Wichtiges fehlt.
P: Ja, ich konnte lange Zeit mich gar nicht in den Zimmern aufhalten, in denen meine Tante und meine Mutter gewohnt hatten.
T: Es war irgendwie unerträglich für Sie in diesen Zimmern.
P: Ich sah sie immer noch da sitzen, die beiden alten Damen.
T: Es war manchmal für Sie so, als ob sie immer noch anwesend wären.
P: Ja, als ob sie dort noch wären. Ich meine immer noch, sie müssten da sitzen, sie müssten mit mir reden.
T: Es ist, als seien die beiden immer noch für Sie da.

Zwei Funktionen dieses einfühlenden Wiederholens sollen herausgestellt werden:
❍ Der Therapeut macht der Patientin deutlich, dass er sich ganz genau ihre Situation und ihr Erleben zu vergegenwärtigen sucht. Die Patientin bekommt so das Gefühl, dass der Therapeut bemüht ist, ihr Erleben nachzuempfinden und sie in ihrer inneren Welt zu begleiten. Dieses Erlebnis von Teilhaben wirkt als solches ermutigend und bestätigend, d. h., es wirkt entängstigend und löst eventuelle Widerstände gegen eine weitere Selbsterkundung auf.
❍ Der Therapeut fordert durch sein Wiederholen die Patientin auf, ihre eigene Aussage noch einmal zu betrachten, sie gewissermaßen hinsichtlich der verschiedenen Aspekte ihrer Bedeutung zu umschreiben und so ihren vielfachen Sinn auszuloten. Dies bedeutet, dass die Patientin ermutigt wird, ihrer Äußerung einen neuen Sinn abzugewinnen. Die Wiederholung der Patientenaussage mit den Worten des Therapeuten bedeutet, gerade wegen dieser geänderten Wortwahl, ebenso eine, wenn auch nur geringfügige, Akzentverschiebung ihres Sinnes. In einer solchen Umakzentuierung kann man bereits ein ansatzweises Interpretieren sehen, denn der Therapeut gibt durch seine Art der Spiegelung bereits eine neue Sinnrichtung vor. Wenn beispielsweise ein Patient von dem Gefühl der Unzufriedenheit berichtet, das er an-

lässlich eines bestimmten Ereignisses hatte, und der Therapeut nun von dem Ärger oder der Wut des Patienten spricht, wird mit dieser Übersetzung von „Unzufriedenheit" mit „Ärger" eine bestimmte Auslegung der Patientenäußerung vorgegeben.

Stufe 2: Aufgreifen des vorherrschenden Gefühls. Hier werden Gefühle angesprochen, die vom Patienten nicht ausdrücklich benannt wurden, jedoch aus dem Kontext seiner Aussage unmittelbar hervorgehen. Wenn Patienten von einem für sie wichtigen Ereignis, z. B. Auseinandersetzungen mit wichtigen Bezugspersonen usw., berichten, tun sie dies oft emotional sehr beteiligt, und die Art des mitschwingenden Gefühls ist auch ihnen selbst zumindest vage gegenwärtig, ohne dass sie es immer exakt symbolisieren könnten.

Der Therapeut sagt dann z. B.:

> T: Das hat Sie sehr geärgert.
> T: Da waren Sie ziemlich enttäuscht.
> T: Diese Freude klingt jetzt noch in Ihnen nach.

Damit regt der Therapeut die Patienten an, sich nicht nur mit den äußeren Fakten eines Ereignisses, sondern vor allem mit dessen Widerhall in ihnen auseinander zu setzen. Dieser Widerhall zeigt sich am unmittelbarsten in einem Gefühl, das aber seinerseits auf ein anderes Gefühl, auf ein Bedürfnis oder Motiv, auf eine Vorstellung, auf einen Handlungsimpuls und eine Beziehungserwartung verweisen kann. Dabei versucht der Therapeut, möglichst erlebnisintensiv z. B. ein Gefühl des Ärgers so aufzugreifen, dass zunehmend verschiedene Aspekte dieses Ärgers und möglicherweise andere, den Ärger begleitende Gefühle vergegenwärtigt werden.

> T: Was Sie dann auch so wütend machte, war das Gefühl, hier eigentlich ganz ohnmächtig zu sein.

Das vorherrschende Gefühl kann auf ein Bedürfnis verweisen.

> T: Sie ärgerten sich furchtbar, denn da war auch Ihr starker Wunsch nach Gerechtigkeit, der wieder einmal nicht erfüllt wurde.

Hier ist freilich zu beachten, dass das Gewahrwerden von bisher nicht symbolisierten Bedürfnissen nicht selten mit Angst verbunden ist, wenn diese Bedürfnisse als mit dem Selbstkonzept unvereinbar erlebt werden (Rogers 1987, S. 30/[1]1959). Der Therapeut muss dementsprechend behutsam vorgehen und diese Angst und ihre Bedeutung ansprechen.

> T: So heftige Rachebedürfnisse zu haben, das erschreckt Sie jetzt regelrecht.

Auch sollen die das Gefühl (z. B. den Ärger) begleitenden Gedanken bzw. Vorstellungen und Intentionen deutlich werden.

> T: In diesem Ärger kommt Ihnen dann auch immer die Überlegung, wie sehr man Sie doch da getäuscht hat und Sie möchten manchmal am liebsten ihm auch einen Schaden zufügen.

Ferner soll ggf. auch der Zusammenhang zwischen dem vorherrschenden Gefühl und dem Verhalten verbalisiert werden.

> T: Sie waren viel zu ärgerlich, um sich beherrschen zu können und sind dann einfach ausgerastet.

Nicht selten sind solche Verhaltensweisen dysfunktional und für den Patienten selbst ein zu klärendes Problem. Dies wird eingehender bei Stufe 5 besprochen.

Zusammenfassend ist für die Stufe 2 zu sagen, dass beim Verstehen des vorherrschenden Gefühls dessen Bedeutung erfasst werden soll. Dies aber heißt, einen Zusammenhang dieses Gefühls zu rekonstruieren mit einem anderen Gefühl, einem Bedürfnis, einer Handlungsintention, einer Überlegung oder einem Verhalten.

Stufe 3: Verdeutlichen des situativen Kontextes (konkretisierendes Verstehen). Auf dieser Stufe geht es um das Erfassen eines Zusammenhangs zwischen dem Erleben des Patienten und einer konkreten Situation. Es soll also der Situationsbezug des Erlebens herausgestellt werden. Zunächst mehr oder weniger allgemeine Gefühle sollen in ihrer spezifischen Situationsgebundenheit deutlich werden. Auch kann es darum gehen, in einer Situation auftauchende Gefühle und Wünsche möglichst detailliert zu vergegenwärtigen. Dies soll aus einem Gesprächsauszug mit der o. g. Patientin deutlich werden:

> P: Ich weiß nicht, alles ist so sinnlos geworden.
> T: Die Traurigkeit verfolgt Sie überall hin und besonders auch in Ihr Zuhause.
> P: Ja, ich kann es gar nicht mehr richtig als ein Zuhause erleben. Alles ist so leer geworden.
> T: Und es scheint so zu sein, dass Sie diese Leere auch in Gegenwart Ihres Mannes erleben.
> P: Ich weiß nicht. Ja, ich glaub', da ist kein Unterschied. Mein Mann kann mir da nicht helfen.

T: Auch wenn Sie spüren, dass er sich Ihnen zuwendet, hilft Ihnen das nicht?
P: Doch, doch, ohne ihn ginge es gar nicht, dann wär' es wohl noch schlimmer.
T: Vielleicht wünschen Sie sich, dass er in solchen Situationen öfter nach Ihrem Befinden fragt und sich mit Ihnen über Ihre Beschwerden unterhält.

Durch diese Interventionsform soll sich die Patientin des Kontexts bewusst werden, in dem bestimmte Gefühle auftreten. Oft sind es Beziehungskonflikte, die durch eine solche Situationsklärung erst deutlich werden. Vor allem wenn es sich bei den angesprochenen Gefühlen um interaktionsbezogene Emotionen handelt wie Empörung, Ärger, Traurigkeit, aber auch Freude, kann es sinnvoll sein, hier eine Klärung von aktuellen Beziehungskonflikten einzuleiten. Dies bedeutet, dass hier nicht so sehr die Beziehung des Patienten zu sich selbst, sondern zu seiner Umgebung bzw. Lebenssituation, also zu seinen relevanten Bezugspersonen fokussiert wird.

T: Sie haben sich da maßlos über Ihren Mann geärgert und Sie wissen jetzt gar nicht mehr, wie es zwischen Ihnen weitergehen soll.

Die Bezugnahme auf Beziehungskonflikte führt dann auch zu einer Klärung von Beziehungserwartungen. Wenn hier der Therapeut den Eindruck gewinnen sollte, dass diese Beziehungserwartungen „unangemessen" sind, wird er den Patienten zu einer Bewertung seiner Erwartungen anregen.

T: Es ist für Sie sehr wichtig, dass er Ihnen immer wieder zeigt, wie sehr er an Ihnen hängt.
T: Was Sie wünschen, soll er genau erspüren, auch ohne dass Sie viele Worte darum machen müssen.
T: Sie wagen gar nicht, auch einmal von Ihren Vorstellungen zu reden, weil Sie denken, dass er sich sowieso nicht dafür interessiert.

Kann sich der Patient wenigstens ansatzweise zugestehen, dass er „unangemessene", also unrealistische, ungerechtfertigte oder wenig konstruktive Beziehungserwartungen hegt, kann im nächsten Schritt geklärt werden,
○ welche Beziehungserfahrungen hier zugrunde liegen (s. dazu Stufe 6),
○ welche dysfunktionalen Verhaltensweisen bzw. welche Interaktionsmuster sich möglicherweise aus diesen Erwartungen ergeben (s. dazu Stufe 5),
○ mit welchen, die eigene Person betreffenden, Grundannahmen diese Beziehungserwartungen im Zusammenhang stehen (s. dazu Stufe 4),
○ ob sich die spezifischen Beziehungserwartungen auch in der therapeutischen Beziehung zeigen (s. dazu Kap. 5.3.1: „Beziehungsklären").

In formaler Hinsicht kann das „konkretisierende Verstehen" auch dazu beitragen, Patienten zu bewegen, in einer konkreten, wenig abstrahierenden Erzählweise zu berichten. Patienten, die in ihren Äußerungen lange Zeit sehr vage und allgemein bleiben, also in einer eher abstrakten und auch intellektualisierenden Form über sich reden, können hier angeregt werden, sich sehr konkret mit ihrem Erleben auseinander zu setzen. Eventuell sollte der Therapeut den Patienten auch zur Schilderung konkreter Beziehungsepisoden auffordern.

Diese Interventionsform ist auch als Anweisung an den Therapeuten zu verstehen, möglichst anschaulich zu formulieren und sich einer lebendigen, plastischen Ausdrucksweise zu bedienen. Auf diese Weise soll beim Patienten eine Erlebnisaktivierung bewirkt werden. Auch soll er sich durch die Frage nach konkreten Einzelheiten und Situationsbezügen des situativen Kontextes seines Erlebens bewusst werden. Die hier genannte Art der Intervention wird in der Gesprächspsychotherapie auch als „Konkretisieren" („concreteness") beschrieben (Carkhuff u. Berenson 1967; Carkhuff 1969; Minsel 1974).

Stufe 4: Aufgreifen von selbstreflexiven Gefühlen (selbstkonzeptbezogenes Verstehen). Ein besonderes Kennzeichen der Gesprächspsychotherapie ist der Vorsatz, den Patienten „aus sich selbst heraus" oder, wie Rogers sagte, „aus seinem Bezugssystem" heraus zu verstehen. Oben wurde zwar gezeigt, dass dieses nur bedingt möglich ist, da der Therapeut beim Erfassen des Bezugssystems des Patienten stets auch sein eigenes Vorverständnis einbringt, mit dieser Einschränkung ist eine Zentrierung auf das Bezugssystem aber sehr wohl möglich. Der wesentliche Aspekt dieses Bezugssystems ist das Selbstkonzept, das Kristallisationspunkt aller Meinungen und Bewertungen des Individuums über sich selbst ist. Dabei wäre wiederum das Selbstbild im engeren Sinne vom Selbstideal zu unterscheiden. Beide, Selbstbild und Selbstideal, spielen eine bedeutsame Rolle bei der Regulierung des Selbstwertgefühls und damit auch beim Erleben von Leistungsfähigkeit, „Selbstwirksamkeit" und Änderungsoptimismus.

Der Therapeut versucht, einen Zusammenhang herzustellen zwischen den Verhaltens- und Erlebnisweisen des Patienten einerseits und dessen Selbstbewertungen bzw. emotionalen und kognitiven Stellungnahmen andererseits.

> T: Dass Sie so heftig reagiert haben, ist Ihnen jetzt etwas peinlich.

Solche Stellungnahmen können sowohl kognitive (Meinungen, Beurteilungen) als auch emotionale Reaktionen sein. Letztere sind selbstreflexive Gefühle wie Scham, Schulderleben, Peinlichkeit oder Ärger über sich selbst. Sie verweisen auf das Bedürfnis nach sozialer Anerkennung sowie nach Selbstachtung und reflektieren das Selbstideal sowie das Selbstbild. Der Patient wird hier also zu einer Auseinandersetzung mit seinem Selbstkonzept angeregt.

Die Fortführung der o. g. Fallskizze soll die Praxis dieser Interventionsform verdeutlichen:

> P: All' meine Sicherheit von früher ist wie weggeflogen.
> T: Das ist etwas ganz Neues für Sie, diese Unsicherheit, und so mögen Sie sich gar nicht.
> P: Früher habe ich mich um alles gekümmert, den Haushalt, die Kinder. Mein Mann, der lebte nur ganz für seinen Bereich.
> T: Das war Ihnen wichtig, so gut zu funktionieren. So konnten Sie sich richtig akzeptieren.
> P: Ja, und jetzt fühle ich mich so unselbstständig, suche immer Hilfe bei meinem Mann.
> T: Es klingt fast so, als ärgerten Sie sich deswegen regelrecht über sich selbst.
> P: Ja, es ist so ... . Es ist, dass ich jetzt erst merke, wie viel Halt ich an meiner Mutter hatte.
> T: Das jetzt zu merken, beschämt Sie fast ein bisschen.

Aus diesem Gesprächsabschnitt wird deutlich, dass die Patientin ein hohes Selbstideal von Autonomie, Eigenständigkeit und lebenspraktischer Tüchtigkeit hat und dass dieses Selbstideal offenbar bisher auch nicht sehr vom Selbstbild differierte. Erst jetzt ist eine größere Diskrepanz zwischen Selbstideal und Selbstbild eingetreten. Der Therapeut spricht sehr behutsam das Gefühl der Beschämung angesichts dieser Diskrepanz an; er benutzt einschränkende Formulierungen wie „fast" und „ein bisschen", um für die Patientin das Schamgefühl erträglich zu halten. So gibt er der Patientin Gelegenheit, sich mit ihrem Selbstkonzept auseinander zu setzen und die Rolle zu befragen, die dieses Konzept in der Beziehung zu wichtigen Personen spielte. Der Therapeut ist dabei von der Vermutung geleitet, die er aber erst später verbalisiert, dass es der Patientin zur Aufrechterhaltung ihres Selbstwertgefühls wichtig war, auf den Ehemann ein wenig herabblicken zu können und dass dessen bisherige, eher randständige Rolle in der Gesamtfamilie die Patientin keinesfalls störte.

Das hier geschilderte selbstkonzeptbezogene Verstehen ist wegen seiner Bezugnahme auf die stellungnehmende, bewertende Instanz in besonderer Weise kennzeichnend für die Gesprächspsychotherapie (s. hierzu auch Biermann-Ratjen et al. 1995, die das Zentrieren auf diese Selbstbewertungen besonders betonen). Durch die Bezugnahme auf die Reaktionen und Stellungnahmen des Patienten ist auch eine Aktualität in der Selbstauseinandersetzung des Patienten sichergestellt.

Thematisch bedeutet dieses Aufgreifen selbstreflexiver Gefühle oft eine Auseinandersetzung mit negativen Selbsteinschätzungen wie:
○ Ohne meine Mutter bin ich ganz hilflos.
○ Ich werde nur akzeptiert, wenn ich viel leiste.
○ Ich bin für die anderen wenig interessant und attraktiv.

Solche Selbstbewertungen sind oft so sehr integraler Bestandteil des Selbstkonzepts, dass sie den Charakter von festen Überzeugungen oder Grundannahmen haben. Solche Grundannahmen verweisen natürlich meist auf lang andauernde negative Beziehungserfahrungen, etwa mit Eltern, die häufig kritisierten und entwerteten und höchstens ein an sehr spezifische Bedingungen geknüpftes Akzeptieren realisierten. Schon Rogers (1987, S. 50f/ [1]1959) hatte aufgezeigt, wie stark Forderungen und Bewertungen der Eltern verinnerlicht und als Selbstforderungen und Selbstbewertungen in das Selbstkonzept integriert werden.

Bevor jedoch diese Erfahrungen thematisiert werden (s. Stufe 6), wird der Therapeut zunächst die negativen Grundannahmen so herausstellen bzw. verdeutlichen, dass der Patient angeregt wird, sich mit ihnen kritisch auseinander zu setzen.

> T: Auch wenn Sie so nüchtern auf sich selbst schauen, würden Sie sich als in jeder Hinsicht uninteressant bewerten?
> T: Sie haben noch nie die Erfahrung gemacht, dass man Sie einfach als Person gelten lässt?

Der Therapeut versucht also, den Patienten zu bewegen, die eigene Grundannahme noch einmal zu betrachten und dabei auf sich selbst aus einer neutralen Distanz zu blicken sowie Generalisierungen zu hinterfragen. Sodann wird er Gefühle und Bedürfnisse erkunden, die möglicherweise gegenläufig zu diesen negativen Selbstbewertungen sind.

> T: Wenn ganz viele Sie plötzlich als überaus anziehend erleben würden und ständig Ihre Nähe suchten, wäre das Ihnen wohl auch ein wenig unheimlich oder gar lästig.

Hier spricht der Therapeut die Vermeidungsfunktion an, die eine negative Selbstbewertung auch haben kann, diese wäre unter diesem Aspekt der Kontaktvermeidung zunächst nicht dysfunktional, sondern eben „funktional". Natürlich hat sich eine weitere Klärung über diesbezügliche Ziele des Patienten hier anzuschließen, bei der sich dann herausstellen kann, wie ambivalent der Patient selbst seine Vermeidungsstrategie erlebt.

Stufe 5: Aufgreifen von haltungsprägenden Gefühlen (organismusbezogenes Verstehen). Die hier anzusprechenden Gefühle sind oft zunächst kaum einer exakten Symbolisierung zugänglich, sodass eine längere Vorarbeit nötig ist, bis sie sich „am Rande der Gewahrwerdung" (Rogers 1977, S. 20) befinden und so sinnvollerweise aufgegriffen werden können. Häufig handelt es sich um bereits lange bestehende und stark die gesamte Einstellung prägende Emotionen wie z. B. Neid, Verbitterung, Hass, auch Selbsthass, Resignation und ängstliche Verzagtheit. Da diese Gefühle zunächst kaum im Selbstkonzept, sondern nur vorsymbolhaft das organismische Erleben bestimmen, wird der Versuch eines Erfassens dieser Gefühle hier auch „organismusbezogenes Verstehen" genannt. Allerdings ist hier zu bedenken, dass nicht alle stark im „Organismischen" verankerten Gefühle von der Symbolisierung ausgeschlossen sind.

Bei der hier zu erörternden Form des Verstehens ist die Suchhaltung des Therapeuten also auf das „Organismische", d. h. ursprünglich-ganzheitliche Erleben und Erfahren, gerichtet, sofern es sich nicht direkt, sondern nur indirekt zeigt. Denn dieses Erleben ist, das macht das Wesen der Inkongruenz aus (s. Kap. 2.2.2), beim Patienten mehr oder weniger verschüttet, d. h. von der exakten Symbolisierung und damit auch von der Selbstverständigung des Patienten ausgeschlossen. Der Therapeut muss via Einfühlung und emotionaler Teilhabe sowie eines zunächst probeweise erstellten Sinnentwurfes zu erahnen versuchen, welche Gefühle, Wünsche oder Bedürfnisse dem berichteten Erleben oder Verhalten vorausgingen oder zugrunde liegen. Das Aufgreifen stark verzerrter oder nicht symbolisierter Gefühle und Bedürfnisse muss natürlich durch die schon erwähnten Interventionen vorbereitet werden. Die geschilderte Stufung des Aufgreifens von Gefühlen bedeutet in der Praxis aber nicht, dass der Therapeut stets starr von Stufe zu Stufe schreitet, vielmehr wird er auch zwischen den verschiedenen Stufen oszillieren.

Dies ist auch deswegen wichtig, weil ein zu forciertes Ansprechen der hier gemeinten Emotionen im Patienten eine heftige Abwehr oder zumindest Gefühle der Scham und Peinlichkeit mobilisieren kann, da sie oft mit dem Selbstkonzept wenig vereinbar und deshalb eben auch kaum exakt symbolisiert sind. Das gilt beispielsweise für Neidgefühle, die der Therapeut deshalb zunächst besser auch unter einer anderen Etikettierung anspricht, also das Gefühl nicht direkt benennt, sondern mit anderen Begriffen umschreibt.

> T: Schon seit langem tragen Sie deshalb eine heftige Verbitterung mit sich herum.
> T: Da ist ein tiefer Groll in Ihnen entstanden, der Sie nicht zur Ruhe kommen lässt.

Nicht selten sind die hier gemeinten Emotionen auch mit dysfunktionalen bzw. maladaptiven Gefühlen oder Verhaltensweisen verbunden.

> T: Dieser Gram führt Sie wieder und wieder dazu, dass Sie sich über nichts mehr freuen können.
> T: Die tiefe Resignation in Ihnen bringt Sie immer dahin, alles liegen zu lassen und sich ganz zurückzuziehen.

Damit sich der Patient hier nicht kritisiert, sondern verstanden fühlt, ist es wichtig, nicht nur das „Dysfunktionale", sondern auch den Aspekt positiver Bewältigung zu betonen, den dieses Verhalten zumindest partiell auch hat.

> T: Zunächst hat dieser Rückzug Ihnen ja auch geholfen, von der Sache nicht ganz überrollt zu werden.
> T: Es war einfach wichtig für Sie, zunächst einmal zu allen Abstand zu halten.

Wenn der Patient sich so mit seinen Bewältigungsstrategien verstanden fühlt, kann er auch am ehesten deren (begrenzte) Adaptivität in Frage stellen und mit dem Therapeuten alternative Bewältigungsformen erörtern.

> T: Ja, ich denke auch, dass dieser totale Rückzug auf die Dauer nicht die optimale Lösung ist. Ich höre Sie sagen, dass es für Sie eine Hilfe wäre, sich von wenigen guten Freunden in dieser Angelegenheit verstanden zu fühlen.

Die Fortführung der o. g. Fallskizze (die Agraringenieurin, die nach dem Tod ihrer Tante und ihrer Mutter an einer Agoraphobie mit Panikstörung erkrankte) soll jetzt aber noch einmal das oben genannte Oszillieren zwischen den verschiedenen Ebenen, d. h. das behutsame Ansprechen der haltungsprägenden Gefühle und das Umkreisen ihres Bedeutungshofes, zeigen.

P: Ich fühle mich dann so verloren in der Wohnung, ich weiß gar nicht, wohin mit mir. Es ist dann so eine Unruhe und Angst in mir.
T: [1] Sie vermissen etwas, das Ihnen Ruhe und Halt geben könnte.
P: Jawohl, ja ... ich weiß nicht. Ich hab' doch meinen Mann, und die Kinder sind doch auch meistens da.
T: [2] Und trotzdem, es fehlt Ihnen etwas, das Sie so richtig auffangen könnte, Ihnen Geborgenheit geben könnte.
P: Früher habe ich so was nicht gekannt. Aber jetzt ist es wohl so, dass mir da was fehlt.
T: [3] Jetzt erst merken Sie, dass da möglicherweise schon länger etwas nicht in Ordnung ist in Ihrem Leben.
P: Ja, mit meinem Mann war es wohl nie so eine innige Beziehung. Aber ich habe es früher nie vermisst.
T: [4] Sie entdecken, dass Ihnen in dieser Beziehung etwas fehlt, dass Sie da zutiefst etwas vermissen und sehr unzufrieden sind.
P: Er zieht sich so sehr zurück oder hockt ständig vor dem Fernseher, eigentlich braucht er mich gar nicht.
T: [5] Und Sie spüren jetzt, dass Sie es nötig haben, von jemandem gebraucht zu werden.
P: Ja, ich merke, wie es ihm manchmal regelrecht lästig ist, wenn ich mit ihm reden will. Er ist so total zurückgezogen und hat auch sonst keine Freunde.
T: [6] Dass er Sie so hängen lässt, macht Sie jetzt auch manchmal regelrecht ärgerlich.
P: Ja, es ist dann eben immer wieder so eine Enttäuschung, ich fühl' mich dann so total allein.
T: [7] Da kommt dann regelrecht so ein Gram in Ihnen hoch, so eine tiefe Verbitterung, weil Sie im Stillen schon seit langem viel vermisst haben, sich nie wirklich zufrieden in dieser Ehe gefühlt haben.
P: Ja .... Aber ich weiß nicht, ob ich das Recht hab', gegen ihn ärgerlich zu sein, denn ... ja, ich weiß nicht.
T: [8] Dieser Ärger, den Sie da manchmal spüren, der macht Ihnen auch Schuldgefühle?
P: Ja, ja, denn ich weiß halt nicht, ob ich das Recht hab', ob es berechtigt ist, zu verlangen, dass er jetzt für mich da ist. Ich, ich hab' mich früher wohl auch um ihn nicht so recht gekümmert, aber er schien es auch nie zu vermissen. Er lief halt so mit.
T: [9] Wirklich nah haben Sie sich ihm nie gefühlt. Und dass er das so mitgemacht hat, fast verachten Sie ihn ein wenig dafür.
P: Es lief alles so, es war so eingefahren, ich hatte meine Aufgaben, die Kinder, die beiden Damen, also meine Mutter und meine Tante. Ich weiß nicht, ob er was vermisst hat, gemerkt habe ich es nicht.
T: [10] Sie brauchten Ihren Mann früher eigentlich gar nicht. Jedenfalls nicht so richtig als Mann und Beschützer. Es war vielleicht etwas ganz anderes, was sie da brauchten.
P: Mmh, ja, ich weiß nicht ... Vielleicht spielte da auch etwas Mitleid eine Rolle. Er war früher in manchem so ungeschickt. Ich fühlte mich für ihn irgendwie verantwortlich. Aber wirklich nötig hatte ich ihn wohl nicht.
T: [11] Sie hatten ja Ihre Mutter und Ihre Tante. Die bedeuteten Ihnen viel. Und darüber hinaus brauchten Sie nichts, durften Sie vielleicht auch nichts wirklich brauchen.

In dem Gespräch versucht der Therapeut zunächst, den unerfüllten Wunsch nach Anerkennung und Bestätigung zu vergegenwärtigen, der hinter dem Gefühl von Unruhe und Geborgenheitsverlust steht. Dabei interveniert er mit T1 im Sinne des umakzentuierenden Wiederholens und greift dann offenkundigere Gefühle auf (T2 und 3). Mit T4 werden schon eher überdauernde und noch wenig klar symbolisierte Gefühle angesprochen, dies gilt besonders für T7. Mit T8 werden selbstreflexive Gefühle angesprochen und durch die Reaktion der Patientin auf diese Intervention wird deutlich, dass die Intervention T7 inhaltlich nicht ganz zutreffend war, die verborgenen, „organismischen" Gefühle und Einstellungen der Patientin ihrem Mann gegenüber werden in T9–11 deutlich. Das vom Therapeuten angesprochene Gefühl der Verachtung macht noch zu viel Schuldgefühle, um von der Patientin eingestanden werden zu können (T9 und nachfolgende Patientenäußerung). Der Therapeut spricht dann in thematisch geänderter Form die Erwartungen und Gefühle an, die die Patientin früher gegenüber ihrem Mann hegte, und die Patientin kann sich nun andeutungsweise verdeutlichen, welche Rolle ihr Mann früher in ihrem Leben spielte. Diese früheren Rollenzuschreibungen herauszuarbeiten, war wichtig, da die Patientin zunächst noch nicht die mit einem Gefühl des Ärgers einhergehende tiefe Irritation über die jetzige Rollenumkehr sich eingestehen konnte. In einem zweiten Anlauf könnte nun daraufhin gearbeitet werden, dass sich die Patientin auch dieser Gefühle gewahr wird, und zwar könnte nun wiederum der Therapeut auf das Selbstkonzept der Patientin, auf ihr Selbstbild und ihre Leitbilder fokussieren. Der Therapeut würde also im weiteren Vorgehen zwischen dem Fokus „organismische Erfahrung" und dem Fokus „Selbstkonzept" oszillieren.

Das organismusbezogene Verstehen hat sich oft zwischen der Polarität von Grundbedürfnissen wie Autonomie und Geborgenheit, Nähe und Distanz, Herrschen oder Anpassen, Selbstkontrolle oder freudiges Ausleben zu bewegen. Dabei besteht für den Therapeuten die Versuchung, jeweils die Tendenz, die dem kulturellen oder seinem eigenen persönlichen Leitbild entspricht, zu präferieren, also für ein bestimmtes Bedürfnis Partei zu ergreifen, z. B. die als progressiv bewerteten Autonomietendenzen zu betonen und Abhängigkeitswünsche zu „übergehen". Es scheint auch bei manchen Therapeuten die Furcht zu bestehen, dass sie den Patienten durch ein intensives Vergegenwärtigen von Geborgenheits- bzw. Abhängigkeitswünschen in dieser „Regression" fixieren würden.

Vom Ansatz einer erlebensorientierten Psychotherapie erscheint es aber wichtig, dem Patienten seine Abhängigkeitswünsche auch in ihren angenehmen Aspekten erleben zu lassen. Dabei wird von der Annahme ausgegangen, dass solch gewährendes Durchlebenlassen passiv-abhängiger Bedürfnisse eher progressive Tendenzen wachruft, als wenn der Patient in eine „Progressivität" hinein gestoßen würde, die er erlebnishaft noch gar nicht ausfüllen kann. Nur so kann der Patient seine passiven Bedürfnisse in die Gesamtheit seines Selbst integrieren.

Stufe 6: Verdeutlichen des lebensgeschichtlichen Kontexts. Beim verstehenden Ansprechen von Gefühlen geht es auch immer darum, den Kontext dieses Gefühls zu verdeutlichen, d. h. zu klären, was dieses Gefühl bedeutet oder worauf es verweist, also auf welche anderen Gefühle, Vorstellungen oder Bedürfnisse es Bezug nimmt. Das Verstehen eines Gefühls ist demnach immer auch das Erfassen eines Sinnzusammenhangs, da, wie schon erwähnt, Emotionen auch eine Informations- oder Hinweisfunktion haben. Sie weisen z. B. auf eine bestimmte Absicht oder einen Wunsch, auf das Selbstkonzept oder auf eine Beziehungserwartung bzw. einen Beziehungskonflikt hin. Vor allem auf Beziehungen gerichtete Bedürfnisse weisen ihrerseits wieder auf bestimmte Beziehungserfahrungen, also auf lebensgeschichtliche Zusammenhänge hin. Hier kann es sich sowohl um relativ aktuelle als auch um weit zurück liegende Beziehungserfahrungen handeln. Letztere können, besonders wenn sie wiederholt gemacht wurden, stark das gegenwärtige Erleben prägen. Sie sind natürlich dann auch in der Therapie anzusprechen. Die Auseinandersetzung mit lebensgeschichtlichen Ereignissen kann bisher verzerrt symbolisierten Erfahrungen einen neuen Sinn geben, einen Sinn, der letztlich konstruktiv in das Selbstkonzept integriert werden kann. Wenn der Patient verstehen kann, dass er auf Grund schwerwiegender Erfahrungen scheinbar so abweichende Gefühle, Gedanken oder Bedürfnisse hat, kann er diese viel gelassener anerkennen und auch besser ändern. So können auch belastende Lebensereignisse in neuer Weise angeeignet und damit eher bewältigt werden.

Häufig berichten Patienten spontan sie bewegende Erlebnisse aus der Vergangenheit, dann wird der Therapeut im Sinne des oben Besprochenen intervenieren, also z. B. ein vorherrschendes Gefühl aufgreifen und zwar so, dass dieses intensiv aktiviert wird. Durch diese Erlebnisaktivierung wird sofort die Vergangenheit aktualisiert, d. h. sie wird gewissermaßen in das Hier und Jetzt des unmittelbaren Erlebens gezogen. In anderen Fällen mag es die Ahnung des Therapeuten sein, dass ein berichtetes Ereignis, z. B. ein aktueller Beziehungskonflikt, etwa hinsichtlich der hier bedeutsamen (dysfunktionalen) Beziehungserwartungen stark seine Wurzeln in der Vergangenheit hat. Dann könnte der Therapeut, nachdem das aktuelle Ereignis intensiv durchgearbeitet wurde, wie folgt intervenieren:

T: Vielleicht kennen Sie dieses Gefühl der totalen Enttäuschung schon von früher.

Oder:

T: Dieses deprimierende Erleben, plötzlich so ganz fallengelassen zu werden, das mussten Sie wohl schon öfter ertragen.

Oder:

> T: Etwas von dieser Angst haben Sie vielleicht schon in bestimmten Situationen als kleiner Junge gespürt.

Natürlich wird der Therapeut auch hierbei behutsam vorgehen. So wichtig einerseits die Erlebnisaktivierung gerade bei weiter zurückliegenden Ereignissen ist, so kann doch hierdurch der Patient auch überfordert werden. Dies gilt insbesondere bei sehr traumatisierenden Ereignissen.

Der folgende Gesprächsausschnitt (aus der Therapie der Agraringenieurin mit Agoraphobie und Panikstörung) soll das Vorgehen auf Stufe 6 veranschaulichen.

> P: Nun ja, er (der Ehemann) tat mir immer so leid. Er hatte ja auch die Schwierigkeiten früher in seinem Beruf, stellte sich oft so ungeschickt an, verdarb sich dadurch so manches.
> T: Sie haben ihn beschützen wollen, so wie Sie von Ihrer Mutter viel Schutz empfangen haben.
> P: Ja, meine Mutter, die gab mir Schutz, das ist richtig. Aber es war da manchmal auch schwierig. Gerade die erste Zeit zum Beispiel, als ich meinen Mann kennen gelernt hatte.
> T: Sie war mit Ihrem Mann nicht so ganz einverstanden?
> P: Nein, er war ihr irgendwie nicht gut genug. Sie stellte sich wohl jemanden mit besserer Ausbildung vor. Aber andererseits, sie hatte mich früher überhaupt immer vor Männern gewarnt.
> T: Das hatte Sie damals etwas verunsichert?
> P: Ja, schon. Aber meine Mutter war eben sehr besorgt um mich, sie sah immer viele Gefahren.
> T: Dieses Umsorgtsein, das gab Ihnen einerseits wohl so eine Geborgenheit, andererseits hat es Sie vielleicht auch etwas ängstlich gegenüber der Welt draußen gemacht.
> P: Ja, ich war ein recht ängstliches Mädchen.
> T: Vielleicht hat ja Ihre jetzige Angst irgendwie damit zu tun.

Die Patientin soll hier nicht nur den Hintergrund ihrer Angsterkrankung besser verstehen, sondern ihr soll durch das weitere Gespräch auch deutlich werden, wie stark sie auch heute noch unter den verinnerlichten Geboten der Mutter steht und wie sehr diese Mutterbeziehung für sie einerseits Einengung und Behinderung ihrer Selbstentfaltung, andererseits aber auch Befriedigung ihrer Geborgenheitswünsche bedeutete. Im Verlauf der weiteren Therapie wäre es nun wichtig, diese letztgenannten Wünsche keinesfalls zu diskriminieren, sondern zunächst einmal auch den positiven Erlebnisaspekt, den die Patientin hiermit auch verband, herauszuarbeiten. Dies mag der progressiven, auf Autonomie bedachten Orientierung des Therapeuten zuwiderlaufen. Es ist aber nichtsdestoweniger wichtig, die Patientin zu ermutigen, auch die letztlich therapeutisch unerwünschten Aspekte ihres Erlebens in ihrem positiven, Befriedigung gewährenden Aspekt in möglichst erlebnisintensiver Weise sich zu vergegenwärtigen.

Das Arbeiten auf Stufe 6 der oben genannten Art sollte möglichst an folgende Voraussetzungen geknüpft werden:
○ Eine schon recht gefestigte Beziehung, in der die Patientin vertrauen kann und in der sie weiß, dass sie nötigenfalls auch dem Therapeut widersprechen darf.
○ Die hier thematisierten Inhalte sollten in der einen oder anderen Form schon vorher angesprochen worden sein, sodass der hergestellte Bedeutungszusammenhang für die Patientin nicht völlig fremd und insofern auch erlebnismäßig nachvollziehbar ist.
○ Der Therapeut sollte seine Interpretationen nur als Hypothesen betrachten, die zu korrigieren er stets bereit ist, und er sollte dies auch durch die Art seiner Formulierungen möglichst zum Ausdruck bringen.

3.2.5 Schwierigkeiten und Gefahren des Einfühlenden Verstehens

Hindernisse und Störungen des Einfühlens

Beim einfühlenden Verstehen sind, wie schon dargestellt, zwei Komponenten zu unterscheiden, das Einfühlen und das Verstehen. Die Schwierigkeiten des Einfühlens werden deutlich bei der Darstellung seines Vollzugs und seiner Voraussetzungen. Das Einfühlen setzt ein Sich-Hineinversetzen, ein inneres Mitmachen der Erlebnisvollzüge des anderen voraus. Der Therapeut versucht dabei, durch Imagination sich eine intensive, gefühlsgetönte Vorstellung vom Erleben des Patienten zu verschaffen und sich mit diesen Vorstellungsbildern zu identifizieren. Rogers (1977/¹1975) sprach in diesem Zusammenhang davon, dass der Therapeut gewissermaßen in die Haut des Klienten schlüpfen müsse und die innere Welt des Klienten erleben solle, als sei sie die eigene. Der Therapeut muss also die vom Patienten geschilderten Situationen sich so ausphantasieren, dass sie für ihn zu gefühlsgetönten inneren Bildern werden. Bei dem so phantasierenden Vergegenwärtigen einer belastenden Lebenssituation des Patienten kann der Therapeut dann an die Grenzen seiner Einfühlungsbereitschaft stoßen, wenn gerade diese intensiv imaginierten Bilder für ihn etwas Erschreckendes und Abstoßendes bekommen. Das vielleicht zunächst für den Therapeuten lediglich fremde Erleben des Patienten kann durch dieses imaginierende Sich-Vergegenwärtigen eine solche Dichte und Nähe bekommen und dadurch so nachdrücklich an Tabus und abgewehrte Erfahrungen des Therapeuten selbst rühren, dass dieser sich aus der Einfühlung und damit auch vom Patienten abrupt zurückziehen muss. Nun könnte dem Therapeuten auch ein vorbehaltloses Akzeptieren des Patienten sehr erschwert sein.

Eine weitere Möglichkeit, das Einfühlen in den Patienten zu intensivieren, besteht in der erinnernden Vergegenwärtigung eigenen Erlebens. Auch hier können sich vergleichbare Schwierigkeiten ergeben.

Frühere Konfliktsituationen im Leben des Therapeuten, Situationen der Kränkung, der Beschämung, des Ärgers oder der Unsicherheit, die denen des Patienten vergleichbar sind, lässt der Therapeut noch einmal in sich aufsteigen, um so unmittelbar gefühlshaften Zugang zum Erleben des Patienten zu bekommen. Bei diesem Erinnern ist ihm unter Umständen auch die eigene Selbsterfahrung während der Lehrtherapie eine wichtige Hilfe. Hier sollte er zuvor eine solche Integration dieser Erlebnisse erreicht haben, dass keine eigenen Erinnerungsblockaden auftreten und die Einfühlung behindern. Im Einzelfall können aber gerade hier immer wieder Schwierigkeiten auftreten.

Da bei diesem Vorgehen der Rückschluss vom eigenen Erleben auf das des anderen eine Rolle spielt, dürfte es wichtig sein, dass Therapeut und Patient in bestimmten Erlebnisweisen nicht allzu verschieden sind (worauf auch empirische Untersuchungen hinweisen, so Zimmer 1983). Andererseits kann eine zu große Ähnlichkeit in zentralen Erlebnisbereichen, z. B. wenn Berichte des Patienten den Therapeuten an ein fast identisches Erlebnis erinnern, den Therapeuten kognitiv wie emotional so gefangen nehmen, dass er zu blockiert ist, um von sich selbst wieder abzusehen und für das Erleben des Patienten offen sein zu können.

Bisher war von einem mehr aktiven Part der Einfühlung die Rede, was durch Begriffe wie Imaginieren, inneres Mitmachen, Hineinversetzen deutlich wurde. Eine eher passive Weise der Einfühlung bestünde in einem spontanen Mitschwingen, in einem unmittelbaren Sich-Tragen-Lassen von der therapeutischen Situation. Der Therapeut wird sich so als Resonanzboden für die Gefühle des Patienten zur Verfügung stellen, um dann die Interpretation der eigenen „Schwingungen" in die Interventionen einfließen zu lassen.

Um die „innere Welt" des Patienten wirklich ausloten zu können, muss sich der Therapeut vom Erleben des Patienten auch tangieren lassen, muss er ein Stück weit auch eine Gefühlsansteckung zulassen können und darf nicht jedes Verschmelzungserleben schon im Ansatz abwehren. Dass der Therapeut sich dabei nicht vom Erleben des Patienten überfluten lassen darf, dass er immer wieder dann auch Distanz zu einem eigenen Erleben finden muss, ergibt sich schon aus der Aufgabe der Einfühlung selbst, macht aber auch ihre Schwierigkeit aus. Andererseits ist zwar eine Einfühlung in den anderen ohne innere Beteiligung bis zu einem gewissen Grad durchaus möglich (z. B. die Einfühlung des „gerissenen" und „eiskalt" kalkulierenden Verhandlungsführers), wenn der Therapeut jedoch jegliche innere Berührung durch den Patienten vermiede, würden ihm manche Aspekte im Erleben des Patienten sehr warscheinlich verschlossen bleiben.

Nachfolgendes und vorauseilendes Verstehen

Um die hier zu erörternden Probleme auf eine anschauliche Formel zu bringen, wird noch einmal Schleiermacher (1977, S. 94) zitiert, der die Aufgabe des Verstehens darin sah, „die Rede zuerst ebenso gut und dann besser zu verstehen als ihr Urheber". Beide Aspekte sind auch beim psychotherapeutisch motivierten Verstehen zu berücksichtigen.

In der Gesprächspsychotherapie wird sehr stark der erste Aspekt betont. Der Therapeut soll einfühlsam und verständnisvoll seinen Patienten begleiten, er soll präzis das vom Patienten jeweils Gemeinte erfassen und mitteilen, er soll die hierbei mitschwingenden Gefühle erspüren und verbalisieren. Er soll den Patienten aus dessen Bezugssystem verstehen, d. h. den Verstehenshorizont des Patienten zunächst möglichst nicht interpretativ überschreiten. Und er soll den Patienten anregen, in ein inneres Zwiegespräch mit sich selbst einzutreten, in dem die verschiedenen, oft widersprüchlichen Aspekte dieses Bezugssystems miteinander abgeglichen werden.

Dies sind unverzichtbare Aufgaben im psychotherapeutischen Prozess. Wenn jedoch auf den zweiten der o. g. Aspekte verzichtet würde, wenn der Therapeut es unterließe zu versuchen, den Patienten auch „besser zu verstehen", als dieser sich jeweils selbst versteht, dann bliebe die Lösung der psychotherapeutischen Aufgabe unvollständig, bliebe vieles an der Problematik des Patienten unverstanden. Denn wenn der Therapeut ausschließlich die Perspektive des Patienten übernimmt, wenn er das Bezugssystem des Patienten in keiner Hinsicht verstehend überschreitet, wäre wieder die Frage zu beantworten, wie dadurch die Selbstbefangenheit des Patienten durchbrochen werden soll. Gerade dadurch, dass der Therapeut zumindest partiell und zeitweise „besser versteht", kann er dem Selbstverstehen des Patienten wichtige Impulse geben.

Wenn Vertreter der Gesprächspsychotherapie manchmal den Eindruck erwecken, als würden sie das „besser verstehen" auf jeden Fall vermeiden wollen, so zeigt sich hier wieder die schon erörterte begriffliche Unklarheit. In der Regel ist hier nämlich gar nicht das Verstehen „an sich" gemeint, sondern nur jener Aspekt, der auch mitgeteilt wird, also das, was unmittelbar verbalisiert wird. Für diesen Aspekt, also für den Inhalt der einzelnen Intervention, ist es allerdings wichtig, sich am Bezugssystem des Patienten auszurichten. Andernfalls würden die Möglichkeiten des Patienten zu einer konstruktiven Bearbeitung heillos überfordert. Es käme auf Seiten des Patienten zu erlebnishaft nicht verankerten Pseudoeinsichten. Auch würden die Selbstfindung und Selbstbestimmung des Patienten behindert, er würde vielmehr durch die Sichtweise des Therapeuten fremdbestimmt. Besonders problematisch ist ein Verstehen, das das Selbstverstehen des Patienten ständig zu unterlaufen sucht, weil es in diesem Verstehen ausschließlich eine Selbsttäuschung sieht und so zu einem fast willkürlichen Unterstellen rein erdachter Zusammenhänge neigt.

Die Problematik eines therapeutischen Verstehens kann also nicht nur darin bestehen, dass es hinter seinen Möglichkeiten zurückbleibt, sondern auch, dass es diese ständig zu überbieten versucht. So sehr der Therapeut einerseits seinem Patienten verstehend voraus sein soll, so kann doch andererseits ein forciertes Bemühen um solch ein Voraussein im Sinne eines ständigen Durchschauenwollens eine detektivische Suchhaltung und eine gewissermaßen lauernde Aufmerksamkeit erzeugen, die den Patienten beunruhigen und ängstigen muss, auch dann, wenn der Therapeut nur wenig von seinem Verstehen mitteilt.

Es ergibt sich so die Aufgabe einer Balance zwischen einem grenzüberschreitenden und einem sich selbst begrenzenden Verstehen (Finke 2002). Garant dieser Balance ist die Verständigung mit dem Patienten, eine Verständigung die immer wieder nötig ist, weil das Verstehen des Therapeuten und das des Patienten eben nicht immer deckungsgleich sind.

3.2.6 Indikation des Einfühlenden Verstehens

Das *Einfühlende Verstehen* ist das zentrale Behandlungsmerkmal der Gesprächspsychotherapie, insofern gibt es hier keine spezielle Indikation, bzw. die Indikation für dieses Behandlungsmerkmal fällt zusammen mit der Indikation für die Gesprächspsychotherapie überhaupt (s. Kap. 6). Allerdings gibt es bestimmte Patientengruppen, bei denen die Gewichtung dieses Behandlungsprinzips gegenüber anderen weniger ausgeprägt sein sollte oder zu sein braucht. Von diesen Patienten war andeutungsweise schon die Rede bei der Abhandlung des Therapieprinzips *Bedingungsfreies Akzeptieren*. Ausführlicher soll davon noch die Rede sein bei der Darstellung des Therapieprinzips *Echtheit* bzw. der aus diesem Prinzip abzuleitenden Interventionskategorien. Diese Indikationsfragen werden auch behandelt bei der Beschreibung der Behandlungspraxis verschiedener Krankheitsbilder.

Gesprächsregeln

Einfühlendes Verstehen

○ Zentrieren Sie Ihre Aufmerksamkeit auf die „innere Welt" des Patienten, auf seine Erlebnisverarbeitung und seine Bedeutungszuschreibungen. Die Klärung externaler Ereignisse sollte nicht im Vordergrund stehen.
○ Versuchen Sie, bei jeder Patientenäußerung den emotionalen Gehalt, den gefühlshaften Kontext, die affektive Konnotation zu erfassen und teilen Sie dies dem Patienten mit.

○ Formulieren Sie Ihre Interventionen eher in Aussage- als in Frageform. Fragen schaffen leicht eine kritische Distanz und blockieren ein spontanes und erlebnisnahes Antworten.
○ Arbeiten Sie mit dem Angebot des Patienten! Das heißt, versuchen Sie nicht, dem Patienten ein Thema aufzudrängen, sondern knüpfen Sie mit Ihrer Intervention an der jeweils letzten Patientenäußerung an.
○ Stellen Sie Ihre eigenen Überlegungen und Fragen (zunächst) beiseite. Versuchen Sie, zum „Sprachrohr" des Patienten zu werden, indem Sie das von ihm Intendierte (aber nicht Gewusste) verdeutlichen.
○ Versuchen Sie im nächsten Schritt, dem Patienten verstehend voraus zu sein, indem Sie auf den Zusammenhang mit einem bisher noch nicht symbolisierten Gefühl oder Bedürfnis hinweisen. Verdeutlichen Sie den Zusammenhang eines Gefühls mit Beziehungserwartungen und -erfahrungen.

3.3 Thematisierte Beziehung: das Beziehungsklären

3.3.1 Zur Taxonomie des Konzepts Beziehungsklären

Die Interventionsform *Beziehungsklären* wurde anfänglich besonders von dem Rogers-Mitarbeiter Carkhuff (1969) unter der Bezeichnung „immediacy" (also Unmittelbarkeit hinsichtlich der therapeutischen Beziehung) systematisch beschrieben. Als ein Verstehen der Beziehungserwartungen des Patienten an seinen Therapeuten nimmt es hinsichtlich der hier geforderten Einstellung des Therapeuten eine Zwischenstellung ein zwischen dem Konzept der Alter-Ego-Beziehung und der Dialogbeziehung bzw. zwischen dem Therapieprinzip *Einfühlendes Verstehen* und dem Therapieprinzip der *Echtheit*. Behandlungspraktisch besteht insofern eine Nähe zur Alter-Ego-Beziehung, als der Therapeut im Sinne des *Einfühlenden Verstehens* die Beziehungserwartungen und -bedürfnisse des Patienten empathisch zu erfassen und zu verbalisieren sucht. Die Interventionen des Therapeuten unterscheiden sich insofern nur inhaltlich, aber nicht formal von denen des *Einfühlenden Verstehens*: Der Therapeut versucht, die auf seine Person gerichteten Erwartungen des Patienten zu erahnen

und dies dem Patienten einfühlsam mitzuteilen. Der Therapeut muss dabei aber gewissermaßen eine Spaltung seiner Person vornehmen: Einerseits fungiert er als das Alter Ego seines Patienten, andererseits aber muss er zumindest auf der Einstellungsebene die Rolle des vom Patienten Gemeinten, des Angesprochenen, des bedeutsamen Anderen annehmen. Er tritt dem Patienten gewissermaßen mit der Frage gegenüber: Was erwartet der Patient von mir? Wie sieht er mich? Wer bin ich für ihn? Was macht er gerade mit mir, d. h., welche Rolle trägt er mir an, in welcher Rolle soll ich ihn sehen, welches Bild soll ich von ihm haben, welche Aufgaben soll ich für wahrnehmen, welche Bedürfnisse soll ich ihm erfüllen?

Die Suchhaltung des Therapeuten ist hier eine andere als in der Alter-Ego-Beziehung, in der sich der Therapeut nur als Teil des Patienten, als dessen innere Stimme versteht, durch die die Verständigung des Patienten mit sich selbst anzuregen ist. Er sieht sich in seinem Verhältnis zum Patienten nicht nur in einer konkordanten, sondern auch in einer komplementären Position. Er muss, so könnte man die Synthese dieser beiden Pole formulieren, sich selbst mit den Augen des Klienten sehen.

Im Vollzug des *Beziehungsklärens* ist die therapeutische Beziehung nicht nur der zwar hochbedeutsame, jedoch unthematische Hintergrund, sondern das Beziehungsangebot des Patienten wie des Therapeuten ist selbst Gegenstand des Verstehens. Hieraus ergeben sich Parallelen zur interaktionellen Orientierung in der klientenzentrierten Psychotherapie (Kiesler 1982; van Kessel u. van der Linden 1993; van Kessel u. Keil 2002). Hier wie dort stehen die durch Beziehungserfahrungen geprägten Interaktionen im Fokus der Aufmerksamkeit. Anders als dort ist hier jedoch diese interaktionelle Perspektive nur eine unter anderen, sowohl in störungs- als auch in therapietheoretischer Hinsicht. Auch wird hier insofern etwas stärker der „innere Dialog" beachtet, da insbesondere auch die verinnerlichten Bezugspersonen und Beziehungserfahrungen und die sich daraus ergebenden Beziehungserwartungen, also so etwas wie das Beziehungskonzept des Patienten, interessieren.

3.3.2 Rogers zum Phänomen der „Übertragung"

Hat das Beziehungsklären etwas mit dem Klären von „Übertragungen" zu tun? Inwieweit vollziehen sich in der therapeutischen Beziehung auch „Übertragungen", also wieweit enthält insbesondere die Beziehung des Patienten zu seinem Therapeuten auch „irreale", durch das Hier und Jetzt der konkreten Situation nicht begründete Aspekte? Rogers (1973a, S. 189/[1]1951) meint in Bezug auf die Gesprächspsychotherapie, „dass starke Übertragungs-Einstellungen nur bei einer relativ kleinen Zahl auftreten, in einem *gewissen Grad treten solche Einstellungen jedoch bei den meisten Fällen auf*". Er weist dann das Übertragungskonzept der (orthodoxen) Psychoanalyse (das auch für die moderne „interaktionelle Übertragungsanalyse" nicht mehr gültig ist) zurück, wonach die Einstellungen und Wahrnehmungen des Patienten ausschließlich unter dem Diktat der Vergangenheit stehen und somit entsprechend verzerrt sind. Das Wirksamwerden individuell abgestufter Beeinträchtigungen durch vergangene Beziehungserfahrungen sieht er allerdings auch in der therapeutischen Situation der Gesprächspsychotherapie: „Im Allgemeinen können wir also sagen, dass Übertragungs-Einstellungen bei einer beträchtlichen Zahl von Fällen, die vom klientbezogenen Therapeuten behandelt werden, in vielfältigen Abstufungen existieren. In dieser Hinsicht wären alle Therapeuten in der gleichen Lage, denn solchen Einstellungen begegnen sie alle."

Zwar wird innerhalb der Gesprächspsychotherapie das Übertragungskonzept auch grundsätzlich in Frage gestellt (Shlien 1990), jedoch bezieht sich solche Kritik meist auf das bereits o. g. orthodoxe Konzept innerhalb der Psychoanalyse. Jenseits eines solchen ist das mit dem Übertragungsbegriff Gemeinte fast etwas Selbstverständliches, denn es wird ja hier nichts anderes behauptet, als die Beeinflussung des Erlebens und Wahrnehmens auch durch vergangene Erfahrungen. Dass die Erwartungen des Patienten auch gegenüber seinem Therapeuten von früheren Beziehungserfahrungen mitgeprägt sind, besagt auf der anderen Seite indessen nicht, dass der Patient völlig unkorrigierbar im Bann solcher frühen Erfahrungen steht. Vielmehr kann er (in Abhängigkeit vom Ausmaß seiner Störung) seine vergangenheitsgeprägten Erwartungen mit seinen gegenwartsbestimmten Wahrnehmungen abgleichen.

Jedes Beziehungserleben enthält also, abhängig von Störungsgrad und Störungsart, immer beide Elemente, unvermittelte Gegenwärtigkeit einerseits und erfahrungsvermitteltes, d. h. vergangenheitsbeeinflusstes Beziehungserleben andererseits. Wenn frühe negative Erfahrungen sehr gravierend waren und sich oft wiederholten, dürfte dem Patienten dieses Abgleichen von vergangenen und gegenwärtigen Erfahrungen nicht immer leicht fallen. In den mit „Übertragung" bezeichneten Phänomenen kann sich eben dies zeigen. Die hier gemeinten mehr oder weniger stereotypen Wahrnehmungs- und Interaktionsmuster müssen natürlich vom Therapeuten verstehend aufgegriffen und zusammen mit dem Patienten geklärt werden. Diese Klärung erfolgt nach Rogers (1973a, S. 192/[1]1951) im Sinn des *Einfühlenden Verstehens*: „Die Reaktion des klientbezogenen Therapeuten auf Übertragung ist die gleiche wie auf jede andere Einstellung des Klienten, er versucht zu verstehen und zu akzeptieren." Er weist in diesem Zusammenhang zu Recht darauf hin, dass ein frühzeitiges Ansprechen von Übertragungsphänomenen das Anwachsen bzw. Verfestigen solcher Gefühle verhindert.

Im Folgenden wird der Begriff „Übertragung" wegen seiner Vielschichtigkeit bzw. wegen der differierenden Rezeptionen dieses Terminus nicht verwandt. Wenn hier von Beziehungserleben, Beziehungserwartungen, Beziehungswahrnehmungen und dergleichen die Rede ist, ist immer gemeint, was allgemeinpsychologisch als Aktivierung von Beziehungsschemata bezeichnet wird (Sachse 1999, S. 91) und in personzentrierter Terminologie mit *Beziehungskonzept* zu benennen wäre. Es sind hier jeweils realistisch angemessene wie verzerrende, projektive bzw. phantasmatische Aspekte eines solchen Konzepts gemeint.

3.3.3 Ziele und Funktionen des Beziehungsklärens

In jeder Beziehung, so auch in der therapeutischen, kann es neben dem realitätsangemessenen Angleichen von Interessen und Intentionen zu Missverständnissen sowie Irritationen auf Grund unterschiedlicher lebensgeschichtlicher Vorerfahrungen und Beziehungserwartungen kommen. Die Wahrscheinlichkeit solcher Beziehungskonflikte ist um so größer, je ausgeprägter die Interaktion von verzerrten Wahrnehmungen und unangemessenen Erwartungen sowie Überzeugungen und den sich daraus ergebenden dysfunktionalen Interaktionsmustern bestimmt ist. Da solche Interaktionsmuster und die ihnen zugrunde liegende Beziehungseinstellungen häufig weit außerhalb der Gewahrwerdung liegen, sollte das Beziehungsklären im geschützten Rahmen einer von Wohlwollen und

3.3 Thematisierte Beziehung: das Beziehungsklären

Akzeptanz geprägten therapeutischen Situation zu deren Symbolisierung, also zur Einsicht in die Unangemessenheit beitragen. Durch diese Einsicht und das Erleben, dass auch unangemessene Erwartungen und Beziehungswünsche empathisch verstanden und nicht bestraft oder brüsk zurückgewiesen werden, kann dem Patienten die Möglichkeit zum Aufbau eines konstruktiven Beziehungserlebens und -verhaltens gegeben werden.

Wenn stereotype Beziehungserwartungen und dysfunktionale Interaktionsmuster nicht nur gegenüber außertherapeutischen Bezugspersonen bearbeitet werden, sondern die therapeutische Beziehung selbst zum „Arbeitsfeld", zum Gegenstand der Auseinandersetzung und Klärung wird, ergibt sich eine besondere Dichte des Erlebens, ist das Prinzip einer Arbeit im Hier und Jetzt in besonderer Weise realisiert. Deshalb sind die oben erwähnten „Beziehungskonflikte" keinesfalls unerwünscht, sie geben die Möglichkeit, eine zentrale Problematik des Patienten besonders erlebensintensiv zu bearbeiten.

Dieses Behandlungsmerkmal bezeichnet ein Therapeutenverhalten, in dem die Einstellungen des Patienten zum Therapeuten verbalisiert werden. Carkhuff (1969) gebrauchte den Begriff „immediacy", also „Unmittelbarkeit" hinsichtlich der therapeutischen Beziehung; im Deutschen hat sich hier der Begriff „Beziehungsklären" durchgesetzt. Dieses stellt also eine Interventionsform dar, in der die therapeutische Beziehung selbst Thema der Arbeit wird. Carkhuff (a. a. O.) erstellte eine fünfstufige Skala, mit der das Ausmaß eingeschätzt werden sollte, in dem der Therapeut dieses Behandlungsmerkmal verwirklicht (hier verkürzt wiedergegeben):

Einschätzskala:
Behandlungsmerkmal „immediacy"
1. Der Therapeut ignoriert alle Beziehungsanspielungen des Patienten.
2. Der Therapeut greift die Bezugnahme auf seine Person gelegentlich indirekt, meistens aber gar nicht auf.
3. Der Therapeut geht in sehr allgemeiner Weise auf die Beziehungsanspielungen des Patienten ein.
4. Der Therapeut greift die Beziehungsandeutungen des Patienten in behutsamer Weise auf
5. Der Therapeut bezieht sich direkt und intensiv auf die seine Person betreffenden Andeutungen.

Diese Einschätzskala legt dem Therapeuten also nahe, immer dann, wenn der Patient auf die therapeutische Beziehung anspielt oder gar direkt sich mit der Person des Therapeuten beschäftigt, genau hierauf Bezug zu nehmen. Der Therapeut soll also die Äußerung des Patienten nicht sofort zu einem reinen innerpsychischen, gewissermaßen beziehungslosen Problem umformulieren, sondern vielmehr die direkte oder indirekte Bezugnahme des Patienten auf dessen Person deutlich machen. Beim Thematisieren der therapeutischen Beziehung kommt es darauf an, dass sich der Therapeut in direkter Weise von seinem Patienten „meinen" lässt, d. h., dass er die Äußerungen seines Patienten als eine Botschaft an sich versteht und gewillt ist, die Einzelheiten und die Umstände dieser Botschaft zusammen mit dem Patienten zu klären.

Eine Patientin zu ihrem männlichen Therapeuten:

P: Ich weiß nicht, ob Männer so etwas überhaupt verstehen können.
T: [1] Sie möchten besonders in dem, was Ihnen wirklich nahe geht, angenommen und anerkannt werden.
T: [2] Sie zweifeln auch, ob *ich* Sie da verstehen, ob *ich* das, was Ihnen wichtig ist, wirklich nachvollziehen kann.

Intervention T1 ignoriert die Beziehungsanspielung der Patientin und verbalisiert nur das Bedürfnis nach einem Verstandenwerden als ein gewissermaßen allgemeines und interaktionsloses, nicht konkret auf eine Person bezogenes.

In T2 dagegen versteht der Therapeut die direkte Bezugnahme auf seine Person und greift sie entsprechend auf. Das Konzept des Beziehungsklärens geht davon aus, dass das Erleben eines vollen Sich-Verstandenfühlens an ein solches Ansprechen von persönlichen Bezugnahmen gebunden ist. Darüber hinaus ist das Klären der mit solchen Bezugnahmen verbundenen Beziehungserwartungen und Beziehungseinstellungen für den verstehenden Zugang zu der gesamten Persönlichkeitsproblematik des Patienten von hohen Wert. Wird mit T1 die Patientin ganz auf sich selbst und ihre innere Welt zurückverwiesen, so als sei diese Welt ein in sich geschlossenes System, so wird mit T2 auf ein Bezogensein dieser „inneren Welt" auf ein Außen zentriert. Wird mit T1 eher ein individueller, rein intrapersonaler Aspekt thematisiert, so wird mit T2 eine interaktionelle, interpersonale Perspektive eingenommen und die therapeutische Beziehung thematisiert.

3.3.4 Praxis des Beziehungsklärens

Sich als Person meinen lassen

Einer Patientin, die ihren Therapeuten fragt, ob er verheiratet sei, antwortet dieser: „Ich glaube, das gehört hier nicht hin."

Der Therapeut ist offenbar peinlich berührt, vielleicht auch geängstigt, als Person so unmittelbar Gegenstand des (möglicherweise auch erotischen) Interesses seiner Patientin geworden zu sein. Er will daher mit seiner Äußerung deutlich machen, dass das Interesse für ihn unakzeptabel ist und dass überhaupt jede Beschäftigung mit seiner Person die Therapie nur stören kann. Ein anderer Modus des Zurückweisens von Beziehungsansprachen besteht in ihrem „Überhören", noch ein anderer in sofortigen sog. genetischen Übertragungsdeutungen von der Form: „Sie meinen ja eigentlich gar nicht mich, sondern doch bloß ihren Vater."

Der o. g. Therapeut soll hier aber keineswegs belächelt werden. Zwar hat er in seiner heftigen Abwehr der Beziehungsansprache gewissermaßen einen „Kunstfehler" begangen, andererseits ist auch anzuerkennen, dass es emotional sehr schwer sein kann, sich hier „kunstgerecht" zu verhalten. Es sind die Gefühle von Angst, Peinlichkeit und Scham anzuerkennen, die vor allem Anfänger in der Psychotherapie beschleichen, wenn sie so unmittelbar als Person vom Patienten angesprochen werden. Es mag dann die Angst sein, der Patient könnte hemmungslos zudringlich werden, wenn sie auch nur ansatzweise im Gespräch eine Beschäftigung mit ihrer Person zulassen, der Patient könnte völlig die Situation verkennen und die Phantasie mit der Realität vertauschen oder auch eine völlige Rollenumkehr in der therapeutischen Beziehung vornehmen wollen.

Abgesehen davon, dass es (schwer persönlichkeitsgestörte) Patienten gibt, gegenüber denen solche Vorstellungen nicht ganz unberechtigt sind, entstammen solche Vorstellungen oft den unbewussten Ängsten, eigene Nähe- oder Distanzwünsche nicht mehr genügend regulieren zu können, sobald die eigene Person in ein dynamisch so aufgeladenes Spiel kommt. Doch sollte sich der Therapeut solcher Ängste nicht schämen und in ihnen nicht einen besonderen Mangel an Souveränität erblicken (und möglicherweise deshalb gar nicht erst versuchen, sie exakt zu symbolisieren). Erst eine längere Erfahrung und die Bereitschaft, sich solche Ängste einzugestehen, wird ihre schrittweise Bewältigung ermöglichen.

Beim Vollzug des Beziehungsklärens muss sich der Therapeut gewissermaßen mit den Augen des Patienten sehen. Dies kann für ihn eine Schwierigkeit bedeuten, denn er muss ja den oft verzerrten Blick auf sich selbst ertragen, er muss diese Verzerrung sogar empathisch nachvollziehen. Das erfordert ein gewisses Maß an Festigkeit des eigenen Identitätserlebens und die Fähigkeit, sich von dem Druck freizuhalten, in defensiver Weise das eigene Selbstbild behaupten zu müssen. Auf einen Vorwurf, eine Schuldzuweisung oder eine Charakterkritik des Patienten wird der Therapeut aber nicht, wie in der Alltagskommunikation üblich, mit einer Rechtfertigung oder Gegendarstellung antworten, sondern er wird sich empathisch einstellen und die vielschichtige Bedeutung auch solcher Äußerungen zu verstehen suchen:

> T: Sie sind jetzt enttäuscht und ärgerlich, dass ich mich nicht intensiver um Sie gekümmert habe.
> T: Sie erwarten, dass ich Ihnen auch in einer solchen Situation sofort zur Verfügung gestanden hätte.
> T: Sie sind sich unsicher, ob ich Sie da wirklich verstehe oder ob ich insgeheim über so etwas nicht die Nase rümpfe.

Was auch immer der Therapeut sagt, er muss seine Bereitschaft deutlich machen, sich auch wirklich als Person meinen zu lassen, d. h. die Bezugnahme des Patienten auf seine Person weder direkt noch indirekt zurückweisen. Der Therapeut muss vielmehr durch die Art seiner Intervention seine Zustimmung deutlich machen, dass sich der Patient mit seiner Person beschäftigt. Er zeigt dies gerade dadurch, dass er die Beziehungsansprachen und Beziehungsanspielungen des Patienten konsequent aufgreift.

Dabei sieht sich der Therapeut zunächst als für den Patienten bedeutsame, unverwechselbare Person, die dem Patienten authentisch begegnen will. In einem zweiten Schritt versteht sich der Therapeut weniger in der Einzigartigkeit seiner Individualität, sondern als ein Gegenüber des Patienten, von dem Letzterer sich die Erfüllung auch lebensgeschichtlich geprägter Bedürfnisse erhofft. Der Therapeut wird sich also fragen, in welcher Rolle der Patient den Therapeuten sieht, in der einer gütigen, alles verzeihenden oder in der einer kritischen, zurechtweisenden Elternfigur, in der eines schuldbewussten Kindes oder in der eines bewundernden Ehepartners. Solche Beziehungserwartungen sind meist doppelsinnig zu verstehen. Einerseits erwartet der Patient eine Wiederholung des ihm schon Bekannten, andererseits erhofft er sich insbesondere bei negativen Erwartungen, neue, das Erwartete korrigierende Erfahrungen.

Beziehungsansprachen

Der Patient kann seine Beziehungserwartungen direkt oder eher indirekt zum Ausdruck bringen. Im ersteren Falle soll hier von Beziehungsansprachen, im zweiten von Beziehungsanspielungen gesprochen werden.

Bei Beziehungsansprachen ist also die Bezugnahme auf die Person des Therapeuten offenkundig. Selbstverständlich wäre es therapeutisch wenig konstruktiv, wenn der Therapeut auf solche Bezugnahme nicht eingehen würde, wenn er sie „überhören" oder gar direkt zurückweisen würde. Der Patient müsste hier in ganz besonderer Weise den Eindruck haben, dass der Therapeut für ihn unnahbar ist und dass dieser ihn auf eine fast kränkende Weise auf Distanz halten will. Allerdings wird der Therapeut in seinem Eingehen auf eine solche Beziehungsansprache dem Patienten nicht im eigentlichen Sinne antworten, dies wäre eine Aufgabe der Interventionsform *Selbstöffnen* (s. u.). Typisch für das *Beziehungsklären* ist ja, dass der Therapeut die Bedeutung zu verstehen sucht, die z. B. eine Frage oder eine sonstige Bezugnahme auf die Person des Therapeuten für den Patienten hat. Geklärt werden soll also, welche Erwartungen, Vorstellungen und Bedürfnisse eine solche Bezugnahme motiviert haben.

Bei Beziehungsansprachen ist nicht nur die Bezugnahme auf die Person des Therapeuten offensichtlich, sondern meist lässt der Patient auch das Motiv dieser Bezugnahme erkennen. Allerdings sind solche Motive nicht selten vielschichtig. So kann z. B. das Bedürfnis des Patienten, seinen Therapeuten zu kritisieren, den Wunsch nach einer Änderung des kritisierten Therapeutenverhaltens zum Ausdruck bringen. Es kann darin aber auch der Wunsch liegen, zum Therapeuten eine emotionale Nähe herzustellen, oder das Bedürfnis, eine solche Nähe gerade zu meiden und den Therapeuten auf Distanz zu halten. Auch kann es hier um das Bedürfnis des Patienten gehen, sein eigenes Selbstwertgefühl über die Zurechtweisung des Therapeuten zu stabilisieren. Unter lebensgeschichtlicher Perspektive könnte eine solche Strategie verstanden werden als der Wunsch des Patienten, sich mit seinen verinnerlichten und (damals) als mächtig und strafend erlebten Eltern zu identifizieren. Dem Therapeuten würde dann die Rolle des (damals, aber bis zu einem gewissen Grad auch noch heute) hilflosen Patienten zugewiesen.

Diese Hinweise sollten deutlich machen, dass die nachfolgend genannten Motive der Beziehungsansprache jeweils gewissermaßen lediglich eine Schicht abdecken, die anderen Schichten wären in der weiteren therapeutischen Arbeit zu klären. Auch die genannten drei Motive sind nur beispielhaft gemeint.

Bedürfnis nach Zustimmung und Bestätigung

Ein häufiges Motiv, sich direkt mit einer Frage oder einer Bemerkung an den Therapeuten zu wenden, ist das Bedürfnis nach Bestätigung der eigenen Meinung, Entscheidung oder Handlung. Insbesondere zu Beginn einer Therapie sehen viele Patienten es als etwas Selbstverständliches an, sich an den Therapeuten als eine Art Ratgeber zu wenden. Manche Patienten, z. B. besonders selbstunsichere, neigen aber dazu, auch in späteren Phasen sich beim Therapeuten Rückhalt zu holen und Gefühle nur als berechtigt anzusehen, wenn diese vom Therapeuten in ihrer Angemessenheit bestätigt werden.

> P: Das sehen Sie doch auch so. Oder?
> T: Wenn ich Ihnen jetzt mit Nachdruck zustimme, dann erst wären Sie beruhigt, dass Ihre Entscheidung o.k. ist.
> T: Sie wünschen sich, dass ich Sie jetzt in dieser Meinung bestärke.

Der Therapeut mag sich hier in die Rolle eines respekterheischenden Vaters gedrängt fühlen, der auch früher immer wusste, was richtig war, welche Entscheidungen „in Ordnung" waren und welche Gefühle man jeweils haben durfte. Dieses Rollenangebot nimmt der Therapeut aber nicht an (indem er nicht zustimmt und sich so nicht wie ein solcher Vater verhält), sondern er versucht, die Abhängigkeit vom fremden Werturteil zu verdeutlichen und damit den Patienten indirekt anzuregen, seinen eigenen Bewertungen zu trauen.

Bedürfnis nach bestätigender Ähnlichkeit

Fragen nach Biographie und Lebenssituation des Therapeuten können vielfach motiviert sein. Nicht selten geht es den so fragenden Patienten um den

Wunsch nach Anerkennung, und sie glauben ein anerkennendes Verständnis seitens des Therapeuten nur zu erhalten, wenn dieser bezüglich Lebenssituation und Herkunft nicht zu verschieden von ihnen ist. Ein Therapeut, der zu sehr aus einer „ganz anderen Welt kommt", so befürchten besonders ängstlich-misstrauische Patienten leicht, kann sie nicht wirklich verstehen.

> P: Haben Sie auch Kinder?
> T: Über mich und mein Leben mehr zu wissen, gäbe Ihnen mir gegenüber mehr Sicherheit.
> T: Wenn ich auch Kinder hätte, dann würden Sie denken, ich könnte Sie in Ihren Sorgen und Nöten besser verstehen.
> T: Ob ich auch Kinder habe – mich würde interessieren, welche Vorstellungen Sie sich diesbezüglich von mir gemacht haben, was Sie meinen, wie ich wohl so lebe.

Der Therapeut mag sich hier in der Rolle eines Geschwisters des Patienten sehen, das versichern muss, den gemeinsamen Erlebnishorizont noch nicht verlassen zu haben. Durch seine Antwort bestätigt er aber diese ersehnte Gemeinsamkeit nicht, sondern versucht, die Angewiesenheit des Patienten auf solche Gemeinsamkeit und ggf. auch dessen Misstrauen gegenüber „fremden Welten" zu klären. Der Patient soll auch seinen vielleicht ihn beunruhigenden Phantasien nachgehen dürfen und so die Erfahrung machen, dass ein Akzeptiert- und Verstandenwerden nicht von äußeren Ähnlichkeiten der Lebenswelt abhängig ist. Außerdem kann er Einsicht in viele Aspekte seiner Beziehungsängste gewinnen.

Bedürfnis nach Nähe und Zuwendung

Ängste vor Beziehungsverlusten können (insbesondere bei sehr bindungsabhängigen) Patienten dazu führen, sich öfter vom Therapeuten versichern zu lassen, dass er auch in Zukunft für sie da ist, dass er vorerst nicht in den Urlaub geht oder gar die Therapie für beendet erklärt.

> P: Sie sind ja bald im Urlaub und dann läuft für mich sowieso nichts mehr, und dann ist ja auch bald die Therapie zu Ende.
> T: Im Augenblick ist die Vorstellung für Sie noch schwer, ohne mich und unsere gemeinsame Arbeit zurecht zu kommen.
> T: Wenn Sie so das Gefühl haben könnten, dass ich immer für Sie erreichbar und in Ihrer Nähe wäre, das würde Sie jetzt sehr beruhigen.
> T: Dass ich jetzt so einfach in den Urlaub gehe, ist eigentlich für Sie eine Enttäuschung, und Sie fühlen sich so verlassen, wie Sie sich als Kind verlassen fühlten, wenn Ihre Mutter ohne weitere Erklärungen einfach wieder einmal für ein paar Tage wegfuhr.

Der Therapeut mag sich hier vielleicht in der Rolle einer vernachlässigenden Mutter fühlen, und er spürt den fast kindlichen Wunsch des Patienten nach einer sorgenden Mutter, die vom Ideal einer nie endenden Fürsorglichkeit erfüllt ist. So sehr die Gesprächspsychotherapie auch mit ihren Konzepten des bedingungsfreien Akzeptierens, Wertschätzens und der Empathie bestimmten Aspekten dieses Ideals zu entsprechen sucht (Rogers 1977, S. 23), so wird der Therapeut doch das Angebot einer direkt einspringenden Fürsorglichkeit begrenzen, um den Patienten in seinen Abhängigkeitstendenzen nicht zu verstärken und so die Autonomieentwicklung zu blockieren. Er wird ihn also per Beziehungsklären auf sich selbst zurück verweisen.

Patienten mit sehr ausgeprägten Umsorgungswünschen können zuweilen recht bedrängende Interaktionsmuster entfalten. Diese Interaktionsmuster können beim Therapeuten evtl. zu Mitleid und Schuldgefühlen führen, die ihn dazu verleiten, Sitzungszeiten zu überziehen, gegen die ursprüngliche Vereinbarung häufigere Gespräche einzuplanen oder zu versprechen, telefonisch ständig erreichbar zu sein. Eine direkte Zurückweisung oder Konfrontation mit solch unrealistischen und unangemessen Beziehungserwartungen wird jedoch wenig konstruktiv sein. Es ist daher auch in solchen Fällen sinnvoll, zunächst die eigentlichen Erwartungen und Sehnsüchte, die hier motivierend sind, sehr detailliert zu verdeutlichen. Dadurch gewinnen Patienten nicht nur zunehmend Einsicht in die Unangemessenheit ihrer Forderungen, sondern fühlen sich auch angenommen und können so viel eher auf ihre Umsorgungsforderungen verzichten.

Beziehungsanspielungen

Hier geht es um indirekte bzw. verdeckte Bezugnahmen auf die therapeutische Beziehung. Eine solche Bezugnahme muss aus dem Verhalten des Patienten, seinem verbalen wie nonverbalen, erschlossen werden. Dadurch sind die Beziehungsanspielungen natürlich weniger eindeutig identifizierbar als Beziehungsansprachen. Entsprechend behutsam muss der Therapeut beim Aufgreifen von Beziehungsanspielungen auch vorgehen. Andererseits kann ein Nichtaufgreifen von häufigen und dem Patienten recht bewussten Beziehungsanspielungen bei Letzterem auch das enttäuschende Gefühl zurücklassen, dass der Therapeut ihn nicht versteht oder ihn nicht verstehen will und dass dieser es vermeidet, sich mit seinen Beziehungserwartungen auseinander zu setzen.

Beziehungsanspielungen sind unterschiedlich exakt symbolisiert, manchmal für den Patienten auch weitgehend außerhalb des Gewahrseins. Entsprechend muss der Therapeut damit rechnen, dass der Patient dem Ansprechen und damit dem Symbolisieren seiner Beziehungsanspielung auch Abwehr entgegensetzt.

Es sind verbale von nonverbalen bzw. aktionalen Beziehungsanspielungen zu unterscheiden. Mit den Ersteren sind Redewendungen gemeint, die, wenn auch in kodierter Form, auf die Person des Therapeuten zielen. Die Letzteren beziehen sich auf Handlungen, mit denen der Bezug zum Therapeuten hergestellt wird. Hier wären ein besonderes Lächeln, eine mürrische Miene, ein „tiefer Blick", eine betonte Art der Kleidung usw. zu nennen, besonders aber auch ein therapieblockierendes bzw. abwehrendes Verhalten.

Bei den verbalen Beziehungsanspielungen werden drei Formen unterschieden:

Beziehungsanspielung als überpersönliche Bezugnahme

Der Patient spielt indirekt auf die Person des Therapeuten an, und zwar durch den Gebrauch von Redewendungen, die scheinbar auf eine Allgemeinheit zielen, er spricht von „man", „Männern" oder „jemandem".

Eine Patientin sagt ihrem männlichen Therapeuten:

P: Ich weiß nicht, ob Männer so etwas überhaupt verstehen können.
T: Sie befürchten, dass auch ich für Sie kein wirkliches Verständnis habe.

Der Therapeut bezieht also die überpersönliche Konfliktansprache der Patientin direkt auf seine Person und macht damit deutlich, dass er sie zumindest in dieser Befürchtung verstanden hat.

Ein Patient sagt in der zweiten Sitzung, nachdem er zunächst angekündigt hatte, etwas Wichtiges zu erzählen, sich dann aber doch nur in einem umständlichen Schildern von Beschwerden erging, recht unvermittelt:

P: Ich habe immer wieder schlechte Erfahrungen gemacht, wenn ich jemandem allzu offen von Problemen erzählte.
T: Sie sind sich unsicher, ob ich Sie in dieser Hinsicht nicht genauso enttäuschen werde.

Das Aufgreifen der Beziehungsanspielung dürfte in den beiden Fällen für die Vertrauensbildung des Patienten, für sein Erleben eines Verstandenwerdens wichtig gewesen sein. Es könnte sein, dass es jetzt dem Patienten möglich ist, von seinem „Problemen" zu berichten, sodass die therapeutische Beziehung zunächst gar nicht mehr thematisiert zu werden braucht. Auch könnten Patienten nun von ihren enttäuschenden Beziehungserfahrungen ausführlich berichten. Es könnte aber auch sein, dass sie noch genauer ihr Verhältnis zum Therapeuten klären wollen.

Beziehungsanspielung als Reden über eine Drittperson

Wenn ein Patient sehr nachdrücklich und wiederholt von Konflikten mit einer nahen Kontaktpersonen redet, könnte es sein, dass er hier auch den Therapeuten meint und dass er sich vergewissern will, ob er bei dem Therapeuten möglicherweise weniger enttäuschende Erfahrungen machen kann. Der Patient hat gewissermaßen an den Therapeuten die versteckte Frage: „Bist Du genauso uneinfühlsam, uninteressiert oder vorwurfsvoll wie meine Mutter, mein Vater oder meine Ehefrau? Kann ich bei Dir vielleicht positivere Erfahrungen machen?"

Durch die Schilderung der Auseinandersetzung mit einer Drittperson, also z. B. der Mutter, beschreibt der Patient aber auch das Bild, das er von sich selbst hat bzw. das der Therapeut von ihm haben soll: Ich bin der, der sich seiner Mutter gegenüber so nachsichtig oder so kämpferisch verhält. Diese Beziehungsanspielung enthält also eine Botschaft an den Therapeuten, wie er von diesem gesehen werden will.

Eine 31-jährige Patientin, die wegen einer depressiven Störung die Therapie aufsuchte, erzählte ihrer Therapeutin sehr ausführlich und mit vielen Wiederholungen von ihrer als kühl und leistungsfordernd erlebten Mutter.

> T: Ich frage mich, ob Sie mich im Grunde genauso kühl und fordernd und wenig anerkennend erleben wie Ihre Mutter.
> P: Sie? Ja, ich weiß nicht. Ich glaube nicht.
> T: Aber manchmal haben Sie sich vielleicht doch gewünscht, dass ich mehr auf Sie zugegangen wäre, dass ich Sie mehr ermutigt hätte.
> P: Ja, vielleicht schon etwas. Wenn Sie mir mehr gezeigt hätten, dass Sie zufrieden mit mir sind.
> T: Sie waren sich immer unsicher, ob ich Sie nicht im Stillen kritisiere, insgeheim ganz unzufrieden mit Ihnen bin.
> T: Sie sagen mir immer wieder, wie sehr Sie sich unter Spannung fühlen und total unzufrieden mit sich sind.
> P: Ja, es ist doch wirklich so, dass ich hier ständig auf der Stelle trete, dass ich gar nicht vorankomme.
> T: Vielleicht haben Sie den Eindruck, dass ich denke, dass Sie nicht vorankommen, und dass ich ungeduldig werde.
> P: Vielleicht auch, ja, das könnte schon sein. Es wäre ja auch kein Wunder, wenn es bei Ihnen so wäre.
> T: Das ist so Ihre Sorge, dass ich zunehmend unzufriedener, vielleicht auch ärgerlich Ihnen gegenüber werde.

Im weiteren Gespräch kann die Therapeutin die starke Selbstunsicherheit der Patientin und ihr großes Angewiesensein auf Lob und Anerkennung herausarbeiten. Dabei wird immer wieder der Bezug einerseits zu den enttäuschenden Erfahrungen mit der Mutter, andererseits zu den Erfahrungen und Erwartungen gegenüber der Therapeutin hergestellt. Es wird deutlich, dass die aktuelle Beziehung zu der Therapeutin oft mitgemeint ist, wenn die Patientin von ihrer Mutter spricht, dass aber auch umgekehrt die Enttäuschungen mit der Mutter als Hintergrunderleben immer gegenwärtig sind, wenn die Patientin sich an die Therapeutin wendet.

Die Patientin hatte übrigens anfänglich beim Aufgreifen der Beziehungsanspielung durch die Therapeutin etwas gezögert und verunsichert reagiert. Möglicherweise war ihr die Beziehungsanspielung gar nicht voll bewusst; sie reagierte etwas überrascht und auch geängstigt durch die Intervention der Therapeutin. Diese wiederholte daraufhin einfühlsam, aber unbeirrt mit etwas anderen Worten ihre Intervention, was der Patientin dann ermöglichte, das Vorliegen der Beziehungsanspielung zu bejahen.

Beziehungsanspielung als Reden über sich selbst

Auch wenn der Patient über sich selbst redet, etwa eine bestimmte Selbstbewertung sehr nachdrücklich und sich wiederholend schildert, kann er auf die Person des Therapeuten anspielen. Sofern ihm eine solche Anspielung bewusst ist, wird er annehmen, dass der Therapeut die gleiche Bewertung über ihn vorgenommen hat oder die therapeutische Situation mit der gleichen Langeweile oder Gereiztheit erlebt, die der Patient von sich selbst behauptet.

In einer längeren Therapie kann es vorkommen, dass sich der Patient zunehmend nach dem Bild erlebt, von dem er glaubt, dass es der Therapeut von ihm habe. Er nimmt bei sich Gefühle war, z. B. der Langeweile, der Gereiztheit oder der Unzufriedenheit, die er bei seinem Therapeuten vermutet. Der Therapeut muss rechtzeitig bemerken, wenn der Patient beginnt, in dieser Weise zunehmend sich mit ihm zu identifizieren.

Abwehr als Beziehungsanspielung

Hier geht es um die schon erwähnten aktionalen Formen von Bezugnahmen auf die Person des Therapeuten. Ein den therapeutischen Fortschritt blockierendes Verhalten, wie beispielsweise Schweigen, problemvermeidendes Reden über externale Inhalte, monotone Klagsamkeit usw., kann insofern eine Beziehungsanspielung darstellen, als dieses Verhalten gegen die Intention des Therapeuten gerichtet ist und so indirekt eine Bezugnahme auf diesen enthält. Auch kann dieses Verhalten manchmal mit auf den Therapeuten bezogenen Vorstellungen verbunden sein, z. B. mit der Phantasie, der Therapeut wolle den Patienten blamieren, an den Pranger stellen oder ihm seine Unzulänglichkeit und Fehlerhaftigkeit nachweisen. Selbstverständlich entsprechen solche angstvollen Projektionen den Selbstabwertungen des Patienten. Dabei werden solche Vorstellungen und erst recht ihr Bezug zur therapeutischen Beziehung vom Patienten zumeist kaum symbolisiert. Der Therapeut muss also damit rechnen, dass seine Hinweise auf das Vorliegen einer Beziehungsanspielung zunächst abgewehrt werden.

Die folgende Auflistung ist wiederum nur beispielhaft zu verstehen:

Klagsamkeit als Beziehungsanspielung

Wenn ein Patient immer wieder klagend auf seine Beschwerden verweist, so wird der Therapeut den Appellcharakter dieses Verhaltens und damit die Beziehungsanspielung in der Regel sehr deutlich spüren. Der Therapeut soll sich um ihn sorgen, sich um ihn kümmern, ihn vielleicht trösten und seine Beschwerden lindern, aber er soll nicht ohne Weiteres auf die Klärung irgendwelcher intra- oder interpersonaler Konflikte übergehen – so etwa könnte die Botschaft des Patienten an den Therapeuten formuliert werden.

Will der Therapeut diesen Beziehungsaspekt nicht zunächst ausklammern, was sich manchmal durchaus empfiehlt, könnte er sagen:

> T: Diese Beschwerden halten Sie jetzt so gefangen, dass Sie gar nicht mehr dazu kommen, mit mir über Ihre anderen Probleme zu reden.

Hier spricht der Therapeut vorsichtig die Abwehr und ihre Konsequenzen an und führt gleichzeitig sich selbst (durch die Redewendung „mit mir") als Zielpunkt dieser Abwehr ein. Er könnte auch stärker den eigentlichen Appell ansprechen, der ihn zu einer bestimmten Handlungsweise veranlassen soll.

> T: Sie erzählen mir immer wieder so eindringlich von ihren Beschwerden, als ob Sie mich dazu aufrufen wollten, mehr für Sie zu tun, Ihnen eine bessere Hilfe zu geben.

Der Therapeut sollte aber vermeiden, dem Patienten den Eindruck zu vermitteln, ihn mit seinen Beschwerden nicht ernst zu nehmen. Vielmehr sollte er deutlich machen, dass er den Patienten in seinem Leid und seiner Belastung anerkennt und dass er in ihm einen Verbündeten bei der Bewältigung dieser schwierigen Situation hat. Andererseits wird der Therapeut den mit diesen Beziehungserwartungen verbundenen Appell, die Rolle eines sich aufopfernden Helfers zu übernehmen, nicht entsprechen. Es gilt dabei die schwierige Balance einzuhalten, einerseits dem Aufforderungsdruck des Appells standzuhalten, andererseits aber die hiermit verbundenen Beziehungserwartungen immer wieder empathisch nachzuvollziehen und zu verstehen.

> T: Was Sie sich wohl wünschen, ist, dass ich wirklich für Sie da bin, dass hier jemand ist, auf den Sie sich immer fest verlassen können.

Auch die in diesem Zusammenhang beim Patienten auftauchenden negativen Beziehungserwartungen, also die Beziehungsbefürchtungen, wird der Therapeut einfühlsam aufgreifen.

> T: Immer wenn unsere Sitzung rum ist, fühlen Sie sich von mir fortgeschickt und dann zweifeln Sie wieder völlig an meiner Zuverlässigkeit.

Der Therapeut wird sich dabei vermutlich sagen, dass ein solch geschildertes Patientenverhalten auch als ein Beziehungstest zu verstehen ist, als die nötige Rückversicherung des Patienten, der Zuverlässigkeit des Therapeuten vertrauen zu können. Gerade diesen Aspekt wird er einfühlsam aufgreifen.

> T: Ich höre heraus, wie sehr es Ihnen darauf ankommt, dass ich Sie in all dem, was Sie erleben, wirklich ernst nehme und dass Sie so die Sicherheit haben wollen, mir auch bei ganz anderen Themen wirklich vertrauen zu können.

Schweigen als Beziehungsanspielung

Im Schweigen des Patienten kann sich der Zusammenhang von Abwehr und Beziehungsanspielung zeigen. Das Schweigen stellt einerseits ein den Therapieprozess blockierendes Verhalten dar, gleichzeitig kann es aber auch eine intensive Botschaft an den Therapeuten sein. Den Sinn dieser Botschaft gilt es dann zunächst zu klären.

> P: (schweigt)
> T: Ich versuche mir vorzustellen, was wohl im Moment in Ihnen vorgeht.
> P: Ach, da ist nichts (längeres Schweigen).
> T: Also nur so eine riesige, quälende Leere ist im Moment in Ihnen?
> P: Ja, so ist es. Ich kann mich auf nichts konzentrieren.
> T: Sie können sich auch auf mich nicht richtig konzentrieren, möchten es vielleicht im Moment auch gar nicht.
> P: Vielleicht.
> T: Vielleicht hatten Sie auch manchmal den Eindruck, dass ich mich nicht richtig auf Sie konzentriert habe?
> P: Ich weiß gar nicht, ob ich das so erlebt habe, so ausgesprochen kann ich das gar nicht mal sagen.
> T: Aber so etwas davon, so ein bisschen haben Sie es vielleicht schon erlebt?

P: Na ja, ich hatte wohl schon erwartet, dass Sie manchmal intensiver auf mich eingehen, dass Sie stärker nachfragen und eindeutiger sagen, was Sache ist.

In diesem Falle hatte die Patientin von sich aus über die Art ihrer enttäuschten Beziehungserwartung gesprochen, sodass nun eine weitere Klärung der Beziehungssituation erfolgen kann. In anderen Fällen könnte der Therapeut auch nachfragen:

T: Was an meinem Verhalten war es, dass Sie glaubten, ich würde mich nicht wirklich auf Sie konzentrieren, mich nicht wirklich für Sie interessieren?

Mit einer solchen Frage zeigt der Therapeut an, dass er dem Patienten zubilligt, einen aktuellen Grund für seine Abwehr oder aber auch für die Art seiner Beziehungsanspielung zu haben.

Externalisierendes Reden als Beziehungsanspielung

Eine bekannte Form von Abwehr besteht in dem ebenso detailfreudigen wie hektischen Reden über irgendwelche externen Ereignisse, bei dem ein Bezug zum Erleben des Patienten kaum deutlich wird. Die Abwehr des therapeutischen Angebots einer konsequenten Klärung ist besonders dann augenscheinlich, wenn der Patient von Thema zu Thema springt und auf die Interventionen des Therapeuten gar nicht eingeht. Nicht immer sollte der Therapeut hier sofort die persönliche Beziehung ansprechen, er kann vielmehr zunächst die Ängste des Patienten in einer überpersönlichen Problemansprache verdeutlichen. Sehr ängstlich-kontaktabwehrenden Patienten wird so die Annahme der Intervention erleichtert.

T: Vielleicht sollten wir jetzt bei einem Thema bleiben und es etwas vertiefen. Aber so ein Gespräch, wo man sich wirklich auf etwas einlässt, ist natürlich immer schwierig, da weiß man nie, wie der Andere es wirklich verspürt, wie es bei dem ankommt.

Kann sich der Patient schon auf die Darstellung seiner Ängste einlassen, kann der Therapeut direkt auf die therapeutische Beziehung zentrieren.

T: Vielleicht denken Sie ja manchmal, dass ich Sie regelrecht in die Enge treiben könnte oder Sie bei irgendwelchen Ungereimtheiten ertappen will?

P: Nein, eigentlich nicht. Das glaub ich nicht unbedingt so.
T: Aber dass Sie manchmal ziemlich unsicher sind, was ich eigentlich von Ihnen will?
P: Na ja, unsicher will ich so direkt nicht sagen, aber es gibt schon die Schwierigkeit ...
T: Also vielleicht, dass Sie manchmal denken, ich würde mit meinen Fragen etwas vorbereiten, von dem Sie noch gar nicht wissen, worauf das hinauslaufen kann.

Vielleicht ergibt sich im Anschluss an diese Klärung die Möglichkeit, dass der Patient nun von früheren Beziehungserfahrungen berichtet, in denen er sich „in die Enge getrieben" fühlte.

Schrittfolge des Beziehungsklärens

Auch beim Beziehungsklären empfiehlt sich, das konkrete Vorgehen nach einer bestimmten Schrittfolge zu organisieren. Die hier beschriebene Stufenfolge besagt, dass nach dem (dekodierenden) Aufgreifen der (zunächst verdeckten) Bezugnahme auf die Person des Therapeuten ausführlich die verschiedenen Facetten der auf den Letzteren gerichteten Erwartungen und Wahrnehmungen geklärt werden (Arbeiten im „Hier und Jetzt"), bevor das Beziehungserleben des Patienten mit anderen aktuell („Dort") und früher („Damals") bedeutsamen Personen thematisiert wird. Das „Dort und Damals" muss erst durch die vorangehende Arbeit im „Hier und Jetzt" die nötige Erlebnisaktivierung gewinnen. Wie schon erwähnt, schließt diese Schrittfolge nicht aus, dass u. U. erst die Klärung eines außertherapeutischen Beziehungskonflikts Anlass für die Thematisierung der therapeutischen Beziehung ist.

Verstehen der therapeutischen Situation

Aufgreifen von Beziehungsanspielungen. Der Therapeut spricht die Bezugnahme auf seine Person an: „Vielleicht erleben Sie auch *mich* so ..."

Verdeutlichen von Beziehungserwartungen. Der Therapeut versucht, im Einzelnen zu klären, welche Vorstellungen und Gefühle, welche Befürchtungen und Hoffnungen, welche Einwände und Wünsche der Patient in Bezug auf die Person des Therapeuten hat. Auch versucht der Therapeut zu verstehen, welche Rolle und damit auch welche Aufgabe der Patient dem Therapeuten anträgt, welche Position er ihm zuschreibt: „Sie wünschen sich, dass ich ... immer für Sie weiß, was richtig ist, ... immer für Sie da bin, ... mich nicht nur als Therapeut für Sie interessiere, ... Sie befürchten, dass ich Sie insgeheim verachte, auf Sie herabblicke, mich immer viel souveräner fühle als Sie ..." usw. Der Patient kann auch anregt werden, seine Phantasien in Bezug auf den Therapeuten zu äußern: „Wenn Sie sich wünschen, dass ich nicht nur rein dienstlich für Sie da wäre, welche Vorstellungen haben Sie dann so im Einzelnen?".

Klären des Anlasses von Beziehungswahrnehmungen. „Was an meinem Verhalten hat Sie zu der Überzeugung gebracht, dass ich an Ihnen nicht wirklich interessiert bin?" Mit dieser Frage räumt der Therapeut ein, dass er als reale Person zumindest partiell Anlass für bestimmte Wahrnehmungen, Befürchtungen oder Überzeugungen bezüglich seiner Person gegeben hat. Der Therapeut macht also deutlich, dass er nicht nur Beobachter, sondern auch Teilnehmer der Interaktion ist, dem Patienten wird nicht unterstellt, nur zu projizieren. Es gilt dann weiter zu klären, in welchem Verhältnis dieser Anlass zu den Überzeugungen und Erwartungen des Patienten steht.

Verstehen außertherapeutischer Situationen

Keinesfalls immer wird es angezeigt sein, eine Verbindung von der therapeutischen Beziehung zu der Beziehung des Patienten mit anderen Personen herzustellen. In vielen Fällen kann dies aber dem Patienten helfen, eingefahrene Interaktionsmuster und Beziehungserwartungen zu verstehen.

Verstehen aktueller außertherapeutischer Situationen. Wenn eine Klärung auf den bisher genannten Stufen sehr intensiv erfolgt ist, kann der Therapeut fragen: „Erleben Sie so etwas auch in anderen Situationen?" Oder „Passiert Ihnen so etwas mit anderen Menschen auch schon mal?" Der Patient wird dann vielleicht von Beziehungskonflikten mit seinem Ehepartner oder Chef berichten und es können nun generelle Beziehungseinstellungen und Interaktionsmuster des Patienten geklärt werden.

Verstehen analoger Kindheitssituationen. Aus dem eben Besprochenen ergibt sich die Frage nach frühen Beziehungserfahrungen. „Kennen Sie so et-was von sehr viel früher?" Der Patient berichtet dann vielleicht emotional sehr bewegt von Beziehungserfahrungen aus seiner Kindheit. Nicht selten ist es sogar so, dass Patienten von sich aus solche frühen Beziehungserfahrungen ansprechen, vor allem, wenn dem Patienten Gelegenheit gegeben wurde, ausführlich über seine Gefühle und Phantasien in Bezug auf den Therapeuten zu sprechen. Viele Patienten spüren dann selbst schnell, das Nicht-Ganz-Angemessene mancher dieser Erwartungen und sie stellen von sich aus die Verbindung zu ihren Erfahrungen mit früheren Bezugspersonen her.

Die hier geschilderte Reihenfolge kann auch anders beginnen und zwar so, dass der Patient zunächst spontan etwa von Konflikten mit seinem Ehepartner berichtet. Dann könnte der Therapeut bei Vorliegen der o. g. Kriterien evtl. die Fokussierung auf seine Person herstellen: „Erleben Sie mich vielleicht manchmal genau so wie ...". Für den Fall, dass hier das Ansprechen der therapeutischen Beziehung berechtigt bzw. indiziert ist, könnten jetzt besonders erlebnisintensiv im vollen Hier und Jetzt problematische Beziehungseinstellungen und Interaktionsmuster des Patienten geklärt werden.

3.3.5 Schwierigkeiten und Gefahren des Beziehungsklärens

Richtiges Terminieren und „Dosieren"

Beziehungsansprachen sind immer aufzugreifen, für Beziehungsanspielungen gilt dies jedoch nicht. Es kann schwierig sein, den richtigen Zeitpunkt für das Beziehungsklären einzuschätzen. Es ist zu beachten, dass hier auch die Tragfähigkeit der therapeutischen Beziehung eine Rolle spielt. So wird der Therapeut etwa im frühen Stadium einer Therapie besonders vorsichtig und auch sparsam mit dieser Interventionsform umgehen. Denn die Beziehungsansprache von Seiten des Therapeuten kann durchaus irritierend auf den Patienten wirken, besonders dann, wenn der Patient noch sehr von Beziehungsängsten oder gar Misstrauen erfüllt ist.

Es kann sogar durchaus therapeutisch kontraproduktiv werden, wenn der Therapeut zu häufig Beziehungsaspekte aufgreift. Das unmittelbare Angesprochenwerden auf Beziehungsphantasien kann im Patienten starke Ängste mobilisieren und Widerstand provozieren. Auch kann der Patient seinen Therapeuten als merkwürdig egozentrisch oder narzisstisch empfinden, wenn dieser jede Äußerung auf sich bezieht oder zu meinen scheint, der Patient solle oder würde sich ständig mit seiner Person beschäftigen. Ängstliche oder auch zwanghaft-kontaktabwehrende Patienten können dann ihren Therapeuten als bedrängend, aufdringlich, jede Distanz durchbrechend erleben. Auch kann der Patient den Eindruck gewinnen, alle nicht die Beziehung betreffenden Inhalte interessieren den Therapeuten gar nicht.

Ebenso sensibel wird der Patient im gegenteiligen Falle registrieren, wenn der Therapeut Beziehungsandeutungen nicht aufgreift. Der Patient mag dann den Eindruck bekommen, dass sich sein Therapeut verschanzen und ihn aus Ängstlichkeit oder aus Hochmut nicht zu nahe an sich herankommen lassen will. Überwach wird der Patient dann aus feinsten Signalen die Einstellung des Therapeuten ihm gegenüber herauszulesen versuchen. Und er wird u. U. auch das Erschrecken seines Therapeuten registrieren, der Patient könne ihm zu nahe kommen. Denn es ist ja für die meisten Therapeuten zunächst durchaus schwierig und mit Gefühlen der Peinlichkeit verbunden, so unmittelbar als Person angesprochen zu werden. Nicht nur der letztlich außenstehende, untangierbare Experte zu sein, sondern plötzlich als Person „ins Spiel zu kommen", wird von vielen Therapeuten zunächst als bedrohlich erlebt. Die Versuchung, hier therapeutischerseits mit Widerstand zu reagieren durch Ablenken auf ein anderes Thema oder durch Schweigen, ist in diesem Fall groß. Gerade dann sollte sich der Therapeut aber fragen, welche Ängste ihn jetzt im Einzelnen bestimmen. Ist es die Vorstellung, der Patient könnte ihn mit immer zügelloseren erotischen Phantasien bedrängen, wenn er dem Patienten entgegenkommt und dessen Bezugnahme auf seine Person aufgreift? Wäre es also nicht doch besser – so könnte sich der Therapeut im ersten Schrecken auch sagen –, auf ein anderes Thema überzugehen, um die Kontrolle über die Situation wieder herzustellen oder wenigstens durch „Überhören" den Patienten nicht noch in seiner Zudringlichkeit zu bestärken? Wichtig ist in jedem Fall, dass der Therapeut im erinnernden Rückblick auf die jeweils vergangene Sitzung sich seine Gefühle und Einstellungen gegenüber dem Patienten vergegenwärtigt, gerade auch dann, wenn diese den Forderungen eines *Bedingungsfreien Akzeptierens* oder *Einfühlenden Verstehens* nicht entsprechen sollten.

Schwierigkeiten können sich für das *Beziehungsklären* auch ergeben, wenn der Patient erhebliche Aggressionen gegenüber dem Therapeuten zum Ausdruck bringt. Hier könnte der Therapeut von der Wucht des gespürten Hasses so getroffen sein, dass ihm eine einfühlende Haltung kaum mehr möglich ist und er in ein Defensivverhalten verfällt. Eine andere Gefahr bestünde in der Neigung, diese destruktiven Gefühle durch den baldigen Rekurs auf ihre vermuteten Motive und Ursprünge wie Enttäuschung und Trauer über Liebes- und Zuwendungsverlust zu bagatellisieren (Gutberlet 1990). Für das *Beziehungsklären* würde dies bedeuten, dass der Therapeut vorschnell den Fokus der Aufmerksamkeit von sich weg auf frühere Kontaktpersonen des Patienten lenkt, um so die zunächst auf ihn gerichteten aggressiven Gefühle nicht ertragen zu müssen. Ein solches Beziehungsvermeiden dürfte eine keinesfalls seltene Abwehrstrategie von Therapeuten sein.

Wenn der Therapeut solche Abwehr nicht sofort in eine Intervention umsetzt, mag es auch legitim sein, die Vorstellung „im Hinterkopf" zu haben, der Patient meine eigentlich jemand ganz anderen, nur nicht ihn, den Therapeuten. Hierdurch erst mag es manchem Therapeuten ermöglicht werden, die sonst unerträgliche Nähe oder Feindseligkeit des Patienten auszuhalten. Der Therapeut sollte sich nicht schämen, solche und andere „Stützen" zu gebrauchen, um die Beziehungsphantasien des Patienten zu ertragen. Er sollte diese Phantasien nur nicht dadurch abzuschneiden versuchen, dass er möglichst schnell ihre Realitätsunangemessenheit deutlich macht. Vielmehr wird er sie im Gegenteil zunächst einmal so, wie sie sind, annehmen und ihre verschiedensten Verzweigungen und Facetten geduldig anschauend begleiten. Hierdurch zeigt der Therapeut, dass er wirklich bereit ist, die „innere Welt" des Patienten zu betreten und „in der Welt des Klienten zu Hause zu sein" (Rogers 1977, S. 20).

Natürlich besteht generell auch die gewissermaßen gegenteilige Gefahr, dass der Therapeut die Beziehung zum Patienten benutzt, um seine eigenen Nähebedürfnisse auszuleben. Ein solcher Missbrauch der therapeutischen Beziehung wäre natürlich auch bereits gegeben, wenn der Therapeut die Situation manipuliert, um immer wieder zu hören, wie sehr sich der Patient mit seiner Person beschäftigt, wie sehr dieser ihn bewundert oder von ihm abhängig ist.

Emotionale Resonanz des Therapeuten

Wegen solcher Gefahren ist es wichtig, dass sich der Therapeut seine emotionale Resonanz auf den Patienten immer wieder vergegenwärtigt, dies gerade auch dort, wo seine Emotionen von den Idealen personenzentrierter Einstellungen abweichen. Verachte ich manchmal den Patienten wegen seiner Schwäche? Finde ich gelegentlich seine Forderungshaltung unverschämt? Fühle ich mich öfter durch seine Nähewünsche unangenehm bedrängt? Erlebe ich seine gelegentliche Klagsamkeit einfach als „nervig"? Spüre ich häufig den starken Drang, den Patienten zu belehren und zurechtzuweisen? Habe ich manchmal das schuldhafte Gefühl, dem Patienten nicht gerecht werden zu können? Langweile ich mich immer häufiger bei seinen Schilderungen? Ist es mir besonders wichtig, dass mir der Patient immer wieder versichert, wie sehr er sich durch mich verstanden fühlt?

Solche Fragen wird sich der Therapeut immer wieder zur Klärung vorlegen, um sich dann nach dem möglichen Grund solcher Gefühle zu fragen. Haben sie mehr mit der eigenen Lebensgeschichte und der eigenen Persönlichkeitsproblematik zu tun, oder haben sie eher in dem Interaktionsverhalten des Patienten ihren Grund? Fällt die Antwort im Sinne der letzteren Möglichkeit aus, gilt es weiter zu fragen, welche Aspekte dieses Interaktionsverhaltens genau diese oder jene Gefühle im Therapeuten ausgelöst haben. Über diesen Weg wird der Therapeut oft erst auf bestimmte Nuancen des Interaktionsverhaltens des Patienten aufmerksam und kann so manche Beziehungsanspielungen und Rollenzuweisungen des Patienten als solche erst entdecken. Spürt der Therapeut manchmal die Tendenz, mit Ärger und Verachtung zu reagieren, weil sich der Patient zu unterwerfungsbereit verhält und den Therapeuten in die Rolle des herrischen Elternteils manipuliert? Solche und ähnliche Fragen wären hier zu stellen. Auch ermöglicht die Vergegenwärtigung der eigenen emotionalen Resonanz es dem Therapeuten, diese emotionale Resonanz nicht in ein unwillkürliches Interaktionsverhalten zu überführen, also eigene Gefühle und Bedürfnisse gegenüber dem Patienten nicht unkontrolliert auszuleben. Andererseits kann es der Therapeut nie ganz verhindern, den indirekten Rollenaufforderungen der Interaktion zumindest ansatzweise auch zu entsprechen. Er sollte dies wohl auch gar nicht versuchen, weil ein solcher Versuch vermutlich mit einem sehr aspontanen, überkontrollierten Therapeutenverhalten verbunden wäre. Wichtig ist aber, dass der Therapeut zumindest im Nachhinein (z. B. auch in der Supervision) immer wieder das abgelaufene Interaktionsgeschehen vergegenwärtigt, um die eigenen Beziehungserwartungen und Kommunikationsmuster und die seines Patienten ergründen zu können.

Sowohl durch problematische eigene Beziehungserfahrungen als auch durch dysfunktionale Interaktionsmuster des Patienten kann der Therapeut in seinem Beziehungsangebot erheblich beeinflusst werden. Diese Beeinflussung kann für ihn auch weitgehend unbemerkt geschehen, weshalb er sein eigenes Beziehungserleben immer wieder reflektieren muss. Die Erhellung des eigenen Beziehungserlebens und -verhaltens kann ihm dann auch die Möglichkeit geben, das Beziehungsverhalten des Patienten besser zu verstehen.

3.3.6 Indikation des Beziehungsklärens

Schon die Darstellung der Ziele und Funktionen des *Beziehungsklärens* machte es nötig, auch Fragen der Indikation dieses Behandlungsmerkmals zu behandeln. So sollen entsprechende Hinweise hier nur noch einmal in thesenartiger Kürze gegeben werden.

Eine absolute Indikation besteht, wenn der Patient die Beziehung selbst anspricht, also eine *Beziehungsansprache* vornimmt. Eine nur relative Indikation ist für das Aufgreifen von *Beziehungsanspielungen* gegeben. In solchen Fällen muss der Therapeut die Dringlichkeit und den richtigen Zeitpunkt für ein *Beziehungsklären* abwägen. Er muss sich fragen, ob die Beziehung schon tragfähig oder die Introspektionsbereitschaft des Patienten schon entwickelt genug ist, um überhaupt ein Eingehen auf die Intervention des Therapeuten erwarten zu können. Wenn der Patient auf die Beziehungsansprache des Therapeuten nur irritiert und mit um so höherer Abwehr reagiert, ist die Indikation falsch gestellt worden. Andererseits kann das Beziehungsklären eine Hilfe sein bei der Überwindung von Abwehr bzw. starkem Vermeidungsverhalten.

Die bisherigen Überlegungen erörterten die Indikationsfrage unter den Aspekten des Therapieprozesses. Diese Frage ist aber auch unter nosologischen Gesichtspunkten zu stellen. Bei allen „neurotischen" Störungen empfiehlt sich der Einsatz des interaktionsbezogenen Verstehens. Dies gilt mit Einschränkungen auch für Persönlichkeitsstörungen und sogar noch für die Psychotherapie von schizophrenen Störungen. Jedoch ist hier eine besondere Behutsamkeit nötig. Zum einen kann durch *Beziehungsklären* die psychosoziale Wahrnehmung und die Fähigkeit, Beziehungskonflikte konstruktiv auszutragen, verbessert werden, zum anderen kann es bei noch zu starker Beeinträchtigung gerade dieser beiden Größen den Patienten auch überfordern. Bei sehr umsichtigem Vorgehen wird der wachsame Therapeut im Einzelfall die Grenzen zur Überforderung rechtzeitig erkennen.

> **Gesprächsregeln**
>
> **Beziehungsklären**
>
> ○ Greifen Sie Ihre Person betreffende Bemerkungen, Klagen, Lob, Wünsche, unbedingt auf.
> ○ Versuchen Sie, die hinter solchen Bemerkungen stehenden Gefühle und Erwartungen und Vorstellungen zu erfassen und zu verbalisieren.
> ○ Zeigen Sie Interesse an den Vorstellungen, Phantasien und Wünschen, die der Patient in Bezug auf Ihre Person und Ihre Rolle als Therapeuten hat.
> ○ Verweilen Sie bei der Beschäftigung des Patienten mit Ihrer Person, verdeutlichen Sie die verschiedenen Aspekte dieser Einstellung, bevor Sie biographische Zusammenhänge ansprechen.
> ○ Denken Sie immer daran, dass auch Äußerungen des Patienten, die nicht direkt die Beziehung thematisieren, als Botschaft an Sie gemeint sein können.

3.4 Therapieprinzip Echtheit

Wird mit der konsequenten Haltung des *Einfühlenden Verstehens* eine Alter-Ego-Beziehung konstelliert (Rogers 1973a, S. 52f/¹1951), in der der Therapeut die Rolle eines zweiten Selbst des Patienten einzunehmen hat, so wird mit dem Therapieprinzip *Echtheit* eine andere Beziehungsform begründet, d. h. dem Therapeuten eine andere Rolle zugewiesen. Hier hat der Therapeut dem Patienten „real person" zu sein oder, wie Rogers (1977, s. 170f) auch formuliert, ein „reales Zugegensein" zu verwirklichen. Sollte der Therapeut in der Alter-Ego-Beziehung sein eigenes Selbst beiseite stellen, um ganz in der Rolle eines Doppel-Ich des Patienten aufzugehen (Rogers 1973a, s. 47, 53,/¹1951), so soll er jetzt die Rolle eines Gegenübers, eines für den Patienten bedeutsamen Anderen einnehmen, der als „reale Person" dem Patienten gegenübertritt und so aus seinem Bezugssystem Stellung nimmt. In erster Linie ist hiermit gemeint, dass sich der Therapeut in seinem Anderssein transparent macht, dass er authentisch antwortet und es zu einer existenziellen Begegnung kommen lässt (Rogers 1977, S. 171). Da man beim Bezugssystem des Therapeuten aber einen persönlich-existenziellen von einem fachlich-theoretischen Aspekt unterscheiden muss, ergeben sich zwei Möglichkeiten der Stellungnahme, eben eine persönlich-existenzielle, durch die eine Dialogbeziehung konstituiert wird, und eine professionelle, mit der der Therapeut eher die Rolle eines Experten einnimmt, womit eine Beobachter- bzw. Beurteilerbeziehung begründet würde. Im Vollzug der Gesprächspsychotherapie sollte diese Expertenperspektive bekanntlich nur eine korrigierende Hintergrundsfolie darstellen, jedoch gibt es Interventionen, die unmittelbar die Perspektive eines kritischen und d. h. auch mehr oder weniger distanzierten Beobachters voraussetzen. Dies trifft beispielsweise für das Behandlungsmerkmal *Konfrontieren* zu, wohingegen das Behandlungsmerkmal *Selbsteinbringen* eher die persönlich-existenzielle Perspektive bedeutsam ist. Es gibt hier aber auch Überschneidungen, z. B. wenn das *Konfrontieren* mit einer persönlichen Stellungnahme, mit einer „Ich-Botschaft" verbunden wird. In diesem Falle wird es hier unter die Interventionskategorie Selbsteinbringen gerückt.

In beiden Fällen, der Beobachter- wie auch der Dialogperspektive, ist die Überzeugung leitend, dass es für die Entwicklung des Patienten wichtig ist, dass der Therapeut sein eigenes Bezugssystem einbringt bzw. *seine* Sichtweise der therapeutischen Situation zur Verfügung stellt. In der therapeutischen Situation stehen sich dann zwei um Verstehen bemühte Subjekte gegenüber, die nicht nur (sich und den anderen) verstehen wollen, sondern denen es auch um Verständigung geht. Dies bedeutet, dass der Therapeut nicht einfach sein Verstehen, seine Sicht dem Patienten unverrückbar gegenüberstellt, sondern dass es zu einem Abgleichen der beiden Sichtweisen, zu einer Konsensbildung kommt (Pfeiffer 1983). Die Begegnung bedeutet gewissermaßen eine Interaktion der Bezugssysteme, durch die der Patient sein eigenes Selbstverstehen überprüfen und korrigieren kann. Aus dieser Position sind, wie gesagt, zwei Interventionskategorien abzuleiten, bei denen der Rückgriff auf das Bezugssystem des Therapeuten jeweils unterschiedliche Aspekte betrifft: das *Konfrontieren* und das *Selbstöffnen* bzw. das *Selbsteinbringen*.

In dem Konzept der Alter-Ego-Beziehung zeigte sich die anfänglich individualistische oder gar solipsistische Position von Rogers, in der die Entwicklung der Persönlichkeit fast ausschließlich als ein innerpsychischer Entfaltungsprozess gedacht wurde, der durch Fremdbeeinflussung nur von seiner eigentlich vorbestimmten Richtung abgelenkt würde. Sozialität, und damit auch Übernahme von Werten, erschien so vorwiegend im defizienten Modus der Fremdbestimmung, d. h. der deformierenden Verinnerlichung fremder, nicht dem Selbst zugehöriger Werte und Normsetzungen, die zur Selbstentfremdung führen. Diese Position änderte sich bei Rogers, wohl auch unter dem Eindruck der Therapie schwerster, nämlich schizophrener Störungen (Rogers 1977, S. 162ff) wie der Begegnung mit Martin Buber Ende der 50er Jahre (Pfeiffer 1991; Beck 1991; van Balen 1992; Rogers u. Schmid 1991). Rogers konzipierte nun die Psychotherapie als ein mehr dialogisches Geschehen, in dem der Therapeut auch seine Perspektive zur Verfügung stellt und den Rekurs auf sein eigenes Bezugssystem ausdrücklich vollzieht.

Das nun entwickelte gesprächspsychotherapeutische Beziehungskonzept ist wesentlich von der Begegnungsphilosophie (Bökenhoff 1970; Theunissen 1977; Schmid 1994) geprägt. Die Begegnung bzw. ihre verschiedenen Definitionen als Mitsein (Heidegger 1963), Kommunikation (Jaspers 1973) oder Zwischensein (Buber 1962) gilt als ursprüngliche, nicht weiter rückführbare Gegebenheit. Phänomene wie Übertragung und Projektion gelten dabei als spezifische und z. T. defiziente Ausformungen dieser Gegebenheit (Pfeiffer 1987). Damit steht das Beziehungskonzept der Daseinsanalyse (Condrau 1978) und anderer, der sog. humanistischen Psychologie (Quitmann 1985) zurechenbarer Verfahren nahe.

Im Folgenden sollen die zwei Interventionskategorien, die sich aus dem Behandlungsprinzip *Echtheit* ableiten, beschrieben werden.

3.4.1 Konfrontieren und Abwehrbearbeitung

Die Bezeichnung der behandlungstechnischen Anweisung Konfrontieren („confrontation") drückt sehr gut aus, dass der Therapeut hier sein Bezugssystem dem des Patienten gegenüberstellen soll. In der gesprächspsychotherapeutischen Literatur (z. B. Minsel 1974; Tscheulin 1992) wird diese Intervention als Ansprechen von Widersprüchen beschrieben. Der Therapeut macht den Patienten z. B. aufmerksam auf einen Widerspruch zwischen seinem verbalen und nonverbalen Verhalten oder weist auf einen Widerspruch zwischen der Selbstwahrnehmung des Patienten und der Fremdwahrnehmung durch den Therapeuten hin. Tscheulin (1992) hat übrigens die therapeutische Bedeutsamkeit dieses Behandlungsmerkmals auch in empirischen Studien nachweisen können. Das Konfrontieren muss als eine Form der Abwehrbearbeitung angesehen werden, denn die Widersprüche, mit denen der Patient konfrontiert werden soll, sind das Ergebnis von Abwehr (Rogers 1987, S. 30/[1]1959; Näheres s. u.).

Schon die Schüler von Rogers, (Carkhuff u. Berenson 1967; Carkhuff 1969) hatten sich mit diesem Behandlungsmerkmal systematisch auseinander gesetzt, und Carkhuff (1969) hatte auch für dieses Behandlungsmerkmal eine 5-stufige Skala erstellt, um das Ausmaß einschätzen zu können, in dem Therapeuten dieses Merkmal in der therapeutischen Situation verwirklichen. Die Skala beschreibt dieses Behandlungsmerkmal recht anschaulich (hier verkürzt wiedergegeben):

Einschätzskala:
Behandlungsmerkmal „confrontation"
1. Der Therapeut greift Widersprüche nicht auf bzw. verdeckt sie sogar durch seine Intervention.
2. Der Therapeut lässt indirekt erkennen, dass er Widersprüche zwar wahrnimmt, er greift sie aber nicht auf.
3. Der Therapeut spricht Widersprüche indirekt, z. B. durch eine Frage, an, ohne aber direkt auf sie hinzuweisen.
4. Der Therapeut spricht Widersprüche in behutsamer Weise an.
5. Der Therapeut reagiert auf jeden erkennbaren Widerspruch durch direkten weiterführenden Hinweis.

Ziele und Funktionen des Konfrontierens und der Abwehrbearbeitung

Die Definition des Konfrontierens als Aufgreifen von Widersprüchen im Reden und Verhalten des Patienten weist dieses Behandlungsmerkmal als Mittel der Bearbeitung der Abwehr des Patienten aus. Denn diese Widersprüchlichkeit des Patienten ist Ausdruck seiner Abwehr oder, genauer gesagt, Ausdruck seiner Inkongruenz, deren Wahrnehmung abgewehrt wird. Durch das Konfrontieren mit den Folgen des inneren Selbstwiderspruchs des Patienten soll diesem die Möglichkeit gegeben werden, diesen Widerspruch zu erkennen und anzuerkennen und ihn sodann durch die Integration divergierender Erfahrungen aufzulösen. Natürlich kann auch ein gewisser Widerspruch vom Individuum als zu ihm selbst gehörend anerkannt und in das Selbstkonzept integriert werden. Diese so akzeptierte und integrierte Zwiespältigkeit (Rogers, 1973b/[1]1961, spricht von „Komplexität") würde sich dann aber nicht mehr ständig in unwillkürlichem Verhalten äußern.

Die Abwehrbearbeitung insgesamt ist ebenfalls als ein schrittweises bzw. gestuftes Vorgehen zu konzipieren. Das Konfrontieren entspricht dann einer bestimmten Stufe dieser Abwehrbearbeitung, wie im Folgenden gezeigt wird.

Praxis des Konfrontierens und der Abwehrbearbeitung

Gerade beim Einsatz dieses Behandlungsmerkmals ist natürlich die Aufrechterhaltung einer akzeptierenden und bejahenden Grundhaltung wichtig. Der Patient muss spüren, dass der Therapeut nicht etwa aus einer geheimen Aggressivität heraus ihn auf seine Widersprüchlichkeiten und Ungereimtheiten hin anspricht. Der Unterton einer schulmeisterlichen Zurechtweisung oder eines rechthaberischen Insistierens würde die Abwehr des Patienten nur verstärken. Wenn der Patient jedoch diese akzeptierende und verständnisvolle Haltung beim Therapeuten spürt, kann er die Peinlichkeit, die natürlich mit dem Gewahrwerden eines solchen Widerspruchs verbunden ist, viel besser ertragen. Daher ist es wichtig, dass der Therapeut diese verständnisvolle Haltung auch in seinen Formulierungen zum Ausdruck bringt.

Aufgreifen von Widersprüchen. Der Therapeut sagt z. B. bei einem depressiv-klagsamen Patienten nicht: „Ich glaube, dass Sie viel stärker und leistungsfähiger sind, als Sie jetzt darstellen wollen", sondern er sagt: „Ich höre Sie sagen, dass Sie sich zur Zeit gar nichts mehr zutrauen und sich total aufgegeben haben, aber ich glaube, in vielem bei Ihnen auch sehr viel Stärke und fast kämpferische Zähigkeit zu spüren."

Der Therapeut gibt also dem Patienten zu verstehen, dass er dessen Sicht auch für berechtigt hält, dass hier aber auch eine ganz andere Sicht- und Erlebnisweise möglich ist und dass im weiteren Vorgehen dieser Widerspruch gelöst werden muss.

Solche Widersprüche bzw. Diskrepanzen können auf sehr unterschiedlichen Ebenen bestehen. Folgende Modi des Widerspruchs wären demnach zu unterscheiden:

Widerspruch zwischen verbaler und nonverbaler Aussage. Das oben genannte Beispiel wäre hier einzuordnen, wenn sich besonders aus den Gesten, der Mimik und der Art der Stimmführung des Patienten ein besonderer Kontrast zu seiner depressiven Klagsamkeit ergibt. Der Therapeut könnte dann z. B. auch sagen:

> T: Ich spüre da einen Unterschied zwischen dem, was Sie jetzt sagen, und dem, was viele Ihrer Gesten auszudrücken scheinen.

Eine andere Intervention in diesem Sinne wäre:

> T: Sie fühlen sich so verzagt und hinfällig und zeigen doch so viel Kraft in Ihrer Stimme und Ihren Gesten.

Bei solchen Formulierungen bleibt eine bejahende und mitfühlende Grundhaltung spürbar, sodass die Gefahr einer entlarvenden Attitüde vermieden wird.

Widerspruch zwischen Selbstbild und Fremdbild. Diese Form des Widerspruchs ist der zuvor genannten sehr verwandt. Von einem solchen Widerspruch wäre zu sprechen, wenn der Therapeut seinen Eindruck nicht unmittelbar auf ein bestimmtes Ausdrucksverhalten des Patienten gründen kann. Die Bekundungen des Patienten über sich selbst laufen dauernd dem Eindruck des Therapeuten zuwider, der sich in ihm auf Grund verschiedener Hinweise gebildet hat. Der Therapeut kann sich sein Bild vom Patienten durch Interpretationen verschiedenster Berichte und Schilderungen des Patienten gemacht haben. Zum Beispiel sagt ein Patient, der auf Grund seiner vielfältigen Schilderungen dazu zu neigen scheint, häufig unnachgiebig und rachsüchtig zu streiten, dass er ein sehr friedfertiger Mensch sei und immer bereit, um des lieben Friedens willen nachzugeben. Ihm sagt z. B. der Therapeut:

> T: Das entspricht so Ihrem Ideal, immer um Harmonie bemüht zu sein, aber es fällt Ihnen wohl oft schwer, das zu verwirklichen.

Es geht dem Therapeuten also auch hier darum, eine gewisse Achtung für die Würde der Person durchscheinen zu lassen, auf jeden Fall jede Beschämung zu vermeiden. Schon deswegen betont er die Ernsthaftigkeit des Wunsches, anders zu scheinen und zu sein, als der Patient sich offenbar oft verhält.

Widerspruch zwischen Einsicht und Verhalten. Ein Beispiel: Eine Patientin berichtet, dass sie sich bisher immer ihrem Mann total unterworfen habe, viel zu wenig Selbstbehauptung geleistet habe und dass sie das jetzt ändern wolle. Die Patientin war aber nach kurzzeitigem Auszug aus der ehelichen Wohnung gerade wieder zu ihrem trinkenden und sie öfter schlagenden Mann zurückgekehrt.

> T: Obwohl Sie die Probleme so klar sehen, war es jetzt zu schwer für Sie, nicht wieder zu ihm zurückzugehen.

Auch hier zeigt die Therapeutin keine scharfe oder gar zurechtweisende Konfrontation mit der Widersprüchlichkeit der Patientin, sondern sie versucht im Gegenteil, Verständnis für die tiefe Ambivalenz der Patientin zu signalisieren und diese so auch zu einer Auseinandersetzung mit ihrem organismischen Erleben anzuregen.

Logischer Widerspruch. Wenn sich der Patient innerhalb weniger Äußerungen selbst widerspricht, macht der Therapeut auf diesen logischen Widerspruch als Hinweis auf einen möglichen motivationalen Widerspruch des Patienten aufmerksam.

> T: Sie äußerten gerade eben noch, ganz auf Abstand zu ihr gehen zu wollen, Ihr letzter Satz sagt eigentlich das Gegenteil, da stehen sich wohl zwei Wünsche in Ihnen gegenüber.

Solche Widersprüchlichkeiten spiegeln natürlich den innerpsychischen Widerspruch, also die Inkongruenz zwischen dem *Selbstkonzept* und dem *organismischen Erleben,* also z. B. zwischen dem Wunsch nach Selbstachtung und dem Wunsch nach Bindung. Die Inkongruenz wird dadurch aufrechterhalten, dass sich das *Selbstkonzept* aus Angst vor tiefgreifender Erschütterung dagegen wehrt, die Inhalte der *organismischen Erfahrung* zu integrieren. Dadurch wird eine Auflösung der Widersprüchlichkeit verhindert. Dieser soll das geschilderte Konfrontieren entgegenwirken.

Abwehrbearbeitung. Das Konfrontieren kann als eine Form der Abwehrbearbeitung charakterisiert werden. Obwohl eine solche faktisch in der konkreten Arbeit ständig durchgeführt wird, ist sie in der Gesprächspsychotherapie nur selten über das *Konfrontieren* hinaus konzeptualisiert worden. Swildens (1991, S. 66) skizziert eine Bearbeitung des Widerstands durch „konfrontierende und interpretierende Interventionen", die Stagnationen aufheben und der Erhellung und Korrektur der persönlichen „Mythe" dienen sollen. Sachse (1999, S. 89) hat ein Konzept der Abwehrbearbeitung unter der Bezeichnung „Bearbeitung der Bearbeitung" vorgelegt. In der vorliegenden Schrift ist schon gezeigt worden, dass neben dem Konfrontieren auch das Beziehungsklären Aspekte von Abwehrbearbeitung enthält.

Rogers hat sich an mehreren Stellen seines Werkes mit dem Phänomen der Abwehr auseinandergesetzt. Dieses Abwehrkonzept, das bei ihm in enger Verbindung zum Konzept der Inkongruenz steht (Panagiotopoulos 1993), nimmt eine zentrale Stellung in seiner Persönlichkeits- und Störungstheorie ein (Rogers 1987, S. 30f/[1]1959). Rogers (1973b, S. 136ff/[1]1961) hat die durch Psychotherapie geförderte Persönlichkeitsentwicklung als einen 7-stufigen Prozess der Abwehrauflösung dargestellt, wenn er auch in diesem Zusammenhang den Terminus „Abwehr" nicht gebraucht, sondern von einer psychischen Erstarrung bzw. der Auflösung von Wahrnehmungsblockaden spricht.

Gerade diese und andere Beschreibungen des Therapieprozesses zeigen, dass in der Gesprächspsychotherapie Abwehrvorgänge als allgegenwärtig angenommen werden (Panagiotopoulos 1993; Sachse 1999). Rogers (1973a, S. 174f, S. 436f/[1]1951) regte auch empirische Studien an, in denen Abwehrprozesse erforscht wurden, indem u. a. die Änderung der Abwehr während der Therapie mit anderen Parametern des therapeutischen Prozesses verglichen wurden. So könnte es verwundern, dass Rogers nicht ausdrücklich ein Konzept zur Bearbeitung von Abwehrvorgängen vorgelegt hat. Rogers war jedoch der Meinung, dass gerade durch die Realisierung der drei Grundhaltungen Abwehrstrukturen aufgelöst werden können bzw. dass der Therapeut durch dieses Vorgehen dem Patienten optimale Voraussetzungen bietet, seine eigene

Abwehr überwinden zu können. So war für ihn das geduldige Auflösen der die Abwehr aufrecht erhaltenden Ängste des Patienten das wesentliche Element der Therapie überhaupt. Allerdings war Rogers sehr skeptisch gegenüber einem direkten, konfrontativen Aufgreifen von Abwehrprozessen. Er befürchtete die insgesamt eher destruktive Wirkung eines solchen Vorgehens und dass der Widerstand gegen die Therapie hierdurch erst geschaffen würde (1972, S. 139/¹1942).

Widerstand, als Abwehr des therapeutischen Angebots, ist nach Rogers vorwiegend durch technische Fehler induziert, z. B. durch zu drängendes und zu frühes Deuten und eine zu ungeduldige, zu wenig akzeptierende Einstellung gegenüber der Abwehr. Dabei bezeichnet Rogers offensichtlich nur die besonders groben, therapieblockierenden Verhaltensweisen als Widerstand. In anderen Fällen spricht er von Abwehr, auch wenn sich diese als Ergebnis der therapeutischen Interaktion darstellen (Rogers 1972/¹1942).

Durch mangelhafte Technik bedingter Widerstand dürfte keineswegs selten sein, schon weil es gerade in längeren Behandlungen äußerst schwierig sein kann, die Akzeptanz und Empathie immer ganz konsequent und widerspruchsfrei durchzuhalten. Jedoch ist das Aufkommen von Widerstand (als Abwehr des therapeutischen Angebots) auch bei striktem Einhalten des von Rogers empfohlenen Vorgehens möglich. So kann z. B. ein autoritätsfixierter Patient es als unerträglich erleben, keine Ratschläge und Anweisungen zu bekommen und statt dessen auf sich selbst zurückverwiesen zu werden. Einem anderen Patienten, der früh gelernt hat, seine eigene Depressivität und ambivalent erlebte Sehnsucht nach Nähe durch ein aggressives, konfrontationsprovozierendes Verhalten abzuwehren, mag gerade das geduldig-liebevolle Akzeptiertwerden als sehr bedrohlich erscheinen. In beiden Fällen könnten die Patienten mit Widerstand auf ein durchaus methodengerechtes Vorgehen antworten.

Abgesehen von diesen speziellen Widerstandsanlässen, ist generell zu bedenken, dass die Abwehr in der Therapie sich ja immer in einer Beziehungssituation ereignet. Die Abwehr des Patienten ist hier kein rein innerpsychischer Vorgang mehr, sondern der Therapeut ist interakionell mit einbezogen, er ist der von der Abwehr „Gemeinte", da er ja deren Auflösung anzielt. Insofern hat die Abwehr auch immer einen Bezug auf den Therapeuten, sie ist also „Widerstand" (und zugleich Beziehungsanspielung, s. vorherigen Abschnitt). Um jedoch gewissermaßen fortwährend daran zu erinnern, dass das „widerständige" Verhalten des Patienten zunächst einer innerpsychischen Schwierigkeit, um nicht zu sagen einer inneren Not entspricht, und um den Sprachgebrauch von Rogers beizubehalten, wurde hier für die weiteren Darlegungen der Terminus „Abwehr" und nicht „Widerstand" gewählt.

Der Gesprächspsychotherapeut sollte immer darum bemüht sein, in der Abwehr nicht so sehr die Verweigerung, als vielmehr den Versuch der Bewältigung innerer Schwierigkeiten zu sehen und insofern auch der Abwehr zunächst empathisch zu begegnen (Pfeiffer 1985). In den Kapiteln über die Technik des *Einfühlenden Verstehens* und des *Beziehungsklärens* wurde ein gestuftes Vorgehen vorgeschlagen, um den Patienten in „kleinen Schritten" und so in erlebnisnaher Weise an bestimmte Einsichten heranzuführen. Ein gestuftes Vorgehen ist aus den gleichen Gründen auch bei der Abwehrbearbeitung zu empfehlen.

Wenn wir diese Überlegungen in eine Stufenfolge der Abwehrbearbeitung umsetzen (Finke 1989), so ergibt sich Folgendes:

Abwehrbearbeitung

Einem Patienten, der pausenlos und weitschweifig über verschiedenste alltägliche Begebenheiten berichtet, antwortet der Therapeut:

Stufe 1: Erscheinungsbild der Abwehr verdeutlichen
T: Sie berichten fast atemlos über unterschiedlichste Begebenheiten aus Ihrem Leben. Irgend etwas scheint Ihnen dabei wichtig zu sein.

Stufe 2: Die Konsequenzen der Abwehr ansprechen (Konfrontieren)
T: All diese äußeren Begebenheiten nehmen jetzt scheinbar so Ihr ganzes Denken ein, dass Sie kaum dazu kommen, über sich selbst nachzudenken.

Stufe 3: Die Intention der Abwehr ansprechen
T: So richtig in sich selbst hinein zu gucken, das macht Ihnen jetzt regelrecht Angst. Da lassen Sie sich ganz gerne ablenken.

Stufe 1: Das Erscheinungsbild der Abwehr verdeutlichen. Hier soll das Abwehrverhalten verdeutlicht werden, ohne in seinem Abwehrcharakter gedeutet zu werden. Der Therapeut beschreibt akzeptierend und empathisch das Abwehrverhalten. Er macht es hierdurch dem Patienten deutlich, dies aber ohne jede negative Bewertung, vielmehr macht er gewissermaßen die Bewegungen der Abwehr mit und zeigt für die Notwendigkeit der Abwehr Verständnis. Die Gesprächspsychotherapie geht davon aus, dass schon hierdurch oft wesentliche Teile der Abwehr aufgelöst werden können.

T: Sie reden nur über Ihre körperlichen Beschwerden, die halten Sie jetzt wohl ganz gefangen.
T: Wir sprechen jetzt viel von anderen Leuten, deren Verhalten scheint Sie jetzt total zu beschäftigen.
T: Sie sagen, Ihnen fällt im Moment gar nichts ein, worüber wir sprechen sollten. Das, was Sie sonst so beschäftigt, scheint jetzt ganz in den Hintergrund getreten.

Stufe 2: Die Konsequenzen der Abwehr ansprechen (Konfrontieren). Der Therapeut versucht zu erfassen und zu verdeutlichen, was der Abwehr unmittelbar folgt, und zwar sowohl an emotionalen und kognitiven Reaktionen des Patienten wie hinsichtlich der Interaktionen mit seiner Umgebung. Die Abwehr kann zu Widersprüchlichkeiten im Verhalten des Patienten führen. Das oben beschriebene Konfrontieren entspricht weitgehend dieser Stufe der Abwehrbearbeitung. Der hier aufzuzeigende Widerspruch besteht meist in der Diskrepanz zwischen der mit dem Patienten vereinbarten therapeutischen Zielsetzung und dem diesen Zielen zuwiderlaufenden aktuellen Verhalten des Patienten.

T: Ihre körperlichen Beschwerden beschäftigen Sie jetzt so sehr, dass für ein anderes Thema hier gar kein Raum mehr ist.
T: Sie sprechen jetzt so viel über irgendwelche äußeren Ereignisse, dass wir gar nicht mehr dazu kommen, über Sie selbst, über Ihre Gefühle und Überlegungen zu reden.
T: Sie scheinen jetzt aus dem Schweigen nicht mehr heraus zu finden, obwohl Sie doch mit mir über Wünsche und Zukunftspläne reden wollten.

Wenn der Patient sich gut vergegenwärtigen kann, wie sehr er sich durch die Abwehr „selbst im Wege steht", wie sehr die Abwehr seine eigenen Vorhaben und Therapieziele durchkreuzt, kann der Therapeut auf der nächsten Stufe intervenieren.

Stufe 3: Die Intention der Abwehr ansprechen. Hier wird versucht, Gefühle zu symbolisieren, die der Abwehr als ihr Motiv vorausgehen. Dem Patienten soll das erfahrbar werden, wogegen die Abwehr ihn schützen soll, welche Gefühle er mit ihr vermeiden will. Es soll also der Zweck der Abwehr verdeutlicht werden. Durch das Ansprechen des Motivs der Abwehr zeigt der Therapeut auch, dass er wirklich „versteht", dass er also die Gründe für das Abwehrverhalten nachvollziehen kann und schon deshalb keinen „Vorwurf" macht.

T: Wenn Sie jetzt so ganz ungeschützt auf Ihre Gefühle lauschen würden, wäre das, so fürchten Sie vielleicht, sehr schmerzhaft, da nehmen Sie lieber Ihre körperlichen Schmerzen in Kauf.
T: Sich über all die anderen zu ärgern, ist für Sie vielleicht leichter zu ertragen, als wenn Sie sich über sich selbst ärgern müssten.
T: Vielleicht schweigen Sie lieber, weil Sie glauben, sich schämen zu müssen, wenn Sie mir erzählen, was Sie im Augenblick beschäftigt.

Gefühle des Ärgers über sich selbst oder der Scham verweisen natürlich wiederum auf andere Gefühle oder Bedürfnisse, die dann weiter zu klären sind. Jedenfalls hat mit diesem letzten Schritt der Patient Einsicht in seine Abwehr gewonnen, damit ist sie auch zunächst überwunden. „Zunächst" bedeutet, dass bei einem weiteren Bedürfnis, das mit dem Selbstkonzept als nicht vereinbar erlebt wird, erneut Abwehr auftreten kann.

Wichtig für die Bearbeitung von Abwehrvorgängen ist auch die Art der Formulierungen. Nicht selten ist es geboten, dass der Therapeut durch Ausdrücke wie „ein bisschen", „fast", „ziemlich", „manchmal" die Nachdrücklichkeit seiner Aussage einschränkt, um sie nicht zu apodiktisch und für den Patienten bedrohlich festlegend und endgültig erscheinen zu lassen. Auf den Patienten wirken in dieser Weise gemilderte Aussagen viel weniger ängstigend, weshalb er sich besser auf die Verstehensangebote des Therapeuten einlassen kann.

Schwierigkeiten und Gefahren des Konfrontierens und der Abwehrbearbeitung

Die Schwierigkeit für den Therapeuten besteht hier darin, seine konfrontierenden Interventionen so einzusetzen und so zu formulieren, dass sich der Patient nicht attackiert, nicht ertappt bzw. überführt, d. h. nicht zurechtgewiesen zu fühlen braucht. Die Gefahr für den Therapeuten besteht darin, dass ihn ein angespanntes Achten auf Widersprüche oder andere Äußerungen der Abwehr in eine geradezu kriminalistische Suchhaltung hineingeraten lässt.

Aus solcher Haltung ergäbe sich die Schwierigkeit, dass der Patient dem Therapeuten gegenüber zunehmend mit Angst und Misstrauen reagiert. Der Therapeut würde so seinerseits ein Abwehrverhalten des Patienten (sog. technisch bedingten Widerstand) induzieren. Vor dieser Möglichkeit hat Rogers ausdrücklich gewarnt.

Durch ein zu rigides Achten auf Abwehrvorgänge könnte die Versuchung befördert werden, im Patienten stets „widerständige", die therapeutischen Bemühungen sabotierende Tendenzen auszumachen. Die Vorstellung einer permanenten Opposition des Patienten könnte beim Therapeuten zu einer ständig misstrauisch-beargwöhnenden Suchhaltung führen. Dass eine solche Haltung schnell kontraproduktiv, also lähmend oder gar Widerstand provozierend, wirken würde, dürfte einsichtig sein. Beim Erkennen von Abwehr sollte der Blick stärker auf die innere Not des Patienten, auf seine Ängste und Bewältigungsbemühungen gelenkt werden. Dies kann es dem Therapeuten erleichtern, sich akzeptierend und auf die Kräfte zur Selbstkorrektur vertrauend dem Patienten zuzuwenden. Die bejahende und vertrauende Grundhaltung dürfte bei der Bearbeitung von Abwehrprozessen, auch dann, wenn das therapeutische Beziehungsangebot selbst abgewehrt wird, wichtig sein.

Gerade weil es in der Therapie ohnehin stets um die Abwehr des Patienten geht, braucht sich der Therapeut nicht von der ständigen Sorge leiten zu lassen, einem spezifischen Widerstand des Patienten aufzusitzen.

Wegen der Allgegenwärtigkeit von Abwehr muss der Therapeut weder sich selbst noch den Patienten in rastloser, detektivischer Suche nach Widerständen unter Druck zu setzen, sondern er kann Therapie ganz im Sinne von Rogers verstehen als einen letztlich unabschließbaren Prozess zunehmender Selbstöffnung, der eher durch eine geduldige und vertrauende Haltung des Therapeuten gefördert wird. Eine zu ausdrückliche Forcierung der Abwehrbearbeitung birgt die Gefahr in sich, dass in der therapeutischen Beziehung eine Stimmung des Entlarvens und Demaskierens aufkommt, in der der Patient der ständigen Unwahrhaftigkeit und des Ausweichens überführt werden soll. Therapie als ständige Arbeit an der Abwehr zu begreifen, kann eine Kampfstimmung induzieren, in der der Therapeut wähnt, ständig gegen den widerständigen, die therapeutische Arbeit sabotierenden Patienten auf der Hut sein zu müssen. Eine solche gewissermaßen kriminalistisch-beargwöhnende Grundhaltung muss schon deshalb antitherapeutisch wirken, weil sie den Widerstand des Patienten erhöht oder gar oft erst schafft. Gerade im Bewusstsein der letztgenannten Gefahr hatte Rogers dem Therapeuten ausdrücklich eine „leichtgläubige Haltung" empfohlen, in der der Therapeut sich nicht ständig von dem Verdacht bestimmen lassen solle, der Patient sei im Grunde ganz anders, als er sich darstelle (Rogers 1977, S. 24/[1]1975).

Indikation des Konfrontierens und der Abwehrbearbeitung

Abwehrbearbeitung, eben auch im Sinne des Konfrontierens, ist überall dort indiziert, wo das Verhalten des Patienten den Fortgang der Therapie nachhaltig blockiert. Hierunter ist zu verstehen, dass ein bestimmtes, z. B. widersprüchliches Verhalten über längere Zeit bestehen bleibt und letztlich den Patienten an einer intensiven Auseinandersetzung mit sich selbst (sog. Selbstexploration) hindert. Ein solches Verhalten kann z. B. vorliegen, wenn der Patient häufig mit fast theatralischer Nachdrücklichkeit über bestimmte Gefühle berichtet, aber in seinem nonverbalen Verhalten (Tonfall, Mimik, Gestik) erkennen lässt, dass diese Gefühle ihn kaum wirklich sehr zu bewegen scheinen. Wichtig ist natürlich, dass der Therapeut in einem solchen Falle es nicht beim Konfrontieren mit dieser Abwehr belässt, also sozusagen nicht auf der Stufe der Abwehrbearbeitung stehen bleibt. Vielmehr sollte er, wenn der Patient den Hinweis auf die Widersprüchlichkeit seines Verhaltens als berechtigt anerkennen kann, diesen auffordern, zusammen mit ihm die Gründe für dieses Verhalten zu erkunden.

Das Konfrontieren ist eine differenziell einzusetzende Interventionsform. Anders ausgedrückt bedeutet dies, dass die Abwehrbearbeitung nicht bei jedem Patienten in gleicher Weise und vor allem mit gleicher Nachdrücklichkeit indiziert ist. In empirischen Untersuchungen konnte Tscheulin (1992) die Vermutung bestätigen, dass das Konfrontieren vor allem bei eher extrovertierten, primär wenig introspektionsbereiten und wenig zur Selbstbeobachtung neigenden Patienten angezeigt ist, um ein gutes Therapieergebnis zu erreichen. Außerdem hängt die Indikation von der Entwicklung der therapeutischen Beziehung ab. Man wird in den ersten Therapiephasen die Indikation zurückhaltender stellen als in späteren.

> **Gesprächsregeln**
>
> **Konfrontieren und Abwehrbearbeitung**
>
> - Greifen Sie Widersprüche oder Vermeidungsverhalten nicht sofort auf. Vertrauen Sie zunächst darauf, dass sich der Patient selbst korrigiert.
> - Zeigen Sie Vertrauen in den Willen des Patienten zur Wahrhaftigkeit. Aber lassen Sie auch spüren, dass Sie wissen, wie schwierig der Weg dahin oft sein kann.
> - Sprechen Sie die Widersprüchlichkeit des Patienten mit Verständnis fürs seine Motive an, indem Sie auf seine Ideale (Selbstideal) und die Schwierigkeit ihrer Erreichbarkeit hinweisen. („Das ist es, was Sie sich von sich selbst so sehr wünschen.")
> - Drücken Sie Verständnis für den Wunsch des Patienten aus, „anders zu scheinen als man ist". Machen Sie deutlich, dass Widersprüchlichkeit nichts Anstößiges ist.
> - Zeigen Sie dem Patienten auf, wie er sich durch seine Widersprüchlichkeit bzw. seine Abwehr selbst blockiert.
> - Machen Sie beim Ansprechen von Widersprüchen und Abwehrverhalten deutlich, dass es Ihnen auch darum geht, dieses Verhalten zu verstehen.

3.4.2 Selbstöffnen/Selbsteinbringen

Bei dieser Interventionskategorie ist die Beziehung zum Therapieprinzip *Echtheit* am prägnantesten. Hinsichtlich dieses Prinzips ist allerdings zu unterscheiden zwischen Kongruenz und Echtheit im engeren Sinne. Die *Kongruenz* meint nur die Haltung von Authentizität und Eindeutigkeit, was bedeutet, dass der Therapeut in seinem Handeln als ganze Person „zugegen" ist und mit sich selbst übereinstimmt (Rogers 1977, S. 162). Zwischen verbalem Ausdruck und nonverbalem Verhalten bestehen bei ihm keine Brüche. Das setzt voraus, dass der Therapeut frei von unbewussten Widersprüchen ist. Um dies zu gewährleisten, muss der Therapeut im Kontakt zu seiner organismischen Erfahrung stehen, das heißt, er muss wichtige Aspekte dieses organismischen Erlebens exakt symbolisieren und jeweils erspüren können, wann er etwa trotz des Bemühens um Zuwendung insgeheim Gefühle von Verachtung oder Feindseligkeit gegenüber seinem Patienten hegt. Wenn es ihm gelingt, seine emotionale Resonanz auf den Patienten auch in ihren negativen Aspekten zu vergegenwärtigen, kann er sie auch bearbeiten und auf diese Weise seine Kongruenz wiederherstellen (s. hierzu auch Kap. 3.3.5).

Echtheit i. e. S. meint dagegen, dass sich der Therapeut (selektiv) dem Patienten transparent macht, d. h. dass er seine emotionale Resonanz dem Patienten auch mitteilt (Rogers 1977, S. 182f). Dies wurde *Selbstöffnen* („self-disclosure") bzw. *Selbsteinbringen* genannt. Hier bietet sich ein Vergleich mit dem *Beziehungsklären* an. Bei dem Letzteren kommt der Therapeut den Aufforderungen zur persönlichen Stellungnahme, die vom Patienten ausgehen, nicht nach. Anstatt zu antworten, reagiert der Therapeut gewissermaßen mit einer Gegenfrage bzw. mit einer Intervention, die auf den Frager zurückverweist. Beim *Selbstöffnen* bzw. *Selbsteinbringen* dagegen ist der Therapeut der Antwortende. Hier nimmt er prinzipiell sehr persönlich Stellung. Er benutzt seine emotionale Resonanz nicht nur als Ortungsinstrument, um die verdeckten Rollenzuweisungen des Patienten zu erspüren, sondern er teilt sie dem Patienten (wenn auch in selektiver Weise) mit. Der Therapeut öffnet sich also dem Patienten, er macht sich diesem gegenüber transparent. Dadurch entspricht dieses Vorgehen einer Dialogbeziehung; es ist durch eine relative Wechselseitigkeit ausgezeichnet (Pfeiffer 1991, S. 34; 1993, S. 33ff.). Diese ergibt zwar eine Nähe zur Alltagskommunikation, unterscheidet sich von dieser aber durch die therapeutische Zielsetzung, die die Art des Antwortens seitens des Therapeuten stets bestimmt.

Beim *Selbstöffnen* bzw. *Selbsteinbringen* teilt der Therapeut sein Erleben der therapeutischen Situation mit. Dieses Behandlungsmerkmal soll hier jedoch etwas umfassender verstanden werden, als dies oft, so auch in der unten wiedergegebenen Einschätzskala von Carkhuff, geschieht. Es soll hier nicht nur das Mitteilen von (meist eher negativen) Gefühlen des Therapeuten, wie Ärger oder Langeweile, als Reaktion auf das Verhalten des Patienten gemeint sein, sondern die Kundgabe von persönlichen Stellungnahmen allgemein. Dies können Gefühle der Freude, der Wertschätzung oder der Besorgnis, auch Wünsche und Intentionen hinsichtlich des Therapieverlaufes, aber ebenso Meinungen und Beurteilungen, also kognitive Stellungnahmen des Therapeuten sein. Dabei ist typisch, dass diese Stellungnahme nicht als etwas objektiv

Gültiges dargeboten, sondern auf das subjektive Meinen des Therapeuten zurückgenommen und als eine „Ich-Botschaft" formuliert wird. Wenn aber der Therapeut so auf seine Subjektivität rekurriert, so überlässt er sich nicht unreflektierter Spontaneität. „Subjektivität" ist hier nicht mit Willkürlichkeit gleichzusetzen, da der Therapeut seine subjektiven Signale, Empfindungen und Wertungen einer rational abwägenden Prüfung im Kontext seines fachlichen Wissens unterzieht, bevor er sie (mehr oder weniger selektiv) äußert. Er lebt also seine Resonanz nicht einfach aus, sondern stellt sie in wohl dosierter Weise zur Verfügung.

Die Mitarbeiter von Rogers haben die Konzepte *Kongruenz* und *Selbstöffnen* im Detail ausgearbeitet und operationalisiert. Truax (1962) erstellte eine fünfstufige Rating-Skala, um die Kongruenz des Therapeuten auf Grund von Tonaufnahmen therapeutischer Gespräche einschätzen und das jeweilige Ausmaß von Kongruenz dann mit dem Therapieergebnis vergleichen können. Carkhuff (1969, I, S. 187ff.) legte eine solche Skala für die Einschätzung der Selbstöffnung vor. Sowohl für die Kongruenz als auch für die Selbstöffnung wurden in mehreren Untersuchungen die Korrelationen dieser Einschätzungen mit dem Therapieergebnis ermittelt. Zwar waren die Befunde nicht einheitlich, jedoch zeigen diese Studien, dass die Gesprächspsychotherapie schon früh die Dialogbeziehung nicht nur konzeptuell formuliert hat, sondern deren Bedeutung auch empirisch nachzuweisen suchte.

Einschätzskala
Behandlungsmerkmal „self-disclosure"
1. Der Therapeut schirmt sich gegen jede seine Person betreffende Einsichtnahme des Patienten ab.
2. Der Therapeut antwortet nur zögerlich und indirekt auf Fragen, die seine eigene Person betreffen.
3. Der Therapeut äußert zwar seine Gedanken zur therapeutischen Situation, gibt aber keinen weiteren Einblick in seine Person.
4. Der Therapeut gibt Einblick in seine (die Therapiesituation betreffenden) persönlichen Vorstellungen und Wertungen.
5. Der Therapeut macht sich in besonderer Weise transparent, sodass der Patient es in konstruktiver Weise nutzen kann.

Ziele und Funktionen des Selbstöffnens

Die Interventionsformen innerhalb des Selbstöffnens bzw. des Selbsteinbringens und damit auch ihre Ziele und Funktionen sind sehr unterschiedlich. Dies soll folgende Zusammenstellung verdeutlichen:

Selbstöffnen/Selbsteinbringen
Mitteilen von Anteilnahme

T: Ich freue mich, dass Sie das geschafft haben.
T: Ich sorge mich, dass Sie sich so schnell entscheiden.

Mitteilen von Ähnlichkeit

T: Das kann ich gut nachempfinden, ich habe Ähnliches erlebt.
T: Ich kenne solch quälenden Zweifel.

Mitteilen von Beurteilungen

T: Ich finde, dass Sie das gut gemeistert haben.
T: Da waren Sie wirklich in einer schwiegen Situation.

Konfrontation mit Beobachtung

T: Es erstaunt mich, dass Sie immer ...
T: Es irritiert mich, dass Sie ...

Anbieten einer alternativen Erlebnisweise

T: An Ihrer Stelle würde mich das aber ärgern.
T: Ich wäre da aber etwas stolz auf mich.

Mitteilen der emotionalen Resonanz

T: Es macht mich etwas unzufrieden, dass ...
T: Es ärgert mich und kränkt mich irgendwie auch, dass Sie ...

Mit dieser Auflistung ist keineswegs eine Rangfolge vorgegeben, wie bei der oben dargestellten Einschätzskala. Die Wahl der jeweiligen Interventionsform ist ausschließlich eine Frage der Indikation. Man kann, vereinfachend gesagt, zwischen Interventionen unterscheiden, die von einer durch Solidarität und Ähnlichkeit geprägten Resonanz ausgehen, und solchen, die eher von einem Erleben der Andersartigkeit und Distanz bestimmt sind. Die ersten drei haben eine stützende, tragende Funktion. Sie zielen eine Ermutigung, eine Ressourcenmobilisierung und eine Selbstwertstabilisierung an. Die letzten drei haben eher eine konfrontierende Funktion, Ziel ist eine konstruktive Auseinandersetzung des Patienten mit dem Therapeuten als einem bedeutsamen Anderen und so letztlich auch mit sich selbst, d. h. mit dem eigenen Verhalten und den eigenen Einstellungen. In allen Positionen macht sich der Therapeut als reale Person deutlich. Anders als beim *Einfühlenden Verstehen,* also in der Alter-Ego-Beziehung, in der der Therapeut als eine Art Selbstsubstitut bzw. Doppel-Ich des Patienten fungiert, ist hier der Therapeut, auch insofern er haltgebend und bestätigend wirkt, ein dem Patienten Gegenüberstehender. Auch im Bekunden von Gemeinsamkeit und Solidarität ist er ausdrücklich ein Anderer.

Bei den stützenden, ermutigenden Interventionen ergeben sich inhaltlich Überschneidungen mit dem im Rahmen des *Bedingungsfreien Akzeptierens* Besprochenem, bei den eher konfrontierenden Interventionen ergeben sich solche Überschneidungen mit dem oben unter „Konfrontieren" Erörterten. Das Besondere der hier zu beschreibenden Interventionen besteht jedoch darin, dass der Therapeut zumindest ansatzweise auch seinen eigenen hiermit verbundenen erlebnishaften Hintergrund deutlich macht.

Mobilisieren von Ressourcen

Dieser wichtige Wirkfaktor kann auch innerhalb des *Selbstöffnens* zur Geltung kommen, indem der Therapeut seine Fürsorge, sein Sichbekümmern, seine Wertschätzung als ganz persönliche Reaktion zum Ausdruck bringt.

Das Erleben von Solidarität, von sorgender Zuwendung, aber auch die unverhohlene Freude eines Anderen an Erfolgen und am Gelingen gibt ein Gefühl der Sicherheit, des Getragenseins und der Verbundenheit, das für das Selbstwerterleben stützend wirkt und ein Vertrauen in die eigenen Möglichkeiten befestigt und so Ressourcen mobilisiert.

Auch die Wahrnehmung, dass eine andere Person manchmal ähnlich fühlt, bestimmte Konflikte und Schwierigkeiten auch schon einmal erlebt hat, vermittelt nicht nur die Geborgenheit einer Schicksalsgemeinschaft, sondern macht diesen Anderen, also hier den Therapeuten, als Person greifbar und wirkt so der Neigung zu primitiver Idealisierung entgegen (Pfeiffer 1991, S. 38). Das Erleben, dass der Patient auf den Therapeuten einzuwirken vermag, dass er bei diesem Sorge und Verwunderung, aber eventuell auch Ratlosigkeit und Enttäuschung auszulösen vermag, dass der Therapeut also nicht in unpersönlicher Distanziertheit und unerreichbarer Routiniertheit verbleibt, gibt dem Patienten das mutige Vertrauen, Peinlichkeit und Scham bei der Auseinandersetzung mit sich selbst zu überwinden und sich selbst als Person zu akzeptieren.

Festigung des Identitätserlebens

Indem der Therapeut sein Erleben der therapeutischen Situation deutlich macht und seine emotionale Resonanz auf den Patienten mitteilt, legt er diesem nahe, ihn, den Therapeuten, in seiner Realität wahrzunehmen. Dem Patienten wird es so zunehmend schwerer fallen, Wahrnehmungsverzerrungen und Projektionen aufrecht zu erhalten. Diese realitätsangemessenere Wahrnehmung des Anderen, hier des Therapeuten, wirkt auf die Selbstwahrnehmung des Patienten zurück, dieser wird jetzt zunehmend dazu neigen, Bedürfnisse und Erwartungen als eben die eigenen zu identifizieren.

Wenn der Therapeut von seinem aktuellen Erleben berichtet, macht er deutlich, dass es subjektive Eindrücke sind, die zu ihm gehören und zunächst auch nur für ihn Gültigkeit haben. Er markiert somit seine Selbstgrenzen und gibt gerade dadurch auch dem Selbst des Patienten Raum. So kann auch die Selbstöffnung des Therapeuten wie eine Aufforderung an den Patienten wirken, seine eigene innere Realität angemessener zu sehen, seine Emotionen genauer zu bestimmen und differenzierter wahrzunehmen. Auch kann durch die vom Therapeuten induzierte Verdeutlichung unterschiedlichen Erlebens der Patient seine Erwartungen nicht nur präzise als seine eigenen erkennen, sondern er kann auch klären, inwieweit die Erwartungen denen eines Anderen, hier des Therapeuten, entsprechen oder aber diesen entgegenstehen. Dadurch ergibt sich, was bei schwerer gestörten Patienten wichtig ist, eine prägnantere Selbstkonturierung sowie die Möglichkeit, die Ich-Andere-Unterscheidung (Bischof-Köhler 1989, S. 45) zu verbessern. Die klaren und authentischen Stellungnahmen des Therapeuten sind für Patienten mit gestörtem Identitätserleben und diffusem Selbstkonzept eine wichtige Strukturierungshilfe.

Förderung von Autonomie und Beziehungsfähigkeit

Der Dialog zwischen Therapeut und Patient soll die Möglichkeit zum Erleben einer konstruktiven Beziehungsgestaltung vermitteln. Dabei soll der Patient aber nicht nur gewissermaßen mechanisch ein bestimmtes Verhaltensrepertoire erlernen, vielmehr sollen sich so auch seine Beziehungseinstellungen ändern.

In der Beziehung zum Therapeuten soll der Patient die korrigierende Erfahrung machen, dass unter Überwindung der Bindungsverlustängste auch das Erleben von Getrenntsein ertragbar ist, da das Trennende der Auseinandersetzung schließlich doch auch immer wieder im Konsens überwunden werden kann. Da der Therapeut sich in seinem Erleben transparent macht, erfährt der Patient ihn in verschiedenen Aspekten und lernt so, diese Aspekte zusammen zu sehen. Er lernt, die verschiedenen Aspekte an der Person des Therapeuten zu einer Ganzheit zu integrieren. Diese Erfahrungen, die nicht ohne parallel laufende Vorgänge der Einsichtsgewinnung zu denken sind, führen aber nicht nur zu einer Verbesserung der Fähigkeit, den Anderen in seinen gewährenden wie in seinen enttäuschenden Aspekten als einheitlich wahrzunehmen. Sie leiten auch eine Änderung des Selbstkonzepts ein. Denn die Erfahrung zu machen, auch Unterschiedlichkeit aushalten zu können und bei einem Sich-Nicht-Verstanden-Fühlen nicht sofort in Panik zu geraten, stärkt das Gefühl von Autonomie und Unabhängigkeit.

Korrektur maladaptiver Interaktionsmuster

Die Transparenz des Therapeuten lässt den Patienten die Unangemessenheit bisheriger Beziehungserwartungen und Interaktionsmuster unmittelbar erleben. Der Patient macht die Erfahrung, dass seine bisherigen Interaktionsklischees hier ungültig sind, da sie eine für ihn völlig neuartige und überraschende Antwort finden. Dieses Unerwartete und Originäre der therapeutischen Interaktion konfrontiert den Patienten mit der Ungültigkeit seiner Beziehungserwartungen und eröffnet ihm so die Möglichkeit konstruktiver Beziehungsgestaltung. Dies bedeutet den Ansatz einer Problembewältigung.

Praxis des Selbstöffnens/Selbsteinbringens

Es wurde schon eingangs darauf hingewiesen, dass das Konzept *Selbstöffnen* keine einheitliche Interventionskategorie ist, sondern aus mehreren Unterformen, die stichwortartig bereits vorgestellt wurden, besteht. Es wurde auch schon darauf hingewiesen, dass hier eine eher zustimmende, ermutigende von einer konfrontativen Dimension zu unterscheiden ist.

Mitteilen von Anteilnahme und Sorge

Das Mitteilen von Anteilnahme, Sorge und Solidarität wurde bereits als eine ausdrückliche Äußerungsform des *Bedingungsfreien Akzeptierens* vorgestellt. Im hiesigen Kontext ist diese Intervention zu erwähnen, wenn der Therapeut dabei auch seine persönliche Betroffenheit deutlich macht, wenn er ausdrücklich sein Interesse am Schicksal des Patienten, seine Besorgnis, seine Ängste, aber auch seine Freude am Gelingen zeigt. Der Therapeut macht also deutlich, was das Scheitern oder Gelingen des Patienten auch für ihn emotional bedeutet.

> T: Es freut mich sehr, dass Sie das so gut hingekriegt haben.

Neben dem Interesse und auch der Solidarität mit dem Patienten sollte der Therapeut auch seine Zustimmung und Anerkennung zum Ausdruck bringen, ohne dabei in einen gönnerhaften Ton zu verfallen. Auch hier ergeben sich Überschneidungen mit den schon genannten Handlungskonsequenzen des *Bedingungsfreien Akzeptierens*, dem Bestätigen und dem Ermutigen. Man könnte vielleicht sagen, dass diese Interventionsformen über das Selbsteinbringen, also verbunden mit einer „Ich-Botschaft", realisiert werden sollten. Diese Anerkennung und Bestätigung bei der Bewältigung einer Aufgabe mobilisiert die Ressourcen des Patienten, stärkt sein Selbstvertrauen und seine Zuversicht. Beim Erörtern einer wichtigen Entscheidungssituation könnte der Therapeut sagen:

> T: Ich sorge mich, dass Sie hier das Falsche wählen könnten, es geht mir nicht aus dem Kopf, wie wichtig es ist, dass Sie dieses Mal die richtige Entscheidung treffen.

Mit dieser Aussage gibt der Therapeut seinem Interesse und seinem engagierten Mitfühlen Ausdruck. Gleichzeitig fordert er durch diese Äußerung den Patienten implizit auf, seine Entscheidung noch einmal mit dem Therapeuten gründlich zu besprechen. Eine ähnliche Intention hat die folgende Intervention gegenüber einem depressiv-resignativ verstimmten Patienten mit Borderline-Störung, der seine „Null-Bock-Stimmung" beklagt und seine berufliche Ausbildung „schmeißen" will:

> T: Es macht mir Kummer zu denken, dass Sie jetzt Ihre Chance so einfach vergeben.

Bei einer solchen, der Alltagskommunikation nahen Äußerung wird zwangsläufig eine bestimmte Rollenverteilung nahegelegt. Der Therapeut bietet sich dem Patienten in der Rolle des besorgten Elternteils an. Damit reagiert er im Sinne einer dem Patienten möglicherweise allzu vertrauten Beziehungsform. Anders aber als möglicherweise der reale Vater spricht der Therapeut seinen Kummer direkt an, anstatt ihn durch Vorhaltungen und Zurechtweisungen indirekt zum Ausdruck zu bringen. Um den Fokus der Aufmerksamkeit wieder auf das Erleben des Patienten zu richten, empfiehlt es sich zudem, bald die Beziehungsebene und die Interventionsform zu wechseln. Auf der Ebene des *Einfühlenden Verstehens* könnte der Therapeut die Schwierigkeiten des Patienten bei der Leistungsmotivation erkunden und dann auch mit diesem Strategien entwickeln, die dem Aufbau einer solchen Motivation förderlich sind.

Mitteilen von bestätigender Ähnlichkeit

Das Thema dieser Intervention wurde schon beim Beziehungsklären erörtert. Dort aber bekam der Patient keine Antwort, vielmehr wurde er mit seinem Wunsch, diese Ähnlichkeit bestätigt zu bekommen, auf sich selbst zurückverwiesen. Patienten mit geringem Selbstwerterleben und wenig Selbstvertrauen sind aber u. U. auf eine bestätigende Antwort angewiesen. Sie sind sich nämlich ihrer eigenen Gefühle, Bedürfnisse und Entscheidungen nie ganz sicher, und es ist besonders in den ersten Stadien der Therapie wichtig, dass der Therapeut zur Festigung ihres Vertrauens in die therapeutische Beziehung wie zur Förderung ihrer Selbstakzeptanz beiträgt. Das kann er besonders dadurch tun, dass er seine auch erlebnishafte Übereinstimmung und damit auch seine Zustimmung zum Ausdruck bringt:

> T: Was Sie jetzt sagen, kann ich gut nachempfinden. Manchmal habe ich das schon so ähnlich erlebt.

Diese Versicherung von bestätigender und Orientierung vermittelnder Ähnlichkeit bedeutet für die Patienten eine Ermutigung, so sein zu dürfen, wie sie sich zumindest manchmal fühlen und erleben. Besonders wenn es um die Verwirklichung bereits getroffener Entscheidungen geht, ist hier eine Bestätigung ihrer Sichtweise wichtig:

> T: Sie zweifeln immer noch, ob Ihre Entscheidung wirklich richtig ist. Ich kenne solche Zweifel, durch die man sich manchmal selbst lähmt. Also, ich persönlich kann Ihre Entscheidung gut verstehen. Für mich ist das sehr gut nachvollziehbar.

Ähnlich wie beim *Einfühlenden Verstehen* ist auch hier der Therapeut um einen Nachvollzug des Erlebens des Patienten bemüht. Korrespondierend dazu macht der Therapeut aber auch seine eigene Perspektive deutlich. Der Therapeut stellt die Ähnlichkeit seiner Perspektive mit der des Patienten ausdrücklich fest.

Wenn andererseits der Patient bestimmte Aspekte des eigenen Erlebens noch als sehr fremd, gar bedrohlich (also außerhalb seiner Perspektive stehend) empfindet, kann eine solche Intervention das Vertrauen geben, solche Aspekte zu akzeptieren und zu verstehen.

Mitteilen von Beurteilungen und Bewertungen

Für die Stabilisierung des Selbstwerterlebens und zur Ermutigung kann es bei sehr selbstunsicheren und ängstlichen Patienten wichtig sein, wenn der Therapeut eine (positive) Bewertung ihres Verhaltens vornimmt, also dass er sie lobt. Auch wenn es um die Beurteilung schwieriger Situationen geht, kann es manchmal unumgänglich sein, dass der Therapeut sich mit seinem Urteil zur Verfügung stellt.

> T: Ich finde, dass Sie das gut gemeistert haben.

Hat der Patient durch diese Formen der Bestätigung genügend Selbstsicherheit gewonnen, ist die Anwendung von zunehmend abgrenzenden, die Andersheit und Individualität markierenden Interventionen möglich.

Konfrontieren mit Beobachtungen

Hierbei ergibt sich eine Überschneidung mit der unter Konfrontieren beschriebenen Interventionsform, die Beobachterperspektive wird bedeutsam.

Anders aber als dort, teilt der Therapeut in diesem Fall auch seine Resonanz auf die Beobachtung mit. Außerdem sind hier nicht ausschließlich Beobachtungen von Widersprüchen gemeint. Solche Beobachtungen betreffen meist Sachverhalte, die bisher außerhalb der Selbstwahrnehmung des Patienten lagen. Der Patient kann sich so mit bisher ihm kaum zugänglichen Selbstaspekten auseinander setzen. Im Unterschied zu einem „neutralen Außenbeobachter" formuliert der Therapeut hier, wie gesagt, auch die eigenen kognitiven oder emotionalen Prozesse, die seinem Eindruck vorausgehen oder ihn begleiten. Dadurch erst wird diese Intervention mehr als eine objektive Feststellung, sie gewinnt etwas Persönliches und bekommt den Charakter einer „Ich-Botschaft".

Typisch für diese Interventionen ist der Hinweis auf außersprachliche Signale des Patienten. Der Therapeut konfrontiert den Patienten z. B. mit einer bestimmten Gestik oder mit einer Handlungsweise, die im Widerspruch zu den sprachlichen Äußerungen des Patienten stehen (Tscheulin 1992, S. 133). Man könnte sagen, dass der Therapeut dem Patienten ein bestimmtes Verhalten „spiegelt". Anders aber als in der Alter-Ego-Beziehung ist sein Ausgangspunkt hier nicht die innere Welt, nicht die durch sprachliche Äußerungen ansatzweise entworfene Perspektive des Patienten, sondern das, was noch außerhalb dieser Perspektive liegt, eben nur aus der Sicht des Therapeuten deutlich wird.

Solche Interventionen sind z. B.:

> T: Wenn ich darauf achte, *wie* Sie das jetzt alles sagen, habe ich ganz stark den Eindruck, als ob es Ihnen im Grunde richtig gut tut, mal so hemmungslos wütend zu sein.
> T: Wenn ich ganz genau auf Ihre Stimme höre, will es mir scheinen, als ob Sie eigentlich doch noch voller Zweifel und Skrupel sind.
> T: Ich habe schon mit Staunen beobachtet, dass Sie immer dann, wenn Sie sich zu ärgern scheinen, mir gegenüber ein besonders freundliches Lächeln aufsetzen.

Anbieten einer alternativen Sicht- oder Erlebnisweise

Bei dieser Intervention bietet der Therapeut seine eigene Perspektive dem Patienten mit der Frage an, ob er sie wohl auch für sich als gültig ansehen könnte. Der Therapeut sagt dem Patienten, wie er an seiner Stelle in einer bestimmten Situation empfinden würde, wie er, der Therapeut, eine solche Situation bewerten, wie er hier handeln würde. „An Ihrer Stelle würde ich ..." ist eine typische Formel, mit der eine solche Intervention oft eingeleitet wird. (Dabei mag gerade diese Formulierung manchmal etwas fordernd klingen, sodass man diese Einleitung auch weglassen kann.) Ging es beim *Einfühlenden Verstehen* darum, dass der Therapeut, mit den Augen des Patienten sehend (Rogers 1973b, S. 48), dessen innere Welt erkundet, so verdeutlicht hier der Therapeut seine eigenen Reaktionen, die er *anstelle* des Patienten, d. h. wäre er in dessen Situation, empfinden würde.

Wenn beispielsweise ein Patient häufiger eine beschämende oder eine ihn bedrängende Situation scheinbar gleichgültig erzählt, sagt etwa der Therapeut:

> T: An Ihrer Stelle hätte mich das aber ganz schön geärgert.

Oder:

> T: Ich glaube, mich hätte das aber sehr geärgert.

Dieses Herausstellen einer alternativen Reaktionsweise kann vor allem bei zwei Gruppen von Patienten wichtig sein:
○ Patienten, die bei starker, oft depressiv getönter Hemmung und Ängstlichkeit gar keinen Zugang zu ihren eigenen, vor allem aggressiven Gefühlen haben, bzw. die auf Grund eines hohen Selbstideals solche Emotionen als unannehmbar empfinden.
○ Patienten mit einer ausgeprägten allgemeinen Störung der Selbstwahrnehmung, die ihre Affekte kaum präzise symbolisieren und differenzieren können.

Besonders bei der zweiten Gruppe bietet die hier erörterte Intervention eine wichtige Möglichkeit, über das Beispiel eines bedeutsamen Anderen sowie über Identifikation und Imitation das Wahrnehmen eigener Gefühle und das Achtgeben auf diese zu lernen. Bei der ersten Gruppe dagegen käme es in besonderer Weise darauf an, zunächst auf der Ebene des *Einfühlenden Verstehens* den Patienten anzuregen, seine Gefühle zunehmend präziser zu vergegenwärtigen. Denn das Anbieten der Sicht- und Erlebnisweisen des Therapeuten („Ich an Ihrer Stelle würde ...") ist ja immer mit der Gefahr verbunden, dass dem Patienten ein Beispiel vorgehalten wird, dass er für sich noch gar nicht übernehmen kann und dass für ihn trotzdem gleichsam verpflichtend wird. Der Patient könnte diese Intervention dann verstehen, als würde der Therapeut sagen: „Wenn Sie nur halbwegs normal reagieren würden, müssten Sie doch auch so empfinden wie ich."

Insbesondere für die stärker gestörten Patienten der zweiten Gruppe, die Interventionen auf der Ebene des *Einfühlenden Verstehens* noch kaum als Anregung zur Introspektion nützen können, kann das beispielhafte Benennen möglicher Gefühle jedoch ein erster Schritt zur Symbolisierung eigener Gefühle sein.

Mitteilen der emotionalen Resonanz

Die von Rogers geforderte Transparenz des Therapeuten wird besonders mit dieser Interventionsform vollzogen. Sie stellt das *Selbstöffnen* in spezifischer Form dar: Der Therapeut teilt sein Erleben der therapeutischen Situation mit. Die Inhalte dieser Mitteilung können natürlich auch positive Aspekte sein, wenn es sich um Gefühle der Zustimmung, eines lebendigen Interesses und einer Freude handelt. Die Vermittlung solch zustimmender Resonanz wurde oben mit den ersten beiden Interventionskategorien dieses Kapitels schon erörtert. Es soll nun von einer eher kritischen, abgrenzenden Resonanz, von Gefühlen wie Ungeduld, Ärger, Unzufriedenheit die Rede sein.

Wenn ein Patient weitschweifig mit einem häufigen thematischen Wechsel über rein externale Ereignisse redet und dabei offensichtlich eine Auseinandersetzung mit seinen Problemen vermeidet, könnte der Therapeut hier intervenieren:

> T: Ich habe es jetzt schwer, Ihnen bei all diesen vielen Einzelheiten zu folgen, und ich spüre, wie ich ungeduldig werde, weil ich gar nicht richtig weiß, was das alles wirklich mit Ihnen zu tun hat.

Um die Konfrontation abzumildern, spricht der Therapeut noch nicht von Ärger, sondern von Ungeduld. Mit der Bemerkung „Was das alles wirklich mit Ihnen zu tun hat" weist er auch implizit den Patienten auf sein Abwehrverhalten hin. Seine emotionale Reaktion rückt der Therapeut so in einen Zusammenhang mit dem Abwehrverhalten des Patienten.

Über das Mitteilen ausschließlich der emotionalen Resonanz geht folgende Therapeutenäußerung hinaus:

> T: Wenn ich so in mich hineinhöre, spüre ich, wie ich bei dem Versuch, Ihnen zuzuhören, etwas ärgerlich werde. Vielleicht, weil es mich kränkt, dass Sie mich kaum zu Wort kommen lassen und mir das Gefühl vermitteln, mich eigentlich gar nicht zu brauchen.

Der Therapeut äußert hier nicht nur seine affektive Resonanz auf den Patienten, sondern er teilt auch seine Interpretation dieses Affekts mit. Die Deutung bezieht sich nicht auf den Patienten, sondern auf den Therapeuten selbst. Dieser lenkt also den Fokus der Aufmerksamkeit nicht sofort von sich fort. Das würde z. B. geschehen, wenn die Intervention mit dem Satz fortgeführt würde: „Vielleicht glauben Sie, dass Sie mich nur auf Abstand halten können, wenn Sie mich ärgerlich machen." Der Therapeut deutet in der vorhergehenden Intervention seine eigene Reaktion, indem er als mögliches Motiv seines Ärgers die persönliche narzisstische Kränkung anspricht. Dadurch bringt er den Patienten allerdings indirekt dazu, sich nachdrücklich mit der Wirkung seines Verhaltens auf sein Gegenüber auseinander zu setzen und sich etwa zu fragen: „Ist dieses Verhalten bei mir ein stereotypes Interaktionsmuster? Verhalte ich mich immer so, dass die anderen sich überflüssig fühlen?" Erst mit dem zweiten Teil der Intervention lenkt der Therapeut also den Fokus wieder auf den Patienten zurück, indem er nun seine Gekränktheit mit dem Verhalten des Patienten in Zusammenhang bringt. So wird diesem die interaktionelle Dimension seines Abwehrverhaltens bzw. seines Widerstandes verdeutlicht.

Die Problematik einer solchen Intervention besteht darin, dass sie leicht als Schuldzuweisung verstanden werden kann: Der Therapeut, so könnte der Patient verstehen, *muss* gekränkt sein, weil der Patient sich so uneinfühlsam und rücksichtslos verhält. Der Therapeut sollte daher bei solch einer Intervention die Tragfähigkeit der Vertrauensbasis und die Toleranzgrenzen des Patienten gut genug abschätzen können, um annehmen zu können, nicht in solcher Weise missverstanden zu werden. Denn eine solche Intervention kann nur hilfreich sein, wenn der Patient sie nicht abwehren muss, sondern zur konstruktiven Selbstauseinandersetzung benutzen kann.

Ein Patient mit einer Borderline-Störung beschwert sich energisch schimpfend, dass der Therapeut ihn ständig nur mit Phrasen abspeise, gar nicht wirklich an ihm, dem Patienten, interessiert sei, was sich auch darin zeige, dass er neulich einfach einen Sitzungstermin verschoben habe. Der Therapeut entgegnet:

> T: Dass Sie jetzt so auf mich einschlagen, das geht mir ziemlich nahe. Ja, irgendwie empört es mich auch. Ich denke, dass Sie da auch etwas ungerecht sind und jetzt nichts anderes mehr sehen können als mein Verschieben der letzten Sitzung.

Der Therapeut zeigt also zunächst, dass er durch den Patienten beeinflussbar ist, dass dieser ihn sehr wohl emotional erreichen kann, dass ihm dessen Attacke keineswegs emotional unberührt lässt. Er zeigt dem Patienten aber nicht nur, dass er keinesfalls in routinierter Distanziertheit untangierbar ist, sondern dass er nicht bereit ist, in quasi grenzenlosem Verstehenwollen dessen Aggressivität masochistisch über sich ergehen zu lassen. Dadurch gibt er dem Patienten Gelegenheit, den Therapeuten als den relevanten Anderen mit eigenen Bedürfnissen und Verletzlichkeiten wahrzunehmen. Da aber der Therapeut dies im Gegensatz zu den sonstigen Bezugspersonen des Patienten einerseits deutlich, andererseits aber auch in einer um Verständigung bemühten Weise ausspricht, bedeutet dies für den Patienten eine konstruktive Beziehungserfahrung und eine Einladung, sich mit der Perspektive eines Anderen auseinander zu setzen.

Schwierigkeiten und Gefahren des Selbstöffnens

Manche der hier beschriebenen Interventionsformen kommen der Alltagskommunikation nahe. Der Gesprächspartner, hier der Therapeut, nimmt unmittelbar Stellung, sagt, was er zum vorliegenden Thema denkt oder fühlt, welche Entscheidungen er treffen und wie er sich verhalten würde. Damit sind die vertrauten Kommunikationsregeln weniger außer Kraft gesetzt wie etwa beim *Einfühlenden Verstehen*, was auf den Patienten beruhigend und entängstigend wirken kann. Auch kann dies, bei gekonnter und differenzierter Anwendungsweise, dem Patienten ermöglichen, neue konstruktive Beziehungserfahrungen zu machen. Nicht unbeträchtlich ist aber auch die Gefahr des Gegenteils, nämlich dass bei einem nicht geglückten Vorgehen des Therapeuten der Patient in seinem bisherigen negativen Beziehungserwartungen sich bestätigt fühlt und in seinen maladaptiven Interaktionsmustern fixiert wird. Deshalb sind Schwierigkeiten und Gefahren dieser Interventionskategorie detailliert zu vergegenwärtigen.

Ausleben von Gefühlen und Bedürfnissen

Die Transparenz des Therapeuten, v. a. im Sinn des Mitteilens der emotionalen Resonanz, darf kein Selbstzweck sein, insbesondere darf sie nicht in erster Linie zur emotionalen Entlastung des Therapeuten dienen. Kommt der Therapeut unter starken Druck von Gefühlen, die seine Arbeitsfähigkeit blockieren, so muss er hier zunächst andere Möglichkeiten der emotionalen Entlastung und Klärung suchen (Selbsterfahrungsgruppe, Supervision etc.). Der Therapeut muss sich immer fragen: Was nützt es jetzt dem Patienten, wenn ich ihm Einblick in mein Erleben gebe? Dies bedeutet auch, dass er dieses Erleben erst dann mitteilt, wenn er bereits eine gewisse Distanz dazu hat, also wenn er etwa von einem Gefühl des Ärgers oder der Kränkung nicht mehr voll beherrscht wird, da ihm nur dann die konstruktive Mitteilung dieses Gefühl gelingen dürfte.

Auch ist es wichtig, die Quelle der emotionalen Resonanz zu klären. Denn nur wenn diese Resonanz wirklich eine Reaktion auf das Verhalten des Patienten ist und nicht vorwiegend mit eigenen Verletzlichkeiten zu tun hat, ist deren Mitteilung überhaupt zu erwägen. Ist der starke Ärger auf den Patienten, so muss sich der Therapeut fragen, überwiegend darin begründet, dass jener den Therapeuten so sehr an den stets unzufriedenen und kritisierenden eigenen Vater erinnert? Ist die Langeweile und Müdigkeit der Therapeutin eine (Abwehr-)Reaktion auf Gefühle von Verachtung, die sie auch immer gegenüber der Hilflosigkeit ihrer eigenen ängstlich-klagsamen Mutter empfand? Sieht der Therapeut den Patienten als so schwach und so bedürftig nach Lob und Ermutigung, weil er sich selbst früher immer vergebens nach Lob und Anerkennung sehnte? Das Klären solcher Fragen im Prozess einer Selbsterfahrung, die das gesamte therapeutische Arbeiten begleitet, ist Voraussetzung für das Selbstöffnen.

Der Therapeut hat dabei auch zu bedenken, dass Patienten nicht selten dazu neigen, den Therapeuten in ein ihnen bekanntes Rollenverhalten zu drängen, z. B. in das des strafenden, entwertenden Vaters oder in das der kalten, abweisenden Mutter oder der rivalisierenden Schwester. Einerseits ist ihnen auf Grund ihrer früheren Beziehungserfahrungen eine solche Rolle vertraut und gibt allein wegen dieser Vertrautheit Sicherheit, andererseits hoffen sie natürlich auch, in der therapeutischen Beziehung neue, positive, ein solches

Rollenmuster außer Kraft setzende Beziehungserfahrungen machen zu können. Wenn in einer solchen Situation der Therapeut sich entschließt, sein Erleben dieser Situation mitzuteilen, wird das Wissen um eine solche Rollenzuweisung sowohl die Formulierung dieser Mitteilung als auch die weitere Suchhaltung bestimmen. „Ich bin jetzt ärgerlich, aber so wolltest Du mich ja wohl auch haben", so könnte, sehr vergröbert und zusammengefasst die Mitteilung des Therapeuten lauten. Natürlich kann das Wissen um eine solche Rollenzuweisung auch ein Selbstöffnen in bestimmten Situationen als gerade nicht indiziert erscheinen lassen.

Unangemessene Formulierung

Wichtig ist, dass der Therapeut in seinen Formulierungen eine grundsätzliche Achtung gegenüber der Würde der Person des Patienten zum Ausdruck bringt. Das bedeutet, dass die Formulierungen so gewählt werden, dass der Patient möglichst sich nicht beschämt, pauschal kritisiert und ins Unrecht gesetzt fühlen muss. Die Formulierungen sollten frei sein von einem Unterton des Vorwurfs. Dort, wo die negative Resonanz des Therapeuten auch indirekt eine negative Bewertung bestimmter Aspekte des Patientenverhaltens zum Ausdruck bringt, sollte auch immer implizit die grundsätzliche Wertschätzung des Patienten deutlich werden. Der Therapeut formuliert also immer so, dass die Mitteilung seiner negativen Resonanz zeitlich und thematisch sehr eingegrenzt wird. Es ist hier sowohl Taktgefühl als auch ein hohes Maß an Formulierungsfähigkeit gefordert.

Falsche Dosierung

Bei zu massiver und vor allem zu häufiger Mitteilung einer negativen Resonanz besteht die Gefahr einer Wiederbelebung negativer Beziehungserfahrungen des Patienten. Dieser könnte dann in dem Therapeuten „zu Recht" den immer kritisierenden, immer entwertenden Vater sehen. Selbst wenn der Patient seinerseits, wie oben beschrieben, den Therapeuten unbemerkt in eine solche Rolle manipulieren sollte, wäre es natürlich destruktiv, wenn der Therapeut dieser Rollenzuschreibung im Sinne der Alltagskommunikation entsprechen und z. B. mit Gegenkritik antworten würde.

Der Therapeut sollte nach einer Intervention im Sinn des *Selbstöffnens* öfter im Sinn des *Einfühlenden Verstehens* oder des *Beziehungsklärens* erkunden, wie der Patient die Mitteilung der emotionalen Resonanz des Therapeuten erlebt hat. Ungünstige Wirkungen dieser Mitteilungen könnten dann sofort bearbeitet werden. Darüber hinaus sollte der Therapeut dann die Intensität einer emotionalen Resonanz in leicht reduzierter Weise formulieren, indem er z. B. von „ein bisschen unzufrieden", „etwas ärgerlich" oder statt von „gelangweilt" von „weniger interessiert" oder „im Moment nicht ganz so aufmerksam" spricht.

Falscher Zeitpunkt

Eine konfrontierende Intervention, insbesondere auch die Mitteilung des negativen Gefühls, sollte nicht zu früh, d. h. eher nicht in den ersten Therapiephasen vorgenommen werden. Denn hier ist die therapeutische Beziehung oft noch nicht stabil genug, außerdem kennt der Therapeut den Patienten noch nicht gut genug, um dessen Belastbarkeit abschätzen zu können. Auch sollte man mit solchen Interventionen vorsichtig sein in Zeiten, in denen sich die therapeutische Beziehung generell in einer Krise befindet oder in denen der Patient aus außertherapeutischen Gründen (etwa eines Todesfalls in der Familie oder einer Trennung) labilisiert und besonders wenig belastbar ist.

Indikation des Selbstöffnens

Es wurde schon gesagt, dass gerade bei dieser Interventionsform die Indikation genau zu prüfen ist. Verschiedene Indikationskriterien sind zu berücksichtigen:

Patienten mit Persönlichkeitsstörungen

Patienten mit einer Persönlichkeitsstörung (insbesondere vom Typ der Borderline-Störung; s. auch im Folgenden das Kapitel über Gesprächspsychotherapie bei Persönlichkeitsstörungen) leiden häufig unter einer gestörten Selbst- und Fremdwahrnehmung (mangelnde Realitätsprüfung). Sie neigen auch nicht selten dazu, sich immer wieder in Beziehungen voller Missverständnisse, Enttäuschungen und Schuldzuweisungen zu verstricken (Sachse 1997). So wird die Beziehungsstörung auch als ein zentrales Merkmal dieser Patienten angesehen (Fiedler 1994, S. 93ff.). Deshalb sind sie darauf angewiesen, dass sich der Therapeut als reale Person kenntlich macht und so dem Patienten hilft, sein Gegenüber und sodann auch sich selbst präziser wahrzunehmen. Es ist naheliegend, dass bei

Patienten mit einer solchen Störung nicht nur die konfrontierenden, abgrenzenden, sondern im hohen Maße auch die stützenden, Bestätigungen und Anteilnahme bekundenden Interventionen von großer Wichtigkeit sind. Das soll aber nicht bedeuten, dass bei diesen Patienten das Arbeiten auf anderen Beziehungsebenen, namentlich der Alter-Ego-Beziehung, ganz zu vernachlässigen ist. Jedoch gibt gerade das Intervenieren auf der Ebene der Dialogbeziehung, also vor allem das Selbstöffnen, diesen Patienten wichtige Strukturierungshilfen und Unterstützungen bei der Orientierung in von ihnen als unübersichtlich erlebten Kommunikationssituationen.

Störungen der therapeutischen und der außertherapeutischen Situation

Im Rahmen einer zeitlich begrenzten Therapie kann auch bei Patienten ohne Persönlichkeitsstörung das Selbstöffnen bedeutsam sein und zwar vor allem dann, wenn es für die Stärkung der therapeutischen Allianz wichtig ist. Dies gilt besonders bei abrupten Störungen des Arbeitsbündnisses oder groben Missverständnissen in bestimmten Situationen. In solchen Fällen kann es schon deshalb sinnvoll sein, im Sinne des Selbstöffnens vorzugehen, weil wegen der zeitlichen Begrenzung eine geduldige Klärung über das *Einfühlende Verstehen* und das *Beziehungsklären* oft nicht möglich ist.

Eine Indikation für das Arbeiten innerhalb der Dialogbeziehung auch bei weniger schwer Gestörten ist bei besonders belastenden Situationen gegeben, z. B. bei Verlust oder schwerer Krankheit eines nahen Angehörigen. Dies gilt besonders für die nichtkonfrontative Komponente. Schließlich ist es auch bei weniger schwer gestörten Patienten häufig sinnvoll, dass sich in der Abschiedsphase einer Therapie der Therapeut stärker als reale Person deutlich macht. Dadurch können evtl. noch bestehende irreale Beziehungserwartungen aufgelöst und das Moment einer korrigierenden Beziehungserfahrung im Erleben des Patienten gefestigt werden.

Abwehrbearbeitung

Wenn der Therapeut sein persönliches Betroffensein durch das Abwehrverhalten des Patienten zum Ausdruck bringt, kann dies viel überzeugender wirken, als wenn der Therapeut lediglich aus der Position eines eher neutralen Beobachters auf Abwehrphänomene hinweist. Vor allem bei Patienten mit Beziehungsstörungen im oben genannten Sinne kann die Formulierung solcher Hinweise in Form von „Ich-Botschaften" diese erst annehmbar machen und der Patient muss sie u. U. nicht als unerträgliche Kritik oder beschämende Entwertung erleben.

Negative emotionale Resonanz des Therapeuten

Da der Patient eine länger anhaltende, starke negative emotionale Einstellung des Therapeuten ohnehin bald spüren würde, kann es sinnvoll sein, diese behutsam anzusprechen in der Hoffnung, dass sich gerade dadurch die therapeutische Allianz festigen lässt und eventuell sogar der Therapieprozess selbst konstruktive Impulse enthält. Natürlich kann bei sehr auseinander liegenden Grundanschauungen über Wertkonzepte oder Ziele der Therapie als Ursache der negativen therapeutischen Resonanz dies auch zum Therapieabbruch führen, über den dann nach Möglichkeit von beiden Seiten ein Konsens erzielt werden sollte. Freilich setzt das Stellen dieser Indikation das Bemühen des Therapeuten voraus, seine emotionale Resonanz zu klären, dies u. a. auch in Supervisions- oder Selbsterfahrungsgruppen.

Gesprächsregeln

Selbsteinbringen

- Zeigen Sie Ihre emotionale Beteiligung und gelegentlich auch Ihre positive Resonanz.
- Teilen Sie Ihre kritische Reaktion mit, wenn Sie dem Patienten hierdurch einen Impuls zur Selbstauseinandersetzung geben können.
- Achten Sie darauf, dass die Mitteilung dieser Reaktion ohne Unterton eines Vorwurfs geschieht.
- Klären Sie mit dem Patienten, wie Ihre (Selbst-) Mitteilung auf ihn gewirkt hat.
- Verknüpfen Sie konstatierende Aussagen öfter mit einer „Ich-Botschaft".
- Erkunden Sie für sich die Art und die Herkunft Ihrer Gefühle, Erwartungen und Phantasien in Bezug auf Ihren Patienten.

3.5 Regeln der Gesprächsführung

Nicht nur was der Therapeut sagt, sondern auch wie er es sagt, ist für die Wirksamkeit einer Therapie von Bedeutung. Der Therapeut soll so formulieren, dass der Patient den jeweiligen Hinweis für sich auch konstruktiv nutzen kann. Manchmal sind es nur Nuancen in dieser Formulierung, die es dem Patienten sehr erleichtern, ein Verstehensangebot anzunehmen, oder die eben dies erschweren. Das bedeutet u. a., dass durch die Art der Formulierung eine Beschämung, Brüskierung oder Bloßstellung des Patienten möglichst zu vermeiden ist. Vielmehr soll auch durch diese Formulierung die Wertschätzung und der Respekt gegenüber der Person des Patienten zum Ausdruck kommen. Aber auch andere Kriterien entscheiden über die Wirksamkeit einer Intervention, die hier verkürzt in „Gesprächsregeln" zusammen gefasst werden. Diese Regeln (s. auch Minsel 1974, S. 111) beziehen sich einerseits auf rein formale, andererseits auf eher inhaltliche Aspekte. Beide sollen das Selbstverstehen des Patienten vertiefen. Daher kann man diese Hinweise auch als hermeneutische Regeln bezeichnen, obwohl sie sich nicht auf das Verstehen (des Therapeuten) selbst, sondern nur auf das Mitteilen des Verstandenen beziehen. Sie sollen allerdings das Selbstverstehen des Patienten aktivieren.

- **Fassen Sie sich kurz.**
  Das Formulieren in langen, komplizierten Sätzen zwingt den Patienten, sich ganz auf das Zuhören zu konzentrieren und lenkt ihn von sich selbst ab. Deswegen sollte eine Intervention in der Regel nicht aus mehr als zwei Sätzen bestehen. Oft genügt es, die Intervention nur als einen Halbsatz zu formulieren, der den Satz des Patienten ergänzt, wie z. B.: „... und das hat Sie geärgert!"
- **Benutzen Sie nicht zu oft die Frageform**
  Fragen erheischen immer eine kluge Antwort, Fragen wollen eine überlegte Antwort. Eine „gut überlegte" Antwort hat jedoch bereits ihren ursprünglichen emotionalen Gehalt verloren. Sachverhalte, die Sie nicht kennen, oder Zusammenhänge, die Sie noch nicht verstanden haben, können Sie auch durch Interventionen in Aussageformen zu klären versuchen. Sie formulieren einfach das, was Sie schon verstanden haben oder was Sie ahnen bzw. erraten. Der Patient hat dann die Möglichkeit der Bestätigung oder der Korrektur.
- **Greifen Sie häufig in das Gespräch ein**
  Wenn Sie sich häufig zu Wort melden, zeigen Sie Ihre Präsenz und Ihren Mitvollzug und geben dem Patienten unmittelbar Hinweise über die Art Ihres Verstehens. Das gibt dem Patienten eine Sicherheit und auch dann eine Orientierung, wenn Sie es vermeiden, Ihrerseits Themen vorzugeben.
  Da Sie in Ihren Interventionen auf das Erleben des Patienten fokussieren, führen Sie diesen nachdrücklich dazu, sich mit seinen Gefühlen auseinander zu setzen. Sie fördern so durch häufiges Intervenieren die Vertiefung der Selbstexploration.
- **Formulieren Sie anschaulich und lebendig**
  Sie müssen dafür Sorge tragen, durch Ihre Verstehensangebote eine Erlebensaktivierung und so emotional verankerte Einsichten zu ermöglichen. Dazu trägt schon eine bildhafte, plastische und farbige Ausdrucksweise bei. Deshalb sollten Sie eher mit Verben und Adjektiven anstatt mit Substantiven formulieren. („ängstlich sein", statt „Angst haben").
  Fachtermini und Fremdwörter sind aus diesem Grund zu meiden. Zur Erlebnisnähe des Intervenierens kann auch eine gewisse Überzeichnung in der Formulierung eines Gefühls beitragen: „Das war Ihnen *schrecklich* peinlich"; „Da waren Sie eigentlich *furchtbar* neidisch".
- **Fokussieren Sie die Gefühle und klären Sie deren Kontext**
  Versuchen Sie zu erspüren, was an emotionaler Bedeutung in der Patientenäußerung anklingt und sprechen Sie diese direkt an. Thematisieren Sie die Bedeutung bzw. den Kontext dieses Gefühls: Bedürfnisse, Gedanken, Intentionen.
- **Arbeiten Sie mit dem Angebot des Patienten**
  Greifen Sie jeweils das vom Patienten Gesagte auf und wechseln Sie nicht abrupt das Thema. Versuchen Sie, mit weiterführenden Fragen oder Interventionen an die jeweils letzte Patientenäußerung anzuknüpfen. So fühlt sich der Patient von Ihnen ernst genommen und Sie schaffen die Voraussetzung für ein erlebensintensives Arbeiten.
- **Erleichtern Sie dem Patienten das Gespräch**
  Wenn Sie spüren, dass ein Patient mit Angst oder Peinlichkeit zu kämpfen hat, vielleicht deshalb in ein Schweigen verfällt, lassen Sie ihn nicht schmoren! Sprechen Sie die Angst und die Scham einfühlsam, aber unmittelbar an. Sie klären damit nicht nur die Abwehr (d. h. sein Motiv), sondern sie helfen damit dem

Patienten auch, die Abwehr zu überwinden. Formulieren Sie außerdem Verständnis für seine Schwierigkeiten (womit Sie diese auch empathisch klären).

○ **Geben Sie Ihren Interventionen öfter einen „persönlichen Unterton"**
Versuchen Sie gelegentlich, Ihre Fragen zu begründen und teilen Sie manchmal auch die Überlegungen und Empfindungen, die Ihren Interventionen vorausgehen, mit. Formulieren Sie also auch in Form von „Ich-Botschaften". Zeigen Sie (selektiv) Ihr Interesse und Ihre emotionale Resonanz. Das ist für den Patienten eine wichtige Hilfe, seine Ängste und seine Scham zu überwinden.

○ **Vermeiden Sie Formulierungen vom Typus „einerseits – andererseits"**
Wenn im Erleben des Patienten ein Ambivalenzkonflikt deutlich wird, ist es im Sinne eines erlebnisnahen Arbeitens sinnvoll, zunächst nur die eine Seite der Ambivalenz (z. B. Wut auf die Mutter) aufzugreifen und zu klären. Erst später wird die andere Seite (Liebe zur Mutter) bearbeitet. Formulierungen wie „Sie hassen Ihre Mutter und andererseits lieben Sie sie" sind für den Patienten wenig weiterführend, da er diese Aussage nur bestätigen kann. Sie bietet ihm nicht die Möglichkeit einer vertiefenden Bearbeitung an. Sie können allerdings auch die *Wirkung* des Ambivalenzkonfliktes aufgreifen: „Neben diesem Hass verspüren Sie auch viel Zuneigung und Verbundenheit. Und mit diesem verwirrenden Zwiespalt der Gefühle wissen Sie noch gar nicht umzugehen."

Sie können nun darauf hinarbeiten, sowohl die Ambivalenztoleranz des Patienten zu stärken, als auch die verschiedenen Aspekte seiner Inkongruenz weiter zu klären.

○ **Formulieren Sie kontrapunktisch zum Patienten**
Wenn der Redestil eines Patienten recht einseitig ist und dadurch eventuell seinen Abwehrcharakter zu erkennen gibt, kann es auch sinnvoll sein, kontrapunktisch zu intervenieren. Redet ein Patient z. B. nur sehr allgemein und abstrakt (rationalisierend), so sollten Sie sehr konkret und ganz spezifisch intervenieren. Dem rationalisierenden gefühlsabwehrenden Patienten helfen Sie so, seine Emotionen wahrzunehmen und zu differenzieren. Ergeht sich dagegen ein Patient im Erzählen vieler konkreter Einzelheiten, so sollten Sie abstrahierend, d. h. das Wesentliche zusammenfassend, intervenieren.

○ **Geben Sie Strukturierungshilfen.**
Sehr impulsive, leicht emotional erregbare Patienten verlieren manchmal bei ihren Schilderungen schnell die thematische Zentrierung und können dadurch vor lauter Einzelheiten ihr eigentliches Anliegen kaum noch deutlich werden lassen. Vergleichbares gilt, zumeist in noch stärkerem Maße, für denkgestörte schizophrene Patienten. Hier muss der Therapeut strukturierend eingreifen, indem er die Leitgedanken bündelt, Bedeutsames hervorhebt und thematisch ordnet.

○ **Intervenieren Sie in kleinen Schritten.**
Versuchen Sie nicht, mit jeder Intervention zu einer neuen Sinnebene vorstoßen zu wollen. Verweilen Sie beim schon Verstandenen. Gerade so ist es möglich, dem schon Bekannten neue Aspekte abzugewinnen. Das Auf-der-Stelle-stehen kann wichtig sein, um eine Einsicht zu vertiefen. Mit zu „großen Schritten" operieren Sie meistens wenig erlebnisnah und fördern so leicht das Intellektualisieren.

4 Diagnostik und Indikation

Die Bedeutung einer Diagnostik für die Indikationsstellung, die Therapieplanung, aber auch für die wissenschaftliche Forschung ist seit längerem in der Gesprächspsychotherapie unbestritten (Teusch 1993; Biermann-Ratjen et al. 1995; Sachse 1999). Das bedeutet nicht, dass das Problematische jedweder Diagnostik, mit dem sich vor allem Rogers auseinandergesetzt hat (1973a/[1]1951), völlig verleugnet würde. Hierüber soll am Ende dieses Kapitels noch die Rede sein. Die früheren Einwände von manchen Gesprächspsychotherapeuten bezogen sich generell auf die klassifizierende Zuordnung von Personen zu bestimmten Gruppen von Merkmalsträgern, vornehmlich auf die Klassifizierung von Persönlichkeitsstrukturen (Teusch 1993). Weniger umstritten war etwa die differenzierende Diagnostik von Neurosen und Psychosen (Rogers et al. 1967) und die empirienahe Klassifizierung nach der jeweiligen Leitsymptomatik, wie dies jetzt auch die in der Psychiatrie üblichen Diagnosesysteme, DMS-IV und ICD-10, vorsehen sowie eine Prozessdiagnostik. Von solchen Formen von Diagnostik wurde auch schon früher in der gesprächspsychotherapeutischen Psychotherapieforschung ganz selbstverständlich Gebrauch gemacht (Tausch 1970; Minsel 1974; Bommert 1977; Sachse 1992, Speierer 1979, 1980, 1994; Teusch 1991).

4.1 Ziele der Diagnostik

Diagnostik wird in der Psychotherapie nicht um ihrer selbst willen betrieben. Vielmehr soll sie wichtige Aufgabenstellungen der Psychotherapie dienen.

4.1.1 Diagnostik zur Indikationsstellung

In unserem gesundheitlichen Versorgungssystem ist streng zu trennen zwischen gesund und krank, zwischen Beratung und Therapie. Unter anderem deswegen ist hier die Frage zu beantworten, ob überhaupt eine Psychotherapie und, falls ja, welche Form von Therapie angezeigt ist. Im letzten Falle ist wieder eine Reihe von Fragen zu klären: Kommt eher eine einsichtsorientierte oder eine verhaltenstherapeutische und übende Therapie in Frage und, wenn einsichtsorientiert, dann in welcher Form? Darüber hinaus muss die Frage beantwortet werden, ob solche Therapie eher im Einzel- oder im Gruppensetting stattfinden soll, ob eine Paartherapie oder eine Familientherapie angebracht ist.

Das Indikationsproblem läuft auf die Frage hinaus, für welche Patienten welches Verfahren unter welchen Rahmenbedingungen geeignet ist. Die hier genannten Einflussgrößen „Patient", „Verfahren" und „Rahmenbedingungen" sind dann natürlich hinsichtlich ihrer einzelnen Komponenten auszudifferenzieren. Dies beinhaltet z. B. die Fragestellung (der differentiellen Indikation): Patienten mit welcher Leitsymptomatik und mit welcher Persönlichkeitsstruktur sowie mit welchem Alter, Geschlecht und sozialem Status profitieren am meisten von welcher Form von Gesprächspsychotherapie mit welchen Therapeuten (Persönlichkeit, Alter, Geschlecht) und unter welchen zeitlichen Bedingungen. Die hier angedeuteten Einflussgrößen von Psychotherapie sind auch für die Gesprächspsychotherapie z. T. noch unzureichend erforscht (Weiteres dazu s. im Folgendem unter „Indikation"). Auch die übliche Diagnostik erfasst jewels nur einen Teil dieser Größen.

4.1.2 Diagnostik zur Erklärung von Störungen

Allgemein hat Diagnostik die Aufgabe, zu Modellvorstellungen über Entstehung und Wirkungsweise von Krankheiten beizutragen, aus denen dann auch Konzepte zur Behandlung abgeleitet werden können. In der Psychotherapie wird mit einem solchen Modell ein Zusammenhang hergestellt zwischen objektiv gegebenen Befunden (die Symptomatik und ihr Verlauf, klinischen und testpsychologischen Erhebungen) einerseits und den Eckpunkten der verfahrenstypischen Störungstheorie andererseits. Solche Eckpunkte für die Gesprächspsychotherapie sind die *Inkongruenz* einschließlich *Selbstkonzept* und *organismischem Erleben*, die *Aktualisierungstendenz* sowie die Entwicklung des *Selbstkonzepts* und der damit verbundenen Abwehr- und Symbolisierungsprozesse. Weiterhin interessieren das Fremd- bzw. Beziehungskonzept sowie der Beziehungskonflikt mit signifikanten Anderen und die sich daraus ergebenden Beziehungserwartungen und Interaktionsmuster. Diese einzelnen Größen sind bei der Erstellung eines die Krankheitsentstehung erklärenden Modells detailliert zu beschreiben (s. die Ausführungen dazu in Kap. 2 und 5). Hier wird davon ausgegangen, dass solche Modellvorstellungen auch für Angemessenheit und Präzision des *Einfühlenden Verstehens* und des gesamten therapeutischen Vorgehens eine wichtige Hilfe sein können (so auch u. a. Binder u. Binder 1991; Teusch 1995; Keil 1997; Sachse 1999; Mitterhuber u. Wolschlager 2001). Außerdem verlangen im Rahmen des deutschen Gesundheitssystems die Kostenträger bzw. die Kassenärztliche Vereinigung bei der Beantragung von so genannter Richtlinientherapie ausdrücklich das Erstellen solcher Modellentwürfe.

4.1.3 Diagnostik zur Qualitätssicherung und zur Vergleichbarkeit von Forschungsergebnissen

Beide der hier genannten Bereiche sind sowohl auf eine Eingangs- bzw. Statusdiagnostik als auch auf eine Erfolgsdiagnostik angewiesen. Dabei kommt es zunächst darauf an, das Störungsbild zu erfassen (z. B. mittels ICD-10 oder DSM-IV), sodann das Ausmaß etwa von Depressivität, Angst und allgemein der Störung der Befindlichkeit durch entsprechende Selbst- und Fremdratingskalen zu zwei oder mehreren Zeitpunkten zu erheben. In der Forschung, aber auch in der Qualitätssicherung, spielt außerdem die Prozess- bzw. Verlaufsdiagnostik eine wichtige Rolle, wobei versucht wird, z. T. mit Ratingskalen die verschiedenen Einflussgrößen des Therapieprozesses, also z. B. das jeweilige Therapeuten- und Patientenverhalten, und damit auch die bedeutsamen Wirkfaktoren von Psychotherapie zu erfassen. Dieser Bereich hat besonders in der Gesprächspsychotherapie eine lange Tradition, waren es doch gerade die frühen Forschungen von Rogers und seinen Schülern (Rogers 1973b/[1]1961; Carkhuff 1969; Tausch 1970), in denen erstmals überhaupt versucht wurde, solche Wirkfaktoren (hier die beschriebenen Therapieprinzipien der Gesprächspsychotherapie) empirisch zu bestätigen. Von den prozessdiagnostischen Instrumenten sollen hier nur noch der Klientenerfahrungsbogen von Eckert, KEB, (Biermann-Ratjen et al. 1995) genannt werden, eine umfassende Zusammenstellung ist bei Sachse (1999) zu finden.

4.2 Ebenen der Diagnostik

Nach Art und Inhalt des zu Erfassenden, also nach Wie und Was der Diagnostik, sind verschiedene Ebenen zu unterscheiden. Es lassen sich vier diagnostische Ebenen herausstellen. Das hier jeweils diagnostisch Beschriebene kann unterschiedlichen Zielen dienen.

Ebene der Leitsymptomatik bzw. Störungsdiagnostik. Hier geht es um das Erfassen der durch die vorliegende Symptomatik definierten Störung, meist anhand der ICD-10 oder des DSM-IV, ggf. auch anderer Klassifikationssysteme. Die genannten Systeme diagnostizieren auf der Ebene von Syndromen unter Berücksichtigung von Art, Dauer und Schwere der Symptome. Eine solche Diagnostik ist für jedes Therapieprojekt innerhalb des gesundheitlichen Versorgungssystems heute unerlässlich. Sie ist dies aber ebenso für die wissenschaftliche Forschung und hat auch für die Qualitätskontrolle eine gewisse Relevanz (Erfassen von Rückgang oder Änderung der Symptome).

Ebene der Persönlichkeitsdiagnostik. Für die Indikationsentscheidung, das Entstehungsmodell einer Störung, die Ausrichtung des therapeutischen Vorgehens, aber auch für Forschungsfragen ist das Erfassen von Persönlichkeitsmerkmalen wichtig. Dabei hängt es von der Persönlichkeitstheorie eines

Verfahrens ab, unter welchem Aspekt hier „Persönlichkeit" in den Blick genommen wird und welche Merkmale interessieren. Für die Indikation zur Gesprächspsychotherapie haben sich z. B. Merkmale wie persönliche Autonomie, Introspektionsfähigkeit bzw. Fähigkeit zur Selbstauseinandersetzung, Introvertiertheit und Selbstzufriedenheit als bedeutsam erwiesen (s. Abschnitt „Indikation").

Um ein Entstehungsmodell (Inkongruenzmodell) der Störung entwerfen zu können und um im Sinne der adaptiven Indikation (s. u.) das therapeutische Vorgehen mit den Bedürfnissen und Fähigkeiten des Patienten abstimmen zu können, empfiehlt sich die Beschreibung folgender (sich z. T. überlappender) Merkmale:

- **Selbstexploration**
  Wie spontan und wie motiviert? Verbalisierungsniveau? Fähigkeit, eigene Gefühle zu symbolisieren und zu differenzieren? Abwehr?
- **Selbstkonzept**
  Wie differenziert? Wie kohärent und konturiert oder wie diffus und widersprüchlich? Große Diskrepanz zwischen Selbstbild und Selbstideal? Negatives Selbstbild?
- **Fremdkonzept**
  Wie differenziert, stabil und kohärent oder wie vage, wechselhaft und widersprüchlich sind die Bilder über relevante Bezugspersonen? Wie exakt bzw. verzerrt ist die psychosoziale Wahrnehmung, wie präzise die Ich-Andere-Unterscheidung? Werden die anderen eher idealisiert oder eher entwertet?
- **Beziehungserleben und Interaktionsverhalten**
  Herrschen stereotype und eher negative Beziehungserwartungen vor? Ist Empathiefähigkeit vorhanden? Bestehen dysfunktionale Interaktionsmuster? Bei Beziehungskonflikten eher extra- oder intrapunitive Konfliktverarbeitung? Konfliktscheu und harmoniebedürftig oder egozentrische Rücksichtslosigkeit? Ängstlichkeit und Hemmungen bei Kontakten?
- **Emotional-intentionale Fähigkeiten**
  Anspannungsbereitschaft und Durchhaltefähigkeit in Belastungssituationen? Toleranz gegenüber negativen Gefühlen? Impulskontrolle? Durchsetzungsfähigkeit? Belastbarkeit bei Beziehungskonflikten?
- **Organismisches Erleben**
  Formal: Wie organisiert bzw. desorganisiert? Diffus oder strukturiert?
  Inhaltlich: Welche Bedürfnisse herrschen vor? Welche sind symbolisiert, welche nicht?

Die Urteile, die zu Antworten auf diese Fragen führen, werden aus der Beobachtung des Verhaltens oder der anamnestischen Erzählung des Patienten erschlossen. Sie sind dementsprechend fehleranfällig. Sie sind z. T. Ausdruck der emotionalen Resonanz des Therapeuten auf den Patienten und dienen in jedem Fall dazu, diese zu verdeutlichen. Zur objektiven Erfassung vieler der genannten Merkmale werden Persönlichkeitsfragebogen wie MMPI, FPI oder der Gießen-Test eingesetzt. Diese Daten gehen dann wiederum ein in das o. g. erklärende Modell des Zusammenhanges von Störung und Persönlichkeit des Patienten.

Ebene der verfahrensspezifischen Störungslehre bzw. des erklärenden Störungsmodells. Gemeint ist hier das Erstellen eines die jeweils konkrete Störung und ihre Entstehung erklärenden Modells, d. h. die Anwendung der Störungstheorie der Gesprächspsychotherapie auf den konkreten Patienten, seine Störung und seine Persönlichkeit. Dies wurde in Kap. 2 bereits erläutert (s. auch Kap. 5).

Ebene der Prozessdiagnostik. Hierzu wurde oben schon das Wichtigste gesagt.

Ebene der Einstellung zur Krankheit und zur Psychotherapie. Hier sind die Auseinandersetzung des Patienten mit seiner Krankheit, sein Krankheits- und Therapiekonzept (z. B. passive oder aktive Heilungserwartung), seine Anspannungsbereitschaft bzw. Frustrationstoleranz, Leidensdruck und Änderungsbereitschaft zu beschreiben. Diese Merkmale bestimmen vermutlich in höherem Maße den Therapieerfolg als etwa das Störungsbild. Ganz besonders gilt das für die Reaktionen des Patienten in den ersten Therapiesitzungen (erfasst mit dem o. g. Therapiebegleitbogen KEB) – die Ansprache des Patienten auf das Therapieangebot hat eine hohe Vorhersagekraft für das Therapieergebnis. Auf dieser Ebene handelt es sich auch hinsichtlich der meisten der hier genannten Merkmale eher um eine Prozess- als um eine Statusdiagnostik.

4.3 Problemseiten der Diagnostik

Eine Diagnostik ist in vielfacher Hinsicht heute in der Gesprächspsychotherapie selbstverständlich (Sommer u. Sauer 2001). Auch Rogers hat bestimmte diagnostische Aspekte ganz selbstverständlich gehandhabt, dies gilt besonders für die Prozessdiagnostik. Dennoch hat er Bedenken gegenüber bestimmten Formen diagnostischer Haltung geäußert (Rogers 1973a/[1]1951). Die Überlegung, dass die Ansammlung von diagnostischem Wissen im Therapeuten Abhängigkeitstendenzen beim Patienten und eine Minderung seines Vertrauens in die Fähigkeit zur Selbsttherapie bewirken könnte, ist durchaus ernst zu nehmen.

Ein Bedenken von Rogers bestand in der Sorge, der Therapeut könne die Offenheit und Vorurteilsfreiheit seiner Sicht auf den Patienten verlieren, wenn er sich auf eine bestimmte Beurteilung und Einordnung festlegen würde. Hier mag sich Rogers' individualistische Position zu Wort melden, die in der Fremdbeurteilung vorwiegend den entfremdenden und fremdbestimmenden Aspekt sieht. Allerdings kann das „Bildnis", in dem der „Diagnostiker" den Patienten einzufangen versucht, durchaus eine sehr festlegende und damit auch beeinflussende Wirkung haben (Rosenthal-Effekt). Der Therapeut ist deshalb auf das Prinzip der Hermeneutik verpflichtet, sein (diagnostisches) Vorverständnis im therapeutischen Prozess ständig mit der Wirklichkeit des Patienten abzugleichen.

Der diagnostische Blick, der Blick auf den Anderen, kann etwas Einengendes und Festlegendes haben, das den Anderen zum Objekt des Urteilens macht, ihn auf bestimmte Eigenschaften, auf ein bestimmtes „Sosein" festnagelt und ihm dadurch die Freiheit raubt (Sartre 1953). Er schneidet ihm die Möglichkeit ab, auch ganz anders sein zu können. Weil Urteile und zu festen Bildern geronnene Meinungen diese prägende Kraft haben können, ist es wichtig, dass der Therapeut sein diagnostisches Urteil immer wieder in der Schwebe hält, dass er sich immer bewusst bleibt, wie sehr dieses Urteil durch eigene Bedürfnisse und durch das Beziehungsangebot des Patienten mitbestimmt sein kann. Er muss ständig zur Korrektur seines diagnostischen Urteils, seines Vorverständnisses, mit dem er dem Patienten gegenübertritt, bereit sein. Auch sind diagnostische Urteile oft nur Interpretationen, die nie im Sinne der Beobachtungswissenschaft absolut wahr oder falsch sind, sondern ihre Gültigkeit nur innerhalb einer jeweils einmaligen therapeutischen Beziehung haben (Ricoeur 1974). Ihre „Wahrheit" muss zwischen Therapeut und Patient ausgehandelt werden, aber auch das Ergebnis eines solchen Konsenses darf nie den Charakter des endgültig Feststehenden annehmen, um nicht andere Möglichkeiten zu behindern.

4.4 Indikation

Eine Indikationsstellung in der Psychotherapie vorzunehmen bedeutet, sich die folgende Frage vorzugeben: Welche Wirkung (welches Ziel) ist durch welche Methode bei welchen Patienten durch welche Therapeuten unter welchen Rahmenbedingungen zu erreichen? Die Formulierung dieser Frage macht deutlich, dass bei einer fundierten Antwort auf die Indikationsfrage viele Einflussgrößen zu berücksichtigen sind. Dabei sind bei den hier genannten Größen wiederum jeweils verschiedene „Teilgrößen" zu unterscheiden. So ist z. B. bei der Größe „Patient" zu fragen, ob die Leitsymptomatik, die Persönlichkeitsstruktur, demographische Merkmale (Alter, Geschlecht, Schichtzugehörigkeit) oder die Einstellung zur Therapie Ausgangspunkt der Indikationsüberlegungen sein sollten. Diese Vielfältigkeit der beteiligten Faktoren macht es so schwierig, unterschiedliche Indikationsaussagen miteinander zu vergleichen bzw. allgemeingültige (und geprüfte) Indikationsaussagen überhaupt zu treffen.

Viele der bisherigen Indikationsaussagen aus den Reihen der verschiedenen Therapieverfahren sind gar nicht oder nur unzureichend empirisch überprüft. Häufig wird nur aus den therapietheoretischen Prämissen eines Verfahrens rein deduktiv auf dessen Indikationsbereich geschlossen. Andererseits ist die empirische Indikationsforschung mit einer Fülle von methodischen Problemen behaftet, sodass es äußerst schwierig ist, hier zu gültigen und zuverlässigen Feststellungen zu kommen.

In der oben gestellten Eingangsfrage wurden bereits mehrere Indikationskriterien genannt. Zu einigen sollen hier kurze Hinweise erfolgen.

Störungsform. Indikationskriterium ist hier die Störung nach ICD-10. Inzwischen liegt eine Reihe empirischer Untersuchungen vor (Angaben dazu in Kap. 5), wonach die Gesprächspsychotherapie bei depressiven, Angst-, Anpassungs- und somatoformen Störungen jeweils ein wirkungsvolles Verfahren ist. Im Ansatz konnte dies auch für die Persönlichkeitsstörungen und, mit Einschränkungen, auch für die Alkoholabhängigkeit, die Essstörungen und die schizophrenen Störungen bestätigt werden. Bei Indikationsentscheidungen spielt natürlich auch die Frage nach Wirksamkeitsunterschieden eine Rolle, also die Frage, ob ein Verfahren bei bestimmten Störungen besonders gute Ergebnisse nachweisen kann. Dies konnte bisher nicht eindeutig bzw. durchgehend über verschiedene Studien gezeigt werden. Wenn also die bisherige Studienlage darauf hindeutet, dass die untersuchten Verfahren ungefähr gleich wirksam sind, so zeigen sie doch Unterschiede im Wirkungsspektrum. Die Gesprächspsychotherapie zeigt aber nicht nur bei der Symptomreduktion, sondern auch im Persönlichkeitsbereich (stabileres Selbstwertgefühl, mehr Erleben von Autonomie und Kompetenz, mehr interpersonale Flexibilität) gute Ergebnisse (Grawe et al. 1994).

Persönlichkeitsstruktur bzw. Persönlichkeitsstile. Verschiedene Untersuchungen (Tausch 1970; Minsel 1974; Sander 1975; Zielke 1979; Frohburg 1977; Bommert 1987) weisen darauf hin, dass von der Gesprächspsychotherapie in besonderes hohem Maße Patienten mit den folgenden Persönlichkeitsmerkmalen profitieren:
- Verstimmungsstörungen i. S. von Unausgeglichenheit und allgemeiner Lebensunlust,
- Selbstunsicherheit, verbunden mit inneren Spannungen und Ängsten,
- Neigung zu sozialem Rückzug und intrapunitiver Konfliktverarbeitung, Introvertiertheit,
- Selbstunzufriedenheit mit „internalen Blockierungen", Leistungs- und Kontakthemmungen.

Die hier aufgelisteten Merkmale weisen auf ein ausgeprägtes Inkongruenzerleben hin, womit die Befunde den störungs- und therapietheoretischen Vorgaben der Gesprächspsychotherapie, eine auf Inkongruenzerleben zielende und ein solches Erleben voraussetzende Therapieform zu sein, entsprechen.

Die Gesprächspsychotherapie hat sich auch bei überdauernden Störungen der Persönlichkeit, also bei Persönlichkeitsstörungen im Sinne der ICD-10, als wirksam erwiesen (Biermann-Ratjen et al. 1995; Böhme et al. 1998; Teusch et al. 2001). Hierzu stellte auch Meyer (1991; Meyer u. Wirth 1988) bei seinen Psychotherapievergleichsuntersuchungen (psychoanalytische Kurztherapie gegenüber Gesprächspsychotherapie) fest, dass die Gesprächspsychotherapie vor allem bei den „frühen Störungen", die in vielem den Persönlichkeitsstörungen nach ICD-10 entsprechen dürften, überlegen war.

Ansprechbarkeit auf das Therapieangebot. Ein ganz anderes, aber für die Gesprächspsychotherapie bedeutsames Indikationskriterium ist das Ansprechen des Patienten auf die ersten Sitzungen. Die Reaktionen des Patienten auf die Angebote des Therapeuten, auch zu erfassen mit dem KEB, erwiesen sich als guter Prädiktor für den Therapieerfolg (Zielke 1979; Biermann-Ratien et al. 1995; Speierer 1980). Die im Sinne der Therapietheorie positiven Reaktionen des Patienten (hohes Ausmaß an sog. Selbstexploration) in den ersten ein bis drei Sitzungen lassen ein gutes Therapieergebnis erwarten. Die entsprechenden Untersuchungen legen den Schluss nahe, dass das Indikationskriterium „Probetherapie" die höchste Vorhersagegenauigkeit hat. Die Ansprechbarkeit des Patienten dürfte Ausdruck der Passung sein zwischen dem Patienten mit seiner Störung und Persönlichkeit einerseits und dem speziellen Therapieangebot andererseits. Auf die besondere Bedeutung dieser Passung für das Therapieergebnis wird in der Psychotherapie allgemein hingewiesen (Orlinsky 1994).

Adaptives Indikationsmodell. Bislang wurde im Sinne eines selektiven Indikationsmodells gefragt, welche Patienten sich für eine Gesprächspsychotherapie eignen. Bei dem adaptiven Indikationsmodell (Zielke 1979) steht hingegen die Frage im Vordergrund, wie ein Verfahren im Hinblick auf verschiedene Merkmale modifiziert werden muss, um dem jeweiligen Patienten gerecht zu werden. Diese Merkmale sind z. B. die Dauer der Therapie, die Frequenz und Länge der Sitzungen, die Rahmenbedingungen der Sitzung und die Behandlungstechnik. In der vorliegenden Schrift soll es insbesondere um die Explizierung dieses letztgenannten Merkmals, d. h. um die Frage gehen, welche Aspekte gesprächspsychotherapeutischer Behandlungsprinzipien bei welchen Erkrankungsformen besonders wichtig sind. Daraus ergibt sich, dass die gesprächspsychotherapeutische Methode nicht als ein stets gleichbleibendes, uniformes Vorgehen verstanden werden kann, sondern dass hier, der therapeutischen Situation und dem Verhalten des Patienten entsprechend, sehr spezifische Interventionen zum Einsatz kommen.

5 Gesprächspsychotherapie verschiedener Störungen

In diesem Kapitel soll die Anwendung der Gesprächspsychotherapie bei verschiedenen Störungen dargestellt werden, wobei vorausgesetzt wird, dass das therapeutische Vorgehen auf die Charakteristik der jeweiligen Störung Rücksicht nehmen muss, dass also dieses Vorgehen störungsbezogen ist. Die Charakteristik wird bestimmt durch für die jeweilige Störung bedeutsame Themen, d. h. die Schlüsselthemen der Störung. Diese Themen werden vorgegeben von der jeweiligen Symptomatik einerseits und von der Persönlichkeitsproblematik des Patienten andererseits. Sie sind insofern für die jeweilige Störung nicht alle im gleichen Ausmaß spezifisch. Es wird ein idealtypischer Zusammenhang von Störungsbild und Persönlichkeitsstruktur postuliert. Die hier vorgestellte störungsspezifische Gesprächspsychotherapie bezieht sich also nicht nur auf die Störung im eigentlichen Sinn, sondern auch auf bestimmte Aspekte der Persönlichkeit des Patienten. Da dieser Zusammenhang in bestimmten Themen zum Ausdruck kommen soll, wird ein themenzentriertes Vorgehen vertreten. Das hat zur Konsequenz, dass der Therapeut nicht nur „Prozessexperte", sondern auch „Inhaltsexperte" sein sollte, und zwar insofern, als er wissen muss, wann im Therapieprozess bestimmte Inhalte bzw. Themen bedeutsam werden können. Aufgrund seines Störungswissens ist es dem Therapeuten (zumindest tendenziell) möglich, eine Vermutung darüber zu haben, mit welchen Themen das jeweils gerade Besprochene in Verbindung stehen könnte. Dieses „Vorwissen" leitet das Verstehen des Therapeuten und macht es gewissermaßen sensibler für das Erfassen wichtiger Zusammenhänge.

Die störungsspezifische Perspektive ist als Fortführung von Konzepten der differenziellen personzentrierten Psychotherapie zu sehen, die schon seit den 60er Jahren diskutiert wurden (Truax 1966; Bastine 1976; Tscheulin 1992). Schon damals wurde geltend gemacht, dass der Therapeut die störungs- oder persönlichkeitsbedingten Besonderheiten des Klienten nicht unberücksichtigt lassen dürfe (und dass diese bei erfahrenen Therapeuten, wie z. B. Rogers selbst, zumindest intuitiv auch berücksichtigt würden; Truax 1966). Das therapeutische Vorgehen müsse systematisch auf diese verschiedenen Klientenmerkmale hin konzeptualisiert werden. Diese frühen Überlegungen zu einer differenziellen personzentrierten Psychotherapie wurden gerade in den letzten 15 Jahren mit Nachdruck weiterentwickelt (Swildens 1991; Binder u. Binder 1991, Finke 1994, Speierer 1994; Teusch u. Finke 1995; Finke u. Teusch 1999; Sachse 1999, Mitterhuber u. Wolschlager 2001). So wurde auch auf die Bedeutung eines Störungswissens für die Verstehenskompetenz des Therapeuten hingewiesen und geltend gemacht, dass ein wirklich einfühlendes Verstehen oft durch das Wissens um störungsbedingte Eigenarten des Klienten sehr erleichtert wird (u. a. Binder u. Binder 1991; Keil 1997).

Wie der Name „störungsspezifisch" schon andeutet, geht es bei der hier darzustellenden Ausrichtung innerhalb der personzentrierten Therapie darum, das therapeutische Vorgehen systematisch auf die jeweilige Störung des Klienten hin auszurichten. Das Interesse des personzentrierten Therapeuten für die Beschwerden und Symptome des Patienten, also für das, was sich im Hier und Jetzt unmittelbar zeigt, ist wegen der phänomenologischen Ausrichtung dieses Verfahrens eigentlich etwas Selbstverständliches. Der störungsspezifische Ansatz geht jedoch davon aus, dass es vor allem bei länger bestehender Symptomatik bereits zu einer gewissen Eigengesetzlichkeit in der Interaktion des Klienten mit seinen Beschwerden gekommen ist und dass es darum geht, diese Eigengesetzlichkeit aufgrund des Störungswissens des Therapeuten zu verstehen und gezielt zu erfassen (Teusch 1995). Dabei wird aber eine ganzheitliche Perspektive nicht aufgegeben, da der Klient keineswegs als ein nur mit bestimmten Symptomen Behafteter gesehen wird. Vielmehr wird unterstellt, dass die jeweilige Störung nicht nur das aktuelle Erleben und Verhalten des Patienten beeinflusst, sondern dass die Thematik der jeweiligen Störung auch mit der Persönlichkeitsproblematik des Klienten verschränkt ist. Die Art dieser Verschränkung wird am Leitfaden des Inkongruenzmodells konzeptualisiert.

Die Bedeutung von Störungswissen für das *Einfühlende Verstehen* lässt sich auch aus der Perspektive des Konzepts der Symbolisierungsstörung und seiner therapeutischen Konsequenzen beschreiben (Finke 1999b). Nach Rogers (1987/[1]1959) kann der Patient aufgrund seiner Inkongruenz bestimmte Aspekte seines „organismischen Erlebens" nur verzerrt oder gar nicht symbolisieren. Die störungsspezifische Perspektive legt nahe, die Art der nicht oder verzerrt symbolisierten Aspekte auch störungs- bzw. persönlichkeitsabhängig zu sehen. Bei Depressiven werden idealtypischerweise andere Erlebensaspekte von der Symbolisierung ausgeschlossen sein als bei Angstkranken oder Patienten mit einer narzisstischen Störung. Hier ist es oft gerade das Störungswissen des Therapeuten, das ihm erlaubt, im hermeneutischen Entziffern des zunächst noch Unverständlichen, da nicht Symbolisierten, dem Patienten voraus zu sein und eben deshalb weiterführende Verstehensangebote machen zu können (Binder u. Binder 1991; Keil 1997, Finke 1999a).

Die hier im Folgenden jeweils unter dem Titel „Behandlungspraxis" gemachten Vorgaben einer an den jeweiligen Schlüsselthemen ausgerichteten Therapietechnik sind keine schematisch zu befolgenden Anweisungen, sondern nur als Leitlinien zu betrachten, die der Intuition des Therapeuten im Sinne eines Sich-Entscheidens von „Augenblick zu Augenblick" viele Möglichkeiten offenlässt. Diese Leitlinien stellen nichts anderes dar als die Ausformulierung des Wissens und der Erfahrungen, nach denen jeder professionelle Therapeut sein Vorgehen zumindest intuitiv ausrichtet. Wenn die diese Intuition implizit leitenden Konzepte auf den Begriff gebracht, also explizit gemacht werden, entsteht die Beschreibung einer Therapietechnik. Dies betrifft auch eine störungsorientierte Technik, da das Vorgehen jedes erfahrenen Therapeuten sowohl von einem impliziten Störungs- wie einem Änderungswissen geprägt ist.

Die folgenden Ausführungen sind von der Absicht einer möglichst systematischen Darstellung getragen. Das kann den Eindruck einer sehr funktionalisten Vorgehensweise und einer zweckrationalen Grundhaltung suggerieren, die der Entfaltung des Individuellen und einer Begegnung „von Person zu Person" keinen Raum lässt. Jedoch sollte die Absicht, gerade auch solches zu ermöglichen, im Folgenden immer mitgelesen werden.

5.1 Depression

5.1.1 Diagnostik und Indikation

Depressive Zustände werden in dem von der WHO initierten und für die meisten europäischen Länder verbindlichen Diagnoseinventar der ICD 10 (Dilling et al. 1991) unter verschiedenen Störungskategorien beschrieben. Dabei wird eine Störung u. a. definiert durch Ausprägung und Kombination verschiedener Symptome, durch den zeitlichen Verlauf dieser Symptome, vor allem des Leitsymptoms, und (teilweise) durch die vermutete Ursache (z. B. Anpassungsstörung). Es handelt sich bei „der Depression" also nicht um ein einheitliches Krankheitsbild. Folgende Störungen, die sich hinsichtlich ihrer Ätiologie in der Gewichtung der beteiligten biologischen, psychologischen und sozialen Faktoren z. T. sehr unterscheiden, sind hinsichtlich der Frage einer Indikation der Gesprächspsychotherapie zu nennen, dabei besteht besonders eine Indikation für die Gesprächspsychotherapie bei den durch Fettdruck herausgehobenen Störungen.

Die ICD-10: Diagnose der Depressivität
- Bipolare affektive Störung
  (gegenwärtig depressiv)   F 31.3
- **Depressive Episode**   F 32
  - Leicht   F 32.1
  - Mittel   F 32.2
  - (Schwer)   F 32.3
- **Rezidivierende depressive Störung**
  (leicht, mittel, schwer)   F 33
- Zyklothymie   F 34.0
- **Dysthymie**   F 34.1
- Angst/Depression gemischt   F 41.2
- **Depressive Anpassungsstörung**   F 43.2

Auf eine Erläuterung der einzelnen in der ICD 10 beschriebenen Störungsformen muss hier unter Verweis auf dieses Diagnoseinventar verzichtet werden. In diesem Zusammenhang ist darauf zu hinzuweisen, dass sich depressive Symptome auch bei fast allen anderen psychischen Störungen (zumeist als Reaktion auf diese Störung) finden, insbesondere bei schweren und lang andauernden Störungen (Böhme et al. 1998). Hier sind jedoch solche Störungen gemeint, bei denen die Depressivität das Leitsymptom darstellt. Hauptsymptome einer depressiven Störung sind: bedrückte Stimmung, Freudlosigkeit und Interessenverlust, Antriebsminderung, Schlaf- und Appetitstörungen.

Oft finden sich auch vermindertes Selbstwertgefühl, Schuldgefühle, negative Zukunftsperspektive und Konzentrationsstörungen.

Auf eine Erörterung der mit dem ICD 10-Inventar und dem entsprechenden Klassifizieren verbundenen Probleme muss hier verzichtet werden. Für die hier beabsichtigte Darstellung des therapeutischen Vorgehens spielen die Unterschiede zwischen den o.g. Störungsformen nur eine untergeordnete Rolle, jedoch ist bei der Therapieplanung insgesamt Folgendes zu berücksichtigen:

- Bei schweren depressiven Zuständen ist die Gesprächspsychotherapie nur, wie unten dargestellt, in einer erheblich modifizierten Form indiziert bzw. ist hier nur die selektive Verwirklichung bestimmter Aspekte der Gesprächspsychotherapie angebracht. Außerdem erfordern diese Zustände nahezu ohne Ausnahme eine medikamentöse (Antidepressiva) Begleitbehandlung.
- Bei den vier erstgenannten Störungen (F 31.3 bis F 34.0) können in stärkerem Ausmaß biologische Faktoren eine pathogenetische Rolle spielen, sodass hier die psychotherapeutischen Einflussmöglichkeiten begrenzt sein können. Deshalb sind Faktoren, die für die Indikation von Psychotherapie eine Rolle spielen, wie Problemdruck, Fähigkeit zur Introspektion und Selbstexploration sowie die subjektiv erlebte und die objektive Bedeutung eines belastenden Lebensereignisses, hier besonders zu prüfen. Unter den Aspekten eines selektiven Indikationsmodells ist eine Indikation zur Gesprächspsychotherapie in einem spezifischen Sinne bei jenen depressiven Störungen gegeben, die vorrangig durch ein bedeutsames Lebensereignis bedingt sind. Dabei ist in der persönlichkeitsspezifischen Reaktion auf ein solches Ereignis auch ein pathogenetisch wirksamer Faktor zu sehen, wie es insbesondere in der Diagnosekategorie der Dysthymie (F 34.1) berücksichtigt wird. Sind diese persönlichkeitsspezifischen Faktoren besonders ausgeprägt, können sich diagnostisch Übergänge zur Kategorie der abhängigen Persönlichkeitsstörung (F60.7) ergeben.
- Bei den drei letztgenannten Störungen (F 34.1 bis F43.2) ist in der Regel eine Indikation zur Gesprächspsychotherapie im spezifischen Sinn gegeben. Es sind dies vor allem jene Störungsformen, die früher unter den Begriffen „neurotische Depression" und „reaktive Depression" subsumiert wurden.

Die depressive Symptomatik und ihre intrapsychischen Bedingungsfaktoren sowie Verarbeitungsweisen, insbesondere die typische Inkongruenzkonstellation mit der ausgeprägten Diskrepanz zwischen Selbstbild und Selbstideal, dem geringen Selbstwerterleben und der Abwehr selbstbehauptender Bedürfnisse, lassen diese Störungsformen als eines der wichtigsten Indikationsgebiete der Gesprächspsychotherapie erscheinen. Manche der Positionen der gesprächspsychotherapeutischen Störungs- und Therapietheorie scheinen auf die Problematik des Depressiven geradezu zugeschnitten zu sein. Die Anwendung der Gesprächspsychotherapie auf diesem Gebiet wurde vielfach in Form von Konzept-, Erfahrungs- und Falldarstellungen beschrieben (u. a. Raskin 1986; Swildens 1991; Binder u. Binder 1991; Finke 1991, 1993b, 1994; Müller 1994; Char et al. 1996; Finke u. Teusch 1999, Mitterhuber u. Wolschlager 2001; Binder 2003).

Empirische Nachweise für die Wirksamkeit der Gesprächspsychotherapie in diesem Bereich wurden vorgelegt von Fleming u. Thornton 1980, Elliott et al. 1990, Böhme u. Finke 1993, Böhme et al. 1994, Speierer 1994, Böhme et al. 1998, Greenberg u. Watson 1998, Greenberg et al. 2001, King et al. 2000, Watson u. Greenberg 1996 wie auch Watson et al. 2003. Es konnte in diesem Zusammenhang gezeigt werden, dass sich unter der Gesprächspsychotherapie auch negative Kognitionen, also das Zielkriterium der kognitiven Therapie, signifikant besserten (Böhme et al. 1994) und dass (bei leichten bis mittelschweren Depressionen) bei im stationären Setting durchgeführter Gesprächspsychotherapie eine zusätzliche Pharmakotherapie (vorwiegend Antidepressiva) keine zusätzlichen Effekte erbrachte, dass es sogar unter der nicht pharmakotherapeutisch ergänzten Gesprächspsychotherapie bei einigen Zielkriterien, wie etwa der Problemassimilation, zu besseren Ergebnissen kam (Finke et al. 2000; Teusch et al. 2003).

5.1.2 Inkongruenz- und Beziehungskonstellation

Bei der Therapieplanung ist das in psychogenetischer Hinsicht unterschiedliche Bedingungsgefüge (Inkongruenzkonstellation) zu berücksichtigen, nämlich die Art der Verschränkung von Symptom, Persönlichkeit und Lebenssituation bzw. Lebensereignis. Es wird vorausgesetzt, dass eine idealtypische Konzeption dieser Verschränkung die konkreten Gegebenheiten vieler Depressiver annäherungsweise abbildet. Da dies auch die Annahme einer Art „depressiver Persönlichkeit" einschließt, ist zu beachten, dass man unter dieser Prämisse manche Personen auch dahingehend beschreiben muss, dass sie ihre „depressiven Tendenzen", also die Neigung zu personaler Abhängigkeit, zu Selbstwertzweifeln und zu Schuldgefühlen, abwehren und gewissermaßen ein kontradepressives Verhalten von forcierter (Schein-)Autonomie und Dominanz in Partnerbeziehungen zeigen. Letzteres ist aber stets vom Zusammenbruch bedroht, sobald der Partner Anhänglichkeit und Gefolgschaft auch nur ansatzweise verweigert. Von diesen „kontradepressiven" Patienten soll hier jedoch weniger die Rede sein.

Der Depressive schildert sein Leiden u. a. als bedrückte Stimmung, Interesse- und Antriebslosigkeit, Konzentrations- und Entscheidungsschwierigkeiten, Freud- und Hoffnungslosigkeit sowie Schuldgefühle. Diese Schilderungen werden typischerweise in einem Kontext gegeben, in dem das Verhältnis des Depressiven zu sich selbst wie zu den anderen wie folgt erscheint:

○ Der Depressive hat ein negatives Selbstbild, ist übertrieben selbstkritisch, fühlt sich minderwertig und scheint sich stets vor dem Hintergrund eines überhöhten Selbstideals zu bewerten. Dieses meist unrealistisch hohe Selbstideal gibt seinem Denken und Entscheiden einen tiefen, aber oft auch düsteren Lebensernst.

○ In seinen Beziehungserwartungen sieht sich der Depressive sehr vom Zuspruch und der Anerkennung anderer abhängig. Er betrachtet häufig diese anderen als ihm überlegen und scheint ständige Kritik von ihnen zu erwarten. Sein Beziehungsangebot ist aber dennoch geprägt von der unausgesprochenen Forderung nach Zuwendung und Verwöhnung. Aus Konfliktscheu und Harmoniestreben kann er sich nicht abgrenzen. Um der befürchteten Kritik und Missachtung zu entgehen, versucht er, sich ständig anzupassen. Im Gegenüber ruft der Depressive aufgrund seiner drängenden Klagsamkeit oft Irritation und auch Ärger hervor.

○ Die Neigung, sich selbst abzuwerten, wirkt wie ein verbissener Kampf gegen sich selbst. In den häufigen, fast vorwurfsvollen Klagen, dass die anderen ihn nicht verstehen, spiegeln sich aber auch die Verbitterung und der Ärger gegen die Bezugspersonen wider. Diesen Ärger kann sich der Depressive jedoch selten eingestehen. Wird er deutlich, ruft er oft Schuldgefühle bei ihm hervor.

Diese drei Charakteristika, die große Diskrepanz zwischen hohem Selbstideal und negativem Selbstbild, die Abhängigkeit von anderen und die Selbst- sowie Fremddestruktion, sind häufig beschrieben worden, und zwar von gesprächspsychotherapeutischer Seite u. a. von Raskin 1986; Swildens 1991; Binder u. Binder 1991; Speierer 1994; Char et al. 1996 und Finke u. Teusch 1999.

Aus der schon bei Depressiven als typisch herausgestellten Diskrepanz zwischen Selbstbild und Selbstideal resultiert das starke Bedürfnis nach Anerkennung und Stützung des Selbstwertgefühls durch andere Personen. Denn das Selbstideal ist ausgesprochen auf Sozialität, Selbstlosigkeit und Harmonie ausgerichtet. Abgewehrt und daher nicht oder nur verzerrt symbolisiert werden demzufolge Tendenzen von Autonomie, Abgrenzung und selbst behauptender Individualität. Solche Bedürfnisse müssen, und hierin besteht die Inkongruenz, ständig niedergehalten werden, um das Selbstkonzept, insbesondere das Selbstideal, nicht zu gefährden. Lebensereignisse, die solche Autonomietendenzen herausfordern, wie etwa die Möglichkeit eines erheblichen beruflichen Aufstiegs oder aber auch eine Erkrankung des Partners, führen dann zu akuten Konfliktspannungen und zum Auftreten der Symptomatik bzw. der Erkrankung.

Typischerweise bedeutet dies eine Inkongruenzkonstellatinon, in der ein (Selbst-)Konzept von Wertlosigkeit, Beziehungsangewiesenheit und Bescheidenheit einem organismischen, jedoch nicht symbolisierten Erleben von ohnmächtiger Wut auf nahe Bezugspersonen wegen (tatsächlicher oder vermeintlicher) Nichtbeachtung gegenübersteht. Die nicht oder kaum dem Gewahrsein zugänglichen aggressiven Gefühle verweisen auch auf ein geheimes Bedürfnis nach Autonomie, dem Bedürfnis, sich aus der Abhängigkeit von dem jeweils relevanten Partner zu befreien.

Diese Konstellation kann entstanden sein durch den Einfluss von Eltern, die durch Überfürsorglichkeit und Überängstlichkeit eine Entwicklung von Selbstständigkeit und Selbstsicherheit verhinderten. Aber auch ein Mangel an Zuwendung, Anerkennung und Wertschätzung kann zu einem gering ausgebildeten Selbstvertrauen und Selbstwerterleben sowie zu dem permanenten, fast unstillbaren Wunsch nach Nähe und Beachtung führen. Verlusterlebnisse, vor allem der tatsächliche oder der befürchtete Verlust des bedeutsamen Partners, bewirken dann eine Aktivierung des Abhängigkeitserlebens, des Gefühls, ohne den Partner unvollständig und völlig wertlos zu sein. Wegen des geringen Selbstwerterlebens und der ansatzweise gespürten Enttäuschungswut gegenüber dem Partner wird ein solcher Verlust auch schuldhaft verarbeitet. Die Depression ist dann sowohl Ausdruck dieser Selbstanklage wie des Zusammenbruchs jeden Selbstvertrauens und Sichgetragenfühlens.

Auf Grund der geschilderten typischen Beziehungserwartungen Depressiver muss der Therapeut damit rechnen, dass der Patient auch von ihm ein besonderes Maß an Zuwendung, Anerkennung und Beachtung erhofft. Dabei wird der Patient diese Hoffnung oft nur sehr indirekt zum Ausdruck bringen und doch dem Therapeuten nicht selten mit der versteckten Vorwurfshaltung begegnen, nicht genügend Tröstung und Anerkennung erfahren zu haben. Der Patient neigt dazu, den Therapeuten als übermächtig und ihn, den Patienten, insgeheim verachtend zu sehen. Der Therapeut kommt dann leicht in die Versuchung, sich gegen die starke Zuwendungsforderung z. B. durch Bagatellisieren und Beschwichtigen zu wehren und so gerade den negativen Beziehungserwartungen des Patienten zu entsprechen. Es kann ein Teufelskreis entstehen, in dem der Patient auf den gespürten Rückzug des Therapeuten mit erhöhten (indirekten) Näheforderungen oder mit dem Vorwurf reagiert, dass ja doch „alles nichts hilft". Das Gefühl des Therapeuten, es nie recht machen zu können, lässt ihn hilflos und ärgerlich werden. Solch eine Beziehungskonstellation entwickelt sich natürlich keinesfalls bei allen Patienten und Therapeuten, aber das Wissen um solche möglichen Entwicklungen kann den Therapeuten befähigen, auf Ansätze zu diesen Entwicklungen so zu reagieren, dass die Diskrepanz zwischen dem tatsächlichen Beziehungsgeschehen und der „Idealbeziehung" im Sinne eines konzeptkonformen Beziehungsangebots nicht allzu groß wird.

Schlüsselthemen der Depression

○ Depressives Erleben
  Bedrücktheit, Hoffnungslosigkeit, Verzweiflung
○ Suizidalität
○ Verlusterleben
  ❏ Sehnsucht nach Gemeinsamkeit und Geborgenheit
  ❏ Trennungsschmerz und Ratlosigkeit
  ❏ Angst vor Einsamkeit und neuer Rolle
  ❏ Enttäuschungswut
  ❏ Verlustbewältigung, Neuorientierung
○ Schuldgefühle
  ❏ Erleben, Verlust verschuldet zu haben
  ❏ Minderwertigkeitsgefühle
  ❏ Selbstaggression und Gewissensstrenge
  ❏ Überhöhtes Selbstideal
  ❏ Idealisierung des Partners
○ Selbstbescheidung und Wünsche nach Anerkennung
  ❏ Ideal von Bedürfnislosigkeit und Bescheidenheit
  ❏ Anpassungsbereitschaft und Altruismus
  ❏ Negative Überzeugung von Nichtbeachtung
  ❏ Verdeckte Vorwurfshaltung, Feindseligkeit
  ❏ Zuwendungserwartung und Schamgefühle

5.1.3 Behandlungspraxis

Der Erörterung des therapeutischen Vorgehens soll eine Fallskizze vorangestellt werden.

Fallbeispiel

Eine 35-jährige Ärztin in guter beruflicher Stellung begibt sich wegen einer seit knapp drei Monaten bestehenden mittelschweren depressiven Episode (F 32.1) in stationäre Behandlung. Sie ist deutlich bedrückt und sehr gequält und leidet darunter, dass ihr Freund (29 Jahre, Maurer von Beruf) sie wegen einer anderen Frau verlassen hat. Sie beschwört ihn wieder und wieder, doch zu ihr zurückzukommen. Dann verfällt sie wieder in Apathie und Resignation und macht sich Vorwürfe, vielleicht zu wenig „für die Beziehung getan zu haben". Sie hat das Gefühl, dass ihr Freund zu einer Art Teil ihrer selbst geworden ist, sie kann sich ein Leben ohne ihn gar nicht vorstellen, sie fühlt sich ohne ihn wie amputiert, völlig wertlos und lebensunfähig.

Die meisten Schlüsselthemen der Depression finden sich in der obigen kurzen Schilderung: Depressivität, Verlusterleben, Neigung zur symbiotischen Beziehungsgestaltung, Schuldgefühle, unterschwellige Enttäuschungswut sowie Wünsche nach Anerkennung und Beachtung. Nur die Selbstabwertung und der Altruismus mit Neigung zur Überanpassung sind hier nicht sehr ausgeprägt, da die Patientin auch kontradepressive Züge (s. o.) aufweist.

Die angemessene Bearbeitung dieser Themen erfordert eine jeweils unterschiedliche Akzentuierung der Therapieprinzipien und damit auch den Einsatz jeweils unterschiedlicher Interventionsformen. Dies soll im Folgenden deutlich werden.

Depressives Erleben

Zu Beginn einer Therapie ist es wichtig, dass der Therapeut sich dem depressiven Erleben selbst zuwendet, also der Bedrücktheit, dem Gefühl der Verzweiflung, der Freud- und Interesselosigkeit, der Hoffnungslosigkeit. Besonders bei schwereren depressiven Zuständen kommt es darauf an, das Erleben nicht sofort auf seinen Sinn hin verstehen zu wollen, genauer, vom Patienten nicht zu erwarten, in den Prozess eines solchen Selbstverstehens einzutreten. Hierzu wäre der schwer Depressive noch gar nicht in der Lage. Vielmehr kommt es zunächst darauf an, den Patienten zu stützen, d. h. ihm bei der Bewältigung der Depressivität zu helfen. Hierzu sind folgende Schritte wichtig:

Im Sinne des Therapieprinzips *Bedingungsfreies Akzeptieren* kommt es zunächst darauf an, den Patienten in seinem Leiden, in der Art seiner depressiven Vorstellungen und Befürchtungen anzunehmen, und ihn nicht in seinem Bedürfnis, angehört zu werden, durch voreiliges Beschwichtigen und Bagatellisieren zurückzuweisen. Da die Welt des Depressiven zumeist düster und häufig auch erschreckend ist, kann der Therapeut versucht sein, schon aus Gründen des Selbstschutzes sich nicht auf diese Welt empathisch einzulassen und damit den Patienten in seinem Anliegen zurückzuweisen.

Interessiertes Zuhören. Dem Depressiven hilft es meist schon, die Zuwendung und das Interesse seines Gegenübers zu spüren. Dabei ist es wichtig zu erleben, dass der Andere bereit ist, engagiert zuzuhören und so kundzugeben, dass das Leiden des Depressiven ihn wirklich interessiert und „angeht".

Anerkennen der depressiven Symptomatik. Wenn der Therapeut die düsteren Vorstellungen des Depressiven innerhalb eines gegebenen Kontextes zunächst als gültig anerkennt, ist er vor der Versuchung gefeit, diese zu bagatellisieren. Außerdem gibt er dem Patienten das Gefühl, ihn wirklich ernst zu nehmen und an seinem Leiden Anteil nehmen zu wollen. Der Ausdruck solcher Anteilnahme wirkt bereits ressourcenmobilisierend.

> T: Ich versuche mir vorzustellen, wie Ihnen zumute ist, wie hoffnungslos Sie jetzt alles empfinden.

Bestätigen. Der Therapeut wird auch das Ausmaß des Leidens und des Gequältseins anerkennen und dadurch den Patienten in seiner Fähigkeit, Leid zu ertragen, bestätigen.

> T: Es ist sicher sehr schwer für Sie, diesen Zustand jetzt auszuhalten.

Sich-Solidarisieren. Der Therapeut sollte seine Solidarität und sein Interesse an dem Schicksal des Patienten auch ganz persönlich, also in Form einer „Ich-Botschaft" zum Ausdruck bringen. Damit interveniert der Therapeut aus einer Position der Dialogbeziehung bzw. des Therapieprinzips *Echtheit*. Die Position ist oft angemessen, wenn es darum geht, Aspekte des *Bedingungsfreien Akzeptierens* sehr unmittelbar und konkret zu realisieren.

> T: Es ist mir wichtig, Sie nicht mehr so leiden sehen zu müssen.

Ermutigen. Wenn die bisherigen Schritte vollzogen wurden, ist es gerade bei schwer Depressiven indiziert, den negativen Überzeugungen sowie der fatalistischen und pessimistischen Haltung eine andere Überzeugung und eine andere Haltung entgegen zu setzen. Diese Entgegensetzung dürfte aber nur vor dem Hintergrund der vorherigen Anteilnahme und Anerkennung überzeugend wirken. Der Therapeut wird sie wiederum vorwiegend in Form einer Ich-Botschaft, also des *Selbsteinbringens* vermitteln.

> T: Ich weiß, dass Sie selbst das jetzt ziemlich pessimistisch sehen, ich bin aber davon überzeugt, dass es Ihnen schon bald wieder deutlich besser gehen wird.

Einfühlen und Verstehen. Hier geht es um den Handlungsaspekt des Merkmals *Einfühlendes Verstehen*. Aspekte des Einfühlens spielen natürlich schon bei den vorgenannten Interventionen eine Rolle. Beim Verstehen ist das Erfassen der Bedeutung z. B. eines Gefühls intendiert, also das Klären eines Zusammenhangs dieses Gefühls z. B. mit anderen Gefühlen, Bedürfnissen und früheren prägenden Erlebnissen (emotional-motivationale Schemata). Ein solcher Klärungsprozess kann auch bei Patienten eingeleitet werden, die schwer depressiv sind, wenn auch meist noch nicht im vollen Umfang. Es ist wichtig, den Patienten hier nicht zu überfordern. Jedoch kann, etwa durch *Aufgreifen des vorherrschenden Gefühls,* auch der noch kränkere Patient wenigstens ansatzweise angeregt werden, aus einer gewissen Distanz auf sich selbst und seine momentanen negativen Überzeugungen zu blicken und auf diese Weise eben diese Überzeugungen zu relativieren.

> T: Im Augenblick erscheint Ihnen alles so trostlos, und Sie können sich noch gar nicht vorstellen, dass Sie sich je wieder über etwas freuen können.

Hier ist noch auf einige Schwierigkeiten und Gefahren im therapeutischen Umgang mit Depressiven hinzuweisen.

Hinsichtlich der Forderung eines ebenso geduldigen wie einfühlsamen Spiegelns der düsteren Gedanken des Patienten ist zu sagen, dass manche Therapeuten die Befürchtung haben, dadurch den Patienten noch tiefer in seine Depressivität hineinzustoßen. Sie neigen dann dazu, dem Patienten das Unbegründete der Hoffnungslosigkeit nachzuweisen oder ihm irgendwie seine „trübe Stimmung" auszureden. Diese Art des Trostes und des aufmunternden Zuspruchs wird der Patient aber oft als ein Bagatellisieren, ein Nicht-Ernstnehmen erleben und sich von seinem Therapeuten wenig verstanden und angenommen fühlen. Dieser Eindruck des Patienten dürfte häufig auch gar nicht so unrichtig sein. Denn es sind nicht selten die inneren Ängste und die dadurch bedingte Abwehr des Therapeuten selbst, die ihn zu einem solchen Verhalten veranlassen. Der Therapeut hat seinerseits möglicherweise eine untergründige Angst, sich angesichts des gespürten Handlungsdrucks als hilflos zu erleben oder gar in den Sog der depressiven Welt des Patienten hineingezogen zu werden, und kommt dadurch in Gefahr, diese Ängste vor einer Gefühlsansteckung durch ein aufmunterndes Schulterklopfen abzuwehren.

Eine weitere Gefahr bei der Behandlung von Depressiven besteht darin, dass der Patient allzu abhängig wird von der Zuwendung seines Therapeuten und dies der gewünschten Autonomieentwicklung im Wege steht. Im ersten Stadium der Therapie muss der Therapeut allerdings eine solche Abhängigkeit und ein damit verbundenes Geborgenheitserleben des Patienten zulassen. In den späteren Therapiestadien sollte er jedoch zunehmend Autonomietendenzen ansprechen und bestärken. Behandlungstechnisch bietet sich hier vor allem die Interventionsform des *Beziehungsklärens* an. Dies soll weiter unten verdeutlicht werden.

Eine Schwierigkeit bei der Anwendung dieses Behandlungsprinzips besteht in der ambivalenten Einstellung vieler Depressiver gegenüber dem Bemühen um Akzeptation anderer. Einerseits wünschen sich die Patienten nachdrücklich ein solches Angenommenwerden, andererseits müssen sie es abwehren, da sie das Gefühl haben, es nicht verdient zu haben und bei ihnen daher Schuldgefühle auslöst. Der Therapeut muss im fortgeschrittenen Therapiestadium genau diesen Sachverhalt immer wieder ansprechen und darf sich ansonsten in seiner Bereitschaft zum Akzeptieren nicht beirren lassen.

Suizidalität

Besonders bei den Krankheitsbildern der Depression ist die Suizidalität ein äußerst bedeutsames Thema. Die meisten Patienten mit depressiven Störungen, vor allem mit schweren, haben zumindest gelegentliche Suizidgedanken. Ihre Suizidvorstellungen können motiviert sein durch ein phantasmatisch nur im Tod zu stillendes Bedürfnis nach grenzenloser Nähe oder auch durch das Bedürfnis, solchen quälenden Nähewünschen zu entfliehen bzw. auch, um den jeweiligen Partner zum Erfüllen von Nähewünschen zu bewegen. Schließlich kann die bilanzierende Resignation, solche drängenden Nähewünsche nie befriedigen zu können, den Tod als Ausweg erscheinen lassen.

Der Therapeut sollte bei depressiven Patienten routinemäßig nach Suizidvorstellungen fragen. Dass dies oft nicht geschieht, hat nicht selten damit zu tun, dass dem Therapeuten selbst das Thema „unangenehm" ist oder dass er befürchtet, durch solche Fragen den Patienten erst auf suizidale „Gedanken zu bringen". Letzteres trifft natürlich nicht zu, vielmehr wird gerade der empathische Mitvollzug suizidaler Gedanken beim Patienten das Erleben von Anteilnahme, Nähe und Verstandensein und damit eine Ermutigung und Stützung bewirken.

> T: Vielleicht hatten Sie auch schon mal den Gedanken, mit dem Leben einfach Schluss zu machen?
> T: Diese Gedanken an den Tod, die haben in solchen Augenblicken etwas Beruhigendes für Sie?

Ziel muss es hier sein, die Motive der Todeswünsche zu klären und konstruktivere Bewältigungsmöglichkeiten zu erarbeiten. Ein weiteres Anliegen muss es sein, sich ein genaues Bild von den Suizidvorstellungen des Patienten zu machen. Wie konkret sind diese, wie drängend, wie häufig, ist es früher schon zu Suizidhandlungen gekommen? So kann der Therapeut das Suizidrisiko abschätzen und die Indikation einer evtl. notwendigen stationären Einweisung prüfen. Ist der Patient häufig mit Suizidgedanken beschäftigt, empfiehlt sich ein „Suizidvertrag", in dem der Therapeut seine auch telefonische Erreichbarkeit festlegt und der Patient sich zur Rückmeldung verpflichtet, wenn Suizidimpulse sehr drängend werden. Aus forensischen Gründen ist es wichtig, hierüber auch Protokoll zu führen.

Verlusterleben

Verlusterleben ist das Schlüsselthema der Trauer. Betrauert wird meist der Verlust eines geliebten Menschen durch Tod oder Trennung. Auch der Verlust von Heimat, Gesundheit (als körperliche Integrität) oder Beruf kann natürlich Trauer auslösen. Dies führt zu der oft diskutierten Frage nach dem Unterschied zwischen Trauer und Depression. Faktisch ist hier eine klare Grenzziehung oft schwer. Idealtypisch lässt sich sagen: Trauer ist eine (meist durchaus angemessene, also „gesunde") Emotion, Depression ist eher eine (pathologische) Stimmung, d. h. sie ist weniger objektgerichtet und länger andauernd. Eine Trauer klingt innerhalb weniger Wochen oder Monate ab, Depressionen können sehr viel länger dauern. Gegenstand der Trauer ist meist eine Person, deren Verlust betrauert wird. Bei der Depression ist dieses Verlusterleben oft peripher geworden, dafür haben sich andere Gefühle, die auch am Rande der Trauer auftauchen können, wie vor allem Schuldgefühle und Gefühle der Scham sowie des Selbstwertverlustes, ganz in den Vordergrund geschoben. Ziel einer Psychotherapie muss es aber sein, dieses Verlusterleben aufzugreifen und gar zu aktivieren, um dem Patienten so eine „gesunde" Trauerarbeit zu ermöglichen.

Sehnsucht nach Gemeinsamkeit und Geborgenheit. Die oft verzehrende Sehnsucht nach Nähe, Gemeinsamkeit und Einssein mit einem anderen ist bei einem Verlusterlebnis oft das die ersten Phasen der Trauer beherrschende Thema. Wenn dieser Verlust besonders schmerzlich ist, wird er zu verleugnen gesucht, die Gemeinsamkeit wird als weiter bestehend imaginiert. Es kommt darauf an, gerade auch das hier wirksame Bedürfnis einfühlsam anzusprechen und es so zu verdeutlichen.

> T: Diese Beziehung war so wichtig für Sie, dass Sie kaum glauben können, dass sie nicht doch irgendwie weiterbesteht.

Bei Depressiven ist es manchmal ein nur befürchteter Verlust, der das depressive Geschehen in Gang hält. Sie brauchen die ständige Bestätigung, das der Partner die Unbedingtheit der Nähe aufrechterhält. Dies kann sich auch in der therapeutischen Beziehung zeigen und ist dann per *Beziehungsklären* anzusprechen.

> T: Dass ich unseren Termin verschoben habe, hat Sie sofort befürchten lassen, ich könnte nicht mehr so an Ihnen interessiert sein.

Trennungsschmerz und Ratlosigkeit. Wenn der Trauernde bzw. der Depressive den Verlust voll realisiert und nicht mehr verleugnet, muss er sich auch dem Schmerz des Verlustes stellen und sich mit der Ratlosigkeit und dem Gefühl, in der absoluten Unvollständigkeit als Einzelperson gar nicht existieren zu können, auseinandersetzen.

> T: Es ist, als sei ein Stück von Ihnen selbst herausgerissen, und Sie wissen noch gar nicht, wie Sie so weiterleben können.

Es geht natürlich nicht so sehr darum, den Patienten mit einem Defiziterleben zu konfrontieren, sondern durch ein empathisches Nachvollziehen seine Ressourcen zu aktivieren und sein Selbstverstehen zu erweitern. Die oben genannte Ärztin fühlte sich sehr verstanden, als der Therapeut ihr Erleben, sich durch die Trennung wie amputiert und völlig unvollständig zu fühlen, ansprach. So konnte sie angeregt werden, sich mit ihrer symbiotischen Neigung, sich nur in der absoluten Nähe zu einem Anderen als „ganzer Mensch" zu fühlen, auseinander zu setzen.

Angst vor Einsamkeit und neuer Rolle. Viele Depressive neigen dazu, Partnerbeziehungen nur im Sinn eines totalen Einsseins zu erleben und nur in diesem Modus der Verschmelzung zu einem Erleben von Ganzheitlichkeit fähig zu sein. Deshalb können sie das Alleinsein nur als totales Ausgestoßensein und fürchterliche Einsamkeit erleben. Dies war auch bei der o. g. Ärztin ein erhebliches

Problem. Auch hier gilt es, durch *Aufgreifen haltungsprägender Gefühle* diese „organismischen" Erlebensweisen zu verstehen und eine Klärung ihrer Zusammenhänge mit Aspekten der Lebenssituation und der Lebensgeschichte einzuleiten. Über den Weg einer solchen Selbstverständigung kann eine Änderung dieser Erlebnis- und Beziehungsmuster erreicht werden.

> T: Sie trauen sich noch gar nicht zu, auch ganz auf sich selbst gestellt zu leben.
> T: Es fällt Ihnen noch schwer, sich auch ohne Ihren Freund als ein wirklich geachteter und wertvoller Mensch zu erleben.
> T: Wenn Ihre Mutter so herzlos immer nur Leistung forderte, dann wollten Sie schon damals wirklich bejaht und wertgeschätzt zu werden.

Enttäuschungswut. Ärger und Wut als Reaktion auf das Verlassenwerden bleiben beim Depressiven meist außerhalb des Gewahrseins, da eine exakte Symbolisierung (Rogers 1987/[1]1959) dieser Gefühle mit dem Selbstkonzept des Depressiven unvereinbar ist und Schuldgefühle auslösen würde (und nicht selten auch auslöst). Außerdem würde dadurch die oft noch bestehende Phantasie einer immer noch heilen Beziehung gefährdet werden. Für die konstruktive Bewältigung des Verlusterlebens und für die Förderung der Autonomie des Depressiven ist aber die Symbolisierung dieser aggressiven Gefühle unumgänglich.

> T: Da spüren Sie bei sich auch sehr viel Empörung und Ärger, dass man so mit Ihnen umgegangen ist.

Es ist aber hierbei zu beachten, ob der Patient schon belastbar genug ist, um mit den Schuldgefühlen, die durch die Vergegenwärtigung von Wut in ihm ausgelöst werden können, einigermaßen gefasst umgehen zu können. Besteht noch eine faktische Beziehung zum relevanten Partner, so könnte hier die Angst entstehen, durch eine allzu intensive Beschäftigung mit der Wut auf den Partner diese Beziehung zu gefährden. Daher kann es sinnvoll sein (natürlich nur bei entsprechender Konstellation der therapeutischen Beziehung), dass der Therapeut sich als „Projektionsfigur" anbietet und per *Beziehungsklären* interveniert.

> T: Vielleicht sind Sie manchmal von mir auch enttäuscht und mit meinem Engagement ziemlich unzufrieden.

Der Patient kann auf diese Weise die für Depressive wichtige Beziehungserfahrung machen, dass ein Ansprechen von negativen Gefühlen gegenüber dem jeweiligen Partner diese Beziehung keinesfalls gefährden muss.

Da die Aggressions- und Destruktionsneigung Depressiver ein wichtiges Thema ist, hier noch einige Erläuterungen:

Durch das therapeutische Intervenieren muss zunächst einmal die selbstquälerische und selbstaggressive Komponente dieser Neigung auch als solche verdeutlicht werden. Sodann ist behutsam deren fremdaggressive Seite herauszuarbeiten. Das Therapieziel müsste hierbei darin bestehen, die Selbstdestruktivität gewissermaßen ein Stück weit in Fremdaggressivität zu überführen. Hierüber könnte sich der Patient dann von Zuspruch und Anerkennung der anderen unabhängig machen und so zu mehr Autonomie finden. Das Verfolgen dieses Therapieziels, also im Erspüren der Fremdaggressivität gewissermaßen die zerstörte Verbindung des Patienten zu seiner organismischen Erfahrung wieder herzustellen, kann aber durchaus problematisch werden. Der Depressive könnte das Äußern von Aggressionen gegenüber einer für ihn wichtigen, vielleicht der wichtigsten Bezugsperson als Zerstörung dieser Beziehung erleben und mit erneuten Selbstvorwürfen reagieren. Die Situation würde noch komplizierter, wenn er sich dazu auch noch vom Therapeuten angetrieben fühlt. Schon deshalb scheint es viel günstiger, wenn der Patient Fremdaggressivität zunächst gegenüber der Person seines Therapeuten erleben und verbalisieren kann und hier die Erfahrung macht, dass das Äußern von Aggressivität nicht gleichbedeutend ist mit der Zerstörung einer Beziehung, sondern dass die Beziehung sogar hierdurch vertieft werden kann. Deshalb erscheint es angezeigt, dieser therapeutischen Aufgabe, nämlich die Umlenkung der Aggressivität von innen nach außen, vorzugsweise über die Technik des *Beziehungsklärens* zu verfolgen.

> T: Da gibt es dann auch so Momente, in denen Sie nicht nur etwas enttäuscht, sondern auch regelrecht ärgerlich auf mich sind.

Dies setzt selbstverständlich voraus, dass der Patient sich nicht oder nicht mehr in einem Zustand ausgeprägter Depressivität befindet.

Verlustbewältigung, Neuorientierung. Im Laufe der Besserung der Depression wird der Therapeut auf zunächst nur vereinzelte, zage Hinweise auf Autonomiebedürfnisse stoßen. Diese muss er sofort aufgreifen.

> T: Manchmal ist da bei Ihnen schon das Gefühl, auch auf eigenen Füßen stehen zu wollen.

Schuldgefühle

Eine Redensart sagt, bei Depressiven sei der Zeiger der Schuld stets auf sie selbst gerichtet. Es wurde schon gesagt, dass bei diesen Patienten das Thema der Schuld oft so zentral geworden ist, dass es das Thema des Verlusts, insbesondere auch des Verlustschmerzes, ganz an den Rand gedrängt hat.

Erleben, Verlust verschuldet zu haben. Das Schuldthema und das des Verlusts sind häufig in einer Weise miteinander verwoben, dass der Patient wähnt, am Verlust der Bezugsperson selbst schuld zu sein. Beim Tod dieser Person ist es oft die Vorstellung, durch Unachtsamkeit die Verschlimmerung der zum Tode führenden Krankheit nicht erkannt und verhindert zu haben. Bei Verlust durch Trennung kann es der quälende Gedanke sein, durch das eigene Verhalten die Trennung verursacht zu haben.

> T: Immer wieder quälen Sie sich mit dem Gedanken, der Alleinschuldige zu sein.

Für Vertreter der Gesprächspsychotherapie dürfte selbstverständlich sein, dass der Therapeut nicht etwa versucht, dem Patienten seine Schuldgefühle „auszureden", sondern aus einer Position des *Einfühlenden Verstehens* (und vor allem durch *Aufgreifen selbstreflexiver Gefühle*) geduldig darum bemüht ist, den Patienten anzuregen, die Bedeutung dieser Gefühle zu verstehen und sie über diesen Weg einer Selbstverständigung zu ändern, was hier auch eine Änderung des Selbstkonzepts impliziert. Eine Ausnahme bildet freilich der Schuldwahn schwerst Depressiver; in diesem Zusammenhang sei auf die oben erwähnten Hinweise für die Therapie dieser Patienten verwiesen.

Minderwertigkeitsgefühle. Die Neigung zu einer schuldhaften Verarbeitung von Ereignissen, insbesondere von Beziehungskonflikten, ist meist auf ein negatives Selbstwerterleben zurückzuführen. Ein in diesem Sinne negatives Selbstkonzept ist charakteristisch für Personen, die dazu neigen, belastende Lebensereignisse depressiv zu verarbeiten. Wegen des mangelnden Selbstvertrauens und des mangelnden Glaubens an die Selbstwirksamkeit fühlen diese Personen sich anderen gegenüber hinsichtlich fast aller Fähigkeiten schnell unterlegen und hilflos. Dabei ist dieses Unterlegenheitsgefühl auch ambivalent, ihr organismisches Erleben sagt ihnen, dass sie auch ihre Stärken haben, nur wagen sie nicht, sich dazu zu bekennen, d. h. diese voll und konsequent zu symbolisieren. Der Therapeut muss diese gegenläufigen, nur vage symbolisierten Erlebnisaspekte aufgreifen.

> T: Sie fühlen sich anderen stets unterlegen und wagen gar nicht mehr zu zeigen, wer Sie wirklich sind.

Gewissensstrenge und Selbstaggression. Schuldgefühle des Depressiven sind Ausdruck überhöhter Gewissensforderungen. Es scheint dann fast so, als ob der Patient Schuldgefühle haben und leiden müsste, um kein schlechtes Gewissen zu haben. Der Therapeut muss die gewissermaßen gegenläufigen, sehr verdeckten organismischen Tendenzen erahnen und den Patienten ermutigen, diese zu symbolisieren sowie anzuerkennen, indem er sie stellvertretend für den Patienten anspricht (*Aufgreifen selbstreflexiver* und *haltungsprägender Gefühle*).

> T: Sie quälen sich mit Gewissensbissen und lassen an sich kein gutes Haar, fast als ob Sie ständig befürchten, sonst zu hochmütig zu werden.

Manche Depressive erwecken den Eindruck, als ob sie sich gegen eine Gesundung wehren und verbissen auf ihrem schlechten Befinden insistieren würden, sodass die Interpretation nahe liegt, als würde eine Gesundung, ein behagliches Wohlergehen mit ihrem Gewissen unvereinbar sein und ihnen unerträgliche Schuldgefühle bereiten (Binder u. Binder 1991). Im Therapeuten mag dann aber spontan eher die Vorstellung entstehen, als wolle der Patient ihn an sich scheitern lassen. Zumindest stellt sich im Therapeuten dann meist sehr intensiv das Gefühl ein, alles, was er sagt und unternimmt, sei vergeblich, der Patient signalisiere ihm, dass nichts ihm bisher geholfen habe und auch in Zukunft nicht werde helfen können. Das kann im Therapeuten ein tiefes Gefühl der Ohnmacht und der Nutzlosigkeit erzeugen, was dann ein Gefühl des Ärgers oder der Resignation mit sich bringt.

So wichtig es nun auch ist, dem Patienten zu vergegenwärtigen, was er bei seinem Interaktionspartner bewirkt, so muss man dennoch sehr vorsichtig hierbei zu Werke gehen. Sehr problematisch kann es sein, wenn der Therapeut seinen Ärger direkt anspricht, weil der Patient hier mit starken Schuldgefühlen und darauf wiederum mit noch mehr Abwehr reagiert. Sinnvoller ist es deshalb, wenn der Therapeut zunächst seine eigene Ratlosigkeit anspricht. Der Therapeut nimmt dadurch gewissermaßen eine Rollenumkehr vor. Er stellt sich nicht als der machtvolle, alles beherrschende Heiler dar, gegenüber dem der Patient sich klein und minderwertig fühlen und gerade deswegen opponieren muss.

> T: Ich fühl' mich jetzt etwas ratlos, bin ziemlich konfus, weiß im Moment nicht, wie es weiter gehen soll.

Indem der Therapeut per *Selbsteinbringen* seine eigene Hilflosigkeit anspricht, und zwar möglichst ohne einen Unterton des Vorwurfs, setzt er den Patienten gewissermaßen unter Zugzwang, sich auf seine positiven Möglichkeiten und Kräfte zu besinnen. Zumindest gibt der Therapeut so zu erkennen, dass er sich nicht länger die Rolle des allein verantwortlichen Helfers zuschreiben lassen will. Auch kann der Patient sich unter Umständen jetzt erst vergegenwärtigen, wie sehr er selbst die Enttäuschung und die Zurückweisung, unter der er früher so gelitten hat, heute „weitergibt".

Diese Form der Intervention setzt ein fortgeschrittenes Stadium der Therapie voraus. Sie setzt auch voraus, dass der Therapeut die Belastbarkeit des Patienten, seine Beziehungserwartungen und seine Art, Beziehungen zu strukturieren, recht gut einschätzen kann.

Überhöhtes Selbstideal. Dem negativen Selbstbild der Depressiven steht ein unerreichbar positives Selbstideal gegenüber. Die große Diskrepanz zwischen Selbstbild und Selbstideal ist also typisch. Die Therapie muss von beiden Seiten ansetzen: Besserung des Selbstbildes bzw. des Selbstwerterlebens (s. o.) und Minderung bzw. Korrektur des Selbstideals. Hinsichtlich des Letzteren wird der Therapeut versuchen, durch *Aufgreifen selbstreflexiver Gefühle* die realitätsferne Überhöhung des Selbstideals zu verdeutlichen.

> T: Auch menschliche Schwächen zu haben, das ist für Sie völlig unakzeptabel.

Selbstbescheidung und Wunsch nach Anerkennung

Die Bescheidenheit und Abtretung eigener Interessen, die der Depressive sich auferlegt, kontrastiert mit einem manchmal maßlosen Wunsch nach Anerkennung. Dieser Wunsch ist mit dem Selbstkonzept des Depressiven nicht vereinbar, so ist er häufig nur verzerrt oder gar nicht symbolisiert. Wo er doch an den Rand der Gewahrwerdung tritt, schämt sich der Patient deswegen und versucht, sich zu noch mehr Bescheidenheit zu verpflichten.

Ideal von Bedürfnislosigkeit und Bescheidenheit. Dieses Thema ist ein Teilaspekt des schon oben erörterten Themas „überhöhtes Selbstideal". Der Therapeut versucht hier, durch *Aufgreifen selbstreflexiver Gefühle* die Inadäquatheit dieser Idealbildung zu verdeutlichen und sie auf ihren Sinn hin zu verstehen. Dieser Sinn kann z. B. in Abwehr von mit dem Selbstkonzept unvereinbaren „Riesenansprüchen" an Beachtung bestehen.

> T: Es gehört zu Ihren Idealen, an Ihre Mitmenschen keinerlei Ansprüche zu stellen.
> P: Ja, man sollte nicht immer im Mittelpunkt stehen wollen.
> T: Solche Wünsche würden Sie immer bei sich entschieden bekämpfen.

Anpassungsbereitschaft und Altruismus. Es entspricht dem o. g. Ideal, sich zur absoluten Anpassungsbereitschaft und Bedürfnislosigkeit verpflichtet zu fühlen. Diese Selbstverpflichtung führt den Patienten dazu, auch an sein Gegenüber ausdrücklich keinerlei Ansprüche zu stellen. Die gezeigte Selbstverleugnung lässt sich gut über das *Selbsteinbringen* bearbeiten, weil hier das vordergründige Beziehungsangebot des Patienten durch die emotionale Resonanz des Therapeuten in seiner Zwiespältigkeit verdeutlicht werden kann.

> T: Es ist mir nicht ganz wohl dabei, dass Sie scheinbar immer mit mir zufrieden sind.

Negative Überzeugung von Nichtbeachtung. Gemäß ihrem negativen Selbstbild sind viele Depressive davon überzeugt, gerade das, was sie sich so sehr wünschen, nicht zu bekommen, Anerkennung und Beachtung. Der Zuwendung anderer Menschen, auch der des Therapeuten, mißtrauen sie, sie bezweifeln deren Ehrlichkeit. Diese meist nur sehr indirekt geäußerte Grundüberzeugung ist erlebnisnah durch das *Beziehungsklären* anzusprechen, da so die negativen Beziehungserwartungen des Patienten ganz im Hier und Jetzt zu klären sind.

T: Vielleicht dachten Sie, als ich Sie eben fast 10 Minuten warten ließ, dass auch ich wenig an Ihnen interessiert bin.

Riesenerwartung und Schamgefühle. Über die geheimen „Riesenerwartungen" wurde soeben schon gesprochen. Das Gewahrwerden dieser Erwartungen ist oft mit Scham- und Schuldgefühlen verbunden, da sie mit dem Selbstkonzept, namentlich dem Selbstideal des Depressiven nicht vereinbar sind. Schamgefühle empfindet der Depressive aber auch angesichts der erlebten Demütigung, die die vermeintliche Nichtbeachtung durch andere für ihn bedeutet. Solche Schamgefühle lassen sich über das *Aufgreifen selbstreflexiver Gefühle* wie auch über das Beziehungsklären bearbeiten, beim Letzteren sind gut die mit der Scham verbundenen Beziehungserwartungen zu klären.

T: Fast schämen Sie sich dafür, dass Sie manchmal wünschen, ich würde viel uneingeschränkter für Sie da sein.

Mittel und Ziele der Gesprächsführung

Depression

○ Anerkennen und engagierte Zuwendung
  ▫ Durch interessiertes Zuhören Gefühl des Angenommenseins vermitteln
  ▫ Durch Bestätigen und Ermutigen das Selbstwerterleben verbessern und Ressourcen aktivieren
  ▫ Durch fachliche Hinweise und Sich-Solidarisieren von Schuld-/Schamgefühlen entlasten
○ Einfühlen und Verstehen
  ▫ Durch einfühlenden Mitvollzug der depressiven Gefühle und Gedanken deren Verstehbarkeit vermitteln und kognitive Bewältigung anbahnen
  ▫ Durch Klären selbstreflexiver Gefühle (Schuld und Scham) negative Überzeugungen korrigieren und Selbstwerterleben stabilisieren
  ▫ Durch Ansprechen und Klären verdeckter Gefühle und Wünsche (Wut und Zuwendungswünsche) deren Integration in das Selbstkonzept fördern

○ Beziehungsklären
  ▫ Durch empathisches Klären von Zuwendungserwartungen das Ausbalancieren von Forderungs- und Unterwerfungshaltung verbessern
  ▫ Durch anerkennendes Ansprechen und Klären feindseliger Gefühle die Beziehungsfähigkeit verbessern
  ▫ Durch Klären von widersprüchlichen Beziehungserwartungen das Autonomie- und Identitätserleben verbessern
○ Reales Zugegensein und Selbsteinbringen
  ▫ Durch Kundgabe der authentischen Überzeugung von den Heilungschancen den Änderungsoptimismus mobilisieren
  ▫ Durch (selektive) Kundgabe des Erlebens von Ähnlichkeit das Selbstwertgefühl stärken
  ▫ Bei Kundgabe der persönlichen Sorge um den Patienten auch das Thema Suizidalität ansprechen
  ▫ Durch Ansprechen eigener Ratlosigkeit an Eigenverantwortung appellieren und Ressourcen mobilisieren

---

Gesprächsregeln

Depression

○ Zeigen Sie dem Depressiven Verständnis und Anerkennung, indem Sie auch seine düsteren Gedanken geduldig spiegelnd begleiten.
○ Fokussieren Sie betont die Selbstbewertung des Depressiven und regen Sie so eine Auseinandersetzung mit seinem Selbstbild und -gefühl an.
○ Vermeiden Sie zunächst, die Selbstbewertung des Patienten zu korrigieren, vor allem bagatellisieren Sie seine negative Welt- und Selbstsicht nicht.
○ Versuchen Sie, aus seiner Klagsamkeit den indirekten Vorwurf gegen seine Bezugsperson herauszuhören. Sprechen Sie behutsam seine Enttäuschung und seinen Ärger an.
○ Beziehen Sie Enttäuschung und Ärger des Patienten auch auf sich selbst, bieten Sie ihm an, seine Erwartungen Ihnen gegenüber auszudrücken.
○ Zeigen Sie besonders zu Beginn der Therapie Ihre bedingungslose Anteilnahme und Fürsorge. Versuchen Sie in den späteren Stadien der Therapie, die Autonomie des Patienten zu fördern durch Verändern seines Selbstkonzepts und seiner Beziehungserwartungen.

5.2 Angststörungen

5.2.1 Diagnostik und Indikation

Angststörungen zählen neben depressiven Erkrankungen zu den häufigsten psychischen Störungen. Die ICD 10 unterscheidet verschiedene Formen:
- **F40 Phobische Störung**
  - F40.0   Agoraphobie
    F40.00 – ohne Panikstörung
    F40.01 – mit Panikstörung
  - F40.1   Soziale Phobien
  - F40.2   Spezifische (isolierte) Phobien
  - F40.8   Andere Phobien
  - F40.9   Nicht näher bezeichnete Phobien
- **F41 Andere Angststörungen**
  - F41.0   Panikstörung
  - F41.1   Generalisierte Angststörung
  - F41.2   Angst und depressive Störung, gemischt
  - F41.3   Andere gemischte Angststörungen
  - F41.8   Andere näher bezeichnete Angststörungen
  - F41.9   Andere nicht näher bezeichnete Angststörungen

Im Folgenden soll von Agoraphobie mit Panikstörung (F 40.01) die Rede sein, da diese Störungsform besonders häufig ist und die Persönlichkeitsstruktur und -problematik der Patienten Gemeinsamkeiten mit jener von Patienten mit phobischen Störungen einerseits und mit generalisierter Angststörung andererseits aufweist.

Die Symptomatik ist charakteristischerweise dadurch gekennzeichnet, dass die Patienten auf freien, vor allem aber auf übervölkerten Plätzen und Straßen, in Kaufhäusern, Kinos etc. von anfallsweise auftretenden Ängsten überfallen werden. Diese gehen meist mit verschiedenen körperlichen Symptomen, wie Zittern, Schwindel, Schweißausbrüche, Herzrasen und Atemnot, einher. Die Symptome sind unmittelbarer Ausdruck der Angst, der Kranke interpretiert sie aber meist gegenläufig als Ursache der Angst. So ist er während der Angstattacke z. B. von der Vorstellung gequält, gleich ohnmächtig zu werden und umzufallen und sich so vor allen Umstehenden schrecklich zu blamieren oder auf der Stelle sterben zu müssen („das Herz bleibt gleich stehen"), ohne dass Hilfe kommt. Die Anfälle dauern meist nur wenige Minuten und werden in der Regel durch panisches Verlassen des geschilderten Ortes bzw. der damit verbundenen Situation beendet. Gerade hierdurch wird nun aber ein Vermeidungsverhalten konditioniert, das nicht selten zu einer extremem Einengung der Lebensführung beiträgt, da es in diesem Zusammenhang oft zu einer Generalisierung der angstauslösenden Situationen kommt. Unbehandelt neigt die Erkrankung zur Chronifizierung.

Neben Erfahrungsberichten, Falldarstellungen und Konzeptbeschreibungen der Gesprächspsychotherapie von Angststörungen (Swildens 1991, 1997; Finke 1995; Hassebroek 1997; Teusch u. Finke 1995; 1999,) gibt es eine Reihe empirischer Studien und Untersuchungen, die eine Wirksamkeit der Gesprächspsychotherapie auch für dieses Krankheitsbild nachweisen (Grawe 1976, 1988; Plog 1976; Speierer 1979; Barkovec u. Mathews 1988; Teusch u. Böhme 1991; Teusch et al. 1997; Böhme et al. 1998). Dies ist auch deswegen beachtenswert, weil gemeinhin gerade diese Störung als eine Domäne der Verhaltenstherapie, namentlich der Expositionsbehandlung, angesehen wird. In seiner vielbeachteten Studie konnte Teusch (1995, Teusch u. Böhme 1999; Teusch et al. 2001) jedoch zeigen, dass die (signifikant guten) Ergebnisse der stationären Gesprächspsychotherapie durch eine zusätzliche Expositionsbehandlung nicht verbessert werden konnten, dass also die „reine" Gesprächspsychotherapie (im stationären Setting) genau so erfolgreich war wie die Kombination mit Verhaltenstherapie. Dies betraf sowohl Panik- als auch Agoraphobiesymptome; hinsichtlich anderer Merkmale wie z. B. Zunahme von Selbstvertrauen und Autonomieerleben zeigte die „reine" Gesprächspsychotherapie sogar noch etwas bessere Werte.

Dennoch wird man bei Indikationsüberlegungen insbesondere unter ambulanten Bedingungen auch den Einsatz einer Verhaltenstherapie erwägen, vor allem bei Patienten, die lediglich an einer Symptombesserung und gar nicht an einer Selbsterfahrung interessiert sind und sich so auch kaum zur Selbstexploration in den ersten Sitzungen anregen lassen. Auch wenn sich die Symptome in den ersten Monaten nicht bessern, sollte man als Alternative die Verhaltenstherapie, zumindest aber den zusätzlichen Einsatz einer Expositionsbehandlung, in Betracht ziehen. Eine ergänzende medikamentöse Behandlung, vorrangig mit Antidepressiva, ist in solchen Fällen ebenfalls zu erwägen (aufgrund der Studienlage wird hier der Pharmakotherapie eine nahezu gleich gute Wirkung wie der Verhaltenstherapie zugeschrieben, Bandelow 2001. Siehe hierzu auch Kap. 6, „Gesprächspsychotherapie und Psychopharmaka").

5.2.2 Inkongruenz- und Beziehungskonstellation

Bei den Angstkranken lässt sich idealtypisch ein (faktisch seltenerer) kontraphobischer Typus abgrenzen, der seine latente Angstbereitschaft durch ein eher forsches Auftreten und ein ständiges Aufsuchen von Gefahrensituationen zu bewältigen sucht. Von solchen Persönlichkeiten soll hier nicht die Rede sein. Der „typische" Angstkranke ist eher „liebenswürdig", kontaktbedürftig und auf Harmonie bedacht. Untergründig ist er ängstlich und hat eine erniedrigte Schwelle für das Auftreten von Angstreaktionen. Ohne selbst dessen voll gewahr zu sein, sucht er „Anlehnungsverhältnisse", in denen sein (meist zunächst nicht symbolisierter) Mangel an Lebensmut aufgefangen werden kann. Für Patienten mit Agoraphobie und Panikstörung ist dies im Einzelnen so zu beschreiben:

- Der Angstkranke ist, meist ohne sich dessen vor dem Ausbruch der Symptomatik bewusst zu sein, in besonderer Weise abhängig von der Geborgenheit vermittelnden Gegenwart Anderer. Das negative Selbstbild des Angstpatienten äußert sich nicht wie beim Depressiven in einer Selbstanklage und Selbstverurteilung, sondern in einem (vor Ausbruch der Erkrankung häufig kaum symbolisierten) Mangel an Vertrauen in die eigenen Kräfte. Insofern erwartet der Angstpatient, im Unterschied zum Depressiven, auch nicht so sehr Anerkennung als vielmehr Schutz und Sicherheit. Deshalb fürchtet der Angstpatient, anders als der Depressive, nicht so sehr die Entwertung durch die anderen, sondern das Verlassenwerden, das Verstoßenwerden in die Einsamkeit. Der Patient neigt so dazu, im anderen und besonders im Therapeuten, die Sicherheit gebende Macht zu sehen. Da er das Alleinsein und das Verlassenwerden fürchtet, ist er oft von dem untergründigen Misstrauen erfüllt, auch der Therapeut könne sich jederzeit entziehen.
- Der Angstpatient sieht sein Symptom, die Angst, oft als etwas Fremdes, nicht zu ihm Gehörendes. Wenn die Ängste sich z. B. auf die Herzfunktion zentrieren (ggf. Differentialdiagnostik zur somatoformen autonomen Funktionsstörung, F 45.3, und zur hypochondrischen Störung, F 45.2), werden diese häufig als Furcht vor körperlicher Erkrankung wahrgenommen. Von seiner Umgebung und so auch vom Therapeuten erwartet der Patient dann die Zuwendung wie zu einem körperlich Kranken. Der Patient muss sich der ständigen Verfügbarkeit seines Therapeuten versichern, was von diesem oft als sehr bedrängend und einengend erlebt wird.
- Der Angstpatient sieht für sich oft nur die Möglichkeit, durch Einschränkung, d. h. durch Vermeiden, seine Angst bewältigen zu können. Dabei erwartet er vom Therapeuten (und auch von seinen Angehörigen), dass dieser auf seine Vermeidungsstrategien Rücksicht nimmt, was dann oft zu einem Konflikt zwischen der Zielsetzung des Therapeuten und seines Patienten führt.

Die Inkongruenz ist bestimmt von der Diskrepanz zwischen einem im Selbstkonzept repräsentierten Bedürfnis nach Sicherheit und Geborgenheit einerseits und einem „organismischen" Wunsch nach Ungebundenheit, Autarkie und individueller Kreativität andererseits. Wenn dieser Wunsch nach Ungebundenheit und schrankenloser Freiheit am „Rande der Gewahrwerdung" (Rogers) auftaucht, reagiert das Individuum mit Angst, da hierdurch das Geborgenheitsbedürfnis bedroht wird. „Angst ist dann die Antwort des Organismus auf die 'unterschwellige Wahrnehmung', eine solche Diskrepanz könnte gewahr werden und würde in der Folge eine Veränderung des Selbstkonzeptes erzwingen" (Rogers 1987, S. 30/¹1959). Die Art der Inkongruenz zeigt sich auch in der typischen Ambivalenz dieser Patienten gegenüber der für sie relevanten Bezugsperson. Einerseits suchen sie Halt, Anlehnung und Geborgenheit, andererseits sehnen sie sich nach unbegrenzter Freiheit, eine Sehnsucht, die allerdings nur verzerrt symbolisiert wird.

Diese Inkongruenz kann das Ergebnis des Einflusses von ihrerseits beziehungsambivalenten, wenig kongruenten Eltern sein. Auch überprotektiv-einengende, selbst ängstliche, ständig vor den Gefahren des Lebens warnende und so verunsichernd wirkende Eltern können hier eine Rolle spielen. Bei der ätiopathogenetischen Abschätzung solch lebensgeschichtlicher Bedingungsfaktoren einer Panikstörung ist aber auch die heute diskutierte Annahme von biologischen Anlagefaktoren als eine Komponente dieses Bedingungsgefüges zu berücksichtigen (Hippius et al. 1999, Bandelow 2001).

Auslösend für das Auftreten der Angstsymptomatik wirken oft Trennungssituationen, reale wie in der Phantasie vorweggenommene oder befürchtete. Die phantasierte Trennung entspricht zwar einerseits dem Wunsch nach Ungebundenheit, ist aber andererseits mit der Vorstellung von totaler und gefahrvoller Verlassenheit verbunden. So werden auch Situationen gefürchtet, die gewissermaßen in symbolischer Verkleidung Situationen des Fortgehens und der Unabhängigkeit repräsentieren, z. B. das Verlassen der Wohnung oder der Start zu einer Reise. Die Agoraphobie kann so in symbolischer Verkleidung (verzerrte Symbolisierung nach Rogers) die Angst vor Einsamkeit und Verlassenheit als die Kehrseite von Freiheit und Ungebundenheit darstellen. Dieser Zusammenhang leuchtet sehr prägnant in den Worten Kierkegaards (1963, S. 57, 141/1848) auf. „Angst ist die Möglichkeit der Freiheit" oder noch vielsagender: „Angst ist der Schwindel der Freiheit." Mit dieser letzten Aussage hat Kierkegaard bereits ein häufiges Begleit- oder Stellvertretersymptom der Angst angesprochen, das körpernah erlebte Schwindelgefühl. Im subjektiven Erleben mancher Patienten ist das Schwindelgefühl so stark, dass zunächst die Angst hinter diesem Schwindelgefühl kaum fassbar ist.

Die Patienten suchen auch im Therapeuten Sicherheit, Schutz und Halt und sie appellieren nicht selten an seine Bereitschaft zur unumschränkten Hilfestellung. Im Therapeuten kann dies Retterphantasien aktivieren. Wenn er der Versuchung erliegt, sich in der Rolle des allmächtigen Helfers bestätigt zu fühlen, kann dies den Patienten in der Position des Abhängigen fixieren. Der Therapeut kann aber auch schnell die Beziehungserwartung des Patienten als bedrängend erleben. Das dann aufkommende Bedürfnis, sich aus einer Umklammerung zu befreien, kann eine Haltung der Wertschätzung und Empathie sehr erschweren.

Schlüsselthemen der Angststörung (Agoraphobie mit Panik)

- Angst vor Versagen der Körperfunktionen
  - Körperliches Krankheitsgefühl
  - Todesangst
  - Angst vor Hilflosigkeit
- Vermeidungsverhalten
- Angst vor Beschämung
  - Angst, als Simulant zu gelten
  - Angst, als psychisch krank zu gelten
- Angst vor dem Verlassensein
  - Suche nach Sicherheit
  - Enttäuschung durch Kontaktpersonen
- Sehnsucht nach Autonomie

5.2.3 Behandlungspraxis

Fallbeispiel

Eine 22-jährige Studentin der Pädagogik bekommt in einem Tapetengeschäft ihren ersten Angstanfall mit Herzrasen, Schweißausbruch und Schwindelgefühlen, dem in den folgenden Wochen noch zunehmend häufigere Anfälle auf belebten Straßen und in Geschäften folgen sollen. Die Studentin ist gerade dabei, aus dem Elternhaus auszuziehen und sich eine eigene, kleine Wohnung einzurichten. Sie hat als Einzelkind ein enges Verhältnis zu ihrer fürsorglichen und dominanten Mutter, die ihr bisher viele Dinge in der Organisation des Lebensalltages abzunehmen pflegte. Der Vater scheint im Erleben der Patientin eher ein randständige Rolle einzunehmen. Als sie von einem Internisten in die Psychotherapie verwiesen wird, hat sie das Projekt der eigenen Wohnung schon aufgegeben, da sie sich jetzt ganz auf die Umsorgung durch die Mutter angewiesen fühlt. In deren Begleitung sind die Angstanfälle deutlich seltener. Zur Weiterführung ihres Studiums (Besuch von Vorlesungen etc.) sieht sie sich zur Zeit kaum in der Lage.

Das Schlüsselthema der Angststörung ist die Angst selbst. Das Wovor der Angst, also ihr Gegenstand, ist hier allerdings nicht einheitlich. Für die Agoraphobie mit Panikstörung lassen sich unterschiedliche Anlässe und damit auch unterschiedliche Ebenen der Angst beschreiben.

Angst vor Versagen der Körperfunktionen

Die Angstattacke, die die oben genannte Patientin etwa im überfüllten Kaufhaus überfällt, ist typischerweise mit heftigen Körpersensationen verbunden, die ein Gefühl unmittelbaren vitalen Bedrohtseins bzw. eines totalen Verlustes an Kontrolle über die Körperfunktionen entstehen lassen. Dieses Thema wird in der Regel zu Beginn der Therapie ganz im Vordergrund stehen.

Körperliches Krankheitsgefühl. Da die Patienten Körpersensationen wie Herzrasen, Schwindel und Schweißausbruch genau so stark und nicht selten sogar stärker erleben als das eigentliche Angstgefühl, fühlen sie sich unmittelbar körperlich bedroht und nehmen in ihrem Krankheitskonzept eine Vertauschung von Ursache und Wirkung vor, sie sehen die körperlichen Dysfunktionen als das Primäre und fühlen sich körperlich krank. Für den Aufbau einer vertrauensvollen Beziehung kommt darauf an, dieses Krankheitserleben als die subjektive Wirklichkeit der Patienten zunächst anzuerkennen und das sich hier zeigende Verhältnis zur eigenen Leiblichkeit zu verdeutlichen.

> T: Es ist dann für Sie die qualvolle Angst, jeden Moment könnte das Herz stehen bleiben.
> T: Es überfällt Sie dann ein totales Vernichtungsgefühl und Sie haben in diesem Augenblick jedes Vertrauen in Ihren Körper verloren.

Die Aufgabe von *Einfühlen und Verstehen* ist es auch, die Patienten, die mit der Angst verbundenen bzw. ihr vorausgehenden Körperempfindungen zunehmend präziser wahrnehmen und differenzieren zu lassen, damit sie so erleben, dass sie diesen bisher eine falsche, meist katastrophierende Bedeutung zugeschrieben haben.

Im Sinne des *Mitteilens von Anteilnahme und Sorge* wird der Therapeut deutlich machen, dass er Verständnis hat für das Sicherungsbedürfnis und das Vermeidungsverhalten. Bei sehr von Angst getriebenen Patienten muss der Therapeut auch aktiv zu beruhigen versuchen, z. B. indem er bei Herzängsten nachdrücklich auf die körperliche Gesundheit des Patienten hinweist. Die Beruhigung und Ermutigung, die die verunsicherten Angstpatienten brauchen, sollte in der zuverlässigen, akzeptierenden Zuwendung und im Bekunden von Solidarität bestehen.

> T: Ich glaub' Ihnen, dass das sehr schlimm ist, dieses Gefühl, ganz die Kontrolle über sich zu verlieren. Aber ich weiß genau, dass Ihnen nicht wirklich etwas passieren kann.

Ein allzu forciertes und vor allem überdauerndes Stützen und Bestätigen kann allerdings die Gefahr mit sich bringen, die Patienten in ihrem Anklammerungsbedürfnis und in ihrem Vermeidungsverhalten zu bestärken. Eine überdauernde Fixierung (über die ersten 10 bis 20 Therapiestunden hinaus) der Patienten auf ihre Körperfunktionen kann auch eine Abwehr gegen das Gewahrwerden von Beziehungskonflikten darstellen. Hier ist eine behutsame *Abwehrbearbeitung* durch Ansprechen der Konsequenzen der Abwehr einzuleiten.

> T: Die Sorge um Ihre körperliche Gesundheit füllt Sie jetzt so aus, dass andere Probleme gar keinen Raum mehr haben.

Todesangst. Angstattacken gehen häufig mit unmittelbarer Todesangst einher. Ein Vergegenwärtigen der hiermit verbundenen Vorstellungen eröffnet die Möglichkeit, über ein Besprechen der Körpersymptome hinaus zu gehen. Über die Themen Tod – Sterben – Abschied kann der Therapeut in ein Klären von Bindungserleben und Beziehungserwartungen einsteigen. Zunächst gilt es zu verstehen, welche Phantasien die Patienten mit Tod und Sterben verbinden und welche Rolle hier andere Menschen, ihre Nähe oder Ferne, spielen. Ein Verstehen der Sehnsüchte und Erwartungen an „das Leben" kann zu einem Klären von zentralen Sinnkonzepten des Betroffenen überleiten.

Angst vor Hilflosigkeit. Das Erleben des Ausgeliefertseins an die Angstattacken, das scheinbare Versagen aller Bewältigungs- und Kontrollmöglichkeiten gibt den Patienten das Gefühl einer drastisch verminderten Selbstwirksamkeit und untergräbt ihr Selbstvertrauen. Beim Aufbau dieses Selbstvertrauens kann neben Interventionen des Ermutigens und ausdrücklichen Wertschätzens tatsächlich erbrachter Leistungen auch die therapeutische Beziehung eine bedeutsame Rolle spielen. Besonders über das *Selbsteinbringen,* etwa in Form des *Mitteilens von Ähnlichkeit,* kann der Therapeut sich als „gutes Modell" anbieten. Da die Identifikation bzw. Imitation ein starker Antrieb des menschlichen Handelns ist, liegt es nahe, unter bestimmter Indikation dieses Imitationsbedürfnis auch therapeutisch zu berücksichtigen. Vermutlich spielt die Identifikation mit dem Therapeuten, auch wenn sie nicht beabsichtigt wird, bei vielen Patienten eine wichtige Rolle. In der Gegenwart und durch das „Bild" des sich als reale Person zeigenden Therapeuten lernt der Patient, sich mit ängstigenden und beunruhigenden Erlebnissen und Gefühlen auseinander zu setzen. Allerdings ist es wichtig, dass der Therapeut nicht überdauernd als übermächtige, alles beherrschende und in seiner unerschütterlichen Souveränität unerreichbare Gestalt erlebt wird. Denn dann würde diese überragende Therapeutengestalt eher resignierend und einschüchternd wirken, es bestünde keine Möglichkeit zur Identifikation. Wenn dagegen der Therapeut zu erkennen gibt, dass auch er in manchen Situationen unsicher, ratlos und irritiert ist, bietet er sich eher als Identifikationsfigur an. An dieser Figur können die Patienten erleben, dass momentane Unsicherheit und Ratlosigkeit durchaus mit Gelassenheit und Zuversicht gepaart sein können. Darüber hinaus kann der Therapeut über „Ich-Botschaften", etwa im Sinn des *Mitteilens alternativer Erlebnisweisen,* sein Vertrauen in die Selbstentfaltungsmöglichkeiten des Patienten zum Ausdruck bringen.

> T: Ich an Ihrer Stelle wäre da aber schon etwas stolz auf mich.

Vermeidungsverhalten

Da Agoraphobiker durch Vermeiden der kritischen Situation eben auch ihre Angst vermeiden können, machen sie nie die Erfahrung, dass die Ängste auch beim Ausharren in der kritischen Situation nach anfänglichem Anstieg schließlich nachlassen, dass sie sich gewissermaßen selbst erschöpfen. Der Therapeut muss seine Patienten genau über diesem Umstand informieren und sie, zwar direktiv, aber auch einfühlsam und warmherzig, zum Aushalten der Angst in solchen Situationen ermutigen. Damit verlässt der Therapeut natürlich die Alter-Ego-Position und nimmt eher die Rolle eines informationsvermittelnden Beobachters und Experten ein, der wie ein Verhaltenstherapeut zur Angstexposition rät. Danach kann er wieder einen Rollenwechsel vornehmen und die Reaktion des Patienten auf diesen Hinweis einfühlsam verstehend aufgreifen.

> T: Ich kann gut verstehen, dass es für Sie eine große Versuchung ist, doch wieder zu fliehen. Aber Sie müssen durch Standhalten die Erfahrung machen, dass die Angst und all die anderen unangenehmen Erscheinungen von selbst wieder abklingen.
> T: Es fällt Ihnen schwer, darauf zu vertrauen, dass trotz der schlimmen Angst nichts Gefährliches passieren kann.

Der Therapeut sollte zumindest in den ersten Monaten der Behandlung sich öfter nach dem Ausmaß der Versuche, angstbesetzte Situationen aufzusuchen, erkundigen. In aller Regel bessert sich die Angstbewältigung. Tritt jedoch in dieser Zeit keine Minderung der Symptomatik ein, ist eine systematische Expositionstherapie als Parallelbehandlung oder gar eine ausschließliche Verhaltenstherapie zu erwägen.

Der Patient sollte auch angeregt werden, die Angst umzubewerten, indem in dem Symptom nicht nur etwas gesehen wird, das zu vermeiden oder, im positiven Fall, zu überwinden und zu bewältigen ist, sondern das zunächst anzuerkennen ist, insofern es einen Hinweis, eine bedeutsame Botschaft über Aspekte der eigenen Person enthält. Gelingt hier eine mehr annehmende Haltung gegenüber dem Symptom, bedeutet schon allein dies oft ein Stück weit seine „Aufhebung".

Angst vor Beschämung

Schamgefühle spielen bei Angstpatienten häufig eine zentrale Rolle. Wenn der Therapeut diese aufmerksam beachtet und sie ebenso behutsam wie empathisch anspricht, eröffnet ihm dies schnell einen Zugang zum inneren Bezugssystem, namentlich zum Selbstkonzept des Patienten. Schamgefühle können mit ein Grund für die Abwehr des Patienten sein, sein körperbezogenes Krankheitskonzept aufzugeben. Das Klären dieser Gefühle ist dann auch eine Form der Abwehrbearbeitung.

Angst, als Simulant zu gelten. Der Arzt habe, so berichten Angstpatienten nicht selten irritiert, ratlos und manchmal auch empört, zu ihnen gesagt: „Sie haben nichts". Ob der Arzt sich wirklich dieser verkürzenden Redeweise bedient hat, oder ob die Patienten ihn nur so verstanden haben, sei dahingestellt. Gemeint war natürlich, dass kein pathologischer Organbefund bestand. Da meist auch schon die Angehörigen des Patienten die in ihrer Dramatik beeindruckenden Angstanfälle miterlebt haben (evtl. wurde der Patient auch schon mehrmals „mit Blaulicht" wegen des Verdachts auf Herzinfarkt in die nächste Klinik gefahren) ist es für die Patienten nach der organmedizinischen Diagnose äußerst peinlich, „nichts vorweisen" zu können. Sie fürchten das Belächelt-werden oder gar die Verachtung seitens aller „Umstehenden", auch der Ärzte.

> T: Sie schämen sich fast schon, keine organische Krankheit zu haben, die alles viel leichter erklären könnte.
> P: Schämen will ich nicht sagen, aber das Ganze ist schwer für mich zu verstehen. Und erst recht werden es die anderen nicht verstehen können. Die denken dann leicht „Simulant" oder so etwas.
> T: Vielleicht befürchten Sie manchmal, auch ich könnte Sie insgeheim für einen Simulanten halten.

Das Aufgreifen von Schamgefühlen kann dazu dienen, sowohl das Selbstkonzept, insbesondere das Selbstideal, wie das „Fremdkonzept", d. h. das Bild von den anderen, also die Beziehungserwartungen des Patienten, zu klären. Sofern von diesen Schamgefühlen auch Erwartungen und Befürchtungen gegenüber dem Therapeuten berührt werden, lassen sich per *Beziehungsklären* solche Gefühle besonders erlebnisnah, also ganz im Hier und Jetzt, bearbeiten.

Auch weil es in der Therapie von Angstkranken um die oft schwierige Konsensbildung hinsichtlich des gemeinsamen Krankheitskonzeptes geht, ist das *Beziehungsklären* hier eine wichtige Interventionsform.

Angst, als psychisch krank zu gelten. Gerade weil Angstpatienten ihre Beschwerden als so körpernah erleben und weil sie häufig, zumindest unausdrücklich, so intensiv die Hilfe ihrer Umgebung anfordern, ist es mit ihrem Selbstkonzept wenig vereinbar, als psychisch krank zu gelten. Sie reagieren daher oft mit tiefer Scham gegenüber der Einsicht in diesen Sachverhalt. Die Änderung des Selbstkonzepts in dieser Hinsicht ist natürlich eine Voraussetzung für die Möglichkeit des Patienten, sich auf eine Psychotherapie einlassen zu können. Diese Änderung erfordert eine einfühlsame Bearbeitung der Abwehr.

> T: Innerlich wehren Sie sich regelrecht gegen die Vorstellung, dass alles seelische Gründe haben soll.
> P: Na, ich hab' halt immer die Angst, dass man vielleicht doch was übersehen hat.
> T: Fast wünschten Sie sich, es würde sich doch noch eine körperliche Ursache finden, da Sie die Vorstellung, gewissermaßen eine psychische Störung zu haben, wie einen Makel empfinden.

Bei sehr selbstunsicheren, leicht irritierbaren Patienten empfiehlt es sich, diese Abwehrbearbeitung in noch kleinere Teilschritte aufzugliedern und darauf zu achten, dass der Patient durch dieses Vorgehen nicht geängstigt wird.

Angst vor dem Verlassensein

Die Angst vor dem Verlassensein oder Verlassenwerden, auch als Trennungsangst bezeichnet, ist in ihren verschiedenen Varianten zentrales Schlüsselthema der Angstkranken. Mit diesem Thema erschließt sich die „innere Welt" dieser Patienten, ihre grundlegenden Erlebensmuster und ihre Persönlichkeitsproblematik. Vor allem zwei Aspekte dieses Themas sind zu unterscheiden.

Suche nach Sicherheit. Das Bedürfnis nach einer scheinbar absolutenn Sicherheit ist charakteristisch für viele Angstpatienten und vor dem Hintergrund eines ständigen Erlebens von Bedrohtsein zu verstehen. So bemühen sie sich ständig um Rückversicherung, Geborgenheit und Schutz, versichern sich der Nähe von möglichen Hilfspersonen, Ärzten, der nächsten Klinik. Wie bei der in der Fallskizze genannten Studentin kommt es meist schon relativ früh in der Lebensgeschichte zur Ausbildung eines zunächst jedoch kaum symbolisierten Erlebens, ohne eine starke Bezugsperson hilflos zu sein. Bei der Studentin wurde dieses Erleben auch durch das (nicht symbolisierte) Konzept verstärkt, sich der Mutter allzeit als pflegebedürftiges Kind anbieten zu müssen, um dieser das Gefühl von Gebrauchtwerden zu vermitteln. Auf Selbstständigkeitsbestrebungen wie dem Etablieren einer eigenen Wohnung reagierte die Studentin mit (nicht symbolisierten) Schuldgefühlen, der Mutter die Existenzberechtigung zu entziehen.

> T: Wenn Ihre Mutter bei Ihnen ist, fühlen Sie sich sicher.
> P: Ja, dann hab´ ich weniger Angst vor der Angst.
> T: Irgendwie ist dann die Welt für Sie und wohl auch für Ihre Mutter in Ordnung.
> P: Ich bin halt im Moment sehr auf meine Mutter angewiesen, und die akzeptiert das auch.
> T: Da fühlen Sie sich von Ihrer Mutter sehr verstanden und das gibt Ihnen Geborgenheit.

Es kommt hier zunächst darauf an, Aspekte des wahrgenommenen Erlebens, also die verschiedenen Erlebnisweisen des Sicherheitsgefühls oder den Wunsch danach herauszuarbeiten, das Erleben von Geborgenheit, Ruhe, Nicht-Einsamsein, Getragensein, mit sich und den anderen in Übereinstimmung sein, in seinem positiven Gehalt anzuerkennen. Das darauf folgende Verdeutlichen des lebensgeschichtlichen Kontextes des Sicherheits- und Geborgenheitsbedürfnisses, wie der o. g. Schuld- bzw. Gewissensangst, hilft der Patientin, diese Bedürfnisse und Gefühle in ihrer Entwicklung zu verstehen und sie dadurch zu modifizieren.

Enttäuschung durch Kontaktpersonen. Wenn, wie zuletzt geschildert, den Patienten Gelegenheit gegeben wird, diesen Aspekten detailliert nachzugehen, werden sie oft selbst auf Brüche und Widersprüche dieser Wunschwelt aufmerksam bzw. ist es nur ein kleiner Schritt, diese Aufmerksamkeit vom Therapeuten anzuregen.

> T: Erleben Sie das Verhältnis zu Ihrer Mutter jetzt eigentlich als recht harmonisch?
> P: Würd' ich schon sagen, ja.
> T: Sie sind also sehr zufrieden mit dieser Situation.
> P: Nun ja, manchmal nervt es mich etwas, dass es immer nach dem Kopf meiner Mutter gehen muss.
> T: Da fühlen Sie sich manchmal eingeengt in Ihren Wünschen und Plänen.

Angstpatienten fällt es schwer, ihre Unzufriedenheit mit nahen Kontaktpersonen exakt zu symbolisieren, da dies ihr Sicherheitsbedürfnis bedroht. Der Therapeut hat hier in seiner zweiten Intervention die Abwehr nicht angesprochen, also nicht konfrontiert, sondern gewissermaßen die Bewegung der Abwehr mitgemacht. Dadurch wurde es der Patientin möglich, diese aufzugeben, ihre Ambivalenz in der Beziehung zu ihrer Mutter anzusprechen und sich gerade dadurch auf das zu besinnen, was nicht in der absoluten Entsprechung mit den Wünschen der Mutter aufgeht. Wenn die Patientin hier doch stärker abwehren würde, wäre, unter der Voraussetzung genügender Belastbarkeit, konfrontiver zu intervenieren, etwa durch *Mitteilen alternativer Erlebnisweisen* im Sinne des „Ich an Ihrer Stelle ...".

> T: Wenn ich mich so in Ihre Lage versetze, also ich glaub', mich hätte das geärgert, wenn meine Mutter mir immer vorschreiben will, dass ...

Auch über das *Beziehungsklären* ist die ambivalente Einstellung vieler Angstkranker gegenüber den haltgebenden Personen, so auch gegenüber dem Therapeuten, zu verdeutlichen. So können über das aktuelle Beziehungserleben des Patienten tief verwurzelte Einstellungen bearbeitet werden. Die Erwartung, der Therapeut möge ständig zur Verfügung stehen, müsste zunächst in ihren vielen, zum Teil auch für den Patienten mehr positiv erlebten Aspekten vergegenwärtigt werden. Dabei wird dann zunehmend deutlich werden, dass der Patient diese Erwartung selbst auch zwiespältig erlebt und bewertet, da dieses starke Angewiesensein demütigende Aspekte hat. Der Therapeut kann dann als Quelle von Scham empfunden und eben deswegen nicht nur positiv erlebt werden. Wenn der Patient diese negativen Gefühle seinem Therapeuten gegenüber sogar noch mit dessen Unterstützung und Billigung aussprechen kann, ist dies ein wichtiger Schritt. Das Geltenlassen solcher Gefühle, ohne dass der Therapeut seine Zuwendung entzieht, ermutigt vielleicht den Patienten, seine Unabhängigkeitsbedürfnisse nachdrücklicher zu artikulieren.

Sehnsucht nach Autonomie

Die Angst vor dem Verlassenwerden bzw. die Trennungsangst ist oft nur die Kehrseite des Wunsches nach Autonomie und Ungebundenheit. Trennungsängste sind dann auch als (nicht symbolisierte) Trennungswünsche zu verstehen, Wünsche, die die Person aber gleichwohl ängstigen. Daher sind sie zunächst meist weit außerhalb des Gewahrseins.

Wenn die ambivalente Haltung gegenüber nahen Bezugspersonen so symbolisiert werden kann, dass positive und negative Beziehungserfahrungen verglichen und nebeneinander gestellt werden können, werden die Patienten auch Angst und Ärger gegenüber einer zu großen Abhängigkeit verbalisieren können. Damit rückt die Sehnsucht nach Selbstständigkeit und Unabhängigkeit in das Gewahrsein. Die Vergegenwärtigung dieses bisher nicht symbolisierten organismischen Erlebens muss nun vom Therapeuten angeregt werden. Geheime Phantasien nach unbegrenzter Freiheit, nach grandioser Selbstentfaltung und absoluter Unabhängigkeit können sich die Patienten in der therapeutischen Situation vielleicht erstmalig gegenüber einem anderen eingestehen, dies vor allem dann, wenn sie sich auch in der Widersprüchlichkeit dieses Wunsches vom Therapeuten akzeptiert und verstanden fühlen können.

> T: Dass Sie sich in vielem so nach anderen richten müssen, ärgert Sie dann schon.
> P: Ja, die Angst hat mich eben total abhängig gemacht.
> T: Sie träumen dann auch schon mal davon, alles hinter sich zu lassen und nur auf sich selbst hören zu müssen.
> P: Ich möchte schon, traue es mir aber nicht zu.
> T: Als Sie sich damals eine eigene Wohnung nehmen wollten, trauten Sie es sich zu.
> P: Ja, damals hatte ich keine Zweifel, hab' mich auf die Wohnung gefreut.
> T: Sie waren da voller Tatendrang. Aber hatten Sie nicht vielleicht doch so ein komisches Gefühl dabei, vielleicht so eine Art schlechten Gewissens?

Es geht jetzt darum zu verstehen, welche äußeren oder inneren Ereignisse, also beispielsweise welche Vorstellungen oder Bedürfnisse, an der Auslösung der Angstanfälle beteiligt waren. Bei der Studentin waren dies neben der Angst vor dem Auf-sichselbst-gestellt-sein auch Schuldgefühle, mit dem Bezug der eigenen Wohnung der Mutter nicht mehr als Partner und Pflegeobjekt so uneingeschränkt zur Verfügung zu stehen. Die Angst der Patientin war so auch eine Gewissensangst. Im Verlauf der weiteren Therapie ist hier die Beziehung der Patientin zu ihrer Mutter zu klären, die besondere Art ihres Bindungserlebens an diese Person und jene Parolen und Gebote, die während einer lebenslangen Interaktionsgeschichte in das Selbstkonzept der Patientin eingeschrieben wurden und bisher die Autonomieentwicklung behinderten. Eine Korrektur dieser Aspekte des Selbstkonzepts durch die per Einfühlen und Verstehen ermöglichte Selbstverständigung der Patientin wird somit auch eine wichtige Voraussetzung für ein angst- und schuldgefühlfreies Verwirklichen der eigenen Autonomietendenzen sein.

Mittel und Ziele der Gesprächsführung

Angststörung

- Einfühlen und Verstehen
  - In der Rolle des Alter Ego Halt und Stützung vermitteln
  - Durch Verdeutlichen der Verlassenheits- und Todesängste die Beziehungserwartungen sowie -erfahrungen klären
  - Durch Aufgreifen selbstreflexiver Gefühle (Scham/Schuld) das Selbstkonzept ändern
  - Durch Verstehen der Beziehungskonflikte anregen, Autonomiewünsche zu symbolisieren
- Beziehungsklären
  - Durch Aufgreifen von Zuwendungserwartungen Sicherheitsbedürfnisse anerkennen und klären
  - Durch Ansprechen von Schamgefühlen gegenüber dem Therapeuten Beziehungserwartungen korrigieren
  - Durch Aufgreifen widersprüchlicher Beziehungsgefühle Ziele und Bedürfnisse klären
- Reales Zugegensein und Selbsteinbringen
  - Durch Mitteilen von Anteilnahme Beruhigen und Ermutigen
  - Durch Mitteilen von Ähnlichkeit dem Patienten ein Modell für Selbstvertrauen sein
  - Durch Mitteilen alternativer Erlebnisweisen Ambivalenzen gegenüber Bezugspersonen verdeutlichen

---

Gesprächsregeln

Angststörung

- Helfen Sie dem Patienten, seine Körpersignale präziser und gelassener wahrzunehmen.
- Bringen Sie dem Patienten nahe, seine Angst als etwas sehr Persönliches und für ihn Bedeutsames zu erfahren.
- Versuchen Sie, die verschiedenen Aspekte der Angst zu verdeutlichen (Angst vor Einsamkeit, Angst vor Tod, Tod als Verlassenwerden, Angst vor Beschämung).
- Versuchen Sie zusammen mit dem Patienten, seine geheimen Autonomiephantasien zu erspüren, seine Vorstellungen von Unabhängigkeit, Freiheit und absoluter Selbständigkeit. (Bei kontraphobischen Patienten: Geborgenheitswünsche erkunden.)
- Regen Sie den Patienten an, seine Erwartungen an nahe Bezugspersonen zu klären. Arbeiten Sie auch seine Wünsche, Befürchtungen und Hoffnungen an den Therapeuten heraus.
- Konfrontieren Sie den Patienten mit seinem Vermeidungsverhalten. Ermutigen Sie ihn, Angst zu ertragen und sich Angst machenden Situationen auszusetzen.
- Seien Sie Ihrem Patienten ein „gutes Modell" für Angsttoleranz, indem Sie in bestimmten Situationen auch Ihre eigenen Unsicherheiten und Irritationen bis zu einem gewissen Grad transparent machen.
- Zeigen Sie dem Patienten Ihr Vertrauen in seine Fähigkeit zur Autonomie.

5.3 Somatoforme Störungen

5.3.1 Diagnostik und Indikation

Hier werden Störungen besprochen, bei denen körperbezogene Symptome im Vordergrund stehen, ohne dass sich für diese eine organpathologische Ursache finden lässt. Allerdings „widersetzt sich der Patient gewöhnlich den Versuchen, die Möglichkeit einer psychischen Ursache zu diskutieren" (ICD 10, 170). Die Patienten halten also häufig mit einer gewissen Verbissenheit an der Überzeugung fest, eine körperliche Erkrankung zu haben. Es fehlt diesen Patienten oft zunächst jede Motivation für eine Psychotherapie. Für die Gesprächspsychotherapie bedeutet dies, dass mit einer geringen Selbstexploration zu rechnen ist. Andererseits weist dieses Verfahren in seiner Therapietheorie Merkmale auf, die besonders für die Therapie dieser Patienten wichtig sind, etwa die Bereitschaft zur unvoreingenommenen Einfühlung in die innere Welt des anderen, in seine Überzeugungen und Erlebnisweisen und die Haltung eines respektvollen Akzeptierens der Person des anderen. Dies wird noch im Einzelnen zu erörtern sein.

Bei der Gruppe der somatoformen Störungen unterscheidet die ICD-10 verschiedene Untergruppen:
- Somatisierungsstörung, F 45.0, (zahlreiche körperliche Symptome)
- Undifferenzierte Somatisierungsstörung, F 45.1, (geringere Anzahl der Symptome)
- Hypochondrische Störung, F 45.2, (organspezifischere Krankheitsüberzeugung)
- Somatoforme autonome Funktionsstörung, F 45.3, (hinsichtlich der Beschwerden ist jeweils ein Organsystem betroffen)
- Somatoforme Schmerzstörung, F 45.4, (körperlich nicht erklärbare Schmerzzustände)
- Andere somatoforme Störungen, F 45.8

Die Darstellung der Inkongruenzkonstellation und der Behandlungspraxis mit der Erörterung der Schlüsselthemen wird sich hier vorwiegend auf Patienten mit somatoformer autonomer Funktionsstörung und somatoformer Schmerzstörung beziehen, Patienten, die typischerweise wenig hysterische Persönlichkeitszüge aufweisen (anders als F 45.0). Hinsichtlich des Kriteriums der Persönlichkeit gibt es Übergänge zu Patienten mit psychosomatischen Störungen (die in der ICD-10 nur über die Zusatzkategorie F 54 erfasst werden, wie z. B. Asthma, Kolitis, Dermatitis), sodass viele der Hinweise zur Behandlungspraxis auch für diese letztgenannten Störungen Gültigkeit haben. Ohnehin wird in der älteren Literatur bei der Verwendung des Begriffes „psychosomatisch" oft nicht zwischen somatoformen und psychosomatischen Störungen im Sinne der ICD-10 unterschieden.

Im Folgenden sind hier Patienten gemeint, die meist schon mehrere Jahre bevor sie eine Psychotherapie aufsuchen bzw. in eine solche „geschickt" werden, unter mehr oder weniger andauernden Schmerzzuständen und/oder Herz-Kreislauf-Beschwerden mit Schwindelerscheinungen oder Magen-Darm-Symptomen oder solchen des urogenitalen Systems leiden. Die Patienten haben typischerweise im Laufe ihrer Erkrankung schon viele Ärzte aufgesucht und eine umfangreiche organmedizinische Diagnostik hinter sich, in der ein hinreichender Grund für ihre Beschwerden nicht gefunden werden konnte.

Erfahrungsberichte und störungs- sowie therapietheoretische Konzeptbeschreibungen zu diesem Bereich wurden von Seiten der Gesprächspsychotherapie u. a. erstellt von Fuhrmann 1990; Binder u. Binder 1991; Teusch 1991; Müller 1993; Ellinghaus 1994; Ripke 1994; Speierer 1993, 1994; Sachse 1995; Reisch 1991, 1994, 2002; Lamberti 1997; Moshagen 1997; Macke-Bruck 2003. Effektivitätsstudien mit überwiegend guten Ergebnissen wurden z. B. vorgelegt von Sachse 1995; Sachse et al. 1999; Böhme et al. 1998; Meyer 1981; Meyer u. Wirth 1988.

5.3.2 Inkongruenz- und Beziehungskonstellation

Bei Patienten mit somatoformen und psychosomatischen Störungen ist das Selbstkonzept schon hinsichtlich der mangelnden Integration des Körper-Selbst gestört. Die Patienten haben im Allgemeinen ein sehr körperbezogenes Krankheitskonzept. Dabei wird der eigene Körper wie fremd und vom Selbst abgetrennt erlebt (Speierer 1994), er kann dann auch wie eine Art Peiniger erscheinen. Darüber hinaus besteht ein hohes Konformitätsideal mit Neigung zur Überanpassung.

Das Selbstkonzept ist oft geprägt von Perfektions- und Selbstkontrollidealen und Konformismus. Dem stehen im *organismischen Erleben* nicht bzw. sehr verzerrt symbolisierte Wünsche nach emotionaler Spontaneität und Hingabe, aber auch Empörung und Wut gegen die scheinbar fordernde und versagende Umwelt entgegen. So wird alles als bedrohlich erlebt, was dieses Idealselbst gefährden könnte, die eigene organismische Spontaneität und die eigenen Gefühle, vor allem solche aggressiver Art, sowie Nähe zu anderen, die solche Spontaneität provozieren könnte. Dies führt dazu, dass auch die Wahrnehmung eigener Gefühle und damit auch die einer möglichen Diskrepanz dieser zum

Selbstideal gefürchtet wird (Sachse 1995). Das Erleben von Inkongruenz unterliegt demnach einem ausgeprägten Symbolisierungstabu. Das Verhältnis des Selbst zum dem „kranken Körper" kann als der Versuch einer Bewältigung der Inkongruenz durch ihre Verlagerung in einen quasi außerpersonalen Bereich verstanden werden.

Tiefe Verletzungen und Kränkungen in der Lebensgeschichte, die mit starken Scham- und Demütigungserlebnissen einhergingen, können solche Entwicklungen bewirken. Diese können aber auch schon durch ein autoritäres, formale Normbefolgungen rigide einforderndes, emotional kühles Elternhaus begünstigt werden.

Die Patienten erleben den Therapeuten zunächst als bedrohlich, da sie, im Prinzip nicht zu unrecht, in ihm jemanden vermuten, der ihr Selbstverständnis als körperlich Kranke in Frage stellt und der insofern bereit ist, sie zu demütigen und zu beschämen. Außerdem befürchten sie, nun zu etwas gezwungen zu werden, was sie sehr scheuen, nämlich sich selbst, die eigenen Gefühle und Wünsche unverstellt wahrzunehmen. Der Therapeut andererseits kann sich durch das Beharren der Patienten, doch eigentlich körperlich krank zu sein, recht frustriert werden, er mag sich ärgern, sich langweilen oder sich zunehmend ohnmächtig und hilflos fühlen und den Impuls spüren, den Patienten „einfach los zu werden". Wichtig ist natürlich, dass sich der Therapeut diese Gefühle vergegenwärtigt, ohne sie auszuleben. Er kann sie gerade durch konsequente Einfühlung in die innere Welt des Patienten bewältigen.

Schlüsselthemen der somatoformen Störung

- Der Körper als Quälgeist
  - Das Krankheitskonzept des Patienten
  - Der Körper als Stressor
- Die Angst vor dem Spiegelbild
  - Der Therapeut als Bedrohung
  - Die Angst vor dem eigenen Selbst
- Der verleugnete Beziehungskonflikt
- Angst vor Nähe

5.3.3 Behandlungspraxis

Fallbeispiel

Ein 43-jähriger Lehrer leidet seit über 3 Jahren an gelegentlichen Kopf- und fast ständigen Rückenschmerzen. Er gibt auch häufige Herzbeschwerden in Form von Herzschmerzen und Herzrasen an. Es besteht darüber hinaus eine mäßige Depressivität. Der sehr zurückhaltend und fast scheu wirkende Patient klagt, dass ihm der Schuldienst zunehmend schwerer falle, vor allem die Disziplin in der Klasse zu halten, sei ihm eine immer größere Mühe. Die Ehe sei harmonisch. Erst später wird deutlich, dass er unter der herrischen Kühle seiner Frau leidet, sich sehr zurückgezogen hat und das Thematisieren eigener Gefühle und Bedürfnisse in der ehelichen Interaktion fast völlig vermeidet. Die mehrfachen organmedizinischen Untersuchungen haben bis auf einen leichten essentiellen Bluthochdruck keinen pathologischen Befund erbracht. Der zuletzt behandelnde Internist hat zur Verwunderung des Patienten gemeint, dass die Erkrankung „seelische" Gründe haben müsse und eine Psychotherapie empfohlen, von der sich jedoch der Patient eine Hilfe „eigentlich nicht vorstellen kann".

Der Körper als Quälgeist

Die Beschwerdeschilderung des oben beschriebenen Patienten lässt im Therapeuten den Eindruck eines verbissenen und leidvollen Kampfes gegen den eigenen Körper entstehen. Jedenfalls erlebt der Patient die Körperbezogenheit seiner Beschwerden so unmittelbar, dass seine Hilfserwartungen mit der Empfehlung einer Psychotherapie unvereinbar erscheinen.

Krankheitskonzept des Patienten. Der Patient ist in der Regel (die Ausnahmen sind hier nicht zu besprechen, da sich dort nur ein geringer Unterschied zur Therapie von z. B. mäßig Depressiven ergibt) ein von anderen „geschickter", der zu einer Psychotherapie nicht wirklich motiviert ist. Aus diesem Grund scheint eine Selbstexploration im Sinne einer Selbstauseinandersetzung nicht erwartet werden zu können. Dies kann für den Therapeuten zu einer schweren Belastungsprobe werden.

Er kann sich von dem auf eine körperliche Störung insistierenden Patienten zurückgewiesen fühlen, er kann sich als hilflos und ohnmächtig empfinden oder sogar einen kaum noch beherrschbaren Ärger spüren. Wichtig ist jedoch, dass der Therapeut in dieser Situation seine „klientenzentrierte" Aufgabe darin sehen kann, das Krankheitskonzept des Patienten empathisch nachzuvollziehen, also auch das Erleben des Patienten so zu akzeptieren, wie es im Augenblick ist und für dieses Erleben Interesse zu zeigen, z. B. auch durch konkretisierende Fragen.

> T: Wo genau haben Sie die Kreuzschmerzen und wann sind die besonders stark?
> T: Haben Sie eine Vermutung, was evtl. die Ursache sein könnte?
> T: Können Sie mir genauer erklären, wie Sie auf diese Vermutung kommen?

Schon die letzte Frage führt in die „innere Welt" des Patienten, in die Welt seiner Vorstellungen, seiner Erwartungen, evtl. auch seiner Einstellungen gegenüber seiner Umgebung.

Wenn jedenfalls so der Patient nicht den Eindruck hat, „einfach auf die Psychoschiene" gesetzt zu werden und sich also seine diesbezüglichen Befürchtungen nicht bewahrheiten, kann überhaupt erst eine halbwegs vertrauensvolle Beziehung etabliert werden.

Der Körper als Stressor. Natürlich sieht der Therapeut das Krankheitskonzept des Patienten *als* eine Art Abwehr, er hat sich aber darum zu bemühen, den Patienten *in* seiner Abwehr zu verstehen, also als das Alter Ego des Patienten die Perspektive eines Abwehrenden zu übernehmen. Wenn der Therapeut so das Krankheitskonzept des Patienten zunächst akzeptiert, kann er auch die Vorstellung empathisch nachzeichnen, die körperliche Störung als das Primäre zu sehen, aus der sich dann erst sekundär eine seelische Belastung ergibt. Diese Belastung gilt es zu explizieren.

> T: Das muss ja ein ständiger Stress für Sie sein, sich mit diesen Beschwerden herumzuquälen. Das setzt Ihnen so zu, dass Sie oft ganz freud- und hoffnungslos sind.
> P: Ja, das scheint mir oft ein ziemlich auswegloser Kampf, wo es keine Hilfe gibt.
> T: Sie wünschen sich in solchen Augenblicken von Ihrer Umgebung besonders viel Verständnis und Wärme.
> P: Nein, das brauche ich nicht, gerade dann komme ich besser alleine klar.
> T: Wenn es besonders schlimm ist, möchten Sie das also lieber mit sich alleine ausmachen. Vielleicht weil Sie auf kein echtes Verständnis mehr zu hoffen wagen?

Über diesen Weg einer akzeptierenden Empathie hat der Therapeut also den Patienten zur Selbstexploration angeregt. Der Therapeut hat nicht konfrontativ die Abwehr angesprochen, weil das vermutlich die Abwehr erhöht oder sogar zu einem Therapieabbruch geführt hätte. Gerade diese Patienten sind zumindest anfänglich meist zu wenig belastbar, um zu sich selbst und ihrer Abwehr reflektierend Stellung nehmen zu können. Der Therapeut ist deshalb bemüht, die Abwehr aufzulösen, indem er sie einfühlsam akzeptiert und so die angstvollen Beziehungserwartungen des Patienten falsifiziert.

Der Patient sollte auch angeregt werden, die Symptomatik umzubewerten, in ihr nicht nur etwas Feindliches und verbissen zu Bekämpfendes zu sehen, sondern sich ihr als einem Aspekt der eigenen Person gegenüber auch vernehmend und insofern akzeptierend einzustellen.

Angst vor dem Spiegelbild

Mit dem eben Gesagten wurde schon angedeutet, mit welchen Ängsten es bei diesen Patienten verbunden ist, sich selbst in aller Unmittelbarkeit zu betrachten. Sie schämen sich gewissermaßen vor ihrem eigenen Spiegelbild.

Der Therapeut als Bedrohung. Der Therapeut, der diese Unmittelbarkeit der Selbstbetrachtung und Selbstexploration zu erwarten scheint, wird als bedrohlich erlebt. Der oben genannte Patient musste in der Anfangsphase der Therapie öfter die Sitzungen nach 20–30 Minuten abrupt abbrechen und fast fluchtartig den Behandlungsraum verlassen, da er die von ihm als Aufforderung zur Selbstbegegnung und Selbstexploration erlebte therapeutische Situation nicht aushielt. Natürlich ist eine solche Reaktion z. B. über das *Beziehungsklären* zu bearbeiten, dies setzt allerdings sehr viel Behutsamkeit voraus, da ja gerade die direkte Ansprache der therapeutischen Beziehung wiederum eine Nähe erzeugt, die als ängstigend erlebt wird. Die Bezugnahme auf den Therapeuten ist so auch zunächst eher indirekt zu verbalisieren.

> T: Manchmal scheinen Sie sich hier noch etwas unter Druck zu fühlen.
> T: Sie haben dann vielleicht die Angst, meinen Erwartungen nicht zu entsprechen.
> T: Vielleicht erleben Sie mich als zu bedrängend?

Angst vor dem eigenen Selbst. Das „Selbst" soll hier nicht nur als Selbstkonzept, sondern in einem umfassenden Sinne verstanden werden, der auch das organismische Erleben einschließt. Dies wurde oben schon als die Scham und die Angst vor dem eigenen Spiegelbild angesprochen. Es ist letztlich die Angst vor dem Gewahrwerden der Inkongruenz. Diese Angst scheint bei Patienten mit somatoformen Störungen besonders ausgeprägt zu sein. Da diese Angst sie aber auch an der Wahrnehmung und damit der Realisation eigener Bedürfnisse und Motive hindert, leben sie oft in einer permanenten „unterschwelligen" Frustration (Sachse 1995). Das vorsichtige Ansprechen dieser Angst und damit des Abwehrmotivs (durch *Aufgreifen selbstreflexiver Gefühle*) setzt neben der Etablierung der therapeutischen Beziehung viel Umsicht bei der Wortwahl voraus, kann aber dazu beitragen, dass das Selbstkonzept etwas weniger rigide und konformitätsgebundenen wird.

> T: Wenn Sie bei sich selbst auf Dinge stoßen, die nicht ganz Ihren Vorstellungen entsprechen, können Sie das nur schwer ertragen.
> T: Es ist Ihnen sehr wichtig, dass Sie Ihre Gefühle immer absolut bejahen können.

Als eine Folge der besagten „Angst vor dem eigenen Selbst" pflegen diese Patienten ihre Gefühle nur sehr vage wahrzunehmen und zu symbolisieren. Durch ein behutsames Aufgreifen von Gefühlen (d. h. zunächst nicht im obersten Bereich von VEE-Skalen) müssen die Patienten zu einer präzisen Benennung und dann auch Auseinandersetzung mit ihren Gefühlen angeregt werden.

Verleugneter Beziehungskonflikt

Da konflikthafte Beziehungen zu nahen Bezugspersonen immer auch Selbstanteile implizieren bzw. auf Aspekte des eigenen Selbst hinweisen, wie z.B. enttäuschte Erwartungen, problematische Ansprüche oder Interaktionsmuster, neigen diese Patienten dazu, solche Konflikte nur in Ansätzen zu symbolisieren. Darüber hinaus wird ihnen eine exakte Symbolisierung von Beziehungsschwierigkeiten auch wegen ihres mehr oder weniger ausgeprägten Konformismus und ihrer Harmonieerwartungen erschwert. Bei ihnen muss eben immer alles „in Ordnung" sein. Deshalb sollte der Therapeut hier sich auch hüten, z. B. einen vermuteten Ehekonflikt bereits in den ersten Sitzungen anzusprechen oder auch nur zu erfragen. Der Patient könnte dies als verletzende und herabsetzende Unterstellung empfinden, dass bei ihm nicht „alles in Ordnung" ist. Oder er könnte mit der nicht ausgesprochen Vorstellung reagieren: „Der Therapeut will mir nur einreden, dass meine Ehe kaputt ist und dass ich mich scheiden lasse".

Wie oben beim Thema „Der Körper als Stressor" schon gezeigt, lässt sich das Beziehungserleben relativ unspezifisch bei der Erörterung der Konsequenzen und der Bewältigung von Beschwerden ansprechen im Sinne von „als die Beschwerden für Sie wieder so unerträglich wurden, hätten Sie sich gewünscht, dass jemand Ihnen zur Seite gestanden wäre". Der Therapeut muss aber immer damit rechnen, dass der Patient in diesem Zusammenhang negative Gefühle wie Enttäuschung, Ärger, Angst oder Verachtung auch dann nicht nennt bzw. verleugnet, wenn der situative Kontext sie eigentlich unmittelbar nahe zu legen scheint. Wenn sich ein hinreichend gutes Vertrauensverhältnis etabliert hat und der Patient schon wenigstens ansatzweise die Bedeutung von eigenen Gefühlen und Bedürfnissen anerkennen kann, könnte der Therapeut hier im Sinne des *Selbsteinbringens,* namentlich des *Anbietens einer alternativen Erlebnisweise* intervenieren.

> T: Dass Ihre Frau mit ihrer Freundin verreist ist, gerade als es Ihnen wieder so schlecht ging, hat Sie sicher ziemlich getroffen.
> P: Nein, überhaupt nicht, das war ja lange abgesprochen, das war völlig in Ordnung.
> T: Ich glaub', ich hätte in solch einer Situation nicht so rational reagieren können, ich wäre da sehr enttäuscht und verletzt gewesen.
> P: Nein, für mich war das ganz in Ordnung.
> T: Ich würde mir wünschen, dass meine Frau gerade in solchen Augenblicken mir zeigte, dass sie mit mir solidarisch ist.

Der Therapeut muss bei derartigen Interventionen natürlich sicher sein, dass der Patient bereits belastbar genug ist, um sich auch mit tiefgehenden Enttäuschungsgefühlen konfrontieren zu können. Zudem ist abzuwägen, ob der Gewinn eines solchen Selbstverstehens und einer solchen Selbstdurchsichtigkeit den Preis einer u. U. völligen Erschütterung übersteigt. In manchen Fällen wird das

Aufrechterhalten der Nicht-Symbolisierung einer problematischen Beziehungssituation wegen der zu großen Irritierbarkeit vielleicht das kleinere Übel sein. In anderen Fällen kann die Einsicht, dass der Patient im obigen Beispiel vielleicht gerade mit seinen Symptomen seine Ehefrau zum Bleiben bewegen wollte, positive Konsequenzen haben. Er kann sich nun bemühen, seine Bedürfnisse angemessener zu äußern und sich damit die Möglichkeit einer konstruktiven Beziehungsgestaltung eröffnen.

Angst vor Nähe

Da eine starke interaktionale Nähe mit der Evozierung von intensiven Gefühlen und Bedürfnissen, auch ambivalenter Art, verbunden ist, meiden die Patienten solche Nähe und versuchen, ihre Partnerschaften weitgehend formalisiert zu gestalten und den Eindruck einer (vordergründigen) Harmonie aufrecht zu erhalten (Reisch 1994). Hieran kann natürlich der Beziehungspartner Anstoß nehmen, und er kann sich, wie etwa beim obigen Fallbeispiel, seinerseits weitgehend aus der Beziehung zurückziehen. Eine Bearbeitung dieser Näheängste hat somit zum Ziel, die Beziehungsfähigkeit des Patienten zu verbessern. Diese Bearbeitung kann, wie unter „Therapeut als Bedrohung" schon gezeigt, auch durch das *Beziehungsklären* erfolgen. Der Patient kann dabei die Erfahrung machen, dass das Äußern von Bedürfnissen und Gefühlen, auch solcher negativer Art, weder eine Beschämung noch eine Zurückweisung zur Folge hat. Er kann so Zutrauen zu seinen Gefühlen und Mut zur Nähe finden.

Mittel und Ziele der Gesprächsführung

Patienten mit somatoformen Störungen

- Einfühlen und Verstehen
  - Durch Ausrichtung des Verstehens negative Therapieerwartungen des Patienten falsifizieren
  - Durch Explizieren der Symptomatik Interesse bekunden und Therapiemotivation wecken
  - Durch Verstehen der Krankheitstheorie des Patienten Zugang zu seiner inneren Welt eröffnen
  - Durch Aufgreifen selbstreflexiver Gefühle Abwehr auflösen
- Beziehungsklären
  - Durch Klären negativer Therapieerwartungen die Motivation fördern
  - Durch Thematisieren der therapeutischen Beziehung Nähe- und Beziehungsängste mindern
- Reales Zugegensein und Selbsteinbringen
  - Durch Mitteilen von Anteilnahme beruhigen und Therapieängste mindern
  - Durch Anbieten alternativer Erlebnisweisen ermutigen, eigene Bedürfnisse anzuerkennen

Gesprächsregeln

Somatoforme Störungen

- Versuchen Sie, negative Therapieerwartungen des Patienten zu falsifizieren, indem Sie Ihr Interesse für seine körperlichen Beschwerden zeigen.
- Verzichten Sie auf den voreiligen Versuch, den Patienten davon zu überzeugen, dass „alles nur psychisch" sei.
- Versuchen Sie, die Krankheitstheorie des Patienten in ihrer Entstehung zu verstehen und so Zugang zu seiner „inneren Welt" zu finden.
- Greifen Sie behutsam und empathisch die Angst und die Scham des Patienten, „psychisch nicht in Ordnung" zu sein, auf.
- Regen Sie den Patienten an, seine Gefühle exakter zu symbolisieren.
- Thematisieren Sie im Zusammenhang mit den Bewältigungsversuchen seiner Beschwerden seine Beziehungserwartungen.
- Berücksichtigen Sie das Konformitätsbedürfnis des Patienten, wenn Sie Beziehungskonflikte ansprechen.

5.4 Persönlichkeitsstörungen

Die Ideengeschichte der Konstrukte „Persönlichkeit" und „Persönlichkeitsstörung" soll hier nicht erörtert werden. Es sei nur kurz darauf hingewiesen, dass Vorgänger des letztgenannten Begriffs die „Psychopathie" (im Sinne K. Schneiders) und die „Charakterneurose" (im Sinne der Psychoanalyse) waren. Auch auf Probleme dieser Begriffsbildungen vor dem Hintergrund der empirischen Persönlichkeitsforschung kann hier nicht eingegangen werden. Es wird hier die Definition der ICD-10 bzw. auch des DSM IV übernommen.

Bei Personen mit Persönlichkeitsstörungen „findet man gegenüber der Mehrheit der betreffenden Bevölkerung deutliche Abweichungen im Wahrnehmen, Denken, Fühlen und in Beziehungen zu anderen. Solche Verhaltensmuster sind meistens stabil und beziehen sich auf vielfältige Bereiche von Verhalten und psychischen Funktionen" (ICD-10, 211). Anders als bei den bisher besprochenen „neurotischen" Störungen sind die Beeinträchtigungen im Erleben und Verhalten also weitgehend überdauernd (state vs. trait), sie beginnen bereits in der Kindheit oder Adoleszenz, außerdem unterscheiden sich diese in qualitativer Hinsicht. Das bedeutet aber nicht, dass sie nicht durch Lebensereignisse bzw. -situationen und auch durch Psychotherapie beeinflussbar wären.

Die Beeinträchtigungen betreffen mehrere Funktionsbereiche; so sind besonders zu beschreiben (unberücksichtigt bleiben hier Unterschiede zwischen den Subgruppen, s. u.):

- Es besteht eine verminderte Fähigkeit zur präzisen Wahrnehmung bzw. Symbolisierung der eigenen Emotionen. Emotionen werden diffus und undifferenziert, aber auch schnell als überwältigend erlebt. Letzteres bedeutet eine reduzierte Fähigkeit, die Auswirkung von Emotionen auf das Erleben und Verhalten zu bewältigen, d. h. zu begrenzen und zu kontrollieren. Daraus resultiert auch eine verminderte „Inkongruenztoleranz" (Speierer 1994, 54f).
- Zum Teil als Folge der mangelhaften Emotionswahrnehmung ist die Selbstwahrnehmung insgesamt defizitär, d. h. es besteht entweder ein sehr starres, wenig „erfahrungsoffenes" Selbstkonzept (z. B. bei der zwanghaften Persönlichkeitsstörung) oder aber ein diffuses, wenig konturiertes und kohärentes sowie auch wenig konstantes Selbstkonzept (z. B. bei der Borderline-Persönlichkeitsstörung). Die aus dem Letzteren resultierende Identitätsstörung kann ggf. auch zu abrupt wechselnden Handlungszielen und Verhaltensweisen führen. Außerdem besteht ein fragiles Selbstwerterleben.
- Auch die Fremdwahrnehmung und Empathiefähigkeit sind gestört, so kann der Bedeutungsgehalt von Interaktionssituationen oft nur sehr verzerrt, meist gemäß den eigenen Bedürfnissen oder Befürchtungen, symbolisiert werden (mangelnde Unterscheidung zwischen „Phantasie und Wirklichkeit"). Außerdem besteht eine mangelhafte Ich-Andere-Unterscheidung (Bischof-Köhler 1989), die Bedürfnisse und Gefühle des Anderen werden als unmittelbar identisch mit den eigenen wahrgenommen, was natürlich zu vielerlei Kommunikationsschwierigkeiten führt.

Überlegungen zur Störungstheorie. Die hier beschriebenen basalen Funktionsstörungen sind nicht *allein* innerhalb des Inkongruenzmodells plausibel zu erklären, es sei denn, man bezöge sich auf das Konzept der „dispositionellen Inkongruenz" (Speierer 1994). Dabei ist zu sagen, dass bei der Genese von Persönlichkeitsstörungen neben konstitutionellen bzw. biologischen Faktoren auch lebensgeschichtlich-kommunikative (z. T. in Form schwerer Traumatisierungen), anzunehmen (und auch empirisch nachgewiesen) sind. Deshalb ist sowohl von konstitutionellen als auch von lebensgeschichtlich erworbenen Ursachen auszugehen. Es resultiert eine Schädigung der gesamtorganismischen Tendenz als Basis der oben genannten Funktionsstörungen. Durch diese Annahme wird das zusätzliche Wirken einer Inkongruenz, also die Blockierung der (bereits geschädigten) organismischen Tendenz, nicht ausgeschlossen. Aber Persönlichkeitsstörungen sind eben nicht nur als eine (inkongruenzbedingte) Blockade, sondern auch als eine (biologisch und/oder psychosozial bedingte) Störung des organismischen Erlebens (im Sinne einer Erstarrung wie auch einer Desorganisation) zu verstehen, aus der ein Mangel an emotional-intentionalen Fertigkeiten resultiert (s. Kap. 2). Das Inkongruenzmodell ist hier also durch ein Mangelmodell zu ergänzen (nicht zu ersetzen!).

Therapeutische Folgerungen. Diese störungstheoretischen Überlegungen, vor allem aber die geschilderten Funktionsstörungen selbst haben zur Konsequenz, die alleinige Wirksamkeit des Standardverfahrens, d. h. des vorwiegenden Intervenierens aus einer Position der Alter-Ego-Beziehung, zu bezweifeln (so auch Speierer 1994; Sachse 1997; Swildens 1991, 2000; Eckert et al. 2000). Denn durch ein Vorgehen ausschließlich im Sinne des *Einfühlenden Verstehens* wird der Patient so konsequent auf sich selbst zurückverwiesen, dass dies bei Patienten mit starker Verunsicherung des Identitätserlebens und Störung der Selbst- und Fremdwahrnehmung irritierend wirkt. Zwar wird der Patient durch das Aufgreifen von Gefühlen angeregt, diese bei sich besser wahrzunehmen, zu benennen und zu unterscheiden – eine wichtige Voraussetzung für ein verbessertes Identitätsleben. Andererseits ist dies aber eine zu geringe Hilfestellung, um den Patienten gegen das Überflutet- und Überwältigtwerden von seinen eigenen Gefühlen zu schützen sowie eine Korrektur der Empathiestörung zu erreichen. Die Verbesserung der Emotionsbewältigung und der psychosozialen Wahrnehmung, das Erreichen der Fähigkeit zum Perspektivwechsel und die Korrektur von maladaptiven Interaktionsmustern verlangen eine Erweiterung des therapeutischen Vorgehens und auch des Beziehungsangebotes. Der Therapeut darf hier nicht nur als das „andere Selbst des Klienten, das sich zum Zweck der Therapie entpersonalisiert" (Rogers 1951/1973a, S. 196) fungieren, also durch Einfühlen und Verstehen die Introspektion bzw. Selbstexploration anregen, sondern er muss auch in einer Begegnung „von Person zu Person" als der bedeutsame Andere ein „reales Zugegensein" und Transparenz vollziehen (Rogers 1977, S. 26, 170f). Besonders bei Patienten mit Persönlichkeitsstörungen muss das Angebot der Alter-Ego-Beziehung um das einer Dialogbeziehung ergänzt werden (Finke 1999a). Das bedeutet, dass sich der Therapeut im Sinne des Therapieprinzips *Echtheit* als Dialogpartner dem Patienten gegenüberstellt und sich als „reale Person" einbringt, d. h. sich und sein Bezugssystem transparent macht (Rogers 1977, S. 26). Der Therapeut wird also auch wertend, aber eben nicht entwertend, und seine eigene Sichtweise verdeutlichend intervenieren, wenn er z. B. zum Verhalten des Patienten Stellung nimmt, Anteilnahme bekundet, ermutigt und bejahend anerkennt, durch Informationen beruhigt, durch Fragen sein Interesse bekundet und Ratschläge bzw. Verhaltensanleitungen erteilt, Beurteilungen vornimmt, korrigierende Hinweise gibt oder seine emotionale Resonanz auf die therapeutische Situation mitteilt. Der Therapeut sollte dies immer in einer sehr „persönlichen" Form machen, also mit einer „Ich-Botschaft" verbinden, wie das in Kap. 3.4 unter *Selbstöffnen* bzw. *Sebsteinbringen* beschrieben wurde.

Die positive Wirkung der Gesprächspsychotherapie bei Patienten mit Persönlichkeitsstörungen konnte durch mehrere Effektivitätsstudien belegt werden. Schon Meyer (1991) war bei seinen Hamburger Vergleichsstudien (Gesprächspsychotherapie vs. psychoanalytische Kurztherapie) zu dem Ergebnis gekommen, dass insbesondere bei Patienten mit „frühen Störungen" (die sich weitgehend decken dürften mit den heute unter der ICD-10-Diagnose „Persönlichkeitsstörung" erfassten) die Gesprächspsychotherapie der psychoanalytischen Therapie überlegen war. Im Rahmen stationärer Gesprächspsychotherapie konnte gezeigt werden, dass Patienten mit Persönlichkeitsstörungen von der Behandlung im gleichen hohen Ausmaß profitierten wie Patienten mit Angst-, depressiven oder somatoformen Störungen, und auch bei ihnen war etwa 1 Jahr nach Behandlungsabschluss noch eine „Nachbesserung" zu beobachten (Böhme et al. 1998). In einer Studie mit Add-on-Design, bei der eine Gruppe ausschließlich (stationäre) Gesprächspsychotherapie, die andere zusätzlich Psychopharmaka (vorwiegend Antidepressiva) erhielt, zeigte sich, dass die Patienten (vor allem mit Borderline und narzisstischen Störungen) von der „reinen" Gesprächspsychotherapie mindestens in dem gleichen Ausmaß profitierten wie von der Kombinationsbehandlung. In Bezug auf einige bestimmte Merkmale, wie z. B. Problemassimilation und Selbstexploration, ergaben sich gegenüber der Kombinationsbehandlung sogar bessere Werte. Lediglich die Untergruppe der Patienten mit einer abhängigen Persönlichkeitsstörung erzielte unter der Kombinationsbehandlung bessere Ergebnisse (Teusch et al. 2001).

In der ICD-10 werden Persönlichkeitsstörungen unter der Kategorie F6 erfasst. Hier werden (neben kombinierten und anderen) allein 9 spezifische Persönlichkeitsstörungen aufgelistet. Im Diagnoseinventar DSM-VI (Saß et al. 1996) werden diese verschiedenen Persönlichkeitsstörungen in 3 Cluster zusammengefasst: Cluster A umfasst paranoide und schizoide Persönlichkeitsstörungen, Cluster B die emotional instabile, einschließlich der Borderline-, die narzisstische, die histrionische sowie die dissoziale Persönlichkeitsstörung, Cluster C die ängstlich-vermeidende, die abhängige und die zwanghafte Persönlichkeitsstörung. Die Patienten mit Störungen eines Clusters weisen in Teilbereichen jeweils ähnliche Persönlichkeitszüge auf. Im Folgenden werden aus Cluster B die narzisstische und die Borderline-Störung, aus Cluster C die abhängige und aus Cluster A die paranoide Persönlichkeitsstörung vorgestellt.

Es ist natürlich immer zu bedenken, dass, wenn im Folgenden etwa vereinfachend von „Borderline-Patienten" gesprochen wird, unter einer Diagnosekategorie Persönlichkeiten subsumiert werden, die sich oft nur in einigen wenigen Merkmalen ähneln, sich aber in vielen anderen Merkmalen unterscheiden. Solche Differenzierungen können in einer auf schematisierende Systematik angelegten Darstellung nicht berücksichtigt werden.

5.4.1 Borderline-Persönlichkeitsstörungen

Diagnostik und Indikation

In der ICD 10 wird die Borderline-Störung (F 60.31) als eine Unterart der emotional instabilen Persönlichkeitsstörung (F 60.3) klassifiziert. Sie unterscheidet sich vom impulsiven Typus der emotional instabilen Persönlichkeitsstörung (60.30) dadurch, dass neben einer Impulskontrollstörung und einer Stimmungslabilität noch andere Symptome auftreten wie Identitätsdiffusion, Gefühle von Depressivität und innerer Leere, Beziehungsstörung und Selbstdestruktion (Selbstverletzungen, Substanzmissbrauch, Suizidversuche).

Die Impulskontrollstörung zeigt sich häufig in heftigen, oft unkontrollierbaren Wutanfällen, bei denen es auch zu fremddestruktiven Verhalten kommen kann, während sich die Stimmungslabilität in schnell wechselnden, oft unbegründet erscheinenden Gefühlen, auch solchen quälender Leere und Langeweile, äußert. Das Identitätserleben ist inkonsistent und inkonstant und es besteht bei den Patienten die Neigung, intensive Beziehungen einzugehen, die aber zumeist nur von kurzer Dauer sind, da der Patient diese aus unbegründeter Eifersucht, aus Näheängsten, durch eine „egozentrische", unempathische Forderungshaltung oder durch seine Neigung zu Exzessen bzw. zu emotionalen Ausbrüchen immer wieder zerstört. Selbstdestruktives Verhalten kommt in Form von Selbstverletzungen (z. B. sich Schnittwunden beibringen) aber auch von Substanzmissbrauch und Suizidversuchen vor.

Bei der Indikationsfrage ist besonders angesichts dieser Störungen auf das adaptive Indikationsmodell zu verweisen. Da Borderline-Patienten zwar oft einen hohen Leidensdruck haben, andererseits aber nur über geringe Möglichkeiten zur konstanten „Selbstaufmerksamkeit" und Selbstexploration verfügen, bedarf es meist eines Vorgehens, das deutlich über die „klassische" Position der Gesprächspsychotherapie, also über ein Intervenieren auf der Ebene der Alter-Ego-Beziehung bzw. des *Einfühlenden Verstehens*, hinausgeht. Weitere Gründe hierfür werden weiter unten deutlich werden, hier sei nur noch die Tendenz vieler Patienten genannt, früh direkt oder indirekt auf die therapeutische Beziehung anzuspielen oder ein akut selbstdestruktives Verhalten zu zeigen.

Über die Gesprächspsychotherapie bei Borderline-Störungen wurde anhand von Falldarstellungen, therapietheoretischen wie -praktischen Erörterungen und empirischen Studien seit den 80er Jahren berichtet (u. a. de Haas 1988; Henning 1989; Bohart 1990; Swildens 1991, 1994; Eckert 1994; Heinerth 1997; Sachse 1997; Warner 1998; Eckert et al. 2000; Finke u. Teusch 2001; Mitterhuber u. Wolschlager 2001). In empirischen Studien konnten, sofern es Ergebnisstudien waren, signifikante Effekte der Gesprächspsychotherapie nachgewiesen werden (Böhme et al. 1998; Eckert 1987; Eckert et al. 1999). In einer Studie mit Add-on-Design ergab sich, dass Borderline-Patienten von einer stationären Gesprächspsychotherapie gegenüber einer Gruppe mit zusätzlicher Pharmakotherapie in hohem Maße profitierten, dass also die „reine" Gesprächspsychotherapie gegenüber der Kombinationsbehandlung mindestens ebenso gute, in Teilbereichen sogar bessere Ergebnisse zeigte (Teusch et al. 2001). Dies bedeutet jedoch nicht, dass in besonderen Fällen, z. B. bei gleichzeitig bestehender ausgeprägter Depressivität, eine zusätzliche Gabe eines Pharmakons, hier eines Antidepressivums, nicht doch indiziert ist, bei Patienten mit hochgradiger Stimmungslabilität kann ein so genanntes Phasenprophylaktikum (s. Kap. 6) angezeigt sein.

Inkongruenz- und Beziehungskonstellation

Das Selbstkonzept der Borderline-Patienten ist inkonsistent und inkonstant. Sie schreiben sich oft widersprüchliche Eigenschaften zu und wechseln sehr schnell in der Selbstbeurteilung und auch im Selbstwerterleben. Die Selbstbeurteilung ist öfter auch diffus, die Selbstwahrnehmung (wie auch die Fremdwahrnehmung) wenig prägnant.

Das organismische Erleben ist von oft heftigen und abrupt wechselnden Emotionen bestimmt, die nur ungenügend symbolisiert werden, dies gilt nicht selten auch für den Wutaffekt (Eckert 1994). Wenig im Selbstkonzept repräsentiert sind besonders starke Zuwendungs- bzw. Abhängigkeitswünsche bei gleichzeitig bestehenden Näheängsten sowie Angst vor Zurückweisung. So wird häufig eine Art Pseudoautonomie gelebt. Es steht also ein Selbstkonzept von (scheinbarer) Autonomie, Dominanz und Durchsetzungsfähigkeit einem nur sehr verzerrt symbolisierten Bedürfnis nach uneingeschränkter Anerkennung und grenzenloser Nähe gegenüber.

Diese Art einer ausgeprägten Inkongruenz ist das Ergebnis von sehr widersprüchlichen und traumatischen Beziehungserfahrungen in der Kindheit. Dabei waren diese Patienten oft einem abrupten Wechsel in der Zuwendung, Akzeptanz und Wertschätzung und einem Mangel an Kongruenz ihrer Bezugspersonen ausgesetzt. Nicht selten wechselten hier unvorhersehbare „Strafen" in Form von physischen Gewaltausbrüchen abrupt mit ebenso unverstehbaren Zuwendungsbekundungen ab. Bei sexuellem Missbrauch verschärft sich die Problematik hoch widersprüchlicher Beziehungserfahrungen insofern, als die diesbezügliche Zuwendung in sich selbst äußerst widersprüchlich war. Die Wirkung solch inkongruenter Beziehungserfahrungen ist auch deswegen so destruktiv, weil sie den Betroffenen kaum die Möglichkeit einer emotionalen Distanzierung und Abgrenzung lassen. Die Verinnerlichung von Entwertung und widersprüchlicher Wertschätzung wie auch der damit verbundenen Rollenzuweisungen führen so zu einem „chaotischen" Selbstkonzept und Identitätserleben.

Die Konstellation der therapeutischen Beziehung wird idealtypischer Weise auf Seiten des Patienten von Ambivalenz bestimmt sein, der Suche nach Hilfe stehen Angst vor Nähe, Kritik und Enttäuschung gegenüber. Diese Ängste können interpretiert werden als Ängste vor einer Wiederholung der widersprüchlichen Beziehungserfahrungen in der Kindheit. Manche der provozierenden Verhaltensweisen von Borderline-Patienten können so verstanden werden als ein (als solcher natürlich meist nicht symbolisierter) Beziehungstest, also als die besorgte Frage, ob der Therapeut in seiner gezeigten Wertschätzung es wirklich widerspruchsfrei völlig ernst meint, ob er wirklich kongruent ist. Die spontane Resonanz des Therapeuten auf dieses Beziehungsangebot des Patienten ist dann oft ebenfalls zwiespältig. Einerseits hat er Mitleid mit dem Patienten und fühlt den tiefen Impuls in sich, an dem Patienten etwas gut zu machen, durch das Beziehungsangebot von unbedingter Wertschätzung und Empathie den Patienten für all die negativen Vorerfahrungen endlich zu entschädigen. Andererseits wird er mit Ärger und Rückzugsimpulsen auf manche Aktionen des Patienten reagieren, wird er sich durch die Entwertungen des Patienten gekränkt und provoziert und etwa durch die Suizidversuche und Selbstverletzungen erpresst fühlen. Hier ist wichtig, dass der Therapeut einerseits sich diese negativen Gefühle voll vergegenwärtigt, andererseits immer wieder zu verstehen sucht, welcher Wunsch, welches dringende Bedürfnis sich in diesen „Provokationen" und „therapieschädigenden" Verhaltensweisen ausdrücken könnte.

Schlüsselthemen in der Gesprächspsychotherapie von Borderline-Patienten

- Ärger und Wut
  - Empörung bei erlebter Zurückweisung
  - Enttäuschte Idealisierung
  - Aggressive Getriebenheit
- Identitätserleben
  - Mangel an Selbstwahrnehmung
  - Mangel an Selbstkontakt
- Autonomieerleben
  - Mangel an Impulskontrolle
  - Angst vor Nähe und Selbstverlust
  - Ohnmachtserleben
- Selbstdestruktion
  - Selbstbestrafung
  - Autonomiebehauptung
  - Suche nach Selbstkontakt

Behandlungspraxis

Diese Erörterungen beziehen sich hauptsächlich (allerdings nicht ausschließlich) auf die Behandlung des Patienten der nachfolgenden Fallskizze.

Fallbeispiel

Ein 34-jähriger Elektroinstallateur, verheiratet, 2 Kinder, kommt zur Aufnahme, weil er verzweifelt und depressiv ist und seine Lebenssituation als völlig verfahren erlebt. Zu seiner Ehefrau hat er ein ambivalentes Verhältnis, einerseits schätzt er ihre Fürsorglichkeit und eine gewisse Geborgenheit, die er bei ihr findet, andererseits fühlt er sich durch die Gleichmäßigkeit und Ereignislosigkeit des Ehealltags gelangweilt. Auf ihre Vorhaltungen u. a. wegen seiner gelegentlichen Alkoholexzesse hat er mit Wutanfällen reagiert, bei denen er auch Mobiliar zerschlagen hat. Wegen Streitereien, z. T. auch mit Wutausbrüchen, wurde ihm vor 3 Monaten die Stelle gekündigt. Seit einem halben Jahr hat er eine Freundin. Die

> Begegnung mit ihr erlebt er als rauschhafte Entrückung und Steigerung von Lebensintensität. Er leidet sehr unter ihrem zunehmendem Rückzug.

Ärger und Wut

Diese Gefühle spielen im Erleben von vielen Borderline-Patienten eine große Rolle (Eckert 1994), oft werden sie davon geradezu überschwemmt und sind ihnen fast wehrlos ausgeliefert. Zu einer Verbesserung der Integration dieser Gefühle und sodann auch ihrer Kontrolle ist es wichtig, dass der Patient den jeweiligen Anlaß seiner Wut möglichst präzise wahrnimmt und die Zusammenhänge von eigenen Beziehungserwartungen und Interaktionserfahrungen sowie möglichen Beziehungserwartungen des Partners versteht.

Empörung und Wut bei erlebter Zurückweisung. Borderline-Patienten reagieren, ähnlich wie narzisstisch gestörte, äußerst empfindlich auf eine, nicht selten nur vermeintliche, Zurückweisung ihrer oft ambivalenten Näheangebote. Da sie die eigene Ambivalenz aber nicht symbolisieren, und da sie sich auch wenig in die Situation ihres Gegenübers einfühlen können, reagieren sie mit äußerster Überraschung, Enttäuschung und Empörung auf eine von ihren Vorstellungen abweichende Reaktion des anderen. Denn sie sind oft der festen Überzeugung, der andere erlebe und empfinde genau wie sie selbst.

> T: Dass Ihre Frau gerade in dieser Sache nicht mehr auf Sie eingegangen ist, hat Sie sofort rasend gemacht. Was hatten Sie genau von ihr erwartet?

Der Therapeut interveniert hier auf der Ebene des *Einfühlenden Verstehens* und versucht, im Sinne des *Konkretisierens* den situativen Kontextes zu klären. Es käme jetzt darauf an, dem Patienten zu helfen, seine Erwartungen an seine Frau in dieser Situation möglichst exakt zu symbolisieren und auch mögliche Widersprüche in dieser Erwartungshaltung zu klären. Sodann sollte versucht werden, dem Patienten zu helfen, sich in seine Frau einzufühlen und deren Reaktion zu verstehen, also seine Empathiefähigkeit zu verbessern. Ist es nämlich bei „nur neurotisch" Gestörten ausreichend, dass sich der Patient an erster Stelle mit sich selbst auseinander setzt, mit seinen inneren Bildern, Vorstellungen und Wünschen, also Selbstexploration betreibt, so ist bei Borderline-Patienten neben der intra- auch eine interpersonale Perspektive bedeutsam, um sie zu befähigen, bei einem Beziehungskonflikt jeweils auch die Perspektive des anderen einnehmen zu können.

Diese Problematik kann weiterführend auf der Ebene der therapeutischen Beziehung durch ein *Beziehungsklären* bearbeitet werden.

> T: Sie sind mir gegenüber jetzt so zornig, weil Sie in meinem Verhalten nur eine Rücksichtslosigkeit sehen können.

Der Therapeut sollte jede Beziehungsanspielung des Patienten aufgreifen, in der sich eine ärgerliche oder enttäuschte Verstimmung des Patienten zeigt. Ganz im Hier und Jetzt kann so geklärt werden, was genau den Patienten so irritierte, worin er ein Zeichen der Zurückweisung sah und welche Erwartungen er im Einzelnen gegenüber dem anderen, hier der Person des Therapeuten, hat. Hierdurch wird manchmal schon dem Patienten die Unangemessenheit seiner Erwartungen deutlich. Der Therapeut kann schließlich auch Einblick in sein Erleben geben, also im Sinne von *Selbstöffnen* intervenieren, und so den Patienten einladen, zumindest versuchsweise seine Perspektive zu übernehmen.

> T: Ich versuche zu verstehen, dass Sie sich in dieser Situation von mir zurückgewiesen fühlen konnten, aber ich bin doch über das Ausmaß Ihrer Empörung überrascht und auch betroffen.

Enttäuschte Idealisierung. Wegen ihrer oft widersprüchlichen Beziehungserfahrungen fällt es Borderline-Patienten schwer, von den früheren Bezugspersonen ein konsistentes Bild zu verinnerlichen, in dem „Stärken und Schwächen" dieser Personen miteinander abgeglichen sind. Auch später haben diese Patienten deshalb Schwierigkeiten, sich von ihrem jeweiligen Gegenüber ein ausgewogenes und angemessenes Bild zu machen. Sie neigen schnell dazu, ihr Gegenüber entweder zu idealisieren oder zu dämonisieren. Der Therapeut sollte eine überzeichnende, d. h. verzerrende Idealisierung seiner Person möglichst bald per *Beziehungsklären* ansprechen.

> T: Sie scheinen in mir einen Menschen von fast übernatürlicher Güte zu sehen, vielleicht weil Sie sich unbedingt einen solchen Menschen wünschen?

Wenn nun solche Idealisierungen mit bestimmten Wahrnehmungen nicht mehr vereinbar scheinen, können die Patienten schnell mit tiefer Enttäuschung reagieren, die in Gefühle von Hass und Verachtung umschlagen kann. Der Patient muss natürlich angeregt werden, sich auch hiermit auseinanderzusetzen, d. h. zunächst einmal die Reaktion selbst in ihrer Überproportionalität zu verdeutlichen (durch *Aufgreifen überdauernder Gefühle*) und sodann die hier wirksamen Bedürfnisse zu klären.

> T: Dass er diese Schwächen zeigte, verzeihen Sie ihm nie. Sie können jetzt nur noch mit Verachtung und Hass an ihn denken.

Der erste der genannten Schritte lässt sich nicht nur auf der Ebene der Alter-Ego-Beziehung, sondern ebenfalls auf der Ebene der therapeutischen Beziehung (also per *Beziehungsklären*) durchführen.

> T: Dass ich hier in Ihren Augen versagt habe, ärgert Sie so sehr, dass Sie mich kaum noch als Ihren Therapeuten akzeptieren können.

Für den Patienten ist es eine neue Beziehungserfahrung, solche negativen „Beziehungsgefühle" direkt und konstruktiv mit der betroffenen Bezugsperson besprechen zu können. Gleichzeitig führt ihm dies auch die Unangemessenheit zumindest der Intensität seiner Gefühle vor Augen.

Aggressive Getriebenheit. Manche Borderline-Patienten, so auch der oben genannte, leiden oft unter einer aggressiven Spannung, auch ohne dass sie hierfür einen unmittelbaren Anlass benennen können. Hier muss es darum gehen, die psychosoziale Wahrnehmung für solche Anlässe zu verbessern, was oft auch bedeutet, die verzerrte Symbolisierung des Erlebens vieler Beziehungssituationen in eine exakte zu überführen. Sodann muss der Patient befähigt werden, Bewältigungsstrategien für solche Zustände zu entwickeln. Ein erster Schritt hierzu ist das Mobilisieren von Ressourcen durch Bekunden der therapeutischen Anteilnahme und Solidarität auf der Ebene der *Dialogbeziehung*.

> T: Es bekümmert mich zu sehen, wie Sie da aus innerer Spannung mal gegen sich selbst und mal gegen die ganze Welt wüten.

Ein weiterer Schritt wäre das Anerkennen der zeitweiligen Ohnmacht des Patienten gegenüber diesen Gefühlen, um ihn von Schuldgefühlen zu entlasten und ihn zum Nachdenken über Auswegen anzuregen. Letzteres kann dadurch geschehen, dass zunächst nur des Erleben einer Ratlosigkeit gegenüber dem Gefühlssturm verbalisiert wird.

> T: Sie wissen dann oft gar nicht, wo Sie mit Ihrem Ärger und Ihrer Wut hinsollen.

Möglicherweise wird jetzt der Patient von sich aus über Bewältigungsversuche berichten. Andernfalls könnte der Therapeut z. B. über den Weg des *Selbstöffnens* Vorschläge machen.

> T: Ich war auch schon mal in einer Situation, wo ich mit mir schlecht zurecht kam, da hat mir körperliche Betätigung sehr geholfen, z. B. joggen, oder hätten Sie für sich eine bessere Idee?

Wenn die hier genannte Symptomatik sehr ausgeprägt ist, wird der Therapeut systematisch den Patienten zu einem Training entsprechender Kontrollfertigkeiten anregen müssen.

Identitätserleben

Die Identitätsstörung als Unklarheit hinsichtlich des „Selbstbildes, der persönlichen Ziele und der inneren Präferenzen" (ICD 10) ist ein zentrales Symptom der Borderline-Störung.

Hier lassen sich wiederum verschiedene Momente unterscheiden, u. a. das Selbstkonzept und die Selbstwahrnehmung sowie den Selbstkontakt.

Mangel an Selbstwahrnehmung. Ein klar konturiertes und stabiles Selbstkonzept, ein wichtiges Moment von Identität, setzt eine konsistente, nicht unbedingt auch eine sehr exakte, Selbstwahrnehmung voraus. Natürlich ist auch eine exakte Selbstwahrnehmung anzustreben, da nur so auch eine Kongruenz erreichbar ist. Borderline-Patienten verfügen weder über eine konsistente noch über eine stabile Selbstwahrnehmung. Das Identifizieren und Differenzieren der vorherrschenden Gefühle und Bedürfnisse ist ein erster Schritt, diese zu verbessern.

> T: Neben der Wut hatten Sie in diesem Augenblick wohl auch noch andere Gefühle, vielleicht so einen Schmerz der Enttäuschung und auch gekränkten Stolz?

Durch *Aufgreifen von selbstreflexiven Gefühlen* soll der Patient die eigene emotionale Reaktion auf seine Gefühle und Bedürnisse klären, um diese dann widerspruchsfreier in sein Selbstkonzept integrieren zu können.

> T: Bei diesem Zornesanfall hatten Sie ganz die Übersicht verloren und das ist Ihnen jetzt ziemlich peinlich.

Das Selbstkonzept ist normalerweise auch durch die Perspektive der anderen mitgeprägt. Die Person sieht sich so, wie sie glaubt, dass die anderen sie sehen. Genau dies aber, sich selbst mit den Augen der anderen zu sehen, fällt Borderline-Patienten schwer. Das bedeutet auch, dass sie sich selbst nur schwer aus der Distanz, aus einer Beobachterposition beurteilen können. Hier kann der Therapeut (per *Selbstöffnen*) seine Perspektive zur Verfügung stellen und so dem Patienten behutsam verdeutlichen, wie subjektiv bzw. wie verzerrt seine Selbstsicht ist.

> T: Sie scheinen sich selbst als einen sehr kompromissbereiten, fast nachgiebigen Menschen zu sehen, ich fühle mich aber von Ihnen oft regelrecht an die Wand gedrängt.

Eine solche natürlich auch konfrontative Intervention setzt voraus, dass der Patient gegenwärtig nicht unter sehr starkem Symptomdruck steht und dass die therapeutische Beziehung einigermaßen stabil ist.

Mangel an Selbstkontakt. Der hier genannte Mangel meint einen Mangel an Kongruenz, d. h. einen mangelnden Zugang zum eigenen organismischen Erleben. Dieses mangelnde Vermögen, sich selbst spüren zu können, auch präreflexiv mit sich selbst Kontakt zu halten, ist erheblich elementarer als die Wahrnehmungsausblendung bei „neurotischen" Patienten. Sie ist hier ein Defizit und nicht eine Blockade von Wahrnehmungsfähigkeiten. Die Patienten leiden deshalb oft unter diesem Mangel. Häufig ist es eine irritierende Ratlosigkeit, nicht selten auch ein Gefühl der quälenden inneren Leere und Langeweile. Sie neigen daher dazu, in Extremerlebnissen den Kontakt zum eigenen Fühlen zu suchen.

> T: Wenn Sie sich so Hals über Kopf wieder in ein neues Liebesabenteuer stürzen, dann erst haben Sie das Gefühl, intensiv zu leben und sich selbst zu spüren.
> T: Erst wenn Sie sich eine Schnittwunde beibringen und den Schmerz spüren, dann sind Sie ganz bei sich selbst.

Es ist hier anzustreben, die Bedürfnisse, die hinter den verschiedenen Formen eines Risikoverhaltens (wahllose Liebesabenteuer, Rasen auf der Autobahn, Glücksspiel) stehen, genau zu klären und dem Patienten zu ermöglichen, wieder Kontakt zu seinem Erleben zu finden ohne den Einsatz solcher Stimuli. Wenn allerdings dieses Risikoverhalten eindeutig selbstdestruktive Züge hat, wird der Therapeut auch direktiv eingreifen müssen. Davon später mehr.

Autonomieerleben

Borderline-Patienten haben oft ein unsicheres Erleben von Autonomie, dies galt z. B. auch für den oben genannten Patienten. Sie spüren unmittelbar die eingeschränkte Selbstverfügbarkeit auf Grund ihrer mangelnden Impulskontrolle. Wegen ihrer Identitätsstörung fällt ihnen zudem in intensiven Beziehungen die Aufrechterhaltung der Ich-Andere-Unterscheidung schwer, was ebenfalls mit einem Verlust an Autonomieerleben einhergeht. Gewissermaßen überkompensatorisch reagieren sie andererseits sehr empfindlich gegenüber scheinbaren Autonomieverletzungen und antworten schon bei geringen interaktionellen Frustrationen mit einem ausgeprägten Ohnmachtserleben.

Mangel an Impulskontrolle. Die Patienten sind dem Ansturm ihrer eigenen Gefühle häufig fast wehrlos ausgeliefert. Sie sind dadurch auch kaum in der Lage, konfliktträchtige und damit emotionsevozierende Beziehungssituationen konstruktiv zu gestalten. Bei dem Versuch, dem Patienten bei der Bewältigung dieses Gefühlsansturms zu helfen, kommt es zunächst darauf an, die Bedeutung dieser Gefühle und ihren Zusammenhang mit anderen Gefühlen und Bedürfnissen zu klären, wobei besonders ein Intervenieren auf der Ebene des *Einfühlenden Verstehens* in Frage kommen wird.

> T: Sie sind dann jedes Mal so außer sich vor Wut, dass Sie sich völlig in diesem Gefühl verlieren und auch hinterher nicht dazu kommen, sich das mal in Ruhe anzusehen.
> T: In dieser Wut spürten Sie auch das Bedürfnis, sich zu wehren, es war wie ein Aufschrei gegen das Gefühl einer großen Ungerechtigkeit.

Für eine Bewältigung solcher Gefühlsausbrüche ist die Integration dieser Gefühle in das Selbstkonzept eine Voraussetzung, das bedeutet auch eine Auseinandersetzung mit dem Selbstideal und behandlungspraktisch das *Aufgreifen von selbstreflexiven Gefühlen.*

> T: Und anschließend schämen Sie sich immer über diese Ausbrüche, schon weil Sie das Gefühl haben, nicht Herr über sich selbst zu sein.

Haben solche Gefühlsausbrüche aber in sehr akuter und grober Weise destruktive Konsequenzen, so muss u. U. dem Klärungsprozess ein unmittelbar lösungsorientiertes, verhaltenskorrigierendes Vorgehen vorgezogen werden.

Angst vor Nähe und Selbstverlust. Viele Borderline-Patienten, dies trifft auch auf den o. g. zu, suchen einerseits intensive Beziehungen zur Steigerung ihres Lebensgefühls, andererseits fürchten sie sie auch wegen ihrer starken Verschmelzungsneigungen in solchen Situationen und den sich daraus ergebenden Komplikationen. Sie fürchten, sich in solch einer intensiven Beziehung völlig zu verlieren, eine Befürchtung, die auf Grund der fragilen Selbstgrenzen bzw. des brüchigen Identitätserlebens dieser Patienten gut zu verstehen ist.

> T: Sie haben dann vielleicht das Gefühl, sich in der Beziehung zu verlieren und sich dadurch einem anderen total auszuliefern.

Die Angst vor Selbstverlust führt diese Patienten dann oft zu einem abrupten Behaupten von Autonomie, das wie eine schroffe Zurückweisung wirkt. Da dieses Verhalten aus dem interaktionellen Kontext nicht ohne Weiteres verständlich ist, wird es vom jeweiligen Partner als völlig unangemessen und sehr befremdlich erlebt und bewirkt so einen erneuten Beziehungskonflikt.

> T: Gerade wenn es so richtig schön zwischen Ihnen und Ihrer Freundin ist, überkommt Sie plötzlich der Drang, alles zu zerstören.
> T: Sie müssen gerade das, wonach Sie sich immer so gesehnt haben, wieder vernichten. In solch einer Situation können Sie aber offenbar nur so zu sich selbst kommen, können Sie sich selbst nur so wiedergewinnen.

Die gründliche Klärung des Selbsterlebens in Beziehungssituationen und der Beziehungserwartungen, einschließlich der Rollenzuschreibungen, die die Patienten in solchen Situationen gegenüber ihrem Partner vornehmen, ist dann in einem weiteren Schritt auch vor dem Hintergrund früherer Beziehungserfahrungen zu verstehen.

Ohnmachtserleben. Die Identitätsstörung und die beeinträchtigte Empathiefähigkeit führen dazu, dass diese Patienten schon bei minimalen Frustrationen ihrer Bedürfnisse durch den Interaktionspartner massiven Gefühlen von Ohnmacht und Demütigung unterliegen. Ihre Reaktion darauf, nicht selten aggressive Gereiztheit, ist dann für den Partner völlig überraschend und wenig verstehbar. Therapeutisch kommt es darauf an, dem Patienten die Unangemessenheit seines Erlebens zu verdeutlichen und dann dieses Erleben in seinen Gründen verstehbar zu machen. Insbesondere der erste Schritt ist am wirksamsten im Hier und Jetzt der therapeutischen Beziehung, also durch das *Beziehungsklären,* zu vollziehen (falls der Patient eine dementsprechende Beziehungsanspielung macht).

> T: Weil ich gestern Ihrem Wunsch nach häufigeren Sitzungen nicht entsprochen habe, fühlen Sie sich mir gegenüber total ohnmächtig.
> T: Sie haben jetzt das Gefühl, als wollte ich Sie nur demütigen.

Auch über das *Selbstöffnen* wäre es möglich, den Patienten auf diese Problematik und ihre Bedeutung für den jeweiligen Interaktionspartner hinzuweisen.

> T: Manchmal ertappe ich mich bei dem Gefühl, Ihnen gegenüber ständig auf der Hut zu sein, um Sie nur ja nicht in Ihrem Souveränitätsbedürfnis zu verletzen.

Eine solche Intervention darf natürlich keinesfalls den Unterton eines Vorwurfs enthalten. Der Patient muss vielmehr den aufrechten Willen des Therapeuten spüren, ihm nur zum Zwecke des besseren Selbstverstehens die Widerspiegelung seines Verhaltens in einem anderen zeigen zu wollen. In diesem Sinne brauchen gerade Borderline-Patienten den Spiegel eines anderen.

Selbstdestruktion

Zu den Formen selbstdestruktiven Verhaltens sind Selbstverletzungen und Suizidversuche zu zählen. Auch Substanzmissbrauch, verschwenderisches Geldausgeben und anderes Risikoverhalten (z. B. extremes Rasen auf der Autobahn) könnten hier genannt werden. Alle Formen finden sich bei Borderline-Patienten nicht selten. Hier soll von jenen Selbstverletzungen die Rede sein, bei denen sich die Patienten mehr oder weniger tiefe Schnittwunden (gelegentlich auch Brandwunden) beibringen. Auch diesem Verhalten gegenüber gilt natürlich sowohl für den Therapeuten wie für den Patienten die Aufgabe des Verstehens, d. h. es sind die zugrunde liegenden, meist kaum symbolisierten Bedürfnisse und Gefühle zu klären.

Selbstbestrafung. Das Bedürfnis, sich selbst zubestrafen, entstammt oft einer Verinnerlichung extremer Entwertungen von Seiten naher Bezugspersonen, meistens der Eltern. Man könnte sagen, dass sich der Patient mit dem strafenden und entwertenden Elternteil identifiziert hat und nun in dessen Stellvertretung gegen sich selbst wütet. Die Selbstverletzung als Selbstbestrafung dient dann dazu, sich selbst von dem Druck des Selbsthasses zu entlasten.

> T: Nur wenn Sie sich Wunden und Schmerzen zufügen, können Sie sich selbst akzeptieren, nur dann sind Sie etwas im Frieden mit sich selbst.
> T: Sie gehen so lieblos mit sich um, fast als wollten Sie die frühere Lieblosigkeit Ihrer Mutter überbieten.

Die verstehende Bezugnahme auf biografische Zusammenhänge setzt eine längere Vorarbeit voraus, in der diese lebensgeschichtlichen Ereignisse schon in einem anderen Kontext besprochen worden sind, sodass hier ein gemeinsamer Wissenshintergrund besteht. Dann können solche Bezugnahmen wie beiläufig und zur aktuellen Situation gehörend vorgenommen werden. Sie sprengen dann nicht den Rahmen des Hier und Jetzt und werden nicht wie ein abrupter Themenwechsel erlebt. So kann ein erlebnisbezogenes Bearbeiten und Integrieren solcher Ereignisse ermöglicht werden.

Autonomiebehauptung. Für manche Borderline-Patienten hat das Symptom der Selbstverletzung auch die Funktion einer Identitätsabsicherung übernommen, über das sie ihre Identität und ihre Autonomie gegenüber anderen zu behaupten suchen. Sie erleben dann das Symptom wie etwas Eigenes, und Versuche, ihnen das Symptom „zu entreißen", wie einen Angriff auf ihre Autonomie.

> T: Wenn Sie sich schneiden, erleben Sie das vielleicht auch als einen ganz besonderen Teil von Ihnen selbst, den Sie sich von niemandem wegnehmen lassen wollen.

In einer von Wertschätzung und Empathie getragenen Beziehung kann der Patient lernen, Identitätsbildung zunehmend über andere Merkmale zu erreichen.

Suche nach Selbstkontakt. Dieses Thema wurde bereits unter „Identitätserleben" besprochen und soll auch in diesem Zusammenhang hier noch einmal erwähnt werden. Besonders für Patienten, die stark unter Selbstentfremdung und innerer Leere leiden, kann das Sich-Schmerz-Zufügen ein Mittel sein, mit sich selbst in Kontakt zu treten und sich selbst wieder zu spüren.

> T: Erst wenn Sie sich eine Schnittwunde beibringen und den Schmerz fühlen, dann erst sind Sie ganz bei sich selbst.

Durch das geduldige, empathische Klären der Gefühle und Bedürfnisse, die mit dem selbstverletzenden Verhalten im Zusammenhang stehen, wird der Aufbau eines kongruenteren Selbsterlebens eingeleitet. Insbesondere im Falle von ernsthafteren Verletzungen wird der Therapeut aber nicht einfach auf ein solches Ergebnis in Ruhe hinarbeiten können, vielmehr in direktiver Weise eine Symptomunterbindung anstreben müssen.

> T: Es ärgert mich, dass Sie sich einfach wieder geschnitten haben, ohne, wie vereinbart, mit mir oder der Schwester vorher zu sprechen.
> T: Ich bin in großer Sorge wegen der schweren Verletzungen, die Sie sich zufügen. Ich muss mit Ihnen vereinbaren, dass Sie alles unternehmen, damit aufzuhören. Wenn Sie unter starkem Druck stehen, sich wieder zu schneiden, sollten Sie mich anrufen. Wenn ich nicht erreichbar sein sollte, können Sie auch mit ... sprechen. Auf jeden Fall setze ich die Behandlung auf die Dauer nur fort, wenn Sie sich nicht mehr schwer verletzen.

Da die therapeutische Zuwendung sich als Verstärkung des Symptoms auswirken könnte, sollte der Therapeut mindestens eine deutliche Abnahme der Häufigkeit des Schneidens verlangen, bei schweren Verletzungen auch das völlige Sistieren.

Bei ausgeprägt selbstdestruktivem Verhalten sowie bei starker Depressivität ist eine stationäre Behandlung zu erwägen. Bei diesen Symptomen, aber auch bei stärkerer innerer Spannung und aggressiver Getriebenheit empfiehlt sich eine zusätzliche medikamentöse Behandlung mit Antidepressiva und/oder Neuroleptika (s. Kap. 6, „Gesprächspsychotherapie und Psychopharmaka").

Mittel und Ziele der Gesprächsführung

Borderline-Störungen

- Einfühlen und Verstehen
  - Durch empathisches Ansprechen der aktuellen Gefühle den Patienten befähigen, seine Gefühle besser zu identifizieren und zu differenzieren.

- ☐ Durch wiederholtes und intensives Vergegenwärtigen dieser Gefühle dem Patienten helfen, diese Gefühle besser zu tolerieren.
- ☐ Durch Aufgreifen und Klären von selbstreflexiven Gefühlen die Konturierung und Kohärenz des Selbstkonzeptes verbessern.
- ○ Beziehungsklären
  - ☐ Durch Verdeutlichen stereotyper Beziehungserwartungen gegenüber dem Therapeuten eine Korrektur dieser Erwartungen einleiten und die Beziehungsfähigkeit verbessern.
  - ☐ Durch Klären des Anlasses der auf die Beziehung bezogenen Gefühle dem Patienten helfen, seine Beziehungswahrnehmungen zu präzisieren.
  - ☐ Durch Aufgreifen von Beziehungserwartungen eine differenzierte Auseinandersetzung mit den Beziehungserfahrungen anregen.
- ○ Reales Zugegensein und Selbsteinbringen
  - ☐ Durch Mitteilen der emotionalen Resonanz des Therapeuten auf den Patienten eine Verbesserung von dessen Fremdwahrnehmung sowie der Ich-Andere-Unterscheidung einleiten.
  - ☐ Durch Konfrontieren mit dysfunktionalen Interaktionsmustern die Empathie- und die Beziehungsfähigkeit verbessern.
  - ☐ Durch Verdeutlichen der Perspektive des Therapeuten (emotionale und kognitive Stellungnahmen gegenüber den Beziehungskonflikten des Patienten) die Empathiefähigkeit verbessern.

Gesprächsregeln

Borderline-Patienten

- ○ Versuchen Sie, auch „befremdliche" Erlebnisweisen in ihrer Bedeutung einfühlend zu verstehen
- ○ Bemühen Sie sich um Ihr reales Zugegensein und um behutsame Transparenz
- ○ Achten Sie darauf, Konfrontationen stets mit dem Ausdruck von Wertschätzung zu vereinen.
- ○ Klären Sie konsequent Probleme in der therapeutischen Beziehung.
- ○ Beobachten Sie die eigene emotionale Resonanz auf den Patienten, gestehen Sie sich auch negative Gefühle ein.
- ○ Versuchen Sie in Ihrem Beziehungs- und Rollenangebot klare Grenzen und Strukturen erkennbar machen.
- ○ Fördern Sie Bewältigungsfertigkeiten gegenüber dysfunktionalem Verhalten.
- ○ Greifen Sie bei aktuellem selbstdestruktiven Verhalten auch direktiv ein.

5.4.2 Die narzisstische Persönlichkeitsstörung

Diagnostik und Indikation

Die diagnostische Kategorie „narzisstische Persönlichkeitsstörung" ist in der ICD-10 nicht enthalten. Sie muss deshalb hier unter „andere Persönlichkeitsstörungen" (F 60.8) verschlüsselt werden. Anders im DSM IV, wo sie unter 301.81 erfasst wird. Dort werden neun Merkmale genannt, von denen für das Stellen der Diagnose wenigstens fünf erfüllt sein müssen (hier verkürzte Wiedergabe): Kritikempfindlichkeit, ausbeuterische Egozentrik, übertriebenes Selbstwertgefühl, Einzigartigkeitserleben, Grandiositätserleben, überhöhte Anspruchshaltung, Bewunderungssuche, Empathiemangel, Neidhaltung.

Bei dieser Auflistung nicht berücksichtigt wurden die Kehrseiten der Selbsterhöhung, vor allem die Selbstwertzweifel, gegen die viele narzisstisch Gestörte immer wieder ankämpfen (z. T. gerade durch die Behauptung der genannten Positionen), wobei sie oft auch Phasen einer radikalen Selbstentwertung bis hin zu depressiven Krisen unterliegen. Manche narzisstischen Persönlichkeiten können ihr Grandiositätserleben durch eine realitätsangepasste Ehrgeizhaltung umsetzen, indem sie eine beachtliche berufliche Karriere machen. Andere scheitern dagegen z. B. als Studienabbrecher an der Diskrepanz zwischen phantasierter Einzigartigkeit und der mangelnden Anspannungsbereitschaft bzw. mangelnden Bereitschaft, sich Leistungskontrollen zu unterwerfen. Das Erleben von Arbeitsstörungen oder depressive Krisen sind dann oft der unmittelbare Grund, sich in eine Psychotherapie zu begeben. Die Erfolgreichen jedoch können, wenn sie beruflich „alles erreicht haben", in das Gefühl einer quälenden inneren Leere und Sinnlosigkeit fallen oder mit ihren schweren Beziehungsstörungen konfrontiert werden.

Wegen der besonderen therapietheoretischen Akzentsetzung, namentlich der Betonung des *Bedingungsfreien Akzeptierens* und des *Einfühlenden Verstehens* dürfte die Gesprächspsychotherapie gerade bei narzisstischen Persönlichkeitsstörungen indiziert sein, da die Patienten in besonderem Maß auf eine Grundhaltung des Akzeptierens und des Einfühlens angewiesen sind, obwohl sie gerade dieses wegen der Art ihres Interaktionsverhaltens dem Unkundigen schwer machen. So sind sie auf Helfer angewiesen, zu deren Profession die Realisierung dieser Haltungen gehört. Narzisstische Störungen unterscheiden sich etwa von den Borderline-Störungen durch eine intaktere affektive Steuerung. Intrapsychische Spannungen wirken sich bei Ersteren nicht so unmittelbar im Verhalten aus. Auch ist ihre psychosoziale Wahrnehmung weniger grob verzerrt. Außerdem sind narzisstisch Gestörte in der Regel introspektionsfähiger als Borderline-Patienten, d. h., sie können Verstehensangebote des Therapeuten besser zu einer Selbstauseinandersetzung nutzen. Insofern sind auch weniger eingreifende Modifikationen des Verfahrens notwendig, als dies für die Gesprächspsychotherapie von Borderline-Patienten beschrieben wird.

Störungs- sowie therapietheoretische Konzeptbeschreibungen und Erfahrungsberichte über die Gesprächspsychotherapie bei narzisstischen Persönlichkeitsstörungen wurden erstellt von Swildens 1991; Humphreys u. Finke 1994; Sprenger u. Finke 1994; Sachse 2002; Murafi 2004.

Inkongruenz- und Beziehungskonstellation

Die *Inkongruenz* besteht hier in dem Selbstkonzept von Einzigartigkeit und dem Bedürfnis nach Autarkie im Sinne absoluter Unabhängigkeit sowie grandioser Unerreichbarkeit einerseits und der (nicht symbolisierten) Angst vor Bedeutungslosigkeit sowie dem (höchstens vage symbolisierten) Wunsch nach Anerkennung und Bewunderung andererseits. Das letztgenannte Bedürfnis schließt den Wunsch nach echter Zuneigung keineswegs aus, wenngleich dieser kaum symbolisiert ist. Diese Konstellation bedeutet einen ständigen Nähe-Distanz-Konflikt. Die Nähe, die einerseits gewünscht wird, da sie die Abstützung des unsicheren Selbstwerterlebens sichern soll, wird andererseits als bedrohlich erlebt, da sie, innerhalb dieses Kontextes durchaus zu Recht, mit ohnmächtiger Abhängigkeit in Verbindung gebracht wird. Anders als der Depressive kann der narzisstisch Gestörte dieses Bedürfnis aber nur erschwert wahrnehmen. Solch eine Wahrnehmung würde die Illusion von grandioser Einzigartigkeit gefährden und wird deshalb z. B. durch eine Haltung der Verachtung und Entwertung gegenüber fast allen anderen abgewehrt. Die Wahrnehmungsbereitschaft sowohl für das eigene Erleben als auch für das der anderen kann aber sehr wechselhaft sein (Swildens 1991). So werden nicht selten Personen idealisiert, die kritiklose Anerkennung zu geben scheinen. Im Unterschied zu Angstpatienten, die in ihrem Selbstbild viel deutlicher ihre Geborgenheitswünsche abbilden, kann der narzisstisch Gestörte solche Bedürfnisse sich selbst, vor allem aber dem Therapeuten lange nicht eingestehen. Die aus dem Nähe-Distanz-Konflikt resultierende Spannung ist bei Angstpatienten viel weniger fassbar als bei narzisstisch gestörten, weil sich bei Ersteren die kompromisshafte Lösung des Konfliktes viel stärker konsolidiert hat.

Das Selbstkonzept der narzisstisch Gestörten ist wenig konsistent und äußerst brüchig. Anders als z. B. bei den Depressiven besteht jedoch die Diskrepanz nicht so sehr zwischen Selbstideal und Selbstbild, sondern liegt im Selbstbild selbst. Es besteht eine Art doppeltes Selbstbild oder ein „doppeltes Selbstschema" (Sachse 2002, S. 170). Vordergründig besteht das Konzept des grandiosen Siegers, untergründig das des Versagers. Wie beim Vexierbild kann aber der Hintergrund auch zum Vordergrund werden und zwar nicht nur für den Beobachter, sondern vor allem für den Patienten selbst. Dann ist er von Minderwertigkeitsgefühlen wie überflutet und tief depressiv. Es scheint dann, als ob die Bewältigung des latenten Minderwertigkeitserlebens durch narzisstisches Auftrumpfen zusammengebrochen wäre.

Die Patienten sind also in ihrer Selbstbeurteilung schwankend und zerrissen. Selbsterhöhung kann abrupt einer Selbstentwertung weichen. Entsprechend sehen sie sich auch in ihrem Verhältnis zu ihren Bezugspersonen äußerst uneinheitlich; ein grandioses Überlegenheitsgefühl kann ebenso abrupt mit dem Gefühl deprimierender Unterlegenheit wechseln. Schwere depressive Störungen können aus solchen Zuständen entstehen.

Das Beziehungsangebot dieser Patienten besteht oft in der Botschaft, sich völlig selbst zu genügen, d. h. in der fast angstvollen Beschwörung, in heroischer Autarkie niemanden zu brauchen. Dies kann auch für den Therapeuten sehr frustrierend sein. Ihm wird das Gefühl vermittelt, völlig unnötig zu sein. In meist langen Monologen beginnt der

Patient, entlang den Vorgaben seines Selbstkonzeptes, sich selbst zu explorieren, ohne scheinbar die Verstehensangebote des Therapeuten zu beachten.

Im weiteren Verlauf wird dann trotzdem oft die Erwartung einer bedingungslosen Zustimmung und Bewunderung durch den Therapeuten deutlich, um hierdurch das unsichere Selbstwertgefühl abzustützen. Da der Therapeut dieser Erwartung (im Kontext therapeutischer Überlegungen) auch entsprechen sollte, kann zunächst eine gewisse Idealisierung seiner Person die Folge sein. Wenn der Therapeut sich verführen lässt, dies seinerseits als narzisstische Gratifikation zu erleben, kann es für ihn schwer werden, mit der plötzlichen Wendung des Patienten in die Entwertung konstruktiv umzugehen. Der Therapeut kann sich nun gedemütigt und verachtet fühlen und mit Empörung und Ärger reagieren. Eine solche Wendung aber muss der Patient oft geradezu vornehmen, weil das Erleben von empathischer Nähe für ihn zu einer unerträglichen Bedrohung seiner elitären Einzigartigkeitsphantasien wird. Dem Therapeuten wird ein *Bedingungsfreies Akzeptieren* nur möglich sein, wenn er die scheinbar widersprüchlichen Gefühle und Bedürfnisse des Patienten in ihrem inneren Zusammenhang versteht.

Schlüsselthemen der narzisstischen Störung

○ Sehnsucht nach Einzigartigkeit
○ Verachtung und Entwertung
○ Selbstwertzweifel und Kränkbarkeit
○ Mangel an Empathie

Behandlungspraxis

Fallbeispiel

Unmittelbarer Anlass für den Entschluss zu einer Psychotherapie war für die verbal sehr gewandte, zur Intellektualisierung neigende 24-jährige Patientin eine depressive Symptomatik mit häufigen Suizidgedanken. Sie leidet außerdem seit Ausgang der Pubertät an einer leichten Magersucht und berichtet auch, sich schon seit ihrem 12. Lebensjahr mit heftigem Selbstwertzweifeln, verbunden mit depressiven Verstimmungen und Suizidphantasien, herumzuquälen. Kurz vor Beginn der Behandlung brach sie ihr Psychologiestudium ab und lebt jetzt wieder bei ihren Eltern. Die Umstände dieses Abbruchs und besonders die damit verbundene schwere Kränkung ihrer Leistungsansprüche thematisiert sie zunächst nicht.

Sehnsucht nach Einzigartigkeit

Es wurde oben schon ausgeführt, dass die Patienten ihre Phantasien von Einzigartigkeit auch brauchen, um Gefühle von Bedeutungslosigkeit zu bekämpfen, also um die Selbstwertzweifel abzuwehren. Dies war der o.g. Patientin offenbar nur sehr bedingt gelungen, wie ihre häufigen depressiven Krisen zeigen. So ist es verständlich, dass die Patienten sich von anderen die Bestätigung ihres überhöhten Selbstkonzeptes wünschen. Dieser Wunsch nach Bewunderung kann aber nicht voll symbolisiert werden, weil damit ja auch das Eingeständnis der Abhängigkeit von solcher Bestätigung verbunden wäre.

Das *Bedingungsfreie Akzeptieren* ist zwar bei allen Persönlichkeitsstörungen ein wichtiges Behandlungsprinzip, dies gilt aber in einem besonderen Sinn bei narzisstischen Störungen. Denn diese Patienten sind auf Wertschätzung und Anerkennung angewiesen, um sich überhaupt auf einen Kontakt einlassen zu können. Erst die Gewissheit, nicht mit vorschneller Kritik rechnen zu müssen, ermöglicht es ihnen, vorsichtig in einen Prozess zaghafter Selbstauseinandersetzung eintreten zu können. So sollte der Therapeut gelegentlich auch dem Bedürfnis nach Bewunderung entsprechen, dort, wo er zumindest ansatzweise Stärken des Patienten entdeckt, sollte er diese auch anerkennend hervorheben. Dabei besteht für den Therapeuten die Schwierigkeit, nicht mit einer schnellen Belohnung für sein geduldiges Anerkennen rechnen zu dürfen, denn die Patienten müssen ihre Sehnsucht nach Bestätigung ja verleugnen und dem Therapeuten das Gefühl vermitteln, eigentlich seiner Hilfe nicht zu bedürfen. Der Therapeut muss also seine Enttäuschung bewältigen, und zwar so, dass er sie, vor allem wenn sie in Ärger umschlägt, nicht allzu abrupt deutlich macht.

T: Dass Sie sich in vielem selbst helfen können, andere eigentlich gar nicht nötig haben, das gibt Ihnen ein Gefühl der Unabhängigkeit.

Der Therapeut muss sich als anerkennender, bestätigender, „gütiger Spiegel" des Patienten gebrauchen lassen, ohne allerdings diese Anerkennung zu direkt zu äußern, denn das würde Protest herausfordern, da diese Patienten „so etwas ganz und gar nicht nötig haben". Auch wäre den Patienten natürlich langfristig nicht mit einem nur beschönigenden Spiegel gedient, denn sie müssen ja, gerade auch im Interesse einer späteren intakten Beziehungsfähigkeit, die Auseinandersetzung mit der Realität lernen. „Realität" meint hier die Begegnung mit einem bedeutsamen Anderen, der auch seinerseits Bedürfnisse nach Wertschätzung oder Geborgenheit hat und unbefangen, d. h. eventuell auch kritisch dem Patienten gegenübertreten möchte. Der Patient muss also lernen zu akzeptieren, dass sein jeweiliger Beziehungspartner als ein anderer mit seiner ganzen Person wahrgenommen und geschätzt sein will. Deshalb müssen die Prinzipien des *Bedingungsfreien Akzeptierens* und *Einfühlenden Verstehens* durch das Prinzip der *Echtheit* ergänzt werden. Um die hier fast antinomisch zueinander stehenden Prinzipien richtig, d. h. „dialektisch", auszubalancieren, muss der Therapeut etwa beim Versuch des *Konfrontierens* und *Selbstöffnens* ein besonderes Feingefühl für angemessene Formulierungen haben, abgesehen von der grundsätzlichen Fähigkeit, mit kränkenden Zurückweisungen von Seiten des Patienten richtig umgehen zu können.

> T: Ein bisschen tut es mir schon weh, wenn Sie mir immer signalisieren, mich eigentlich gar nicht nötig zu haben.

Um das Gesagte genauer zu veranschaulichen, soll eine etwas längere Gesprächspassage mit der o. g. Patientin wiedergegeben werden.

> P: [1] Das war wieder so ein fades und überflüssiges Wochenende. Meine Mutter war wieder mal kaum ansprechbar und in ihre Kunstkataloge vergraben, mein Vater lief so hilflos zwischen alledem herum. Es war einfach zum Grausen langweilig.
> T: [1] Niemand war für Sie so richtig da und Sie fühlten sich total überflüssig.
> P: [2] Es war wie fast immer. Jeder nur idiotisch in sich selbst befangen und nur darauf aus, es sich in seiner kleinen Welt gemütlich einzurichten. Also ich kann gar nicht sagen, wie mich das genervt hat.
> T: [2] Dass sich jeder nur um sich selbst kümmerte, das war für Sie ganz schwer auszuhalten.
> P: [3] Also, meine Mutter, die grenzt sich halt total ab, geht eiskalt ihren Weg. Ob sie sich aber richtig wohlfühlt, weiß ich nicht. Sie äußert manchmal weggehen zu wollen, nach Berlin ziehen zu wollen, da hat sie ein Haus geerbt.
> T: [3] Dass Ihre Mutter da möglicherweise so gar keine Bindung hat, auch zu Ihnen nicht hat, das tut Ihnen weh.
> P: [4] Ach, die sind selbstverständlich für ihr Leben selbst verantwortlich. Mein Vater tut mir leid, der rudert so hilflos herum und merkt doch nicht richtig, was vor sich geht. Er versucht dann manchmal, ganz emsig das Klima zu verbessern.
> T: [4] Ich kann gut nachempfinden, wenn Sie sich da manchmal sehr einsam fühlen, aber ich denke, wenn Sie so fast verächtlich von Ihrem Vater sprechen, dass Sie sich von ihm auch nicht erreichen lassen wollen.
> P: [5] Der versteht eben immer das Entscheidende nicht, ist halt sehr beschränkt. Er kommt dann daher, um mich so ganz simpel zu trösten, versucht mir so ganz bieder, guten Mut zu machen.
> T: [5] Wenn ich jetzt so in mich hineinhöre, mich so frage, wie das bei mir ankommt, spüre ich, wie ich da richtig etwas ärgerlich bin. Es ist wohl Ihr Hochmut, den ich da spüre.
> P: [6] Ja, das habe ich schon oft gehört. Das sagen mir auch andere, das ist eben halt so.
> T: [6] Es klingt jetzt für mich so, als wollten Sie mir sagen, dass Sie auch ein Recht auf Ihren Hochmut hätten.
> P: [7] Wenn ich sehe, wie einfach es sich die anderen machen, wie simpel die sich über die Sinnlosigkeit hinwegschwindeln ...
> T: [7] Das klingt, ganz schön elitär ... aber gerade kam mir auch so der Gedanke: Vielleicht hat sie ja auch einen Grund, sich so überlegen zu fühlen, aber ... (kurze Pause) was mich so beschäftigt, ist, dass Sie sich andererseits so einsam fühlen, und das wäre vielleicht schon etwas anders, wenn Sie die Zuwendung Ihres Vaters richtig schätzen könnten.
> P: [8] Ja, ich sehe ja, er gibt sich schon Mühe. Im Gegensatz zu meiner Mutter sogar viel Mühe.
> T: [8] Wie Sie das so sagen, klingt das für mich jetzt sehr traurig und auch nachdenklich.
> P: [9] (Patientin wirkt sichtlich bewegt): Ja, vielleicht auch traurig, ja traurig schon etwas.

An diesem Gesprächsausschnitt fällt zunächst auf, dass die Patientin auf die Äußerungen des Therapeuten (T1 bis T3), der versucht, durch *Einfühlendes*

Wiederholen und *Aufgreifen von selbstreflexiven Gefühlen (Selbstkonzeptbezogenes Verstehen)* die Befindlichkeit der Patientin zu vergegenwärtigen, gar nicht eingeht. Dies ist typisch für narzisstisch gestörte Patienten. Wenn dieses Verhalten über längere Zeit auftritt, muss es natürlich, etwa im Sinne des *Konfrontierens*, angesprochen werden. Bevor der Therapeut in diesem Falle dazu kommt, antwortet die Patientin dann doch auf die Intervention des Therapeuten (P5). Dieser versucht nun (T4 bis T8) der Patientin die interaktionelle Wirkung ihrer „Arroganz", andererseits aber auch den Widerspruch zwischen Kontaktwunsch und Distanzierungsbedürfnis zu verdeutlichen. Der Therapeut bietet sich dabei an als möglicher Partner, d. h. als jemand, der sich potenziell genauso verletzt fühlen könnte, wie vielleicht der Vater verletzt ist. Der Therapeut vermeidet es aber, an dieser Stelle direkt die therapeutische Beziehung i. S. des *Beziehungsklärens* zu thematisieren, weil er glaubt, dass dies die Patientin zu sehr verunsichern und sie dementsprechend mit Ausweichen reagieren würde. Er bietet statt dessen eine Identifizierung mit der Patientin an, um sodann aus dieser Identifizierung heraus die Diskrepanz zwischen Nähe und Distanzbedürfnis anzusprechen (T7).

Verachtung und Entwertung

Narzisstisch Gestörte äußern, wie oben gezeigt, sich über viele Menschen ihrer Umgebung verächtlich und entwertend. Sie versuchen damit, ihr unterschwellig gespürtes starkes Angewiesensein auf den anerkennenden Zuspruch anderer abzuwehren. Hinzu kommt oft auch das Bedürfnis, mit der Geste einer alles in seiner Nichtigkeit durchschauenden Souveränität den jeweiligen Gesprächspartner zu beeindrucken. Diese Haltung weist auf latente Neidgefühle hin und auf das Erleben, ständig mit anderen rivalisieren zu müssen. Letzteres wurde auch in dem Gesprächsausschnitt deutlich, und zwar in dem von Rivalität und Bewunderung geprägten Verhältnis zur Mutter. Dieses Verhältnis ist aus einer Position des *Einfühlens und Verstehens* zu klären, um so der Patientin zu helfen, die Motive ihres entwertenden Verhaltens zu verstehen und maladaptive Interaktionsmuster zu korrigieren. Hier ist es auch angebracht, über das *Selbsteinbringen* zu intervenieren, indem z. B. der Therapeut sich gewissermaßen als Partnersubstitut zur Verfügung stellt, d. h. hier eine Rollenidentifikation mit der Mutter vornimmt und z. B. formuliert:

> T: Wenn ich mich jetzt so richtig in die Lage Ihrer Mutter hineinversetzte, würde ich auch ganz schön irritiert sein, wenn Sie mir sagen ...

Durch dieses Dazwischenschalten seiner eigenen möglichen Erlebnisweise trägt der Therapeut dazu bei, die besprochene Situation für die Patientin aus der Perspektive ihrer Mutter erfahrbar zu machen, was für die in ihrem Realitätskontakt oft gestörten Patienten besonders wichtig ist. Es ist gewissermaßen eine Anleitung zum Perspektivwechsel bzw. zur Empathie. Außerdem wird so jedes Moment einer Kritik von „objektiver Warte" oder einer Belehrung „von oben herab", worauf gerade narzisstische Patienten übersensibel reagieren, vermieden.

Natürlich wird im Verlauf einer Therapie narzisstisch Gestörter auch die Situation auftreten, in der der Patient sich dem Therapeuten gegenüber abweisend oder kränkend verhält, ihn durch Überhören ignoriert, ihm verächtlich widerspricht. Die notwendige Ansprechen dieses Verhaltens per *Selbsteinbringen* und in diesem Falle durch *Mitteilen der eigenen Resonanz* wurde schon oben unter dem ersten Schlüsselthema dargestellt. Es lässt sich hier auch per *Beziehungsklären* intervenieren.

> T: Sie scheinen im Augenblick nur Verachtung für mich zu empfinden.
> P: Was heißt Verachtung, ich hatte gedacht, dass man hier einfach mehr Impulse erhält.
> T: Sie sind enttäuscht, dass ich mich nicht mehr ins Zeug lege.
> P: Ja, das kann man wohl so sagen.
> T: Sie befürchten vielleicht, dass Sie mir im Grunde gleichgültig sind.
> P: Ich glaub' schon. Ja, ich frag mich, ob Sie sich wirklich für mich interessieren.
> T: Wenn ich Ihnen öfter konkrete Hinweise und Ratschläge gebe, dann hätten Sie das Gefühl, dass Sie mir wirklich etwas bedeuten?

Die zum Ausdruck gebrachte Verachtung ist bei narzisstisch Gestörten oft nur der verzweifelte Versuch, die Angst, ihrerseits nicht geachtet, nicht anerkannt, für uninteressant befunden zu werden, zu bewältigen. Wenn der Patient sich hierin selbst verstehen, d. h. auch seine Abwehr selbstempathisch durchschauen kann, und wenn er hier von einem relevanten Anderen verstanden und anerkannt wird, kann er diese Angst auch bei sich selbst anerkennen und so angemessen und konstruktiv bewältigen.

Selbstwertzweifel und Kränkbarkeit

Die Ausführungen im letzten Absatz haben schon die Überleitung zum Thema Selbstwertzweifel und Kränkbarkeit vollzogen. Die oft empörende Arroganz, die provozierende Selbstgefälligkeit und die scheinbar zynische Egozentrik der Narzissten sind oft nur die Abwehr tiefer Selbstwertzweifel und eines geradezu verzweifelten Ohnmachts- und Nichtigkeitserlebens. Dieses Wissen ermöglicht es dem Therapeuten, trotz des scheinbar brüskierenden Verhaltens der Patienten empathische Zuwendung zu realisieren.

Die Selbstwertzweifel können ganz manifest werden und sich z. B. als depressive Krise äußern. Dann ist der Patient auch wie ein Depressiver zu behandeln. Im anderen Fall aber werden die Selbstwertzweifel sehr nachdrücklich außerhalb des Gewahrseins gehalten und es erfordert viel empathische Geduld und Geschick des Formulierens der Interventionen, um dem Patienten zu ermöglichen, diese Zweifel zu symbolisieren. Auch die Kränkbarkeit sollte zunächst nicht direkt angesprochen werden, etwa im Sinne der Formulierung „und das hat Sie sehr gekränkt". Da der Patient auf Grund seines Selbstverständnisses Wert darauf legt, nicht kränkbar zu sein, müsste er ein solches Angebot natürlich abweisen. Dagegen könnte man mit Formulierungen, die zunächst nicht auf eine eigene „Schwäche", sondern die der anderen zielen, wie „das war für Sie unangenehm, ärgerlich, respektlos, unverschämt, ehrverletzend usw." den Patienten geduldig dazu bringen, sich nun doch mit seiner Kränkbarkeit und ihrem motivationalen und lebensgeschichtlichen Kontext auseinander zu setzen.

Dieses Problem kann, wenn der Patient sich in der therapeutischen Beziehung seinerseits kränkend verhält, auch über das *Selbsteinbringen* bearbeitet werden. Dabei ist es wichtig, dass der Patient im Therapeuten eine Person erlebt, die ebenfalls ihre Kränkbarkeiten und berechtigten Bedürfnisse nach Anerkennung hat und bereit ist, diese auch als solche zu verbalisieren. So kann in der Therapie modellhaft eine konstruktive, auf Gegenseitigkeit beruhende Beziehung zunehmend verwirklicht werden. Andererseits kann aber gerade der narzisstisch Gestörte die Realität des anderen schlecht aushalten, er erlebt sie schnell als kränkend, bedrängend, kontrollierend oder sonstwie bedrohlich. Deshalb ist es wichtig, dass der Therapeut seine „Realität" dosiert, d. h., dass er das *Selbsteinbringen*, z. B. die *Mitteilung seiner Resonanz* auf die Patientin, behutsam und jeweils gewissermaßen in kleinen Schritten vornimmt. So kann die Patientin in angemessenen Lernschritten ihre interaktionelle Erlebnisweise und Kompetenz erweitern. Die hier besprochenen Patienten werden ja deshalb auch als persönlichkeitsgestört bezeichnet, weil sie aufgrund sehr früher oder sehr gravierender Beschädigungen zu einer eigentlich dialogischen Kommunikation nur begrenzt in der Lage sind. Es fällt ihnen schwer, ihr jeweiliges Gegenüber als einen anderen, als ein Fragen und Ansprüche stellendes Du zu sehen und zu akzeptieren. Die Behandlung narzisstisch Gestörter muss daher darauf ausgerichtet sein, die Dialogfähigkeit aufzubauen.

Mangel an Selbstempathie

Narzisstisch Gestörte verfügen häufig nur über eine diffuse, wenig präzise Selbstwahrnehmung. Sie haben oft Schwierigkeiten, ihre Gefühle richtig zu identifizieren und sie symbolisieren diese lediglich im Sinne einer strikten Vereinbarkeit mit ihrem Selbstwertanspruch, was bedeutet, dass „negative" Gefühle entsprechend umgedeutet werden. Sie sprechen dann z. B. von Ärger, wenn tatsächlich Traurigkeit das beherrschende Gefühl ist. Oben wurde beim Thema „Kränkbarkeit" dargestellt, wie hierauf zu Beginn der Therapie Rücksicht zu nehmen ist, um die Patienten nicht zu überfordern bzw. ihre Abwehr nicht zu erhöhen. Auch sind die Patienten häufig kaum in der Lage, ihre Gefühle mit situativen Anlässen, die für sie beschämend waren, in Zusammenhang zu bringen. Hier mögen sehr unempathische, wenig akzeptierende und das Kind schon früh überfordernde Eltern zu diesem Mangel an Selbstempathie beigetragen haben. Das Ausblenden von Gefühlen wie Enttäuschung, Scham und Traurigkeit war dann ein lebensnotwendiger Bewältigungsmechanismus. Durch Interventionsformen des *Einfühlenden Verstehens* wie *Einfühlendes* bzw. *Umakzentuierendes Wiederholen*, *Konkretisierendes Verstehen* und *Selbstkonzeptbezogenes Verstehen (Aufgreifen selbstreflexiver Gefühle)* kann der Patient lernen, seine Gefühle zutreffend anzusprechen, sie zu unterscheiden, ihren Kontext zu klären sowie sich der eigenen Stellungnahme und Bewertung und somit seiner Identität zu vergewissern. Auf die Bedeutung der Empathie für die Behandlung narzisstisch Gestörter hat übrigens von Seiten der Psychoanalyse vor allem Kohut (1989) mit Nachdruck hingewiesen.

Wichtiger als bei Patienten mit „Neurosen" dürfte das *Konkretisierende Verstehen* und das *Umakzentuierende Wiederholen* sein, weil Patienten mit narzisstischer Persönlichkeitsstörung eine exakte Symbolisierung ihrer Gefühle, d. h. deren genaue Identifizierung und Differenzierung, besonders schwer fällt.

P: Das war doch einfach ärgerlich.
T: Sie waren empört, aber auch verletzt, dass Ihre Freundin fortging, ohne vorher mit Ihnen darüber zu sprechen oder zumindest einen Abschiedsbrief zu hinterlassen.
P: Ja natürlich, das wäre das Mindeste gewesen.
T: Wenigstens diese Geste, wenigstens diese Bereitschaft zur Klärung hatten Sie erwartet.

Vor allem beim *Einfühlenden Wiederholen* muss sich der Patient mit den verschiedenen Konnotationen seiner Äußerung und mit deren Rezeption durch einen anderen auseinander setzen. Dadurch werden seine Wahrnehmungsfähigkeit und sein Gespür für die Resonanz seiner Äußerung im anderen geschärft.

Durch das *Konfrontieren* kann der Patient auf Diskrepanzen von nonverbalem und verbalem Verhalten oder widersprüchlichen Stellungnahmen hingewiesen werden, um ihm die Wahrnehmung divergierender Gefühle und der eigenen Abwehr zu ermöglichen. Allerdings ist es leicht möglich, dass der Patient bei seinem empfindsamen Selbstwertgefühl das Konfrontieren als übermäßige Kritik empfindet. Dieses bedrohliche Moment einer für ihn beschämenden Selbstenthüllung kann abgemildert werden, wenn man die Interventionen mit „Ich-Botschaften" verbindet, d. h. Interventionsformen wählt, die dem *Selbsteinbringen* entsprechen.

P: Das lässt mich doch ganz kalt.
T: Mich irritiert jetzt etwas, dass Sie eben noch sagten, sich doch ziemlich geärgert zu haben.

Mittel und Ziele der Gesprächsführung

Narzisstisch Gestörte

- Einfühlen und Verstehen
  - Durch behutsames Aufgreifen und empathisches Klären von Scham- und Ohnmachtsgefühlen dem Patienten helfen, sich mit gefürchteten Aspekten seines Selbst zu versöhnen.
  - Das überhöhte Selbstideal anerkennen sowie als Ausdruck von Wünschen nach positiver Beachtung verstehen und so dem Patienten ermöglichen, dieses Bedürfnis zu akzeptieren
- Beziehungsklären
  - Das Interaktionsverhalten von Arroganz und Verachtung als Angst vor Zurückweisung verstehen und so dem Patienten eine konstruktive Beziehungserfahrung vermitteln und die Bewältigung dieser Angst ermöglichen.
- Reales Zugegensein und Selbsteinbringen
  - Durch Mitteilen von Interesse und positiver Bewertung Selbstwertzweifel und Ängste vor Missachtung mildern.
  - Durch Mitteilen der Kränkbarkeit des Therapeuten positives Modell für Selbstexploration geben und Empathiefähigkeit des Patienten verbessern.

Gesprächsregeln

Narzisstische Störungen

- Rechnen Sie mit der Verletzbarkeit des narzisstisch Gestörten und verwirklichen Sie das *Bedingungsfreie Akzeptieren* anfangs möglichst konsequent und unbeirrbar.
- Lassen Sie sich nicht durch die Zurückweisungen des Patienten irritieren. Achten Sie sein Bedürfnis nach Distanz und seine Angst vor Abhängigkeit.
- Seien Sie beim *Einfühlenden Verstehen* besonders geduldig, und helfen Sie so dem Patienten, seine oft widersprüchlichen Gefühle richtig zu benennen, zu unterscheiden und die aktuellen Umstände ihres Zustandekommens zu klären.
- Der narzisstisch Gestörte braucht „Realitätsnähe". Versuchen Sie, die Beziehung des Patienten zu wichtigen Kontaktpersonen dadurch besonders gegenwärtig und greifbar zu machen, dass Sie sich als Partnersubstitut zur Verfügung stellen. Identifizieren Sie sich versuchsweise mit dem Konfliktpartner des Patienten und teilen Sie (angemessen „dosiert") Ihre Gefühle mit.
- Lassen Sie sich vom Patienten nicht nur als gütiger, beschönigender „Spieler" gebrauchen, sondern helfen Sie ihm, langsam auch den realitätsgerechten „Spiegel" zu ertragen.
- Vermitteln Sie dem Patienten die nötige verhaltenskorrigierende Realitätskonfrontation in Form des Selbsteinbringens: Achten Sie sowohl auf Ihre Gefühle wie auf das Verhalten des Patienten, und sprechen Sie Ihre Gefühle als Ihre persönliche Resonanz behutsam an.

5.4.3 Abhängige (asthenische) Persönlichkeitsstörung

Diagnostik und Indikation

In der ICD-10 wird die abhängige Persönlichkeitsstörung unter F 60.7 klassifiziert. Gemäß DSM-IV gehört diese Persönlichkeitsstörung zusammen mit der zwanghaften und der ängstlichen Persönlichkeitsstörung zum Cluster C. Besonders zur letztgenannten Störung bestehen viele Gemeinsamkeiten. Dies trifft auch für die depressiven Störungen, insbesondere für die Dystymie zu, sodass manches, was oben (Kap. 5.1) dazu schon gesagt wurde, auch hier Gültigkeit hat.

Abhängige Persönlichkeiten haben eine Scheu vor Verantwortung, Selbstständigkeit und dem Äußern eigener Bedürfnisse, sie zeigen eine starke Anpassungs- bis Unterwerfungsbereitschaft und sehen sich selbst hilflos und nur in der Anlehnung an eine andere Person lebensfähig.

Der Grund zum Aufsuchen einer Behandlung ist oft eine depressive Dekompensation und das Erleben innerer Zerstörtheit bei befürchteter oder tatsächlicher Trennung des Partners.

Eine Indikation für die Gesprächspsychotherapie besteht schon insofern, als dieses Verfahren von seinem nichtdirektiven Ansatz her großen Wert legt auf die aktive Selbstexploration und Selbstdeutung des Patienten und dadurch indirekt diesen zur Selbstständigkeit anregt. Der Verzicht auf erklärende Zuordnungen, auf Beurteilungen des Erlebens und Verhaltens des Patienten gibt diesem Raum für Selbstdefinitionen, Selbstbestimmung und Selbstverantwotung (Swildens 2000). Diese Förderung von Autonomie in und durch die Therapie war schließlich auch das Anliegen von Rogers (1973a).

Inkongruenz- und Beziehungskonstellation

Anders als bei depressiven Patienten ohne eine abhängige Persönlichkeitsstörung besteht meist keine ausgeprägte Diskrepanz zwischen Selbstbild und Selbstideal. Der Patient sieht sich als hilflos, unselbstständig und auf die Unterstützung anderer angewiesen und hadert, solange er einen starken Partner zum Anlehnen hat, nicht mit seinem Schicksal. Dieses Selbstkonzept steht im Widerspruch zu elementaren organismischen Bedürfnissen nach Selbstbestimmung. Da der Patient es anderen immer recht machen will, um sich deren Zuneigung zu erhalten, kann auch der bei so viel Unterwerfung und Verzicht auf Aktualisierung eigener organismischer Bedürfnisse entstehende Verdruss nicht symbolisiert werden.

Der Patient will es auch seinem Therapeuten recht machen, er geht zunächst durchaus selbstexplorativ auf die Verstehensangebote des Therapeuten ein und versucht auch sonst den therapeutischen Zielsetzungen empathisch zu entsprechen (Swildens 2000). Er gibt so seinem Gegenüber das Gefühl, ein geschätzter und kompetenter Therapeut zu sein. Wenn dann die Abhängigkeitsbedürfnisse des Patienten immer deutlicher werden, kann der Therapeut sich zunehmend eingeengt und bedrängt fühlen. Es mag in ihm dann das Bedürnis entstehen, den Patienten zurückzuweisen oder wegzuschicken und es stellt sich vielleicht ein Gefühl von Ärger und Verachtung ein, sodass er große Mühe aufwenden muss, um eine empathische Haltung aufrechtzuhalten.

Schlüsselthemen der abhängigen Persönlichkeitsstörung

- Unterwerfungsbereitschaft
- Passivität und Umsorgungsbedürfnis
- Angst vor Autonomie

Behandlungspraxis

Fallbeispiel

Die 48-jährige Ehefrau leidet seit 5 Wochen, seit sie erfahren hat, dass ihr Mann eine Freundin hat, unter einer erheblichen depressiven Symptomatik. Ihren Beruf als Erzieherin hat sie schon bald nach der Eheschließung nicht mehr ausgeübt. Sie hat sich „in jeder Hinsicht ganz auf ihren Mann verlassen", hat ihre Lebensführung ganz auf ihn ausgerichtet, hat keinen eigenen Bekanntenkreis. Sie befürchtet die Trennung, hat das Gefühl, dann „überhaupt nicht mehr lebensfähig" zu sein.

Unterwerfungsbereitschaft

Dieses Thema wurde schon bei den depressiven Störungen behandelt, es hat hier allerdings noch größere Bedeutung, es ist das herausragende Symptom. Die Patienten versuchen, sich ganz auf ihren als stark erlebten Partner einzustellen, ihm „jeden

Wunsch von den Augen abzulesen", um sich die Zuwendung des vermeintlich unentbehrlichen Beschützers zu erhalten. In der Therapie kommt es darauf an, den Patienten anzuregen, die Kosten dieser Haltung exakt zu symbolisieren.

> T: Da gibt es dann wohl auch Augenblicke, wo Sie schon ein wenig unzufrieden damit sind, dass Ihr Mann all Ihr Entgegenkommen immer als selbstverständlich ansieht.

Durch das *Beziehungsklären* lässt sich problemaktivierend das Motiv dieser Selbstverleugnung herausarbeiten, vorausgesetzt, der Patient zeigt diese Haltung wenigstens ansatzweise auch in der therapeutischen Situation.

> T: Vielleicht befürchten Sie, dass ich mich weniger für Sie interessieren würde, wenn Sie mir nicht mehr in allem zustimmen würden.

Gerade in der therapeutischen Beziehung soll der Patient Erfahrungen machen, die seine bisherigen negativen Beziehungserwartungen falsifizieren und so korrigieren. Dies ist z. B. die Erfahrung, dass angemessene Selbstbehauptung und Selbstabgrenzung nicht den Rückzug des bedeutsamen Anderen zur Folge hat. Dessen Reaktion kann zwar auch eine kritische, aber dennoch grundsätzlich wertschätzende und kommunikationssuchende sein. Bei der Behandlung der depressiven Störungen wurde oben schon gezeigt, wie dies auch gut über das *Selbsteinbringen* zu verdeutlichen ist.

Passivität und Umsorgungsbedürfnis

Die Neigung der Patienten, viele Aufgaben der alltäglichen Daseinsbewältigung und damit auch Verantwortung an den Partner zu delegieren, führt zu einer Vertiefung der Unselbstständigkeit. Diese Zusammenhänge sind zunächst zu verdeutlichen, sodann sind die Gefühle und Bedürfnisse zu klären, die hier als Motive eine Rolle spielen.

> T: Dieses Problem mit der Stromrechnung einfach selbst mit den Stadtwerken zu klären, davor scheuen Sie zurück, obwohl Sie dadurch immer abhängiger werden von Ihrem Mann.
> T: Vielleicht können Sie die Angst nicht aushalten, eventuell ein falsche Entscheidung zu treffen.

Der Therapeut muss gelegentlich aber auch die Passivität und Verantwortungsscheu direktiv begrenzen, z. B. indem er ermutigend eine Verhaltensalternative aufzeigt. Er kann hier über das *Mitteilen von Anteilnahme* intervenieren.

> T: Ich mache mir Sorge, dass Sie immer unselbstständiger werden. Vielleicht sollten Sie zunächst wenigstens versuchen, bei der Stadt einfach mal anzurufen und nachzufragen. Ihre Antwort können Sie ja dann später geben.

Das Erteilen von Ratschlägen ist bei diesen Patienten jedoch nicht unproblematisch, bei manchen drückt sich die Abhängigkeit gerade durch die ständige Bitte um Ratschläge aus. Hier sollte sich der Therapeut natürlich „nichtdirektiv" verhalten.

> T: Nur wenn Sie von mir hören, was gut und richtig ist, haben Sie Mut, die Dinge auch anzupacken.
> T: Ich finde, dies ist wirklich eine schwierige Frage und ich kann Ihr Zögern verstehen. Aber ich bin fest davon überzeugt, dass die richtige Antwort nur aus Ihrem Inneren kommen kann, ich will Ihnen helfen, sie zu finden.

Wenn der Therapeut über das *Selbsteinbringen* Verständnis für die Unsicherheit und die „Fragenot" seiner Patientin zeigt, kann er sie überzeugen und ermutigen, selbst nach einer Antwort zu suchen.

Angst vor Autonomie

Die Angst davor, selbst Entscheidungen zu treffen und Verantwortung zu übernehmen, wurde oben schon kurz angesprochen. Der Therapeut sollte bei der einfühlenden Klärung dieser Ängste länger verweilen und auf ein Verstehen lebenssituativer und lebensgeschichtlicher Zusammenhänge hinarbeiten. Der Therapeut sollte dann aber auch anstreben, dass der Patient diese Ängste und Unsicherheiten besser ertragen kann. Für diese schrittweise Erhöhung der Angsttoleranz ist der Patient am ehesten über das *Selbsteinbringen* zu motivieren.

> T: Ich weiß, wie quälend Ängste sind, und doch möchte ich Ihnen sagen, dass Sie versuchen sollten, das Gefühl von Spannung und Unsicherheit bis zu unserem nächsten Termin durchzustehen.
> T: Sie hatten sicher einige Angst vor diesem Telefonat, aber dass Sie diese Angst ausgehalten haben, beeindruckt mich.

Durch die *Mitteilung von positiven Bewertungen*, wie im letztgenannten Bespiel, kann das Selbstwertgefühl und die Überzeugung der Selbstwirksamkeit verbessert und dadurch eine Ermutigung bewirkt werden.

Bei vielen dieser Patienten ist die Vorstellung von Autonomie auch mit Phantasien von Einsamkeit und Verlassenwerden verbunden. Hier kommt es darauf an, die Beziehungserwartungen und das Erleben des Patienten in Interaktionssituationen detailliert zu klären.

> **Mittel und Ziele der Gesprächsführung**
>
> **Abhängige Persönlichkeitsstörung**
>
> - Einfühlen und Verstehen
>   - Durch das Aufgreifen von Gefühlen in Beziehungssituationen den Patienten anregen, Anpassungsbereitschaft und Selbstverzicht zu hinterfragen.
>   - Durch Verstehen der Ängste vor Verantwortung und Autonomie die Motive der Passivität klären.
>   - Durch ein Verstehen dieser Ängste im Kontext von Lebensereignissen deren Integration in das Selbst fördern
> - Beziehungsklären
>   - Durch Verstehen von Beziehungserwartungen die Motive für die Suche nach Ratschlägen und andere Hilfen klären.
> - Reales Zugegensein und Selbsteinbringen
>   - Durch Anerkennung und Lob die Selbstsicherheit fördern.
>   - Durch Ermutigen zu mehr Angsttoleranz die Voraussetzung zu mehr Selbstständigkeit und Eigenverantwortlichkeit schaffen.
>   - Durch verständnisvolle Hinweise die Bewältigungskompetenz fördern.

> **Gesprächsregeln**
>
> **Abhängige Persönlichkeitsstörung**
>
> - Versuchen Sie aus der Perspektive des Patienten seine Ängste vor Eigenverantwortlichkeit und Autonomie zu verstehen.
> - Vergengenwärtigen Sie Ihre emotionale Resonanz auf den Patienten im Laufe der Therapie und versuchen Sie, hiervon konstruktive Interventionen abzuleiten.
> - Greifen Sie die Gefühle des Patienten in verschiedenen Beziehungssituationen auf und stellen Sie einen Zusammenhang mit seinen Beziehungserwartungen her.
> - Klären Sie die Erwartungen des Patienten an Sie bei seinen Bitten um Rat.
> - Fördern Sie durch Anerkennung und Ermutigung die Bewältigungskompetenz des Patienten.

5.4.4 Paranoide Persönlichkeitsstörung

Diagnostik und Indikation

Der paranoiden Persönlichkeitsstörung (F 60.0) werden in der ICD-10 die folgenden Merkmale zugeschrieben: Überempfindlichkeit bei Zurückweisung, nachtragende Gefühle (Groll) bei Kränkungen, starkes Misstrauen, streitsüchtige Ressentimenthaltung, Neigung zu pathologischer Eifersucht, Selbstbezogenheit, Neigung zu Verschwörungstheorien. Von diesen 7 Merkmalen sollten mindestens 3 vorliegen, wenn die Diagnose gestellt wird.

Die Patienten neigen dazu, neutrale oder gar freundliche Handlungen anderer als eigentlich feindselig zu erleben. Ein tiefer Argwohn gibt ihnen das Gefühl, häufig der Missgunst, Heimtücke und rivalisierenden Aggressivität ausgesetzt zu sein. Diese Haltung eines allgemeinen Misstrauens, Verdächtigens und argwöhnischen Umdeutens der Handlungen anderer kann ansatzweise wahnhafte Züge zeigen. Die Patienten tendieren nicht selten zu sozialem Rückzug. Es gibt in ihrer Umgebung meist nur wenige Menschen, denen sie vertrauen, und von denen sie dann erwarten, mit ihnen ihre argwöhnische Weltsicht zu teilen und sie in ihrem manchmal querulatorischen Verhalten zu unterstützen.

Diese Patienten sind oft kaum für eine Psychotherapie zu gewinnen, einmal, weil sie primär natürlich auch dem Therapeuten misstrauen, vor allem aber, weil sie meist keinerlei Inkongruenzdruck empfinden und keine Änderungsmotivation haben, da sie ihren Leidensdruck ja ausschließlich aus der feindseligen Umwelt herleiten. Wenn sich überhaupt ein Ansatz für eine Psychotherapie bietet, dann ist die Gesprächspsychotherapie wegen ihrer Nichtdirektivität und Klientenzentrierung besonders indiziert, da der hiermit verbundene Respekt vor dem Bezugssystem des Patienten die Möglichkeit eines psychtherapeutischen Zuganges am ehesten eröffnet.

Inkongruenz- und Beziehungskonstellation

Idealtypisch lassen sich folgende Persönlichkeitszüge skizzieren. Im Selbstkonzept ist eine Opferrolle repräsentiert, in der sich die Person als von anderen feindselig und missgünstig beobachtet, beneidet und auch attackiert wähnt. Die Umwelt muss deshalb ständig auf zu erwartende Feindseligkeiten anderer hin kontrolliert werden. Die Person erlebt sich in starker Anspannung, um gegen die Attacken anderer gewappnet zu sein. Im organismischen Erleben besteht das Bedürfnis nach „Täterschaft", d. h. das Bedürfnis einzugreifen, sich zu rächen, seinerseits zu bestrafen. Dieses Bedürfnis wird aber per Projektion nur völlig verzerrt symbolisiert. Ein wesentlicher Faktor dieser Konstellation ist in negativen Beziehungserfahrungen zu sehen. Hier ist v. a. das negative Modell von Eltern zu nennen, die ihrerseits misstrauisch, rechthaberisch, kontrollierend und neidanfällig waren.

Das Beziehungsangebot der Patienten ist oft durch eine Ambitendenz geprägt, wobei die Seite einer scheuen, aber manchmal auch kalt wirkenden Distanzierung und eines feindseligen Misstrauens zunächst zu überwiegen scheint. Im Gegenüber kann dies Ärger und auch Unsicherheit hervorrufen, bis dann die innere Not und Angst des Patienten deutlich wird, die Angst, sich im Gegenüber völlig zu verlieren, sich auszuliefern. Der innere Konflikt zwischen Nähe- und Distanzwunsch ist dadurch bestimmt, dass Anlehnungswünsche, aber auch aggressive Bedürfnisse verleugnet und z. T. projiziert werden. Die Neigung der Patienten, ihre Sicht der Realität mit Nachdruck zu behaupten, kann im Therapeuten ein Gefühl der Hilflosigkeit und Ohnmacht erzeugen und den Impuls, seinerseits „rechthaberisch" zu argumentieren, d. h. den Patienten mit „zwingenden Beweisen" von der Verkehrtheit seiner Sicht zu überzeugen.

Schlüsselthemen bei paranoider Persönlichkeitsstörung

○ Misstrauen und Weltangst
○ Die Opferperspektive
○ Kontaktabwehr und Scham

Behandlungspraxis

Fallbeispiel

Ein 43-jähriger Elektromeister kommt wegen einer Depression in Behandlung, da seine Frau ihn vor kurzem verlassen hat. Grund für ihre Trennung war das in den letzten Jahren für sie unerträgliche Bedürfnis ihres Mannes, die Familie (einschl. 13-jähriger Tochter) als eine Art streng zu behütende Festung anzusehen, da er sich von allen Nachbarn ständig in feindseliger Absicht beobachtet, gedemütigt und auf vielerlei Art geschädigt fühlte. Ihr Mann sei immer ein misstrauischer Mensch gewesen, dies habe sich aber nach Abbruch einer Freundschaft zu einem der Nachbarn vor 3 Jahren sehr verstärkt.

Misstrauen und Weltangst

Die fast wahnhaften Überzeugungen der Patienten, von anderen in feindseliger Absicht beobachtet, gar überwacht zu werden, ständig mit irgendwelchen Attacken oder Gemeinheiten rechnen zu müssen, sollte der Therapeut als ein für den Patienten gültiges Erleben zunächst akzeptieren und einfühlsam begleiten. Andernfalls drohte die Möglichkeit, dass auch der Therapeut vom Patienten schnell in die Front der Feinde gerückt würde. Der empathische Mitvollzug dieses Erlebens dagegen wird dem Patienten helfen, ein erstes zögerliches Vertrauen zu fassen und bereit zu sein, dem Therapeuten mehr Einblick in seine innere Welt zu gewähren. Der Therapeut sollte den Fokus seines Intervenierens auf die emotionalen Reaktionen legen, die durch die scheinbaren Beobachtungen in diesem ausgelöst werden.

T: Diese Entdeckung war sicher sehr beunruhigend für Sie.
T: Ich könnte mir denken, dass Sie da vor lauter Angst die ganze Nacht kein Auge mehr zugekriegt haben.

Hierdurch lenkt der Therapeut den Brennpunkt der Aufmerksamkeit auf das „innere Schlachtfeld", auf die Gefühle und Bedürfnisse des Patienten und dessen Strategien, mit diesen umzugehen. Der Patient wird so angeregt, sich mehr mit sich selbst als mit seiner Umgebung zu beschäftigen.

Im weiteren Fortgang käme es darauf an, zu verdeutlichen, welche emotionalen Reaktionen der Patient in ganz anderen und vor allem auch früheren Situationen zeigte.

T: Sie haben sich immer schon leicht beunruhigen lassen, wenn Sie auf etwas stießen, was Ihnen irgendwie rätselhaft vorkam.

Auf diese Art kann man langsam darauf hinarbeiten, es dem Patienten zu ermöglichen, sein Erleben von Attackiertsein zu hinterfragen und das interpersonale Problem zu einem intrapersonalen werden zu lassen. Ein weiterer Schritt wäre dann, den Patienten zu der Einsicht zu führen, dass er mit seinem Interaktionsverhalten in anderen komplementäre Einstellungen auslöst, dass also das Verhalten der anderen oft nur eine Reaktion auf sein Beziehungsangebot ist. Dies ist am überzeugensten über das *Selbsteinbringen* zu vollziehen.

> T: Sie sind mir jetzt schon sehr vertraut geworden und ich kann fast immer gut verstehen, was Sie bewegt, aber anfangs war ich doch öfter verunsichert, weil Sie auf mich so abweisend wirkten. Vielleicht geht das auch denen so, die Sie noch gar nicht näher kennen.

Opferperspektive

Mit dem letzten Absatz wurde schon darauf hingewiesen, dass es darum geht, den Patienten dazu anzuregen, seine Sichtweise, immer nur das Opfer von grundsätzlich feindseligen anderen zu sein, zu korrigieren. Zwar muss zunächst der Therapeut im Vollzug des *Einfühlenden Verstehens* diese Perspektive übernehmen, um überhaupt Zugang zum Erleben des Patienten zu finden. Aber dann wird er behutsam den Patienten zu einem Perspektivewechsel auffordern. Er kann den Patienten dadurch anregen, seine eigene Sichtweise zu überprüfen, indem er immer wieder auf die stellungnehmende, beurteilende Instanz im Patienten selbst verweist und versucht, die Selbstkritik des Patienten anzuregen.

> T: Sie haben jetzt also ganz sicher den Eindruck, dass Sie tatsächlich immer so komisch auf der Straße angesehen werden.
> T: Sie sind im Moment felsenfest davon überzeugt, dass fast alle Nachbarn Ihnen gegenüber feindselig gesonnen sind, und es scheint Ihnen jetzt ausgeschlossen, daran je zweifeln zu können.

Hiermit macht der Therapeut deutlich, dass es sich um die subjektive Sicht des Patienten handelt, und er fordert diesen indirekt auf, diese Sicht zu überprüfen. Der Therapeut wird dabei in den ersten Kontakten die (paranoide) Sicht des Patienten nur andeutungsweise direkt in Frage stellen. Für ein direkteres Konfrontieren muss sich zunächst eine vertrauensvolle Beziehung entwickeln. Er könnte dann über das *Selbstöffnen* intervenieren.

> T: Ich kann noch nicht richtig einsehen, dass die es alle so auf Sie abgesehen haben sollen, da Sie auf mich eigentlich recht sympathisch wirken.

Bei halbwegs stabilen Patienten, die schon vorsichtig beginnen, sich von ihren Überzeugungen zu distanzieren, käme es jedoch auch sehr darauf an, den spezifischen Ausdrucksgehalt solcher Überzeugungen zu verdeutlichen. Der Therapeut muss deutlich machen, dass er solche Gedanken als Ausdruck der „inneren Welt" des Kranken versteht. Ziel ist dann die „Verinnerlichung" von wahnhaften Beschuldigungen, also die Rücknahme von Projektionen: Nicht die äußere Welt macht etwas mit mir, sondern ich selbst bin Ursprung und Zentrum meines Denkens, Fühlens und Wollens.

> T: Das alles beunruhigt Sie sehr. Aber es ist, als ob Sie vor allem in sich selbst keine Ruhe finden können.

Kontaktabwehr und Scham

Wenn der Patient beginnt, seine bisherigen wahnhaften Überzeugungen zögernd in Frage zu stellen, ist das für ihn auch eine Situation, die mit tiefer Scham verbunden sein kann, und es ist dann auch manchmal Schamabwehr, die es dem Patienten erschwert, dem Therapeuten seinen „Irrtum" einzugestehen. Auch Nähe-Ängste können ihm ein solches Geständnis schwer machen. Denn gerade wenn der Patient sich in seinen eigentlichen Gefühlen und Bedürfnissen tief verstanden fühlt, kann hierdurch eine für ihn bedrohliche Nähe entstehen. So ist es wichtig, dass der Therapeut auch die Zurückweisung durch den Patienten akzeptiert und als Versuch zur Selbstabgrenzung versteht. Der Therapeut sollte aus diesen Gründen auch das Bekunden seiner Anteilnahme und seiner Sorge so dosieren, dass es für den Patienten in seiner Nähe-Angst nicht bedrohlich wird. So gilt es, dem Patienten einerseits Anteilnahme und Wertschätzung deutlich zu machen, andererseits aber auch für sein Bedürfnis nach Distanz sehr sensibel zu sein und es zu respektieren. Durch *Mitteilen von Ähnlichkeit* könnte man indirekt auf diese Kontaktabwehr hinweisen und gleichzeitig dafür Verständnis äußern.

> T: Mich würde das auch wohl ärgern, wenn alle mich so bedrängen würden und mir immer beweisen wollten, dass ich es falsch sehe.

Patienten mit paranoider Persönlichkeitsstörung können wegen ihrer oft ressentimentgeladenen Haltung für den Dialogpartner auf der ersten Blick ein Ärgernis sein. Wenn der Therapeut sich aber das Bezugssystem dieser Patienten wirklich zu eigen macht, kann er auch für diese Patienten nicht nur Verständnis, sondern auch Sympathie empfinden.

5.5 Paranoide Schizophrenie

5.5.1 Diagnostik und Indikation

In der ICD-10 werden 9 Formen der Schizophrenie beschrieben, von denen die paranoide Schizophrenie (F 20.0) die weitaus häufigste ist. Diese Form ist hinsichtlich der für die Psychotherapie relevanten Schlüsselthemen vergleichbar mit der paranoiden Persönlichkeitsstörung, so dass für die Behandlungspraxis in vielem auf das dort Gesagte zu verweisen ist.

Das Gemeinsame zwischen der oben besprochenen Persönlichkeitsstörung und dieser Form der Schizoprenie besteht in der fast unkorrigierbaren Überzeugung von der feindseligen, verfolgenden Motivation anderer. Darüber hinaus ist jedoch phänomenologisch wie hinsichtlich des Erkrankungsverlaufs auf Unterschiede hinzuweisen. Anders als bei Patienten mit einer paranoiden Persönlichkeitsstörung ist bei Schizophrenen diese Überzeugung mit einer mehr oder weniger detaillierten Vorstellung über die Art der Pläne und Aktionen verbunden, mit denen der Andere seine feindselige Einstellung realisieren will. Hierbei werden neutrale Gegebenheiten als geheime Botschaft umgedeutet, Zufälliges wird mit einer nur dem Betroffenen verstehbaren Bedeutung aufgeladen. Das Thema eines solchen Wahns ist nicht immer die Verfolgung, es kann auch das einer besonderen Beziehung oder Sendung sein. Der Kranke wähnt, von einer anderen Person in einer nur durch verschlüsselte Botschaften bekundeten Weise geliebt zu werden oder zu einer besonderen, z. B. welterlösenden Aufgabe berufen zu sein.

Neben dieser Wahnsymptomatik bestehen bei Patienten mit einer paranoiden Schizoprenie häufig auch Störungen der sinnlichen Wahrnehmung wie z. B. akustische, optische und olfatorische Halluzinationen. Außerdem können formale Denkstörungen bestehen. Wenn jedoch einerseits diese Auflistung von spezifischen Symptomen den Unterschied zur paranoiden Persönlichkeitsstörung deutlich machen, so könnten andererseits hinsichtlich mancher biologisch-ätiologischer Faktoren Gemeinsamkeiten bestehen, jedenfalls konnte ein gehäuftes Vorkommen der paranoiden Persönlichkeitsstörung bei Angehörigen von chronisch Schizophrenen beobachtet werden (Kendler et al. 1984).

Mittel und Ziele der Gesprächsführung

Wahnkranke

○ Einfühlen und Verstehen
  ◻ Durch Übernahme der Patientenperspektive Vertrauen schaffen und Zugang zu seiner inneren Welt herstellen.
  ◻ Durch Zentrieren auf Bedürfnisse und Ziele des Patienten Auseinandersetzung mit seinem Selbstkonzept fördern.
  ◻ Durch Anregen der kritischen Selbstbeurteilung wahnhafte Überzeugungen korrigieren.
○ Beziehungsklären
  ◻ Diese Interventionsform setzt eine besondere Nähetoleranz voraus und ist deshalb bei diesen Patienten nur bei sehr stabiler Beziehung und Persönlichkeit anzuwenden.
○ Reales Zugegensein und Selbsteinbringen
  ◻ Durch Mitteilen der emotionalen Resonanz des Therapeuten auf die „Täterschaft" des Patienten verweisen und so die Opferperspektive hinterfragen.
  ◻ Durch Mitteilen von Anteilnahme Verständnis für Kontaktabwehr zeigen und Solidarität zum Ausdruck bringen.

Gesprächsregeln

Paranoide Persönlichkeitsstörung

○ Vollziehen Sie aus der Alter-Ego-Position die wahnhaften Überzeugungen Ihres Patienten empathisch nach und erschließen Sie so seine „innere Welt".
○ Zentrieren Sie dabei auf die Gefühle, die das Erleben von Argwohn begleiten.
○ Vergleichen Sie mit dem Patienten andere Lebenssituationen, in denen dieser ähnlich misstrauisch reagierte.
○ Korrigieren Sie behutsam die Opferperspektive des Patienten, indem sie diesen anregen, sich empathisch gegenüber seinen Konfliktpartnern einzustellen.
○ Respektieren Sie die Scham des Patienten im Zusammenhang mit seinem Erleben, aber sprechen Sie diese auch empathisch an.

Unterschiede gibt es allerdings auch auf der Ebene der Beschreibung der Persönlichkeit. Anders als bei den Patienten mit einer paranoiden Persönlichkeitsstörung lässt sich bei den Schizophrenen auch idealtypisch keine einheitliche Persönlichkeitsstruktur beschreiben. Es lässt sich lediglich sagen, dass diese Patienten gegenüber den persönlichkeitsgestörten hinsichtlich ihres Identitätserlebens meist irritierbarer, eher von der Auflösung ihrer Ich-Grenzen und von krisenhafter Desorganisation bedroht sind. Daraus ergeben sich auch die Unterschiede in der Therapie, die bei Schizophrenen umfassender im Sinne einer regelhaften Kombinationsbehandlung mit Psychopharmaka (Neuroleptika) und zumindest zeitweise in Krisensituationen mit soziotherapeutisch-stabilisierenden bzw. auch verhaltenstherapeutischen Elementen ausgerichtet sein muss.

Das Therapieziel besteht in diesem Fall in der Wahnauflösung durch konstruktive Bewältigung von Beziehungskonflikten, in der Überwindung von Selbstwertkrisen und in der Festigung des Identitätserlebens, verbunden mit der Fähigkeit, die durchgemachte Erkrankung nicht verleugnen zu müssen.

Vor allem die Behandlung der Schizophrenie ist mit frühen Forschungsbemühungen der Gesprächspsychotherapie verbunden. Gemeint ist die breit angelegte Wisconsin-Studie, in der Rogers et al. (1967) die Wirkung der Gesprächspsychotherapie bei langfristig hospitalisierten und z. T. schwer chronifizierten Schizophrenen untersuchten. Es ergab sich hier, dass die Patienten, die sich überhaupt zu einer Selbstauseinandersetzung stimulieren ließen, langfristig (9-Jahres-Katamnese) von der Behandlung profitierten (geringere Rehospitalisierungsrate).

In der Folgezeit beschäftigten sich auch andere Gesprächspsychotherapeuten mit der Behandlung dieser Patienten (Gendlin 1964; Weise u. Weise 1981; Rank et al. 1986; Gaebel 1986; Prouty 1990; Prouty et al. 1998; Binder u. Binder 1991; Teusch 1985, 1986, 1990b, 1994; Teusch et al. 1987). Abgesehen von der Wisconsin-Studie wurden auch in anderen Untersuchungen positive Effekte der Gesprächspsychotherapie nachgewiesen (Truax 1970, Coons u. Peacock 1970; Teusch et al. 1983; Teusch 1994; Tarrier et al. 2000). Teusch (a. a. O.) hatte vor allem positive Effekte bei Patienten nachweisen können, die zwar erkennbare psychopathologische Auffälligkeiten zeigten, aber nicht zu unkritisch flach-euphorisch oder nicht zu autistisch antriebsgemindert waren. Es waren überwiegend Patienten, die nach dem Abklingen einer paranoid-halluzinatorischen Episode zwar noch eine deutliche Minussymptomatik hatten, aber allenfalls nur noch diskret wahngestimmt waren oder/und noch geringfügige Denkstörungen hatten.

Diese Angaben lassen die Frage nach der Indikation stellen. Es dürfte deutlich geworden sein, dass diese (unter der Voraussetzung einer Motivation zur Psychotherapie und mit Ausnahme von akut oder chronisch schwerst gestörten) bei vielen Schizophrenen dann gegeben ist, wenn im Sinne einer adaptiven Indikation eine erhebliche Modifizierung des Verfahrens vorgenommen wird, wie das besonders Prouty (a. a. O.) mit seiner „Prätherapie" deutlich gemacht hat. Bedeutsam für die meisten Schizophrenen sind auch die klientenzentrierte Psychoedukation (Luderer et al. 1994) sowie verhaltenstherapeutische Techniken wie das Trainieren sozialer Kompetenz (Hogarty u. Anderson 1987). Im Folgenden soll nicht von schwerst kranken Schizophrenen, sondern nur von Patienten mit einer wenigstens mäßig guten Introspektions- und Verbalisationsfähigkeit die Rede sein.

5.5.2 Inkongruenz- und Beziehungskonstellation

Ebenso wie sich bei schizophrenen Patienten keine typische Persönlichkeitsstruktur bestimmen lässt, kann auch keine typische Inkongruenzkonstellation angegeben werden. Dies gilt bis zu einem gewissen Grade auch für die Beziehungskonstellation, hinsichtlich einiger Aspekte ist hier auf die entsprechenden Angaben bei den Patienten mit paranoider Persönlichkeitsstörung zu verweisen.

Schlüsselthemen der paranoiden Schizophrenie

- Der Wahn
    - Die Wahnerzählung
    - Die Wahnstimmung
    - Die Wahnbedürfnisse
    - Die Wahnwahrnehmung
    - Handlungsoptionen
- Die formalen Denkstörungen
- Risiken und Chancen

5.5.3 Behandlungspraxis

> **Fallbeispiel**
>
> Der 21-jährige Patient hat vor einem halben Jahr eine Heilpraktikerausbildung abgebrochen, da er unter dem Einfluss von wahnhaften Gedanken und Befürchtungen sowie Konzentrationsstörungen nicht ausbildungsfähig war. Er wähnte, dass ein von ihm bewunderter Mitschüler, dessen Freundschaft er gesucht hatte, seine geheimsten Gedanken erraten und diese auch irgendwie steuern könne, ihn ständig auf verschiedenste Proben stelle und sich darüber auch insgeheim mit den Lehrern austausche. Diese Vorstellungen hatten ihn äußerst beunruhigt und umgetrieben, er konnte kaum noch einen anderen Gedanken fassen und dem Unterricht nicht mehr folgen. Als der Patient in die Psychotherapie kommt, ist er schon medikamentös (Neuroleptika) vorbehandelt. Er ist emotional und kognitiv nicht mehr so desorganisiert und kann sich ansatzweise auch schon von seinen Wahnvorstellungen distanzieren. Es bedrängt ihn aber noch die Frage, ob nicht an seinen Erlebnissen „doch etwas Wahres dran" sei. Er ist auf einer esoterischen Ebene stark mit philosophischen Problemen beschäftigt und wirkt in der Strukturierung des Gedankenablaufs noch leicht beeinträchtigt („assoziativ gelockert").

Hinsichtlich der Schlüsselthemen und ihrer therapeutischen Bearbeitung ist auf die Ausführungen zur paranoiden Persönlichkeitsstörung zu verweisen. Das dort Gesagte hat auch hier weitgehend Gültigkeit, allerdings ist das Kontaktabweisende bei vielen Schizophrenen weniger ausgeprägt, sie wirken meist nicht so feindselig distanziert. Aber andere Themen haben hier eine zusätzliche Bedeutung, besonders sollen der Wahn und die Denkstörungen erörtert werden.

Der Wahn

Bei der Bearbeitung der Wahnsymptomatik sind unterschiedliche Aspekte zu nennen, die für den Therapeuten mit unterschiedlichen Aufgabenstellungen verbunden sind.

Wahnerzählung. Wenn der Patient, oft erst nach anfänglicher Scheu, von seinen (wahnhaften) Erlebnissen erzählt, dann tut er dies in der Hoffnung, einen Anteilnehmenden und Zeugen für das zu finden, was ihm widerfahren ist, jemanden also, der mit ihm das Bedrängende dieses Erlebens teilt. Diese Erwartung darf der Therapeut nicht zurückweisen, indem er sich sofort kritisch einstellt und unmittelbar auf eine Realitätsprüfung drängt. Vielmehr muss er zunächst den Erzähler empathisch durch das erzählte Geschehen begleiten, so etwa durch das *Umakzentuierende Wiederholen* der Patientenäußerungen. Durch diese einfühlsame Teilnahme am Erleben des Patienten kann seine wahnbedingte Isolation ein wenig durchbrochen werden. Indem der Therapeut „hinter dem Vorhang aus Schweigen, Halluzinationen, seltsamen Reden, Feindseligkeit und Gleichgültigkeit" (Rogers 1977, S. 177) versucht, die Person zu sehen und sich mit ihr (nicht mit dem Wahn) zu solidarisieren, schafft er einen Zugang zu dem Patienten und damit die Möglichkeit eines Ausgangs aus dem Wahn.

> T: Es war Ihnen dann, als seien Sie für Ihren Freund völlig durchsichtig, als seien Sie wie ein zweites Ich von ihm.

Bei diesem empathischen Begleiten des Patienten greift der Therapeut das Erzählte so auf, dass der Patient sich einerseits in seinen Sorgen verstanden fühlt, und andererseits bei der Wahnbildung beteiligte Motive dem Patienten zunehmend verstehbar werden. Mit dem Konjunktiv „als seien Sie ..." betont der Therapeut zugleich das Subjektive des Erlebens.

Wahnstimmung. Die Patienten erzählen ihre (wahnhaften) Erlebnisse meist so, dass darin nur scheinbar äußere Ereignisse vorkommen, eben das, was ihnen „zugestoßen" ist. Wenn der Therapeut nun die Gefühle aufgreift, die diese „Ereignisse" in ihnen ausgelöst haben, so betont er damit den subjektiven Aspekt dieses Ereignisses, die Bedeutung der „inneren Welt" und versucht so, die Aufmerksamkeit des Patienten auf diesen Aspekt zu lenken und ihn so zu einem Perspektivwechsel anzuregen: Nicht die äußere, sondern die innere Welt ist das Entscheidende.

> T: Dieses Gefühl, völlig unter der Kontrolle eines anderen zu stehen, hat Sie so beunruhigt.
> T: Dieses Erleben, „da ist einer, der mich sehr gut kennt", war einerseits vielleicht auch schön, andererseits hat es Sie sehr bedrängt und irritiert.

Der Patient soll so lernen, seine Gefühle, auch in ihrer Widersprüchlichkeit, zunehmend exakter zu symbolisieren und zu differenzieren und schließlich diese Widersprüchlichkeit zu verstehen.

Wahnbedürfnis. Aus personzentrierter, ganzheitlicher Perspektive ist der Wahninhalt nicht als ein rein zufälliges, höchstens biologisch erklärbares Phänomen zu sehen, sondern aus dem Erleben der Person heraus zu verstehen. Er stellt unter dieser Perspektive die verzerrte Symbolisierung von Wünschen und Bedürfnissen, natürlich auch tiefen Befürchtungen des Patienten dar. Beim Sendungswahn ist ein Bedürfnis nach Grandiosität offensichtlich. Es klingt oft aber auch im Verfolgungswahn an, wenn etwa der Patient sich als einsamer Protagonist im Fadenkreuz der Geheimdienste der ganzen Welt wähnt. Der Therapeut wird behutsam auf eine exakte Symbolisierung dieser Bedürfnisse hinarbeiten.

> T: Wenn Sie den Eindruck haben, dass so viele es auf Sie abgesehen haben, ist das sicher sehr ängstigend, aber Sie sind damit auch über die meisten Menschen hinausgehoben.

Wahnwahrnehmung. Hier soll der Weg nachgezeichnet werden von der Wahrnehmung bestimmter Ereignisse oder Gegebenheiten bis zu ihrer Umdeutung. Dabei soll der Patient dafür sensibilisiert werden, zwischen Beobachtung und Deutung zu unterscheiden sowie sich die unterschiedlichen Deutungsmöglichkeiten eines Phänomens zu vergegenwärtigen.

> T: Sie hatten beobachtet, dass Ihr Freund lächelte, dass es ein wissendes Lächeln war, das hat erst Ihr Gefühl Ihnen gesagt.

Der Patient soll so lernen zu differenzieren, welche Wahrnehmungsverfälschungen gegenüber der äußeren Situation er durch seine eigenen Erwartungen vornimmt. Dabei muss er angeregt werden, solche Erwartungen präzis wahrzunehmen und zu beschreiben. So wird er fähiger, zunächst verwirrend gegensätzliche Gefühle und Bedürfnisse zu differenzieren. Diese insgesamt strukturierende Arbeit trägt sehr zur Festigung des Identitätserlebens bei. Der Theapeut muss gewissermaßen das Defizit an Klarheit und Struktur des Patienten ausgleichen (Binder u. Binder 1991). Durch dieses viel stärker strukturierende Vorgehen unterscheidet sich natürlich die Arbeit mit ausgeprägt gestörten Schizophrenen deutlich von der Therapie neurotisch Kranker.

Die therapeutische Bezugnahme auf eine stellungnehmende und bewertende Instanz im Patienten soll in besonderer Weise dazu dienen, das Identitätserleben zu stabilisieren und die Selbstdemarkation zu fördern. Es muss die Aufmerksamkeit auf den Beurteilungs- und Bewertungsprozess im Patienten gerichtet werden, um dadurch die Konsistenz des Selbstkonzepts wiederherzustellen, bis in einem späteren Therapiestadium vielleicht sehr vorsichtig die Ausblendungen der organismischen Erfahrung angesprochen und aufgehoben werden können. Ein zu frühes Ansprechen von organismischen Erfahrungen allerdings, etwa von Hingabewünschen, kann aber das Therapieziel der Stabilität und Selbstabgrenzung gefährden.

Indem der Therapeut immer wieder auf die stellungnehmende Urteilsfähigkeit des Patienten verweist, versucht er, die Selbstkritik des Patienten und seine Einsicht anzuregen, dass nicht die äußere Welt, sondern er selbst Ursprung seines Denkens und Fühlens ist.

> T: Sie sind im Moment felsenfest davon überzeugt, dass diese Bemerkung Ihres Freundes nur in diesem Sinne zu verstehen ist und absolut nur Ihnen gegolten hat.
> T: Im Augenblick scheint es Ihnen ausgeschlossen, daran zweifeln zu können.

Indirekt fordert der Therapeut den Patienten so auf, seine subjektive Sicht zu überprüfen. Wenn sich eine vertrauensvolle Beziehung entwickelt hat, wird er durch *Konfrontieren* und *Selbsteinbringen* diese auch direkter in Frage stellen.

> T: Ich sehe, dass Sie weiterhin fest an diesen Zusammenhang glauben. Mir will das aber überhaupt nicht einleuchten.

Handlungsoptionen. Schizophrene Patienten berichten oft nur aus der Opferperspektive und kaum von durchgeführten oder geplanten Gegenmaßnahmen. Hier gilt das schon bei der paranoiden Persönlichkeitsstörung Gesagte. Darüber hinaus kommt es aber nicht nur auf einen Perspektivwechsel, sondern auch auf das Erörtern von Handlungsoptionen an. Wenn sich der Patient mit Möglichkeiten des Handelns auseinandersetzt, gewinnt er nicht nur eine Position als Akteur zurück, sondern es wird ihm oft auch das Irreale, das Absurde seiner Gedanken deutlich.

T: Was sollten Sie in dieser Lage tun? Haben Sie schon überlegt, die Polizei einzuschalten?
T: Vielleicht sprechen Sie ihn einfach mal auf diese Dinge an und teilen ihm Ihre Vermutungen und Befürchtungen mit.

Denkstörungen

Hier sind nicht inhaltliche Denkstörungen, wie z. B. Wahngedanken, sondern formale Denkstörungen gemeint. Wenn die Patienten Schwierigkeiten haben, eine logische Struktur in ihrem Erzählen einzuhalten, wenn sie von einem Gedanken zum anderen springen, in ihrem Denken fahrig und unkonzentriert wirken, die jeweiligen Aussagen nicht „auf den Punkt bringen" können, muss der Therapeut zunächst die Strukturierung stellvertretend übernehmen. Dies kann er tun durch Herausstellen des logischen Aussagesinns, durch Bündelung der Leitgedanken (Teusch 1994) oder Einordnung des Erzählten unter ein zentrales Thema. Oft lässt sich hier die Interventionsform des *Umakzentuierenden Wiederholens* einsetzen im Sinne von „Sie meinen also, dass ..." oder „Sie sind also der Überzeugung, dass ..." oder „Was Sie sagen wollen, ist also einmal, dass ..., und andererseits dass ..."

Risiken und Chancen

Abschließend soll noch auf Risiken und Gefahren der Therapie bzw. auf unerwünschte „Nebenwirkungen" hingewiesen werden (Teusch 1986). Der Therapeut muss bei den verschiedenen Interventionen, die sich aus dem *Einfühlenden Verstehen* ableiten, bedenken, dass ein sehr tiefes Einfühlen und Verstehen für Schizophrene sehr irritierend und ängstigend sein kann. Insbesondere wenn sie noch in einem stärker gestörten Zustand sind, können sie schnell das Gefühl bekommen, der Therapeut könne ihre geheimsten Gedanken lesen. Der Therapeut muss also hier seine Empathie bzw. das, was er davon dem Patienten mitteilt, behutsam dosieren. Anderenfalls kann gerade durch die Empathie das Ziel der Selbstabgrenzung und der Autonomie in Frage gestellt werden. Darüber hinaus gilt auch hier uneingeschränkt die Bedeutung des *Bedingungsfreien Akzeptierens*. Die Realisierung dieses Prinzips, dieser tiefen bejahenden, den Patienten in seinem Sosein anerkennenden Grundhaltung, ist der erste Schritt, ihn aus seiner Isolation zu befreien.

Mittel und Ziele der Gesprächsführung

Schizophrenie

○ Einfühlen und Verstehen
  ❏ Durch empathisches Nachvollziehen des Wahnerlebens dem Patienten in seiner Einsamkeit beiseitestehen
  ❏ Durch Aufgreifen von Gefühlen und Bedürfnissen die im Wahnerleben wirksamen Motive klären
  ❏ Durch *konkretisierendes Verstehen* die psychosoziale Wahrnehmung präzisieren
  ❏ Durch *umakzentuierendes Wiederholen* Strukturierungshilfen geben (u. a. Bündelung der Leitgedanken)
○ Beziehungsklären
  ❏ Durch Aufgreifen der Beziehungserwartungen Misstrauen gegenüber dem Therapeuten klären
○ Reales Zugegensein und Selbsteinbringen
  ❏ Durch *Anbieten alternativer Erlebnisweisen* wahnkorrigierende Interpretationsalternativen aufzeigen
  ❏ Durch *Mitteilen von Beurteilungen und Hinweisen* Handlungsalternativen aufzeigen
  ❏ Durch *Mitteilen der emotionalen Resonanz* des Therapeuten Wahngewissheit in Frage stellen

---

Gesprächsregeln

Schizophrenie

○ Geben Sie dem Schizophrenen das Gefühl, dass Sie seine Gedanken, auch die wahnhafter Art, als für ihn bedeutsam anerkennen. Bekunden Sie Ihr Bemühen, diese zu verstehen.
○ Zeigen Sie ihm, dass Sie sein Bedürfnis nach Distanz akzeptieren. Lassen Sie sich durch seine evtl. Zurückweisung nicht frustrieren.
○ Helfen Sie dem Kranken, seine Gedanken und Erlebnisse präzise zu benennen, zu unterscheiden und zu ordnen.
○ Beziehen Sie (beim selbstkonzeptbezogenen Verstehen) die Äußerungen des Patienten nachdrücklich auf die wertende und stellungnehmende Instanz in ihm selbst und vermitteln Sie ihm, dass er selbst Zentrum seines Denkens, Erlebens und Handelns ist.

○ Fördern Sie das Vertrauen des Patienten in seiner Wahrnehmungsfähigkeit und regen Sie gleichzeitig auch seine Möglichkeit zur Selbstkritik an.
○ Teilen Sie dem Patienten Ihre Sicht der „Realität" in möglichst persönlicher und authentischer Weise mit.
○ Seien Sie für Ihren Patienten transparent, und lassen Sie zu, dass das Subjektive und Angreifbare auch Ihrer Äußerungen und Stellungnahmen deutlich wird.

5.6 Alkoholabhängigkeit

5.6.1 Diagnostik und Indikation

Um die Diagnose einer Alkoholabhängigkeit (F10.2) stellen zu können, müssen nach ICD-10 von den folgenden Kriterien zumindest drei erfüllt sein: starker Wunsch nach Alkohol, verminderte Kontrollfähigkeit beim Alkoholgebrauch, Entzugssymptome und Versuch, diese mit Alkohol zu mindern, Toleranzentwicklung (zunehmende Dosissteigerung, um gleichen Effekt zu erzielen), Fixierung des Gesamtverhaltens auf Alkoholeinahme, Vernachlässigung von Interessen, Alkoholkonsum trotz Wissens um schädliche Wirkung.

Unter den Aspekten einer Indikation für die Gesprächspsychotherapie sollten hier nicht unbedingt schon alle Kriterien voll erfüllt sein. Dies lässt sich auch so formulieren, dass die Alkoholerkrankung nicht allzu fortgeschritten sein sollte. Im letzteren Falle könnte die eigentliche Inkongruenzproblematik kaum noch fassbar und auch die Persönlichkeit durch den Alkohol geschädigt sein („Persönlichkeitsnivellierung"). Andererseits kann das Problem der Diagnose darin bestehen, dass hier nicht selten keine ganz zutreffenden, sondern eher „beschönigende" Angaben gemacht werden.

Bei der Unterscheidung zwischen „Problemtrinkern" und „Gewohnheitstrinkern" ist natürlich vor allem bei Ersteren an den Einsatz einer Gesprächspsychotherapie zu denken, da Letztere ja durch den rein gewohnheitsmäßigen Missbrauch zunächst nur eine körperliche Abhängigkeit entwickeln und so oftmals nur ein geringes Problembewusstsein und das Erleben einer Inkongruenzspannung haben. Die Gesprächspsychotherapie ist bei Alkoholikern angezeigt, wenn die für dieses Verfahren genannten allgemeinen Indikationskriterien erfüllt sind (s. Kap. 4). Hinsichtlich einer Adaptation dieses Verfahrens an diese spezifische Klientel ist auf die Ausführungen zu den Persönlichkeitsstörungen zu verweisen, für die Behandlungspraxis ergeben sich Analogien zu dem dort Gesagten. Zwar haben nicht alle Alkoholiker auch eine Persönlichkeitsstörung, jedoch bewirkt insbesondere der längerfristige Einfluss der Droge selbst, dass die entsprechenden Besonderheiten des therapeutischen Vorgehens auch hier zu beachten sind. Dies sind eine stärkere Direktivität sowie die vielfältigen Implikationen des Therapieprinzips *Echtheit* bzw. *reales Zugegensein*. Es ist nämlich zu beachten, dass im Unterschied zu fast allen anderen Störungen das Symptom der Alkoholeinnahme eine unmittelbar positive (verstärkende) Wirkung hat, sodass die Motivation des Patienten zur Symptombeseitigung zunächst meist zwiespältig ist. Deshalb ist ein therapeutisches Vorgehen gefordert, das nicht nur durch Einfühlen und Verstehen, sondern auch durch *Konfrontation* und *Selbsteinbringen* gekennzeichnet ist.

In der Regel empfiehlt sich für die Behandlung von Alkoholkranken ein multimodaler Ansatz, in dem das klärungsorientierte Verfahren mit einem bewältigungs- bzw. lösungsorientierten und die sozialen Fertigkeiten trainierenden Vorgehen kombiniert ist. Dies ist unter stationären Bedingungen auch fast immer gegeben und insofern ist es günstig, wenn bei schwereren Verläufen eine solche Behandlung der ambulanten vorgeschaltet wird. Für die ambulante Gesprächspsychotherapie ist zumindest der zusätzliche Besuch einer Selbsthilfegruppe zu fordern. Selbstverständlich ist das Einhalten der Abstinenz (gelegentliche, kurzfristige Rückfälle ausgenommen) eine wichtige Voraussetzung für eine Gesprächspsychotherapie.

Für die Gesprächspsychotherapie bei diesem Störungsbild liegen eine Reihe von Erfahrungsberichten sowie störungs- und therapietheoretische Konzeptbschreibungen vor, so von Feselmayer u. Heinzl 1985; Luderer 1986; Genser 1987; Jülisch-Tscheulin 1988; Swildens 1991; Fiedler 1998; Tasseit 1997, 1999; Mitterhuber u. Wolschlager 2001; Finke u. Teusch 2001, 2002; Keil 2002; Bensel 2003. Empirische Studien zur Effektivität der Gesprächspsychotherapie ergaben recht zufriedenstellende Ergebnisse hinsichtlich der Abstinenz als auch der Minderung von Angst und Depressivität, der Zunahme an Selbstvertrauen und dem Erleben von sozialer Kompetenz (Ends u. Page 1957, 1959; Böhme et al. 1998; Speierer 1998, 2000).

5.6.2 Inkongruenz- und Beziehungskonstellation

Da es „den Süchtigen" bzw. „den Alkoholiker" nicht gibt und alle Versuche, eine Grundstruktur des Süchtigen herauszustellen, empirisch nicht belegt werden konnten (Mann u. Günthner 1999), kann hier auch keine typische Inkongruenzkonstellation beschrieben werden. Allerdings kann angenommen werden, dass zumindest viele Alkoholkranke schon wegen der sozialen Diskreditierung dieser Erkrankung ein negatives Selbstkonzept sowie Schuld- und Schamgefühle haben. Diese Gefühle sind aber für den Abhängigen nur schwer zu ertragen und werden heftig abgewehrt, zum Teil durch erneutes Trinken, andererseits werden sie auch nur vage symbolisiert. Dies geht einher mit der Verleugnung der Abhängigkeit und Therapiebedürftigkeit sowie dem Versuch, gegen die untergründigen Zweifel die Überzeugung aufrecht zu halten, es „allein zu schaffen". Bei Patienten, die sich zu einer Psychotherapie entschlossen haben bzw. dazu motiviert werden konnten, ist diese Verleugnung zwar zurückgenommen, Ansätze dazu finden sich aber auch hier nicht selten noch.

Eine Folge davon ist, dass Suchtpatienten oft in ihrem Beziehungsangebot ambivalent bleiben, dass sie teilweise angstvoll darum bemüht sind, den Therapeuten, z. B. durch Reden über externale Belanglosigkeiten, eventuell sogar durch Falschdarstellungen ihrer Suchtgeschichte (die berühmte Unwahrhaftigkeit des Süchtigen) auf Distanz zu halten. Diese spürbare Abwehr kann den Therapeuten erst verunsichern und dann verärgern und misstrauisch machen, sodass es ihm schwer wird, seinerseits sein Beziehungsangebot von empathischer Zuwendung aufrechtzuerhalten und das geschilderte Verhalten konsequent und einfühlsam als angstvolle Flucht vor der therapeutischen Begegnung und damit auch vor der Begegnung mit sich selbst zu verstehen. Wichtig ist hier, dass der Therapeut seine negative emotionale Resonanz auf den Patienten seinerseits nicht verleugnet, sondern sich diese deutlich vergegenwärtigt, um sie so konstruktiv bewältigen zu können.

> **Schlüsselthemen der Alkoholabhängigkeit**
> ○ Trink- und Abstinenzmotivation
> ○ Rauscherleben und Suche nach Erfüllung
> ○ Rückfallprävention und Rückfallbearbeitung
> ○ Bewältigung negativer Emotionen: Scham- und Schuldgefühle, Angst, Ärger

5.6.3 Behandlungspraxis

Auf eine Fallskizze wird hier verzichtet, weil diese suggerieren könnte, dass es doch den Prototyp des Süchtigen gäbe. Bei Süchtigen finden sich aber, wie schon gesagt, unterschiedliche Persönlichkeitsstrukturen bzw., im pathologischen Fall, unterschiedliche Persönlichkeitsstörungen. Die Alkoholabhängigkeit geht häufig mit einer Komorbidität, z. B. einer depressiven oder einer Angststörung oder/und eben einer Persönlichkeitsstörung einher. Ein entscheidender Bereich der für eine Psychotherapie des Alkoholabhängigen wichtigen Thematik wird durch diese Komorbidität bestimmt und ist hier in den schon behandelten Kapiteln nachzusehen. Im Folgenden sollen lediglich die von der Suchtproblematik selbst unmittelbar vorgegebenen Schlüsselthemen behandelt werden.

Trink- und Abstinenzmotivation

Auch bei einem Patienten mit einer Alkoholabhängigkeit, der sich zu einer Psychotherapie entschlossen hat, kann das therapeutische Gespräch schon bald um Themen kreisen, wie sie auch in der Psychotherapie von Patienten mit anderen Störungen üblich sind, Beziehungskonflikte, Schwierigkeiten beim Finden von Lebenszielen und Wertentscheidungen, Selbstklärungen und Auseinandersetzungen mit eigenen Gefühlen und Bedürfnissen. Dann kann es scheinen, als würde das Alkoholproblem gar keine Rolle mehr spielen. Hier mag die Abwehr des Patienten eine Rolle spielen, der nur allzu gern sein schambesetztes Problem vergessen machen möchte. In dieser Abwehr kann er aber unwillentlich vom Therapeuten unterstützt werden, wenn auch dieser das „unappetitliche" und mit dem Bild des recht sympathischen Patienten doch eigentlich gar nicht vereinbare Symptom der Alkoholsucht als längst überwunden betrachten möchte.

Besonders beim Umgang mit Patienten dieser Störung kommt es darauf an, dass der Therapeut seine eigene, zunächst meist nicht exakt symbolisierte Resonanz auf die Person des Patienten wie auf die Störung als solche reflektiert. Denn natürlich sind auch Therapeuten nicht davor gefeit, entgegen ihrer angestrebten professionellen Haltung gesellschaftlich vorgegebenen Bewertungsstereotypien zu unterliegen. So muss der Therapeut in verschiedener Hinsicht gegenüber sich selbst wachsam sein, die Suchtthematik im Fokus seiner Aufmerksamkeit behalten und im Laufe der Therapie immer wieder einmal ansprechen. Dabei wird er einerseits die Abstinenzmotivation überprüfen und andererseits die verschiedenen Situationen, Schwierigkeiten und Probleme des Patienten vor dem Hintergrund der Alkoholabhängigkeit zu verstehen suchen. Er wird vor allem auf die Problemlösungsfunktion des Alkohols zentrieren.

> T: Nur unter Alkohol konnten Sie sich stark fühlen und sich selbst besser akzeptieren.
> T: Diese Schwierigkeiten hatten Sie früher nicht, es fiel Ihnen unter Alkohol viel leichter, mit anderen in Kontakt zu kommen.

Weicht der Patient bei Bezugnahme auf seinen Alkoholmissbrauch aus, wird der Therapeut gelegentlich in entsprechenden Situationen die therapeutische Beziehung thematisieren, denn er muss damit rechnen, dass der Patient ihm eine Haltung von Angst und Skepsis entgegenbringt, ob der Therapeut ihn nicht insgeheim verurteilt und verachtet.

> T: Vielleicht weichen Sie manchmal dem Thema Alkohol aus, weil Sie zweifeln, ob ich Sie da wirklich verstehe und nicht verurteile.

Der Patient soll sich immer erneut vergegenwärtigen, welche Schwierigkeiten in welchen Situationen er mit Alkohol er zu bewältigen suchte, unter welchen Bedingungen er heute seine Abstinenz aufrechterhalten könnte und was diese ihm wert ist.

> T: Unter Alkohol konnten Sie anderen gegenüber viel ausgeglichener sein, sodass das Trinken in machen Situationen vielleicht immer noch eine Versuchung für Sie ist.
> T: Ohne Alkohol sind solche Situationen also viel schwieriger für Sie.

Hierbei ergibt sich dann meist auch der Zugang zum verstehenden Erhellen einer spezifischen Persönlichkeitsproblematik bzw. zu dem einer bestimmten Persönlichkeitsstörung.

Rauscherleben und Suche nach Erfüllung

Bisher wurde eine eher kritische und Änderung einfordernde Sichtweise gegenüber dem Phänomen Alkoholismus beschrieben. Für ein Verstehen dieses Phänomens ist allerdings auch eine anerkennende, Geltung gewährende Perspektive insofern nötig, als nur so voll in den Blick gerät, was der Patient im Alkoholrausch sucht. Dies können beglückende Gefühle im Zustand der Selbstentgrenzung sein oder ein Erleben tiefer Erfülltheit in rauschhafter Ergriffenheit und Verausgabung. Diese Bedürfnisse und Sehnsüchte sind zunächst anzuerkennen.

> T: Im Rausch fühlen Sie sich dann wie befreit, auch befreit von sich selbst und von aller Banalität des Alltäglichen.

Diese Anerkennung muss freilich dem Patienten selbst oft erst abgerungen werden, da er schuldhaft solche Bedürfnisse verurteilt und sie sich so kaum eingestehen kann. Erst das *Bedingungsfreie Akzeptieren* des Therapeuten ermöglicht hier dem Patienten oft die Selbstakzeptanz. Eine exakte Symbolisierung dieser Bedürfnisse ist jedoch wichtig, schon um sich mit ihnen gelassen auseinander setzen und ggf. andere Wege zu ihrer Befriedigung suchen zu können.

Rückfallprävention und Rückfallbearbeitung

Mit den letztgenannten Interventionsbeispielen wurde natürlich auch schon im Sinne einer Rückfallprävention gearbeitet. Da nicht wenige Abhängige in der ersten Zeit der Abstinenz die Möglichkeit eines Rückfalls stark verleugnen, ist es die Aufgabe des Therapeuten, diesen präventiv z. B. über das *Mitteilen von Anteilnahme und Sorge* zu thematisieren.

> T: Ich sorge mich, dass Sie zu wenig auf die Gefahr achtgeben könnten, in einer schwierigen Situation doch wieder zum Alkohol zu greifen.

Hier ist zunächst ein Hinweis auf das Problem der Rückfalldefinition angebracht: Es kann darunter ein einmaliges oder höchstens wenige Tage anhaltendes Trinken verstanden werden. In diesem Fall wäre ein solcher Rückfall, auch wenn er sich gelegentlich noch einmal wiederholen sollte, nicht als das Scheitern der vorangegangenen Therapie zu werten. Anders ist dies natürlich zu beurteilen, wenn der Rückfall als Rückkehr zum ursprünglichen Trinkverhalten definiert wird.

Im Zusammenhang mit dem nun zu Erörternden soll hier „Rückfall" im ersteren Sinne, also als ein zeitlich sehr befristetes Trinken verstanden werden.

Die ausführliche und geduldige Auseinandersetzung mit dem Symptomverhalten steht bei Abhängigen auch im Dienst einer Rückfallprophylaxe. Hier geht es darum, gerade die individuellen Risikofaktoren ebenso detailliert wie erlebnisaktivierend zu erarbeiten (Körkel 1999). In diesem Sinne soll sich der Patient die verschiedenen Situationen und Stimmungen, die für ihn mit einer Rückfallgefährdung einhergehen könnten, vorstellen. Oft scheuen sich die Patienten, hier ihr mögliches Erleben detailliert zu imaginieren. Der Therapeut wird in diesem Falle dem Patienten vorgreifen und entsprechende Verstehensangebote machen:

> T: Dann ist es wieder diese quälende Unruhe, die Sie immer noch an Alkohol denken lässt.
> T: Sie haben dann das Gefühl, dass irgend etwas Großartiges passieren müsste und dass Sie mit dem Griff zur Flasche dem Gefühl der Einförmigkeit und der Leere entfliehen könnten.

Mit dem Verdeutlichen der potenziell rückfallauslösenden Situation bespricht der Therapeut dann meist auch schon eine wichtige Persönlichkeitsproblematik oder einen bedeutsamen Beziehungskonflikt an.

Ebenso wichtig wie das vielschichtige Klären und Verdeutlichen der rückfallauslösenden Situation ist das Vergegenwärtigen jener Erlebnisweisen, die unmittelbar einem Rückfall folgen. Denn hier geht es darum, einen entscheidenden Circulus vitiosus zu unterbrechen.

> T: Eigentlich hatten Sie sich dann über Ihren Mann furchtbar geärgert, aber es schien Ihnen ungefährlicher zu sein, diesen Ärger im Alkohol zu ersticken. Und nun zermartern Sie sich mit Schuldgefühlen und Ärger über sich selbst, schon weil Ihr Mann so wieder Recht behalten hat.

Die unmittelbare Reaktion des Patienten auf das erneute Trinken sind nach einem sehr anfänglichen Gefühl der Spannungslösung und Erleichterung häufig schwere Schuld- und Schamgefühle. Diese veranlassen ihn dann nicht selten zum Weitertrinken, um dem belastenden Gefühlsdruck zu entgehen. Es kommt deshalb darauf an, den Patienten von solch dysfunktionalen Schuldgefühlen zu entlasten. Dies kann nicht dadurch geschehen, dass der Therapeut solche Gefühle bagatellisiert und einfach nur auf ihre Unsinnigkeit bzw. Dysfunktionalität hinweist, sondern vielmehr dass er dem Erleben solcher Gefühle zusammen mit dem Patienten geduldig nachgeht, um den Zusammenhang mit anderen Emotionen, Motivationen und Kognitionen einfühlsam zu erkunden (wie etwa bei den depressiven Störungen erörtert). Diese wiederholte und erlebnisaktivierende Vergegenwärtigung solcher Zusammenhänge trägt wesentlich zur Änderung der entscheidenden Erlebnismuster bei.

Zur Rückfallprophylaxe wie zur Rückfallbearbeitung gehören natürlich auch Hinweise und Erörterungen, die die Verhaltensebene betreffen. Hier geht es darum, zusammen mit dem Patienten zu erkunden, was er unmittelbar tun soll, wenn er deutlichen Trinkdruck spürt oder wenn es bereits zu einem Rückfall gekommen ist, ob er Freunde anrufen soll oder sich am Tag darauf zumindest telefonisch mit seinem Therapeuten in Verbindung setzt.

Bewältigung negativer Emotionen

Alkoholabhängen fällt es schwer, negative Emotionen zu ertragen, schon weil sie wenig „Übung" darin haben, da sie solche Unlustgefühle immer mit Alkohol „zugeschüttet" haben. Deshalb können sie solche Gefühle nur sehr ungenau wahrnehmen und von anderen Gefühlen unterscheiden. So kommt es darauf an, die Toleranz für solche Gefühle wie die Fähigkeit, sie exakt zu symbolisieren, zu erhöhen. Ein erster Schritt dazu besteht darin, sich solche Gefühle überhaupt einzugestehen, sie sodann möglichst detailliert in ihren verschiedenen Facetten zu vergegenwärtigen und sie schließlich in ihrem Zusammenhang mit anderen Gefühlen und Bedürfnissen sowie verschiedenen Lebenssituationen zu verstehen.

Scham- und Schuldgefühle. Scham- und Schuldgefühle sind sowohl die Folge des Alkoholmissbrauchs wie oft auch dessen Ursache, da sie den Patienten zum Weitertrinken bewegen, um sich so dieser für ihn unerträglichen Gefühle zu entledigen. Der Therapeut muss taktvoll diese Gefühle ansprechen, um so dem Patienten zu helfen, sie möglichst deutlich wahrzunehmen und sich mit ihnen auseinander zu setzen.

> T: Es ist schwer für Sie, diese Scham zu ertragen, wenn Sie wieder einmal getrunken haben.
> T: Sie empfinden diese Peinlichkeit dann als schier unerträglich, und das zwingt Sie oft zum Weitertrinken.

Um eine konstruktive Bewältigung dieser Gefühle zu ermöglichen, sollte der Therapeut auch im Rahmen der *Dialogbeziehung* bzw. des Prinzips *Echtheit* korrigierende Hinweise geben.

> T: Ich kann gut nachempfinden, wie elend Ihnen da dann zumute ist, aber Sie könnten mal regelrecht üben, dieses miese Gefühl einfach auszuhalten. Wie könnten Sie das schaffen, wodurch würde Ihnen das erleichtert, vielleicht wenn Sie jemanden anrufen oder aufsuchen würden, oder was käme sonst noch in Frage?

Auch der Zusammenhang solcher Gefühle mit Merkmalen der eigenen Persönlichkeit wie mit bestimmten Beziehungskonflikten ist verstehend herauszuarbeiten.

> T: Sie sind dann so tief beschämt, weil Sie wieder mal Ihre eigenen Ansprüche und auch die Erwartungen Ihrer Frau nicht erfüllt haben.

Angst. Auch die Angst spielt beim Alkoholismus eine mehrfache Rolle, sie kann sowohl Folge wie Ursache der Alkoholabhängigkeit sein. Hinsichtlich der erstgenannten Möglichkeit ist sie oft ihrerseits eine Reaktion auf die befürchteten Folgen der Sucht, nämlich den Verlust an Anerkennung und Zuwendung, aber auch den Verlust von Einfluss, beruflicher Stellung und sozialem Eingebundensein (z. B. Ehe). Diese Angst bedingt dann wieder andere Verhaltensweisen wie das Verheimlichen und das „Lügen" der Alkoholiker, die dann ihrerseits wiederum den Verlust von Anerkennung und von Zuneigung beschleunigen. In einem verstehenden Zugang zur Angst müssen diese Zusammenhänge verdeutlicht werden. Von hier aus ergibt sich ein solcher Zugang auch zu den Beziehungserwartungen und Beziehungskonflikten des Patienten, etwa zu der Beziehung zum Ehepartner, der möglicherweise in der Rolle des Ko-Abhängigen fungiert.

> T: Ihre Angst vor Zurückweisung und Kritik war so groß, dass Sie lieber all die quälenden Heimlichkeiten in Kauf genommen haben.

Vor allem bei Patienten mit Angststörungen kann die Angst aber auch die Ursache des Alkoholmissbrauchs, aus dem sich dann häufig eine Abhängigkeit entwickelt, sein. Die Alkoholeinnahme kann in solch einem Fall als eine Art Selbstmedikation verstanden werden, da der Patient sich nur unter Alkohol z. B. traut, das Haus zu verlassen oder Geselligkeiten aufzusuchen.

> T: Nur unter Alkohol konnten Sie die Angst und die Unsicherheit, die Sie unter all den Menschen überfiel, aushalten.

Es kommt hier darauf an, die Bewältigungsfunktion der Alkoholwirkung herauszuarbeiten, um dann gemeinsam nach anderen Bewältigungshilfen zu suchen. Darüber hinaus ergeben sich hier natürlich Parallelen zum schon genannten Vorgehen bei den Angststörungen.

Ärger. Auch Ärger kann zum Alkoholmissbrauch führen, wenn dieses Gefühl für den Betreffenden unerträglich wird. Dies ist vor allem der Fall bei Personen, die z. B. wegen Kontakthemmungen und Selbstunsicherheit ihren Ärger nicht ausdrücken können. Sie können sich dann nur noch durch Alkoholeinnahme von der zunehmenden inneren Spannung, in die sie durch den „heruntergeschluckten" Ärger geraten, erlösen.

> T: Wenn Sie es wagen würden, Ihrer Frau bei diesem Thema auch einmal zu widersprechen, brauchten Sie vielleicht weniger zum Alkohol zu greifen.

Hinsichtlich bedeutsamer Schlüsselthemen und des therapeutischen Vorgehens ergeben sich hier Parallelen zu den Ausführungen über die depressiven Störungen. Dieser Verweis macht aber auch deutlich, dass nicht alle Personen, die mit dem Problem der Äußerungshemmung von Ärger zu tun haben, den Alkohol (oder eine andere Droge) als Bewältigungsinstrument benutzen. Deshalb ergibt sich für die Alkoholabhängige die Notwendigkeit auch spezifischer Strategien zur Entwicklung sowohl von mehr Ärgertoleranz wie von konstruktiverer Ärgerbewältigung.

Dies trifft auch für Personen zu, die ihren Ärger nur in einer unangemessenen, d. h. beziehungszerstörerischen Weise äußern können. Sie nehmen Alkohol, um ihre unerträgliche Wutspannung zu mildern, aber auch, um Wutausbrüchen durch Dämpfung zuvorzukommen. Da es sich dabei meist um Patienten handelt, bei denen man auch eine instabile Persönlichkeitsstörung bzw. eine Borderline-Störung annehmen muss oder, wenn Kränkungswut eine Rolle spielt, evtl. auch eine narzisstische Störung, ergeben sich bei diesen Themen behandlungstechnisch viele Gemeinsamkeiten mit dem Vorgehen bei diesen Störungen.

Mittel und Ziele der Gesprächsführung

Alkoholabhängige

- Einfühlen und Verstehen
  - Durch Hinweise auf Alkohol als Bewältigungsmittel für die auch künftige Gefahr dieses Mittels sensibilisieren und so Rückfallprävention betreiben.
  - Durch Aufreifen von Gefühlen der Scham, Schuld, Angst und des Ärgers die Wahrnehmung und das (alkoholfreie) Ertragen dieser Gefühle fördern.
  - Durch Ansprechen von Beziehungskonflikten die maladaptive Rolle des Alkohols bei der Regulierung dieser Konflikte verdeutlichen.
- Beziehungsklären
  - Durch Thematisieren der therapeutischen Beziehung die möglichen Ängste und Vorbehalte des Patienten gegenüber dem Therapeuten klären.
- Reales Zugegensein und Selbsteinbringen
  - Durch Mitteilen von Anteilnahme und Sorge unkritischen Änderungsoptimismus hinterfragen und damit Rückfallprävention betreiben.
  - Nach Rückfall durch Mitteilen von Anteilnahme und Anbieten einer alternativen Erlebnisweise von dysfunktionalen Schuldgefühlen entlasten und Selbstgefühl stabilisieren.
  - Durch Mitteilen von Beurteilungen und Ratschlägen die Toleranzfähigkeit für negative Emotionen verbessern.

Gesprächsregeln

Alkoholabhängigkeit

- Versuchen Sie, den Alkoholkranken auch in seinem Verleugnen und Beschönigen zu akzeptieren, aber klären Sie auch verstehend die Motive dieses Verhaltens.
- Sprechen Sie die Rolle des Alkohols in seinem bisherigen Leben, bei der Bewältigung seiner Emotionen und Beziehungskonflikte, einfühlsam an.
- Thematisieren Sie die therapeutische Beziehung, wenn der Patient dieser Ansprache ausweicht.
- Helfen Sie durch Mitteilen von Anteilnahme, Ratschlägen und Hinweisen, die Kompetenz zur Emotions- und Konfliktbewältigung zu verbessern.
- Geben sie dem Patienten Gelegenheit, sich intensiv mit den Möglichkeiten eines Rückfalls auseinanderzusetzen.
- Klären Sie insbesondere die Bedeutung von Scham-, Schuld-, Angst- und Ärgergefühlen für das Trinkverhalten.

5.7 Essstörungen

In der ICD-10 werden 3 bzw. (mit Unterformen) 5 Formen von Essstörungen unterschieden:
- Anorexia nervosa (Magersucht) F50.0
- atypische Anorexia nervosa (nicht alle Kriterien sind erfüllt) F50.1
- Bulimia nervosa (Bulimie) F 50.2
- atypische Bulimia nervosa (nicht alle Kriterien sind erfüllt) F50.3
- Essattacken bei anderen psychischen Störungen (Esssucht mit Übergewicht) F 50.4

Hier soll die Bulimie (F 50.2) erörtert werden, da sie einerseits eine besonders markantes Störungsbild darstellt sowie auch etwa gegenüber der Anorexie viel häufiger ist (Erkrankungshäufigkeit von ca. 5% gegenüber 0,8–1%) und sich auch eher rein ambulant behandeln lässt.

5.7.1 Diagnostik und Indikation

Nach ICD-10 sind 4 Kriterien für das Stellen der Diagnose „Bulimie" erforderlich:
- Häufiges Denken an Essen, Gier nach Nahrungsmitteln, Essattacken
- Entgegensteuern durch Erbrechen, Missbrauch von Abführmitteln und Appetitzüglern
- Ständige Furcht, zu dick zu werden bei normalem oder leichtem Untergewicht
- In der Vorgeschichte Anorexie oder zumindest Diät- und Fastenkuren

Die Patienten kommen, im Gegensatz zu Magersuchtpatienten, meist von sich aus in die Behandlung, obwohl das erstmalige Sprechen über die Symptomatik mit großen Schamgefühlen verbunden ist. Zu Beginn und z. T. auch noch während der Therapie ist eine körperliche Diagnostik nötig, da sich vor allem durch das häufige selbstinduzierte Erbrechen körperliche Folgeschäden eingestellt haben können. Hier sind besonders zu nennen ein erniedrigter Kaliumspiegel im Blut, der zu Störungen der Herztätigkeit führen kann, Schädigungen der Zähne durch den häufigen Kontakt mit der Magensalzsäure beim Erbrechen und eine Amenorrhoe. In psychischer Hinsicht besteht oft auch eine Depressivität.

Die Indikation für eine Gesprächspsychotherapie ist insbesondere bei den keineswegs seltenen Patienten gegeben, die ein hohes, spontanes Bedürfnis nach Selbstexploration haben. Es wird bei Essstörungen häufig ein multimodales Vorgehen empfohlen, d. h. dass neben einer klärungsorientierten Therapie verhaltenstherapeutische, lösungsorientierte sowie das Essverhalten betreffende, aber auch körpertherapeutische Maßnahmen zum Einsatz kommen. Bei einer ambulanten Therapie ist dies nicht immer leicht zu organisieren, wenigstens sollte der Patient neben der Gesprächspsychotherapie eine symptomorientiert arbeitende Selbsthilfegruppe aufsuchen. Dies hat auch den Vorteil, dass der Therapeut weitgehend konzeptkonform vorgehen kann, d. h. seine Suchhaltung auf die „innere Welt" des Patienten ausrichten kann und sich nicht ständig um das Essverhalten des Patienten sorgen muss. Auf Seiten des Patienten kann gerade dies die Bereitschaft zur Selbsterkundung erhöhen. Allerdings sollte der Therapeut nachdenklich werden, wenn trotz scheinbar guter Selbstexploration das Ess- und Brechverhalten sich nicht bessert. Dann ist u. U. eine Konzeptänderung zu erwägen. Grundsätzlich bleibt die Frage der therapeutischen Aufmerksamkeitsausrichtung bei Essgestörten ein Problem. Bestehen schwere Symptome mit sehr häufigen Ess- und Brechattacken und zusätzlich auch noch deutliche Hinweise auf eine Persönlichkeitsstörung, ist meist eine stationäre Vorbehandlung angezeigt.

Falldarstellungen und Konzeptbeschreibungen für die Gesprächspsychotherapie bei Essstörungen liegen bisher nur in geringerer Zahl vor (z. B. Hölzle 1986; Uhde 1986; Swildens 1991; Bettermann et al. 1996; Petersen 1996, 1997). In empirischen Untersuchungen konnte eine deutliche Besserung des Essverhaltens, eine Abnahme von Depressivität und eine Verbesserung des Selbstwerterlebens und des Autonomieerlebens festgestellt werden (Bettermann et al. 1996; Böhme et al. 1998).

5.7.2 Inkongruenz- und Beziehungskonstellation

Von der Anorexie und Bulimie sind überwiegend Frauen betroffen. Dies deutet darauf hin, dass eine Ursache dieser Störungen, wohl stärker als bei jeder anderen, im soziokulturellen Kontext zu suchen ist. Hier ist vor allem die Überbetonung des Schlankheitsideals in den westlichen Industriegesellschaften bestimmend, dessen Geltung in den einschlägigen Medien unmittelbar mit sozialer Anerkennung und fraulicher Attraktivität verbunden wird. Auch von Seiten der Medizin wurde z. T. ein „Idealgewicht" propagiert, das deutlich unter dem Durchschnittsgewicht liegt.

So spielen auch in der Vorgeschichte von Bulimikerinnen häufig Mütter eine Rolle, deren Bewertungsbedingungen eben dieses Schlankheitsideal beinhalteten, die also schon früh der Tochter bedeuteten, dass diese zu „pummelig" bzw. körperlich nicht ganz akzeptabel sei.

Die Inkongruenz der Bulimiepatienten besteht in dem Widerspruch zwischen einem auf das Ideal von körperlicher Schlankheit, Attraktivität und absoluter Selbstkontrolle festgelegten Selbstkonzept und einem organismischen Erleben, das von dem Bedürfnis nach rauschhafter Hingabe und Selbstauflösung bestimmt ist. Die Essgier kann als eine verzerrte Symbolisierung dieser Hingabe- und individualitätsauflösenden Verschmelzungssehnsüchte gesehen werden. So hat das Essen auch die Funktion, jene Gefühle zu vermeiden, die mit der Frustrierung dieser Sehnsüchte verbunden sind: Einsamkeit, innere Leere oder Langeweile.

Der Fixierung auf ein Ideal der absoluten Selbstkontrolle steht auf Grund des Scheiterns am Erreichen dieses Ideals ein negatives Selbstbild gegenüber. Weil die Schamgefühle wegen dieses Scheiterns unerträglich sind, versuchen die Patienten, durch eine rabiate Hungeraskese dieses Ideal schließlich doch noch zu erreichen. Die Durchbrüche von Essattacken können dann gewissermaßen als die Gegenwehr des Organismus verstanden werden.

In der Entwicklungsgeschichte von Bulimiepatienten findet sich oft eine in ihrer Wertschätzung und Zuwendung sehr ambivalente Mutter, die aber über das Induzieren von Schuldgefühlen die

Tochter an sich zu binden suchte und die auf der Ebene physischer Attraktivität subtil mit der Tochter rivalisierte. So werden im Selbstkonzept dieser Patientinnen ein negatives Selbstbild, vor allem auch ein negatives Körperbild, die Neigung zur Selbstentwertung und damit zu Schuldgefühlen verankert. Auch das Erleben von Nahrungsaufnahme erlag meist schon während der Pubertät einseitigen Bewertungsbedingungen, insofern es (oft angeregt durch entsprechende Anspielungen der Mutter) mit dem Odium des Unstatthaften und Verpönten umgeben und gerade dadurch in seiner organismischen Dynamik aktiviert sowie in der Selbstwahrnehmung überbetont wurde. Der Wunsch nach kompensierender Anerkennung seitens des Vaters wird oft enttäuscht.

Die Beziehungserwartungen von Bulimiepatienten sind häufig sehr von dem Wunsch nach Anerkennung, Zuneigung und Geborgenheit geprägt. Da sie aber wegen ihrer Beziehungserfahrungen mit der Mutter auch Kritik und Entwertung fürchten, sind sie selbst in ihrem Beziehungsangebot nicht selten zwiespältig, dem Wunsch nach Nähe steht die Angst vor Nähe gegenüber. Von dieser Zwiespältigkeit könnte der Therapeut in seinem Beziehungsangebot „angesteckt" werden: Einerseits bewundert er die tatsächlich nicht selten attraktiven, scheinbar autonomen und beruflich erfolgreichen Patienten, andererseits ist er aber in Gefahr, bei der Schilderung ihrer Ess- und Brechpraktiken den gleichen Ekel und die gleiche Verachtung zu spüren, die die Patienten gegenüber sich selbst empfinden, einerseits möchte er ihnen einen wirklich bedingungslosen Freiraum der Entfaltung geben, andererseits hat er das Bedürfnis nach Kontrolle des Essverhaltens.

Die Bulimie geht nicht selten auch mit einer Persönlichkeitsstörung einher. Hier jedoch ist sowohl bei der Darstellung der Inkongruenzkonstellation wie bei der folgenden Beschreibung der Behandlungspraxis eher an Patienten ohne Persönlichkeitsstörung gedacht.

Schlüsselthemen der Bulimie

○ Scham und Schuld
○ Essgier
○ Negatives Körperkonzept
○ Bedürfnis nach Zuneigung und Geborgenheit
○ Angst vor Einsamkeit und vor Nähe
○ „Abstinenz"-Motivation

5.7.3 Behandlungspraxis

Fallbeispiel

Eine 25-jährige, schlank und grazil wirkende, sportlich-modisch gekleidete Balletttänzerin leidet seit 4 Jahren zunehmend unter unbeherrschbaren täglichen Heißhungeranfällen, bei denen sie vor allem große Mengen von Süßigkeiten verschlingt, der befürchten Gewichtszunahme steuert sie durch Erbrechen entgegen. Hinter dem vordergründig selbstsicher und gewandt wirkenden Auftreten zeigt sich bald eine depressive Stimmungslage. Die Essattacken begannen einige Wochen nach der Trennung von einem erheblich älteren Partner, von dem sie sich in ihrem Bedürfnis nach zärtlicher Zuwendung und Geborgenheit enttäuscht fühlte. Gegenüber der schon seit vielen Jahren vom Vater geschiedenen Mutter bestehen Schuldgefühle, weil sie nicht immer täglich anruft, wie diese das von ihr erwarte.

Da die Symptomatik für die Patienten mit großer Scham verbunden ist, fällt es ihnen schwer, offen darüber zu berichten. Sie sprechen dann vorwiegend z. B. von der Depression und deuten die Essproblematik nur sehr vage an. Der Therapeut muss diese Anspielungen verstehen und so aufgreifen, dass darin die gelassene und erfahrene Selbstverständlichkeit zum Ausdruck kommt, die Scham- und Außenseitergefühle unbegründet erscheinen lässt. Will er sich ein Bild über die Symptomatik machen, könnte er z. B. in Form von „Üblichkeitsfragen" formulieren (zit. nach Hölzl 1986):

T: Es kommt ja häufig vor, dass Frauen bis zu 30-mal am Tag Fressattacken haben, wie oft essen und erbrechen Sie?

Da die Esssymptomatik mit ihren starken Drangzuständen Suchtcharakter hat, sind für die Therapie der Bulimiepatienten auch viele Schlüsselthemen der Alkoholabhängigkeit relevant. Soweit die Bulimiepatienten aber oft auch depressive Symptome haben und in ihrer Persönlichkeitsproblematik nicht selten Depressiven ähneln, sind hier auch einige der Schlüsselthemen der Depression zu beachten.

Scham und Schuld

Es ist vor allem das Erleben von Kontroll- und Autonomieverlust, das sich bei den Patienten durch das Ausgeliefertsein an das dranghafte Essverhalten einstellt, und das so viel Scham und Peinlichkeit bei ihnen auslöst. Sie leiden unter dem Gefühl, einer tief verpönten Leidenschaft ausgeliefert zu sein. Hierzu trägt auch ihr meist hohes Ideal von absoluter Selbstkontrolle bei. Der Patient muss diese Scham voll vergegenwärtigen, um so dann sein Selbstideal in Frage zu stellen.

> T: Es scheint mir so, als seien Sie selbst es, vor der Sie sich schämen. Sie sehen sich selbst da mit ganz unerbittlichen Augen an.

Die große Diskrepanz zwischen dem suchtartigen Verhalten und dem Selbstkonzept bzw. dem Selbstideal führt zu Selbstentwertung und Selbsthass. Schuldgefühle haben die Patienten auch wegen der Heimlichkeit, mit der sie ihre Symptomatik umgeben.

> T: Vor lauter Scham versuchen Sie, das alles vor Ihrem Partner zu verbergen. Und diese Heimlichkeit macht Ihnen dann wieder Schuldgefühle. Da sitzen Sie regelrecht in einem Teufelskreis.

Die Patientin wird so angeregt, die Folgeprobleme des Umgangs mit ihrer Erkrankung konstruktiver zu lösen, sich aus dem „Teufelskreis" zu befreien.

Essgier

Wenn die Patienten die Nahrung herunter schlingen, ist dies oft nur anfänglich mit einem wohligen, Befriedigung und Entspannung vermittelnden Gefühl verbunden. Es stellt sich während des Essaktes dann zunehmend eine gierige Aggressivität ein, mit der die Patienten wie gegen sich selbst wüten. Die Patienten scheuen davor zurück, diese Vorgänge im Einzelnen exakt zu symbolisieren. Genau dies zu tun ist aber wichtig, schon um der Essgier so ihre „dämonische" Macht zu nehmen. Die Patientin soll sich ihre Essgefühle ohne Angst und Scham vergegenwärtigen, um sie, zumindest partiell, auch als die „Sprache ihres Organismus" zu akzeptieren.

> T: Zuerst ist es für Sie unheimlich wohltuend, erfüllend und Wärme spendend, wenn Sie von der Schokolade und dem Kuchen mehr und mehr in sich hineinschlucken. Es ist dann fast so ein Gefühl totaler Verzückung.

Die Patientin soll auch das quasi sexuelle Erleben bei ihren Essorgien wahrnehmen und anerkennen, denn indem sie es als solches versteht und bejaht, kann sie sich auch davon lösen. Ein weiterer Schritt ist der Versuch, die Patientin das Essen als eine genussvolle Handlung ohne hohen Erregungspegel erleben zu lassen, ihr also wieder ganz normales Essen zu ermöglichen. Hierzu gehört auch, die Patientin zu regelmäßigen und eher häufigen Mahlzeiten (natürlich ohne anschließendes Erbrechen) anzuhalten.

Negatives Körperkonzept

Bulimikerinnen haben ein ambivalentes Verhältnis zu ihrem Körper. Sie sind sehr auf körperliche Attraktivität bedacht, zweifeln hieran aber ständig. Während eines Essanfalls, während sie schon viel Nahrung aufgenommen haben und die Spannung im Körper zunimmt, dieser gewissermaßen mehr und mehr aufquillt, erfasst sie zunehmend ein Gefühl von Ekel und Wut gegenüber ihrem eigenen Leib. Sie fühlen sich dann, so vollgestopft, wie beschmutzt, und sie erleben das anschließende Erbrechen wie ein Reinigungsritual, das begleitet wird von einem Gefühl der Entspannung.

> T: Sie haben dann, wenn Sie all das süße Zeug in ihrem Bauch spüren, regelrecht einen Ekel vor sich selbst. Dann auch mal auf das anschließende Erbrechen zu verzichten, scheint Ihnen jetzt ganz unmöglich.
>
> T: Sie fühlen sich mit dem vollen Bauch einfach abstoßend, wie beschmutzt und „zum Kotzen". Nur wenn Sie frei und rein von Nahrung sind, können Sie sich wieder etwas mögen.

Es kommt darauf an, zunehmend genau die Bedingungen zu explizieren, unter denen die Patientin sich selbst körperlich akzeptieren kann, um diese Bedingungen dann zu verändern. Hier kann auch der Einsatz von Körpertherapie (Korbei u. Teichmann-Wirth 2002) sinnvoll sein.

Bedürfnis nach Zuneigung und Geborgenheit

Bulimikerinnen haben, in etwa vergleichbar mit vielen „Depressiven" (s. Kap. 5.1), ein starkes Bedürfnis nach Geborgenheit, Anerkennung und Anlehnung. Dieses Bedürfnis wurde meist schon in der Kindheit so frustriert, dass eine „Unersättlichkeit" entstand, deren Befriedigung heute schwer fällt. Für viele Patientinnen ist es ein wichtiger Schritt, wenn sie dieses Bedürfnis anerkennen und verstehen können und ihnen deutlich wird, wie sehr doch die Nahrungsaufnahme als Ersatz für mangelnde Geborgenheit und partnerschaftliche Wärme fungiert.

> T: Wenn das Gefühl der Einsamkeit stark ist, dann überkommt Sie ganz besonders der Drang, sich zu sättigen, sich zu füllen, etwas in sich aufzunehmen.

Es gilt dann, die verschiedenen Situationen, in denen die Patientin besonders stark Einsamkeit, Verlassensein und innere Leere empfindet, ausführlich zu klären.

Angst vor Einsamkeit und Nähe

Die Patienten können nur schlecht das Gefühl von Einsamkeit ertragen und sie sehnen sich nicht nur nach Nähe, sondern sie fürchten andererseits auch die Nähe. Denn wegen der schon o. g. „Unersättlichkeit" dieses Bedürfnisses ist es auch schnell zu enttäuschen. Die hiermit verbundenen Beziehungserwartungen sind im Einzelnen zu verdeutlichen und in ihrem Sinn zu verstehen. Manchmal wird sich solch eine Enttäuschung andeutungsweise auch in der therapeutischen Beziehung äußern, dann ist diese mittels des *Beziehungsklärens* aufzugreifen.

> T: Sie haben das Gefühl, dass ich nicht so an Ihnen interessiert bin, weil Sie von mir mehr Engagement erwartet haben.

Es käme jetzt zunächst einmal darauf an, präzise zu klären, was genau die Patientin erwartet hätte, und an welchem Punkt genau ihre Enttäuschung einsetzte. So können Schritt für Schritt die mehr oder weniger stereotypen und unangemessenen Beziehungserwartungen korrigiert werden.

„Abstinenz"-Motivation

Es ist damit zu rechnen, dass es bei einer schon länger bestehenden Störung zu einer Eigengesetzlichkeit der Symptomatik gekommen ist und dass deshalb trotz guter Selbstexploration und Einsicht der Patientin die Symptomatik noch weiter fortbesteht oder, wenn diese sich schon deutlich gebessert hat, es noch zu Rückfällen kommt. Hier wird der Therapeut auch konkret und als „reale Person" Stellung nehmen müssen.

> T: Ich sorge mich, dass Sie nicht mehr ganz so entschlossen zu Ihren Vorsätzen stehen, dem Bedürfnis nach Essorgien nicht nachzugeben und statt dessen öfter kleine Mahlzeiten einzunehmen, damit gar nicht erst ein Hungergefühl entsteht.

Über das *Selbsteinbringen* kann der Therapeut auch in einer persönlichen und engagierten Form ggf. das Führen eines Essprotokolls sowie das Durchführen von Selbstkontrolltechniken vereinbaren. Bei Letzterem ist allerdings zu beachten, dass dies bei Patienten, die von sich aus schon ein sehr hohes Selbstkontrollideal haben, zu einer unerwünschten Verschärfung der Persönlichkeitsproblematik führen kann. Insgesamt sind hier auch jene Aspekte zu beachten, wie sie im vorangegangenen Kap. 5.6 (Alkoholabhängigkeit) unter dem Thema „Rückfallprävention und -bearbeitung" erörtert wurden.

Mittel und Ziele der Gesprächsführung

Bulimie

- Einfühlen und Verstehen
    - Durch Aufgreifen von selbstreflexiven Gefühlen Klären und Korrigieren des Selbstkonzeptes anregen.
    - Durch Verdeutlichen der die Essattacken begleitenden Gefühle zur positiven Beachtung und exakten Symbolisierung des Esserlebens anregen.
    - Durch Verdeutlichen der Selbstentwertung (Ekel und Selbsthass) eine Umbewertung des *organismischen Erlebens* einleiten.
- Beziehungsklären
    - Durch Aufgreifen der enttäuschten Beziehungserwartungen gegenüber dem Therapeuten das „Unersättliche" der Zuwendungswünsche und ggf. auch das Widersprüchliche dieser Wünsche klären.
- Reales Zugegensein und Selbsteinbringen
    - Durch Mitteilen von Anteilnahme und Sorge die „Abstinenz"-Motivation klären und stärken.
    - Durch Mitteilen von Beurteilungen und Ratschlägen den Aufbau eines normalen Essverhaltens fördern.

> **Gesprächsregeln**
>
> **Bulimie**
>
> - Mindern Sie die Schamgefühle der Patientin, indem Sie eher auf das Übliche bzw. die Häufigkeit von Essstörungen hinweisen.
> - Regen Sie eine Auseinandersetzung der Patientin mit ihrem von Selbstkontroll- und Perfektionismus-Idealen geprägten Selbstkonzept an.
> - Ermutigen Sie die Patientin, mit ihren nächsten Bezugspersonen offen über ihre Symptome zu sprechen, um sich vom Druck der Heimlichkeit (Schuldgefühle) zu befreien.
> - Vermitteln Sie eine positive Beachtung und Wahrnehmung des Ess-Erlebens und regen Sie eine Auseinandersetzung der Patientin mit ihrem Körperkonzept an.
> - Regen Sie die Patientin zu Einsichten in den Zusammenhang von Essgier und der Sehnsucht nach Geborgenheit und partnerschaftlicher Nähe an und Klären Sie mit der Patientin ihre Näheambivalenz.

6 Gesprächspsychotherapie und Pharmakotherapie

6.1 Anwendungsbereiche der Therapie mit Psychopharmaka

Der Anwendungsbereich von Psychopharmaka erstreckt sich inzwischen auf fast alle psychischen Störungen, wobei deren in zahlreichen Effektivitätsstudien nachgewiesene Wirksamkeit betont wird. Folglich blieb auch die Kontroverse nicht aus, ob bei Depressionen, Ängsten, Zwängen und Essstörungen Psychotherapie oder Pharmakotherapie das wirksamere Agens sei. Erwähnt sei hier die Kontroverse zwischen zwischen Isaak Marks, London, dem prominentesten Vertreter der verhaltenstherapeutischen Expositionsbehandlung bei der Agoraphobie und Panik, und Donald Klein, New York, dem bekanntesten Vertreter der Imipramin-Behandlung (= paniksuppressives Antidepressivum) bei der gleichen Störung. Jeder wertete das jeweils andere Verfahren als völlig unzureichend ab und beide beriefen sich dabei auf empirische Studien (Teusch u. Gastpar 2000). Dies wirft natürlich auch ein bezeichnendes Licht auf die Studienlage, die in verschiedener Hinsicht noch als unbefriedigend angesehen werden muss. So werden u. a. oft die Stichproben nicht detailliert genug beschrieben, vor allem nicht genügend zwischen den verschiedenen Subgruppen differenziert (z. B. bei „depressiver Episode" oder „major depression" keine Differenzierung zwischen eher biologisch bedingter und eher psychogener Depression). Da von beiden Ansätzen für manche Störungen jeweils etwa gleich gute Ergebnisse vorgewiesen werden, müsste genauer erforscht werden, welche Subgruppe einer Störung mehr von Psychotherapie und welche mehr von Pharmakotherapie profitiert. Auch wird die Dauer und die Dosierung der beiden zu vergleichenden Ansätze nicht immer vergleichbar gestaltet, phamakotherapeutisch eingestellte Forscher z. B. beachten oft nicht genügend, dass die Forderung einer ausreichend hohen Dosierung über eine ausreichend lange Zeit nicht nur für das Pharmakon, sondern natürlich auch für die Psychotherapie gelten muss.

Die gegenwärtige Diskussion richtet sich inzwischen weniger auf ein „Entweder-oder", sondern stärker auf die Kombination von Psycho- und Pharmakotherapie. Bevor davon die Rede sein wird, soll kurz gesagt werden, von welchen Hauptgruppen der Psychopharmaka und ihren Anwendungsfeldern hier eigentlich die Rede ist.

Neuroleptika (Antipsychotika)

Diese Gruppe spielt bei der o. g. Diskussion kaum eine Rolle, da einerseits die Notwendigkeit ihrer Verordnung bei schizophrenen Störungen unumstritten ist, andererseits die Beschränkung ihrer Anwendung auf eben diesen Störungsbereich heutzutage ebenfalls weitgehend anerkannt ist. Diese Medikamente haben einen antiparanoiden und antihalluzinatorischen Effekt, sie wirken emotional stabilisierend und ordnend.

Antidepressiva

Diese Gruppe von primär stimmungsaufhellenden Medikamenten stellt heute gewissermaßen das „Breitbandtherapeutikum" der Psychopharmakotherapie dar, denn es werden mit ihnen nicht nur depressive Störungen bzw. depressive Symptome behandelt, sondern ebenso Angstsymptome (sowohl bei der Panikstörung wie bei der generalisierten Angststörung und der sozialen Phobie) wie auch Zwangssymptome, Schmerzsymptome und Essstörungen. Diese Medikamente stehen deshalb im Zentrum der besagten Kontroversen.

Anxiolytika (Tranquilizer)

Die größte Untergruppe dieser Medikamente sind die Benzodiazepine („Benzos"). Alle Vertreter dieser Gruppe haben eine, wie der Name schon sagt, angstlösende und viele auch eine beruhigende bzw.

dämpfende Wirkung. Fast alle Medikamente dieser Gruppe haben, im Gegensatz zu den Antidepressiva, eine Suchtpotenz. Deshalb besteht Übereinstimmung darin, dass ihre Vergabe einer sorgfältigen Indikationsstellung bedarf und sie auch nur zeitlich befristet für wenige Wochen (z. B. bei heftigsten und sehr häufigen Panikattacken) angewandt werden sollten.

Phasenprophylaktika und Antimanika

Lithium und die Stimmungsstabilisatoren Carbamazepin und Valproinsäure (die beiden Letzteren sind auch als Antiepileptika wirksam) wirken auch manischen Symptomen entgegen (z. B. bei einer bipolaren affektiven Störung) und bieten zudem einen gewissen Schutz gegen das Auftreten erneuter depressiver Episoden bei Erkrankungen mit hoher Phasenfrequenz. Außerdem werden insbesondere die beiden letztgenannten Medikamente gelegentlich zur emotionalen Stabilisierung bei sehr stimmungslabilen Patienten, z. B. mit einer Borderline-Störung, eingesetzt.

Anticraving-Substanzen

Diese werden in der Therapie von Alkoholabhängigen vor allem bei Patienten eingesetzt, die unter einem starken „Suchtdruck" leiden, also auch in der Entwöhnung einen kaum beherrschbaren Drang, wieder zu trinken, verspüren.

6.2 Kombinationstherapie: Pro und Kontra

Die Studien zur Kombination von Psychotherapie (meist Verhaltenstherapie) mit Pharmakotherapie (meist Antidepressiva) sprechen häufig für eine Überlegenheit der Kombinationsbehandlung, eindeutig ist die Befundlage jedoch nicht (Klerman et al. 1994). Bei der Agoraphobie mit Panik wird nach der bisherigen Studienlage ein Vorteil für die Kombinationsbehandlung gesehen (Bandelow 2001). Bei schwereren Formen der Depression zeichnet sich ebenfalls eine größere Effektivität der Kombinationstherapie ab, dies scheint aber bei leichteren Formen nicht der Fall zu sein (Thase et al. 1997). Hier kann nicht auf die verschiedenen Ergebnisse bei den einzelnen Störungen eingegangen werden. In einer Studie an der Psychiatrischen Universitätsklinik Essen ergab sich, dass bei einer stationären Gesprächspsychotherapie die Patienten mit einer leichten bis mittelschweren depressiven Symptomatik von einer zusätzlichen Pharmakotherapie (überwiegend Antidepressiva) nicht profitierten (Böhme et al. 2002). Dies galt auch für Patienten mit Persönlichkeitsstörungen, lediglich bei einer Untergruppe, nämlich den Patienten mit abhängiger Persönlichkeitsstörung, ließ sich tatsächlich eine Verbesserung der Wirksamkeit feststellen, wenn zusätzlich Psychopharmaka gegeben wurden (Teusch et al. 2001). Das spricht für die Wichtigkeit einer sehr differenzierenden Beurteilung bei Effektivitätsstudien. Dies betrifft auch die nötige Differenzierung der Zielkriterien bzw. der erfassten Effekte.

Im Folgenden sollen mögliche Risiken und Chancen einer Kombinatonstherapie aufgelistet werden, wobei diese Auflistung auch Hinweise für eine differenzielle Indikation für eine solche Kombination geben soll.

Kontra zusätzliche Pharmakotherapie:
- Körperliche Nebenwirkungen der Antidepressiva schaffen zusätzliche Probleme.
- Passive Hilfserwartungen werden gefördert, das Autonomieerleben unterminiert.
- Es tritt für den Patienten eine Rollenkonfusion ein, wenn er einmal der aktiv Suchende, einmal der passiv Aufnehmende sein soll, wenn er einmal seinen Therapeuten in der Rolle des nur Verstehenden, einmal in der Rolle des Bestimmenden und Verordnenden erlebt, der offenbar selbst nicht ganz an die Wirkmacht von Psychotherapie glaubt.

Pro zusätzliche Pharmakotherapie:
- Es treten synergistische Effekte ein, die Kombinationstherapie wirkt schneller und besser.
- Durch die Medikation wird oft erst eine Therapiefähigkeit hergestellt (z. B. durch Reduzierung der affektiven Spannung und der depressiven Einengung).
- Die zusätzliche Medikation erfolgt im Rahmen eines zweiphasigen Vorgehens, nur in der ersten Phase werden Medikamente verabreicht. Dadurch werden manche Kontra-Argumente relativiert.

Vor allem die beiden letzten Pro-Argumente deuten schon an, dass die Indikation zur Kombinationstherapie differenziell, d. h. unter Abwägung der

Gegebenheiten im Einzelfall, zu stellen ist. Im Sinne einer groben Leitlinie wäre verallgemeinernd zu sagen: Bei schwer depressiven Patienten sollte auf jeden Fall wenigstens anfänglich eine Medikation mit Antidepressiva erfolgen. Bei manchen mittelschwer Depressiven mag dies auch angezeigt sein, wenn komplizierende Faktoren seitens der Situation oder der Persönlichkeit hinzukommen. Im Fall sehr häufiger depressiver Episoden, deren Auftreten kaum noch in einem Zusammenhang mit belastenden Lebensereignissen steht, ist die Gabe eines Phasenprophylaktikums indiziert. Bei Patienten mit schweren Angstsymptomen, die oft auch wegen der Überflutung durch ihre Symptome anfänglich kaum psychotherapiefähig sind, empfiehlt sich anfangs eine zusätzliche Behandlung mit Anxiolytika und dann evtl. mit paniksuppressiven Antidepressiva. Eine Behandlung mit Antidepressiva oder evtl. auch mit Stimmungsstabilisatoren (s. o.) kann auch bei schweren Borderline-Störungen, etwa wenn massive Selbstverletzungen bei schweren Stimmungsschwankungen vorliegen, angezeigt sein. Eine Kombinationsbehandlung setzt eine sorgfältige Gewichtung verschiedener, oft sehr individueller Faktoren voraus, eine solche Prüfung sollte aber auch jeweils erfolgen.

6.3 Psychopharmakotherapie und die therapeutische Beziehung

Die Gabe eines Medikaments ist auf der Beziehungsebene kein neutraler Akt, sondern „bedeutet etwas". Diese Bedeutungsaufladung der Medikamentenvergabe als eine intervenierende Variable des Beziehungsgeschehens zwischen Therapeut und Patient ist in jedem individuellen Fall zu reflektieren und mit dem Patienten zu erörtern. Dies gilt wegen ihrer therapie- und beziehungstheoretischen Implikationen insbesondere für die Gesprächspsychotherapie. Die Medikation setzt eine bestimmte Interpretation der Störung und ihrer Therapie voraus und diese trifft auf die Therapievorstellungen und die Beziehungserwartungen des Patienten.

Für einen konfliktabwehrenden Patienten mit passiver Hilfserwartung und einem eher körperbezogenen Krankheitskonzept mag die Medikation ein willkommenes Zeichen sein, dass der Therapeut ihn in seinem Hilfsverlangen annimmt, für einen ängstlich-hypochondrischen Patienten mögen mit der insgeheim nur widerwillig erfolgten Medikamenteneinnahme schlimmste Befürchtungen verbunden sein, und er wird seinem Therapeuten, der ihm solches zumutet, mit Misstrauen begegnen. Ein auf Autonomie und Selbstwirksamkeit bedachter Patient wird sich zutiefst unverstanden fühlen, wenn sein Therapeut ihm ein Medikament verordnet.

Sollte der Psychotherapeut selbst die Medikation durchführen? Eine Beantwortung dieser Frage setzt natürlich die diesbezügliche Kompetenz des Psychotherapeuten voraus. Ist diese gegeben, so mag sich mancher Therapeut hier dennoch für eine Aufgabenteilung entscheiden, da er für den Patienten aber auch für sich selbst die oben schon erwähnte Rollenkonfusion befürchtet. Die klare Trennung zwischen der Rolle des nichtdirektiv verstehenden „Seelenarztes" und der des direktiv handelnden „Körperarztes" mag bei vielen Patienten der Eindeutigkeit in der Beziehungskonstellation und damit auch der Sicherheit des Therapeuten zugute kommen. Bei anderen, z. B. psychosomatisch gestörten Patienten, kann diese Rollentrennung jedoch etwas Verwirrendes haben, da sie sich ja, mit gewisser Berechtigung, eben auch körperlich krank fühlen und nicht scharf trennen zwischen „seelisch verursacht" und „körperlich verursacht". Hier ist es von Vorteil, wenn die unterschiedlichen Ansätze authentisch von einer Person vertreten werden. Im Falle einer Aufgabentrennung ist eine gute Kooperation und Abstimmung zwischen den beiden Rollenträgern, also zwischen Psychotherapeut und Arzt, wichtig, damit beide dem Patienten keine widersprüchlichen (die Rolle des jeweils anderen entwertenden) Signale geben und so auch beim Patienten nicht eine Aufspaltung anbahnen in den guten, weil immer nur verstehenden, Psychotherapeuten und den bösen, weil nur medizierenden Psychiater oder, bei passiver Hilfserwartung, in den guten, weil das eigentlich wirksame Agens nicht vorenthaltenden Mediziner und den hartherzig nur Leistung fordernden Therapeuten (Teusch u. Gastpar 2000).

7 Gruppengesprächspsychotherapie

Da die gesprächspsychotherapeutische Gruppentherapie heute weit verbreitet ist, sollen hier auch einige Hinweise zum Konzept und zur Anwendungsweise gegeben werden. Diese können natürlich nur einen sehr groben Überblick über Theorie und Praxis dieser Methode vermitteln.

7.1 Historische Entwicklung

Bereits ab 1946, so berichtet Rogers (1984/[1]1970), habe er am Counseling Center der Universität von Chicago Selbsterfahrungsgruppen für Berater der Kriegsopferversorgung durchgeführt. In den folgenden Jahren widmete er sich jedoch zunehmend der Ausarbeitung der Gesprächspsychotherapie als Einzelpsychotherapie, um sich dann erst später wieder sehr intensiv der Gruppenbehandlung zuzuwenden. Erst 1970 erschien sein hier wichtigstes Buch, „Encounter-Gruppen". Inzwischen hatten sich aber schon Mitglieder aus dem engeren und weiteren Schülerkreis von Rogers intensiv mit Gruppenpsychotherapie beschäftigt. 1951 erschien die erste grundlegende, methodische Darstellung (von N. Hobbs; hier in: Rogers 1973a/[1]1951), und in den 60er Jahren wurden dann in größerer Zahl Berichte über Gruppen-Gesprächspsychotherapie bei unterschiedlichsten Klienten publiziert, so bei hospitalisierten, schizophrenen Patienten (Truax et al. 1966; Truax u. Carkhuff 1965) sowie auch bei schweren Persönlichkeitsstörungen (Truax et al. 1966). Gleichzeitig wurden empirische Studien durchgeführt und hier z. B. der Einfluss unterschiedlichen Therapeutenverhaltens erkundet.

Im deutschen Sprachraum wurden die ersten Gruppengesprächspsychotherapien auf breiterer Front ab Ende der 60er Jahre durchgeführt (Franke 1978). Bereits bis Ende der 70er Jahre erschien über die gesprächspsychotherapeutische Arbeit in Gruppen bei Patienten mit unterschiedlichen Störungen eine Fülle von Publikationen, auch im Sinne von empirischen Studien (Überblick bei Franke 1978).

Auch in den späteren Jahren lief die Auseinandersetzung mit der Gruppentherapie natürlich weiter, und zwar sowohl auf konzeptueller Ebene (u. a. Mente u. Spittler 1980; Spittler 1986; Esser u. Rosen 1988; Röhl 1988; Teusch 1990a; Thomas 1991; Lietaer u. Dierick 1996; Schmid 1994, 1996, 2001; Eckert 2001; Lietaer u. Keil 2002; Page et al. 2002) wie auf der Ebene der empirischen Ergebnis- und Prozessforschung (u. a. Westermann et al. 1983; Eckert u. Biermann-Ratjen 1985; Pomrehn et al. 1986; Figge u. Schwab 1997). Inzwischen dürfte aber die Gruppengesprächspsychotherapie fast genauso häufig angewendet werden wie die Einzelgesprächspsychotherapie.

Wie schon aus den o. g. Angaben deutlich geworden sein dürfte, ist hier bisher von der gesprächspsychotherapeutischen Gruppenarbeit mit Kranken die Rede gewesen. Die von Rogers initiierten Encounter-Gruppen hatten ursprünglich auch eine therapeutische Zielsetzung. Hieraus entwickelte sich jedoch dann, z. T. durch die späteren Aktivitäten von Rogers selbst, eine Bewegung, die sich auch an Gesunde verschiedenster Berufsgruppen mit dem Versprechen wandte, sowohl Selbstverwirklichungsmöglichkeiten bereitzustellen als auch ursprüngliche Gemeinschaftserfahrungen zu vermitteln. Zwar ist die Förderung von Gruppen- bzw. Gemeinschaftserleben und einer gewissen Kultur der Selbstbesinnung keinesfalls zu kritisieren. Jedoch waren die Zielsetzungen bei manchen Extremformen der Encounter-Bewegung mit Glücksverheißungen verbunden, wie sie typisch sind für Erweckungsbewegungen unterschiedlichster Provenienz.

Bei der Gruppengesprächspsychotherapie handelt es sich um die Behandlung von Kranken, was auch Rückwirkungen auf die Definition der Rolle des Gruppenleiters bzw. Gruppentherapeuten hat (Herter 1988; Teusch 1990a). Diese Rolle ist u. a. dadurch zu kennzeichnen, dass mit ihr ein ganz anderes Maß an Verantwortung verbunden ist, als dies bei der Leitung der Gruppenarbeit mit Gesunden der Fall ist. Der Gruppenpsychotherapeut wird

u. U. massiv in den Gruppenprozess eingreifen, wenn dies zum Schutze eines einzelnen Patienten dringend erforderlich erscheint. Der Gruppenpsychotherapeut wird auch grundsätzlich bereit sein, sich nach der Gruppensitzung einem einzelnen Mitglied noch einmal intensiv zuzuwenden, um etwa eine beginnende Suizidalität noch rechtzeitig abzufangen.

Der Therapeut wird seine Gruppe nach Möglichkeit so zusammenstellen, dass sich die beiden genannten Situationen möglichst nicht ergeben, er wird jedoch andererseits, und dies zeichnet seine besondere Verantwortungsbereitschaft aus, mit solchen Situationen rechnen.

7.2 Stellung der Gruppengesprächspsychotherapie innerhalb zentraler Konzepte der Gruppentherapie

Sozialpsychologische sowie gruppendynamische Überlegungen führen zu differenten Konzepten über Funktion und Arbeitsweise von Gruppen. Nicht nur innerhalb der psychoanalytisch ausgerichteten Gruppenpsychotherapie ist es zu unterschiedlichen Konzepten hinsichtlich der Bedeutung und Berücksichtigung gruppendynamischer Prozesse in der psychotherapeutischen Arbeit gekommen. Entlang der Polarität „Individuum versus Gruppe" lassen sich drei unterschiedliche Konzepte ausmachen (Foulkes 1971; Anthony 1968; Franke 1978):

1. Psychotherapie in der Gruppe. Hier erfolgt die psychotherapeutische Zentrierung fast ausschließlich auf das jeweilige Gruppenmitglied. Der einzelne Patient wird in seinem Erleben und Verhalten relativ unabhängig von den anderen Gruppenmitgliedern gesehen. Die Letzteren nehmen die Rolle von Anregern, Helfern oder sogar auch Kotherapeuten ein. Es handelt sich hier also um eine Einzeltherapie in der Gruppe. Der Hintergrund der Gruppe bzw. das Umgebensein von der Gruppe wird durchaus als bedeutsam angesehen. Der Gruppe kommt als der Gemeinschaft der Gleichgesinnten und der Leidensgefährten die Funktion eines konstruktiven, anerkennenden und solidaritätsversprechenden Hintergrundes zu, der eine stark ressourcenmobilisierende und auch (da die Selbstexploration der anderen auch immer Beispiele für gute oder schlechte Lösungen sind) eine bewältigungsfördernde Wirkung haben dürfte. Einer Gruppendynamik im engeren Sinne jedoch wird keine Aufgabe für die Therapie des Einzelnen zugeschrieben. Vielmehr wird sehr die Individualität und Einmaligkeit jedes einzelnen Gruppenmitgliedes betont. Wichtigster Vertreter dieses Konzeptes ist Rogers (1974/¹1970), während Hobbs (in Rogers 1973a/¹1951) eher eine Position zwischen (1) und (2) einnimmt. Von psychoanalytischer Seite sind zu dieser Position Slavson (1956) und Wolf (1971) zu rechnen.

2. Psychotherapie durch die Gruppe. Hier wird eine interaktionelle Sichtweise und damit der wechselseitige Einfluss von Gruppendynamik und dem einzelnen Gruppenmitglied hervorgehoben. Jedes einzelne Mitglied beeinflusst mit seinen Beziehungserwartungen und Interaktionsmustern das Gesamt der Gruppe, wird aber umgekehrt auch durch diese in seinem Erleben und Verhalten mitbestimmt. Diese Beeinflussung lässt die spezifische Persönlichkeitsproblematik und Inkongruenzkonstellation des jeweiligen Teilnehmers durch die Gruppe zum Ausdruck kommen. Denn die intensive Interaktion zwischen den einzelnen Mitgliedern ist mit gegenseitigen Rollenzuweisungen verbunden, die ihrerseits wieder das Ergebnis von früheren Beziehungserfahrungen und stereotypen Beziehungserwartungen (Beziehungsschemata) des je einzelnen Mitglieds sind. Der Patient delegiert bestimmte, gerade auch widersprüchlich erlebte Bedürfnisse an die Gruppenteilnehmer. Das bedeutet, dass er mit seinem Beziehungsangebot diesen auch bestimmte Rollen anträgt, die seine Erwartungshaltung bestätigen bzw. seinen Bedürfnissen (etwa nach Anlehnung oder Anerkennung) entsprechen sollen.

Therapeutisch kann daher das einzelne Gruppenmitglied nicht nur „für sich" gesehen werden, sondern sein Erleben und Verhalten muss auch als Ergebnis der Interaktion mit den anderen verstanden werden, wie es andererseits auch das Verhalten der anderen beeinflusst. Die Rede und das Verhalten des Patienten sind, mit anderen Worten, vor dem Hintergrund sowohl der individuellen Inkongruenzkonstellation als auch von gruppendynamischen Prozessen zu verstehen. Fast alle heutigen Gruppentherapeuten der Gesprächspsychotherapie vertreten mehr oder weniger diese Position (Franke 1978; Mente u. Spittler 1980; Eckert u. Biermann-Ratjen 1985; Eckert 2001; Esser u. Rosen 1988; Thomas 1991; Schmid 1994, 1996, 2001; Lietaer u. Keil 2002). (Vertreter dieser Position vonseiten der Psychonanalyse sind z. B.: Anthony 1968; Foulkes 1971; Heigl-Evers 1972.)

3. Psychotherapie der Gruppe. Hier wird die Gruppe als eine Einheit konzipiert, und diese Gruppeneinheit wird analog zum Individuum gesehen, d. h. der Patient ist die Gruppe. Das einzelne Gruppenmitglied ist also nur ein Element des Gruppenindividuums, es wird nur als Teil einer Gruppenganzheit gedacht. Es wird angenommen, dass sich durch die gleichsinnige Erwartung aller Mitglieder in einer bestimmten Anforderungssituation eine jeweils vorherrschende Gruppenstimmung konstelliert, die alle Mitglieder umfasst und miteinander verbindet. In den Äußerungen eines Patienten drücken sich die Gefühle und Bedürfnisse aller anderen aus. Die Rede und das Verhalten des einzelnen Patienten wird also jeweils als Ausdruck einer vorherrschenden Gruppenstimmung oder eines vorherrschenden Gruppenbedürfnisses interpretiert. Diese Sichtweise ist mit personzentrierten Positionen, die die Einzigartigkeit und Einmaligkeit eines jeden Patienten und seine unverwechselbare Individualität betonen, nur bedingt vereinbar. Eine partielle Vereinbarkeit ergibt sich insofern, als in bestimmten Phasen auch einer kürzeren Therapie solche Gruppenphänomene kurzzeitig auftreten können, und es dann auch angezeigt sein kann, sie als solche aufzugreifen. Aus gesprächspsychotherapeutischer Sicht bergen „Gruppendeutungen", vor allem wenn sie häufig erfolgen, allerdings die Gefahr in sich, dass der Einzelne in eine Identifikation mit den anderen hineingezwungen und in seinen persönlichen Bedürfnissen nicht wahrgenommen wird. Abgesehen hiervon ist zu sagen, dass dieses Verfahren eine lang dauernde Therapie (nach Argelander 4–5 Jahre) bei einer streng geschlossen arbeitenden Gruppe voraussetzt (Wichtigste Vertreter seitens der Psychoanalyse sind: Bion 1961; Argelander 1972.)

Perspektive verschiedener Therapiephasen

Die Art der Interaktion zwischen den Gruppenmitgliedern ändert sich natürlich im Laufe der Therapie. Die Intensität gerade der nicht symbolisierten, unwillkürlichen Austauschprozesse wird im Laufe der Therapie zunehmen. Mit zunehmender Vertrautheit werden die Gruppenteilnehmer sich eher mit z. T. „irrationalen" Beziehungserwartungen und „unangemessenen" (bezogen auf eine alltagsweltliche Situation) Beziehungsangeboten begegnen. Im anfänglichen Stadium einer Therapie herrscht eher eine versachlichende Arbeit an den Konflikten einzelner Gruppenmitglieder vor und zeigen sich spezifische Beziehungserwartungen oft nur indirekt, spontane sowie „unkontrollierte" Interaktionen treten zurück. Die Gruppenmitglieder verhalten sich auf dieser Ebene eher wie Kotherapeuten, was für das im Zentrum stehende Mitglied durchaus förderlich sein kann. Sieht man in den o. g. drei Gruppenkonzepten Beschreibungsebenen für das jeweilige Gruppenstadium, so könnte man sagen, dass hier die Gruppe auf der Ebene 1 arbeitet.

Wenn die wechselseitigen Interaktionen intensiver, spontaner, emotionsgeleiteter und „irrationaler" werden, bewegt sich die Gruppe auf eine Ebene zu, die am ehesten durch das Konzept 2 erfasst wird. Hier sind viel deutlicher gruppendynamisch zu beschreibende Situationen zu beobachten wie Rivalität, Kämpfe um Machtpositionen, Schuldprojektionen usw. Gruppenphänomene dagegen, die adäquat durch das Konzept 3 abgebildet werden, dürften in einer nicht streng geschlossenen Gruppe mittlerer Therapiedauer (etwa 50 Sitzungen) eher selten und dann auch meist flüchtig auftreten.

Diese Sicht des Gruppengeschehens impliziert also die Annahme, dass je nach Stadium des Gruppenprozesses besonders Konzept 1 wie Konzept 2 ihre Berechtigung haben. Beide Konzepte bilden jeweils ein typisches Stadium des Geschehens in einer gesprächspsychotherapeutischen Gruppe ab. Vor allem bei bereits länger bestehender Gruppenarbeit können unter einem bestimmten Situationsdruck kurzfristig auch Phänomene auftreten, wie unter (3) beschrieben. Dann ist es angemessen und meist auch angezeigt, diese auch aufzugreifen. Der Gesprächspsychotherapeut hält also, bei Abweisung jeder Ausschließlichkeit, die Arbeit auf allen Ebenen für sinnvoll. Er versucht nicht unbedingt, die Gruppe auf die eine oder die andere Ebene zu lenken. Er ist sich allerdings klar darüber, dass die Art und Weise, wie er Interaktionen der Teilnehmer aufgreift, den weiteren Gruppenprozess mit beeinflusst. Auch wenn die Gruppe auf der Ebene 1, gemäß Konzept 1, arbeitet, wird der Therapeut Interaktionen ansprechen. Das kann diese verstärken und auch die Aufmerksamkeit der Gruppe auf diese lenken, sodass das Gruppengeschehen sich auf eine Ebene zubewegt, die dem Konzept 2 entspricht. Die hier genannten Konzepte stellen also einerseits die jeweils leitende Arbeitshypothese des Therapeuten dar, andererseits dienen sie auch als Beschreibungsinstrumente, mit denen sich das jeweilige Stadium des Gruppenprozesses abbilden lässt.

Yalom (1974) hat in seinem berühmten Handbuch der Gruppenpsychotherapie elf allgemeine Wirkfaktoren dieser Therapieform beschrieben wie Vermittlung von Hoffnung, Universalität des Leidens, Mitteilen von Informationen, Altruismus, Entwicklung von konstruktiven Interaktionsmustern. Unter einem etwas spezifischeren Aspekt sollen hier einige der oben genannten Faktoren zusammengestellt werden.

> **Wirkfaktoren personzentrierter Gruppenpsychotherapie**
>
> - Getragensein von einer Gemeinschaft der Leidensgefährten („Universalität des Leidens")
> - Anerkennung der Selbstexploration durch die empathische Gruppengemeinschaft.
> - Mitpatienten als Kotherapeuten, dadurch Vielfalt der Verstehensangebote.
> - Korrektur von dysfunktionalen Interaktionsmustern durch konstruktive Beziehungsangebote.
> - Erleben und Verstehen der eigenen Interaktionsmuster im Spiegel der anderen.
> - Klären und Korrigieren von irrealen Beziehungserwartungen durch die vielfältige Resonanz der anderen.
> - Verbesserung der Problemlösungskompetenz durch Auseinandersetzung mit den Problemlösungsmustern der anderen.

7.3 Behandlungspraxis

Die Basisfunktion des Gesprächspsychotherapeuten ist die eines „Facilitators", der versucht, die Austauschprozesse in der Gruppe zu erleichtern und anzuregen. Dies bedeutet, dass er etwa bei anfänglichem Schweigen bemüht ist, den Gruppenmitgliedern über ihre Anfangsängste (und d. h. auch über ihre Abwehr) hinwegzuhelfen, indem er etwa in das anfängliche Schweigen hineinformuliert:

> T: Ich überlege mir, was jetzt wohl in jedem von Ihnen vorgehen mag, welchen Gedanken Sie jetzt so nachhängt.
> T: Ich versuche, Ihr Schweigen zu verstehen, und frage mich, ob es jetzt ein angstvolles Schweigen oder eher ein gelassenes, wohliges Schweigen ist.

Schon weil die Gruppenmitglieder, anders als etwa in Encountergruppen, „Patienten" sind, übernimmt der Therapeut eine besondere Verantwortung für jedes einzelne Mitglied und für den Gruppenprozess. Er wird sich verantwortlich fühlen, dass Letzterer nicht destruktiv verläuft und das die Mitglieder möglichst viel vom Gruppenprozess profitieren. Das erfordert eine vielfache Aufmerksamkeit.

Der Gruppentherapeut muss seine Aufmerksamkeit und seine Empathie vierfach spalten: Er muss sie ausrichten auf den Protagonisten (so soll hier in Anlehnung an einen Begriff aus dem Psychodrama jenes Gruppenmitglied genannt werden, das gerade über sich berichtet), auf die gerade mit dem Protagonisten interagierenden Gruppenmitglieder, auf die Gruppe als ganze und auf sich selbst. Für den Therapeuten werden also verschiedene thematische Brennpunkte bedeutsam. Diese Themen betreffen das jeweilige Ziel der therapeutischen Suchhaltung bzw. des therapeutischen Verstehens.

Thema: Der Protagonist

Meistens beginnt zu Anfang einer Gruppenstunde bald ein Patient (hier der Protagonist genannt) zu berichten und sich zu explorieren, und der Therapeut wendet sich ihm augenblicklich in einer Weise zu, wie das im Kapitel über das *Einfühlende Verstehen* beschrieben wurde. Der Therapeut ist jetzt also mit seiner Aufmerksamkeit und Empathie auf den Protagonisten zentriert. Er achtet aber darauf, dass das sich jetzt ergebende Zwiegespräch nicht zu lang wird. Sobald er merkt, dass ein anderer Patient sich einschalten möchte, unterbricht er seine Zuwendung zum Protagonisten. Melden sich die anderen nicht zu Wort, lässt er dieses Zwiegespräch höchstens einige wenige Minuten dauern, um ggf. ein erneutes Schweigen entstehen zu lassen und dann ggf. zu sagen:

> T: Dieser Bericht von Herrn Y (über seine Eheschwierigkeiten) hat sicher bei den Einzelnen sehr viel ausgelöst.

Wenn sich daraufhin ein Gruppenmitglied an Herrn Y wendet und sich zwischen beiden ein Gespräch entwickelt, wird der Therapeut nach einer gewissen Zeit intervenieren, und zwar kann er dies, je nach emotionaler Betroffenheit, einmal gegenüber dem Protagonisten und zum anderen gegenüber dem oder den anderen Gruppenmitgliedern tun. In der Regel wird er sich in dieser Situation zunächst an Ersteren wenden.

> T: Ich glaube, dass die Äußerung von Frau X Sie jetzt sehr getroffen hat.

Es müsste dann im weiteren Verlauf geklärt werden, welche Aspekte des Verstehensangebotes von Frau X Herrn Y so enttäuscht oder verletzt haben. Danach könnte durch weitere Interventionen deutlich werden, welche unrealistischen Beziehungserwartungen Herrn Y immer wieder an seine Umgebung heranträgt und wie diese Erwartungen mit seinem eigenen Selbstkonzept und seiner eigenen Lebensgeschichte in Zusammenhang stehen.

Thema: Die Reaktion der anderen auf den Protagonisten

Analog dem *Einfühlenden Wiederholen* versucht der Therapeut den Kern der Botschaft des Gruppenmitgliedes an den Protagonisten herauszuheben, das Gesagte auf diesen Kern hin zu strukturieren.

> T: (an Frau X gewandt) Sie meinen also, dass Herr Y seiner Frau nicht immer ausweichen sollte.

Durch diese Intervention wird einerseits dem Protagonisten (hier Herrn Y) nahe gelegt, sich intensiv mit der Botschaft der Gruppenmitglieder auseinander zu setzen. Andererseits werden auch die Gruppenmitglieder aufgefordert, ihre Reaktion auf den Protagonisten zu klären und zwar in zweierlei Hinsicht. Einerseits, insofern diese Reaktion über die Problematik des Protagonisten etwas aussagen will, andererseits, insofern diese Reaktion auch ein Spiegel der Reagierenden selber ist.

Zunächst versucht der Therapeut, die emotionalen Aspekte der Reaktionen der Gruppenmitglieder auf den Protagonisten zu verdeutlichen.

> T: (an Frau X gewandt) Sie ärgern sich jetzt richtig über Herrn Y.

Dem Protagonisten (Herrn Y) wird u. U. jetzt erst deutlich, dass er sich nicht nur auf der inhaltlichen Ebene mit seinen Mitpatienten auseinander setzen muss, sondern dass er auch wahrnehmen kann, welche Gefühle er in den anderen auslöst.

Die Äußerungen der Gruppenmitglieder gegenüber dem Protagonisten werden aber auch auf diese selbst zurückgelenkt. Hier wird der gruppendynamischen Konzeption Rechnung getragen, dass die Gruppenmitglieder gemäß ihren verinnerlichten Beziehungserfahrungen sich gegenseitig Rollen zuschreiben, die eben diesen Erfahrungen entsprechen. Der Therapeut könnte z. B. im Sinne des *Konfrotierens* sagen:

> T: (an Frau X gewandt) Sie sagen das jetzt so erregt, könnte es sein, dass dieses Problem auch etwas mit Ihnen selbst zu tun hat?
> P: (Frau X) Wieso mit mir, wie meinen Sie das?
> T: Mir kam der Gedanke, ob Sie sich deshalb über Herrn Y so ärgern, weil Sie vielleicht mit Ihrem eigenem Mann ähnliche Erfahrungen gemacht haben.

Hier wird im Sinne des *Mitteilens einer Beurteilung* ein Zusammenhang zwischen der auf den Protagonisten bezogenen Äußerung der Sprecherin und ihrer eigenen Problemsituation hergestellt. Mit solchen Beurteilungen sollte der Therapeut allerdings sparsam umgehen. Er sollte darauf hinarbeiten, dass entsprechende Fragen oder Verstehensangebote von den anderen Gruppenmitgliedern kommen, da dies für den betreffenden Patienten oft akzeptabler wie andererseits auch ablehnungsfähiger ist, als wenn er solches vom Therapeuten hört. Der Therapeut muss darauf achten, dass das jeweils angesprochene Gruppenmitglied solche Ansprache nicht als Überrumpelung erlebt, sondern potenziell bereit ist, in eine vertiefende Bearbeitung auch seines Problems einzusteigen. Diese könnte dann nach der oben genannten letzten Therapeutenäußerung erfolgen.

Thema: Die Reaktion des Protagonisten auf die anderen

Das Gespräch kann aber auch eine andere Wendung nehmen, wenn der Protagonist, also Herr Y, vom Therapeuten um Stellungnahme gebeten wird oder sich spontan zu Wort meldet und etwa (an Frau X gewandt) sagt:

> P: [Herr Y] Ich find' das sehr einseitig, wie du mich da siehst.
> T: Sie fühlen sich hier in Ihrer Beziehung zu Ihrer Frau völlig missverstanden.
> P: [Herr Y] Ja, das ist doch total voreingenommen und ziemlich feindselig.

> T: Sie fühlen sich angegriffen. Vielleicht ist es gerade dieser vermeintlich aggressive Ton, der Sie auch bei Ihrer Frau so stört.

Der Therapeut versucht also mit der ersten Intervention die Aussage des Protagonisten zu konkretisieren und zu präzisieren und mit der zweiten, auf eine stereotype Beziehungserwartung des Protagonisten hinzuweisen, die diesen besonders Frauen leicht als attackierend und kritisierend wahrnehmen lässt. Die auf die anderen bezogene Stellungnahme des Sprechers wird als eine die eigenen Probleme betreffende Selbstaussage verstanden. Im weiteren Gespräch wäre zu klären, was genau bei Herrn Y das Erleben, feindseliger Kritik ausgesetzt zu sein, auslöst. Sodann gilt es zu verstehen, in welchen Beziehungserfahrungen eine solche Erwartungshaltung ihren Grund hat.

Thema: Die Gruppe

In besonderen Situationen ist in der Gesprächspsychotherapie ein gruppenbezogenes Verstehen, d. h. ein Zentrieren auf die Gruppe als ganze, angebracht. Dies ist u. a. dann der Fall, wenn der Therapeut den Eindruck hat, dass sich eine gemeinsame Grundstimmung aller oder fast aller Gruppenmitglieder bemächtigt hat. Dies kann eine Stimmung der Langeweile, aber auch z. B. eine Stimmung des gemeinsamen Trotzes gegen den Therapeuten sein, die in Situationen auftreten können, in denen oft ein besonderer Anforderungsdruck erlebt wird. Folgende Themen können relevant werden:

Resignation und Trotz. Aus verschiedenen und natürlich im weiteren zu klärenden Gründen können alle oder viele Gruppenmitglieder von einer Stimmung der Resignation oder des Trotzes befallen sein. Meist konfluiert hier die Abwehr des einzelnen mit Schwierigkeiten im Gruppenprozess. Um hier eine Klärung einzuleiten, ist genau diese Stimmung aufzugreifen.

> T: Irgendetwas scheint Sie jetzt alle hier zu lähmen.
> T: Ich spüre jetzt hier viel Ärger und Trotz gegen mich und die weitere Gruppenarbeit.

Abwehr (Vermeidung). Manchmal hat der Therapeut eine Ahnung, dass ein wichtiges, die gesamte Gruppe betreffendes Thema „im Raum steht", das aber anzusprechen, sich alle scheuen. Es herrscht ein eigenartiges Schweigen oder es wird über Belanglosigkeiten geredet.

> T: Die Gruppe scheint Angst zu haben, ein wichtiges Thema aufzugreifen.
> T: Es wurde zu Beginn der Stunde sehr die Notwendigkeit betont, heute etwas sehr Wichtiges zu bearbeiten; sehr schnell aber wurde über etwas geredet, dass Ihnen vermutlich nicht wirklich wichtig war.

Untergruppenbildung. Gelegentlich können die Gruppenmitglieder sich selbst in ihrer konstruktiven Arbeit dadurch blockieren, dass sie sich bekämpfende Untergruppen bilden. Auch dies ist natürlich gruppendynamisch zu verstehen und das Klären dieses Phänomens kann dann zu für jedes einzelne Gruppenmitglied fruchtbaren Einsichten führen. Denn es sind meist stereotype Beziehungserwartungen und fixierte Rollenmuster der einzelnen Mitglieder, die für die Neigung zu Fraktionsbildungen und Kampfbündnissen bestimmend sind. Der Therapeut muss zunächst auf dieses Phänomen hinweisen, um dann zu versuchen, es zusammen mit der Gruppe zu verstehen. Dabei könnte er zunächst auch die Abwehrfunktion dieses Phänomens ansprechen.

> T: Ich habe den Eindruck, dass sich hier jetzt zwei Parteien gegenüberstehen und jede weigert sich, die jeweils anderen zu verstehen.
> T: Beide Gruppen bestehen auf ihrer Gegnerschaft und Unvereinbarkeit, das scheint jedem auch ein Gefühl der Sicherheit zu geben.

Sündenbock-Suche. Es ist kein seltenes Phänomen, dass einem Gruppenmitglied von der Mehrheit der Gruppe die Rolle eines „Sündenbockes" zugewiesen wird, d. h. dass sich alle oder eine Mehrheit gegen dieses Mitglied verbünden. Die Bestimmung eines Sündenbocks kann mehrere Funktionen haben, sie kann den Zusammenhalt der anderen Gruppenmitglieder verbessern oder wieder herstellen, sie kann die einzelnen Mitglieder von eigenen Inkongruenzspannungen entlasten, sie gibt die Möglichkeit, uneingestandene eigene Schwächen im anderen zu bekämpfen. Dieses Phänomen sollte der Therapeut möglichst bald ansprechen und mit der Gruppe klären, da es einen abwehrbestärkenden Effekt hat und für das auf die Sündenbock-Rolle festgelegte Mitglied traumatisierend wirken kann.

> T: Alle scheinen sich jetzt in ihrem Ärger auf Herrn Y einig zu sein.

T: Ich frage mich, warum alle jetzt auf Herrn Y einschlagen. Da scheint in jedem etwas berührt zu sein, mit dem er im Augenblick nicht anders fertig wird.

Die angesprochenen Gruppenphänomene dürften in einer personzentriert geführten Gruppe nicht eben häufig auftreten, aber der Therapeut muss mit ihnen rechnen, um sie ggf. auch rechtzeitig erkennen und ansprechen zu können. Dies setzt aber voraus, dass der Therapeut auch die Rolle eines aufmerksamen Beobachters einnimmt. Diese Beobachterposition wird er in der Gruppenpsychotherapie viel häufiger beziehen müssen, als in der Einzeltherapie, aber er sollte hier natürlich ebenfalls die Rolle eines einfühlsamen Alter Ego wie eines authentischen Dialogpartners einnehmen. Das aber setzt eine hohe Rollenflexibilität voraus, ebenso die Flexibilität, sich schnell auf wechselnde Themen und Perspektiven einstellen zu können.

7.4 Indikation der Gruppengesprächspsychotherapie

Indikationsüberlegungen zu einer Gruppenpsychotherapie vollziehen sich oft in Abgrenzung zur Einzelpsychotherapie, also vor dem Hintergrund der Frage, ob im vorliegenden Falle Einzel- oder Gruppentherapie angezeigt sei.

Diese Frage ist oft nach den ganz individuellen Zielsetzungen der Therapie zu entscheiden. Die Einzeltherapie ist in ihrer Zielstellung und in ihrem Ergebnis tendenziell stärker einsichtszentriert, die Gruppenpsychotherapie stärker erlebnis- und interaktionszentriert, d. h. der Patient kann hier vielfältigere Beziehungs- und Interaktionserfahrungen machen. Gruppenpsychotherapie ist besonders indiziert bei Patienten mit kommunikativen Defiziten bzw. mit Kontaktstörungen und mangelnder sozialer Kompetenz. Diese Defizite können einhergehen mit recht guter Introspektionsfähigkeit und sogar der Neigung zu übersteigerter Selbstbeobachtung. Es handelt sich dabei zumeist um ängstlich-introvertierte Patienten, für die die Gruppe auch ein wichtiges „Trainingsfeld" darstellt zum Aufbau ihrer Selbstsicherheit und sozialen Kompetenz. Bei Patienten, bei denen diese Defizite sehr extrem ausgeprägt sind, besteht jedoch die Gefahr, dass die Gruppe zumindest anfangs zu ängstigend ist. Dies ändert aber nichts an der grundsätzlichen Indikation. Es ist in solchem Falle nur zu überlegen, ob der Gruppentherapie eine evtl. kürzere Einzeltherapie vorzuschalten ist, um die Voraussetzungen zur Mitarbeit in der Gruppe zu verbessern.

Patienten, die sich in einer Einzeltherapie nur schwer zu einer konstanten Selbstauseinandersetzung anregen lassen, denen eine differenziertere Innenschau und Selbstbeobachtung schwer fällt, können in einer Gruppe durch gefühlsnahe Selbstexploration anderer Gruppenmitglieder viel eher zur vermehrten Introspektion stimuliert werden. Hier wäre das Lernen am Modell ein wichtiger Faktor. Solche Patienten können in der unmittelbaren Auseinandersetzung mit den Mitpatienten ihre eigenen Bedürfnisse und Erlebnisweisen konkreter und somit nachhaltiger erleben. Diese Patienten dürften insbesondere von den von Yalom (1974) für die Gruppentherapie genannten allgemeinen Heilfaktoren profitieren, in diesem Zusammenhang sind v. a. zu nennen: interpersonales Lernen, Katharsis, Erleben von Gruppenkohäsion, Identifikation, Anleitung, Einflößen von Hoffnung.

Die Zielsetzungen in der Gruppenpsychotherapie und damit auch die Indikationsbegründungen können sehr unterschiedlich sein. Die Gruppenpsychotherapie dient einerseits introvertierten und selbstunsicheren Patienten dazu, ihre Kontaktfähigkeit auszubilden, also kommunikative Kompetenz zu erwerben. Sie kann andererseits Patienten zugute kommen, die auf Grund ihrer ausgeprägten Exrovertiertheit von einer Einzeltherapie weniger profitieren würden. Zwischen den beiden Extremgruppen dürfte es viele Patienten geben, für die Einzel- wie Gruppentherapie gleichermaßen hilfreich ist.

Nach den o. g. Zielsetzungen müsste sich auch die Zusammensetzung der Gruppe richten. Insgesamt lässt sich hier sagen, dass Unterschiede zwischen den Gruppenmitgliedern, vor allem hinsichtlich Störungsart und Störungsgrad, nicht zu grob sein dürfen, damit Identifizierungsprozesse nicht behindert werden und eine gewisse Einheitlichkeit hinsichtlich der Zielstellungen und des Strukturierungsniveaus der Gruppenarbeit zu gewährleisten ist.

Man sollte nicht Patienten zu einer Gruppe zusammenstellen, die einer sehr unterschiedlichen Handhabung des Verfahrens bedürfen. Man wird also z. B. nicht schizophren gestörte Patienten in eine Gruppe von Patienten mit neurotischen Störungen nehmen. Eine gewisse „Altersmischung" ist meist von Vorteil. Ungünstig ist es aber, wenn sich nur ein älterer Patient unter sonst viel jüngeren befindet oder umgekehrt.

So genannte gruppendynamische Übungen während der Therapiesitzung, wie sie manchmal vorgeschlagen werden, sind lediglich bedingt methodenkonform. Sie können leicht einen Eingriff in den freien Fluss der Interaktionen und die spontane Gruppendynamik bedeuten. Diese spontanen, nicht manipulierten Interaktionen sind gerade das Arbeitsfeld der Gruppengesprächspsychotherapie.

Gesprächspsychotherapeutische Gruppen finden in der Regel einmal pro Woche mit einer Sitzungsdauer von 90–100 Minuten statt. In der Regel wird mit einer Therapiedauer von etwa 50 Doppelstunden gerechnet, das bedeutet also bei einer Sitzung pro Woche einen Zeitraum von bis zu 2 Jahren.

Aufgaben des Gruppentherapeuten

- Fördern gegenseitiger Empathie und der Ko-Therapeutenrolle der Patienten (Therapeut als gutes Modell)
- Fördern der Selbstexploration der Patienten
- Klären von Beziehungskonflikten und stereotypen Beziehungserwartungen
- Klären von verinnerlichten Beziehungserfahrungen
- Beachten und Klären gruppendynamischer Prozesse wie Sündenbock-Suche, Fraktionsbildungen, kollektives Vermeiden, Hierarchiebildungen
- Fördern der Korrektur dysfunktionaler Interaktionsmuster

Gesprächsregeln

Gruppenpsychotherapie

- Helfen Sie den Teilnehmern über ihre anfänglichen Ängste hinweg, indem Sie von sich aus das Schweigen ansprechen bzw. Ihr Verständnis für diese Ängste äußern.
- Wenden Sie sich dem sich zu Wort meldenden Gruppenmitglied unmittelbar einfühlend-verstehend zu. Vermeiden Sie jedoch längere Dialoge.
- Ermöglichen Sie es anderen Gruppenmitgliedern, sich jederzeit in das Gespräch einzuschalten.
- Fördern Sie die Interaktion der Teilnehmer untereinander. Sprechen Sie eine diesbezügliche Zurückhaltung der Teilnehmer direkt an.
- Versuchen Sie, die emotionale Botschaft der Fragen und Entgegnungen der Mitpatienten zu verdeutlichen.
- Klären Sie die Beziehungserwartungen und das Beziehungsverhalten des Patienten gegenüber den anderen Gruppenmitgliedern.
- Sprechen Sie die Gruppenstimmung an, wenn Sie das Gefühl haben, dass der Gruppenprozess stagniert.
- Achten Sie darauf, dass alle Gruppenmitglieder der Gruppendynamik sowie einem möglichen Gruppendruck gewachsen sind.
- Sprechen Sie gruppendynamische Phänomene wie Koalitionen und Sündenbocksuche sofort an.

8 Paar- und Familientherapie

Man kann in der Paartherapie eine Sonderform der Familientherapie sehen. Jedenfalls geht es in beiden Fällen um die Therapie einer Lebensgemeinschaft, d. h. einer Gruppe von Menschen, die, anders als bei der üblichen Gruppentherapie, außerhalb der Therapie zusammen leben. Das bedeutet, dass sich hier meist besondere, gemeinsame Überzeugungen bzw. Konzepte, also in Analogie zum Selbstkonzept ein Paar- oder Familienkonzept (Raskin u. van der Veen 1970; Keil 2003), und mehr oder weniger fest etablierte Interaktionsstile herausgebildet haben. Diese Konzepte und Stile sind aber inzwischen offensichtlich dysfunktional geworden, sodass das Gemeinschaftsleben als unbefriedigend und belastend erlebt wird oder ein (eventuell auch mehrere) Mitglied unter dieser Belastung erkrankt ist, also zum Symptomträger geworden ist. Das Gemeinsame von Paar- und Familientherapie besteht so darin, dass neben der individuellen Inkongruenzkonstellation die interindividuellen, gemeinsamen Konzepte und Interaktionsmuster Gegenstand des therapeutischen Verstehens werden.

8.1 Paartherapie

8.1.1 Ziele und Indikation der Paartherapie

Für die Indikation zur Paartherapie ist wichtig, dass beide Partner ihre Bereitschaft zu einer solchen Maßnahme erklären, und beide ihrer Beziehung noch „eine Chance geben" wollen. Nicht selten ist es so, dass die Initiative hierzu nur von einem Partner ausgeht, und der andere nur etwas widerstrebend eingewilligt hat. In solchen Fällen sollte versucht werden, die volle Motivation dieses Partners in Probesitzungen zu gewinnen, aber auch die Motivation des Initiators zu ergründen. In solchen Probesitzungen muss zudem geklärt werden, ob beide Partner zumindest potenziell über ein genügendes Ausmaß an Empathiefähigkeit verfügen, um sich auf die anzuregenden interaktionellen Austauschprozesse einlassen zu können. Manchmal erweist sich zumindest ein Partner auch als so gestört, dass sich das Vorschalten einer Einzeltherapie empfiehlt. Es kann auch das Ergebnis einer Paartherapie sein, dass sich einer der beiden oder gar beide Partner für eine anschließende Einzeltherapie entscheiden.

Mit dem Letzteren sind, zumindest implizit, schon die Ziele der Paartherapie angesprochen, die auch darin bestehen, dass jeder Partner seine Inkongruenz überwindet und so selbstoffener und selbstempathischer, aber damit auch fremdempathischer und also beziehungsfähiger wird (Auckenthaler 1983, Henning 1991). Bestimmte dysfunktionale Interaktionsmuster können sich aber so verfestigt und eine Eigengesetzlichkeit entwickelt haben, dass eine zaghafte Verbesserung der gegenseitigen Empathie hieran immer wieder scheitert. Hier kann es für beide Partner eine Hilfe sein, wenn sie, angeregt durch entsprechende therapeutische Angebote, sich diese Interaktionsmuster und das diesen zu Grunde liegende Paarkonzept vergegenwärtigen und diese in ihrem Zusammenhang mit dysfunktionalen Beziehungserwartungen verstehen. Ziel und Gegenstand des therapeutischen Verstehens ist also sowohl die intraindividuelle Problematik und Veränderung beider Partner wie der beiden gemeinsame, interindividuelle Interaktionsstil und das diesem zu Grunde liegende Beziehungskonzept, es ist also sowohl eine individuum- wie eine beziehungszentrierte Perspektive einzunehmen (Esser u. Schneider 1989).

In einer Art Vortherapie wird der Therapeut Motive und Zielvorstellungen der beiden Partner klären und auch sein eigenes Konzept und sein Vorgehen erläutern. Er wird u. U. auch darauf hinweisen, dass das Ergebnis der Therapie zwar eine

Verbesserung des beiderseitigen Beziehungserlebens sein kann, dass es aber auch im Trennungswunsch der Partner bestehen kann. Wo eine solche Trennung mit gravierenden Folgeschäden verbunden wäre (z. B. mehrere noch kleine Kinder, mangelnde Belastungsfähigkeit eines Partners), wird der Therapeut die Indikation für ein primär klärungsorientiertes Vorgehen überdenken und evtl. stärker bewältigungsorientiert mit dem Ziel einer wenigstens minimalen Änderung der beiderseitigen Beziehungserwartungen arbeiten, um ein für beide wenigstens halbwegs erträgliches Arrangement zu erreichen.

Die Paartherapie ist in Deutschland bislang kassenrechtlich nicht anerkannt, sehr wohl kann aber im Rahmen der so genannten Richtlinientherapie als Einzeltherapie mehrmals der Partner hinzugezogen werden (Faber u. Haarstrick 1999). Diese Paargespräche sollten hinsichtlich ihres formalen Ablaufs viele Gemeinsamkeiten mit einer Paartherapie haben.

Konzeptbeschreibungen sowie Erfahrungsberichte (u. a. Rogers 1975/[1]1972; Plog 1975; Pavel 1978; Auckenthaler 1983; Esser u. Schneider 1989; Henning 1991; Linster 2000) sowie empirische Studien (z. B. Johnson u. Greenberg 1985a, b; Goldman u. Greenberg 1992) über die gesprächspsychotherapeutische Paartherapie liegen z. T. schon seit langem vor. Es wurden verschiedene Settings beschrieben, so die Vertretung der Therapeutenseite durch ein Therapeutenpaar (z. B. Esser u. Schneider 1989) und die Zusammenfassung mehrerer Paare zu einer Gruppe (z. B. Grawe 1976; Tausch et al. 1984).

8.1.2 Paarkonzept und Beziehungskonstellation

Das Pendant zum Selbstkonzept ist das Fremdkonzept als das Gesamt der Meinungen, Vorstellungen und gefühlshaften Einstellungen der Person über die jeweils relevanten anderen, d. h. in diesem Zusammenhang über den Lebenspartner und die Beziehung zu diesem. Die jeweiligen Fremdkonzepte (Beziehungsschemata) der beiden Partner werden im Laufe der Partnerschaft miteinander abgeglichen. Dieses gegenseitige Abgleichen verläuft über meist kaum symbolisierte Austauschprozesse und führt zu einem von beiden geteilten, also gemeinsamen Konzept über die Beziehung und die gegenseitigen Zuschreibungen der wechselseitigen Rollen in dieser Beziehung. Diese Rollenzuschreibungen können sehr verfestigt sein und im Falle einer komplementären, asymetrischen Rollenverteilung die Überzeugung zum Ausdruck bringen, dass z. B. der eine der Starke und der andere der Schwache, der eine der Helfer und der andere der Hilfsbedürftige, der eine der Bewunderte und der andere der Bewunderer, der eine der Aktive und der andere der Passive usw. ist. Diese gemeinsame Grundüberzeugung ist das von beiden geteilte („shared consciousness" nach Levant 1984), jedoch meist nur partiell symbolisierte, aber dennoch die Interaktionen leitende Paarkonzept. Die dieses Paarkonzept konstituierenden Grundüberzeugungen haben sich im Rahmen der genannten Austauschprozesse entwickelt, in sie gingen aber auch verinnerlichte Erfahrungen aus früheren Beziehungen ein. In der Therapie kommt es darauf an, das Paarkonzept zunächst zu explizieren (bzw. zu symbolisieren) und es sodann in seiner Entstehung, d. h. in seinem Zusammenhang mit gegenseitigen Erwartungen und Bedürfnissen sowie mit vergangenen und gegenwärtigen Beziehungserfahrungen, zu verstehen.

Die Beziehungskonstellation zwischen den beiden Partnern wird mit dem Paarkonzept beschrieben. Hinsichtlich der Beziehungskonstellation zwischen dem Paar und dem Therapeuten kann es u. a. folgende Muster geben. Der Therapeut kann in die Rolle eines Richters oder in eine Koalition bzw. von einem Partner in die Rolle eines Sekundanten gedrängt werden. Im letzteren Falle kann eine emotionale Schwierigkeit besonders dann bestehen, wenn der Therapeut diesen Partner tatsächlich als sympathischer erlebt und er so unbemerkt dazu neigt, sich diesem auch empathischer zuzuwenden. Aber auch die umgekehrte Situation kann schwierig sein, wenn der Therapeut sich über die unverhohlene Aufforderung zur Parteinahme insgeheim ärgert, vor allem, wenn diese gegen den Partner erfolgen soll, den er eigentlich für den Schwächeren, Sensibleren oder Unterdrückten hält. Hier können Schützer- und Retterfantasien im Therapeuten aktiviert werden und die Vorstellung, diesen unter einem grausamen Eheregiment Leidenden durch ein besonderes Maß an Empathie und Wertschätzung entschädigen zu müssen. Es kann auch die Situation eintreten, dass sich dass Paar gegen den Therapeuten verbündet und dessen Verstehensangebote jeweils abweist, um in dieser Frontstellung gegen einen Dritten den Paarkonflikt durch Abwehr vorübergehend zu bewältigen.

Das Bestehen dieser Schwierigkeiten im Sinne eines für das Paar und seine Beziehung konstruktiven Vorgehens erfordert insbesondere für den Anfänger intensive Supervision. Auch kann sich gerade in diesem Fall eine Kotherapie, besonders in Form eines Therapeutenpaares, als hilfreich erweisen.

Schlüsselthemen in der Paartherapie

○ Klagen und Entwerten
○ Enttäuschte Erwartungen
○ Dysfunktionale Interaktionsmuster
○ Entwicklung von gegenseitiger Empathie
○ Verstehen des Paarkonzeptes

8.1.3 Behandlungspraxis

Die Reihenfolge der hier gewählten Schlüsselthemen soll auch den Therapieprozess widerspiegeln, sie ist hier besonders unter dem Aspekt Prozessorientierung zu verstehen.

Zunächst eine Vorbemerkung zum formalen Modus des therapeutischen Intervenierens: In der ersten Therapiephase wird der Therapeut sich jeweils einem Partner empathisch zuwenden. Aber er wird sich in der Regel bereits nach wenige Minuten an den anderen Partner wenden und ebenso gefühlsverbalisierend intervenieren, also in seiner Zuwendung ständig zwischen den beiden wechseln. In einer späteren Phase wird er die Partner anregen, sich direkt miteinander auszutauschen und er selbst wird nur hin und wieder bestimmte Aspekte verdeutlichen. In einer weiteren Phase wird er sich an beide gleichzeitig wenden, um gemeinsame Überzeugungen und Interaktionsmuster anzusprechen.

Klagen und Entwerten

Nicht selten besteht die Situation zu Beginn einer Paartherapie in einem Entwerten und Erheben von Vorwürfen, entweder gegenseitig oder einseitig bei defensivem Verhalten des anderen Partners. Die gegen den Partner vorgebrachten Klagen können ganz andere Anliegen verdecken oder stellen eine Flucht nach vorn dar, um befürchtete Gegenklagen abzuwehren. In diesem Klima der Unsicherheit und der Angst muss der Therapeut eine gewisse Gelassenheit, vor allem aber eine Bereitschaft zur bedingungsfreien Wertschätzung ausstrahlen. Er kann hierdurch auch der Entwertung ihren dämonischen Nimbus nehmen, er zeigt, dass auch der Vorwurf und die Entwertung als subjektives Erleben anerkannt werden. Der Therapeut kann im Sinne des *Umakzentuierenden Wiederholens* das Entwertende so akzentuieren, dass der jeweilige Partner schließlich sich korrigiert und seine Entwertung selbst relativiert.

Eine Partnerin beschwert sich über die Teilnahmslosigkeit und das Desengagement ihres Mannes:

T: Sie sind so empört, weil Sie Ihren Mann als völlig gleichgültig erleben.
P: Ja, niemals würde er z. B. auf die Idee kommen, auch mal einzukaufen.
T: Sie empfinden ihn als total egoistisch und in jeder Hinsicht rücksichtslos.
P: Also so will ich das auch nicht sagen, ich mein' ja bloß ...

Nach weiterer Klärung der Erwartungen der Frau wendet sich der Therapeut dann an den Ehemann und fragt, ohne diesen zur Rechtfertigung aufzurufen:

T: Und was würden Sie sich bei Ihrer Frau anders wünschen?

Enttäuschte Beziehungserwartungen

Die Klagen und Vorwürfe verdecken oft andere Anliegen und Erwartungen. Durch *Aufgreifen von haltungsprägenden Gefühlen* und durch *Aufgreifen von selbstreflexiven Gefühlen* kann der Therapeut diese Erwartungen explizieren.

P: (an ihren Mann gewandt) Es ist doch wirklich so, dass du dich fast um gar nichts kümmerst.
T: Was Sie sich sehr wünschen, ist, dass er sich auch um Sie mehr kümmern möge.
P: Ich will das nicht so ganz persönlich sehen, aber er könnte sich schon mehr engagieren.
T: Sie schämen sich fast, ihm so ganz direkt zu sagen, dass Sie sich auch mehr Interesse für Ihre Person wünschen.

Dysfunktionale Interaktionsmuster

Wenn beiden Partnern das Fruchtlose des gegenseitigen Anklagens deutlich zu werden beginnt und sie auch schon selbstexplorativ von ihren Bedürfnissen und Enttäuschungen sprechen können, lassen sich die zwischen beiden eingespielten Interaktionsmuster thematisieren. Diese dienten zwar einerseits der Abwehr gegenüber dem Eingeständnis von Kränkung und Verletzung sowie gegenüber einer Labilisierung von Rollenzuschreibungen, wirkten sich aber gerade dadurch auch entwicklungshemmend aus.

> T: (sich an den Mann wendend) Sie können die ständigen Vorwürfe nicht mehr ertragen, und (sich an die Frau wendend) Sie leiden darunter, wenn Ihr Mann Sie ständig ins Leere laufen lässt. Irgendwie blockieren Sie sich da gegenseitig.
> T: Manchmal klingt es so, als seien Sie sich im Stillen darüber einig, dass der eine immer den Vorwurfsvollen spielen und der andere davor immer fliehen muss.

Eine Änderung dieses gegenseitig eingespielten und bekräftigten Rollenverhaltens ist oft nicht ganz leicht, da dieses ja für beide etwas Gewohntes und sehr Vertrautes ist. Dies sollte beiden auch mitgeteilt werden, damit sie bei Rückfällen in alte Verhaltensmuster nicht zu sehr entmutigt werden. Wichtig für eine lebendige Beziehung und damit Ziel der Therapie ist eine möglichst geringe Rollenfixierung bzw. ein flexibler Umgang mit Rollenzuschreibungen. Die wird auch durch den folgenden Schritt ermöglicht.

Entwicklung von gegenseitiger Empathie

Wenn beide Partner sich ihre auf die Beziehung bezogenen Gefühle und Erwartungen eingestehen können, und wenn ihnen das Dysfunktionale ihrer Interaktionsmuster deutlich geworden ist, sind sie auch stärker bereit, den anderen zu verstehen, bei der Bewertung einer Beziehungssituation auch einmal dessen Perspektive zu übernehmen.

> P: (an ihren Mann gewandt) Wenn du mich immer nur als kritisierend und zurechtweisend erlebst, ist das natürlich auch schwierig für dich.

Der Therapeut war bisher für diese Haltung des Einfühlens ein positives Modell (Henning 1991). Jetzt wird er sich stärker darauf beschränken, den empathischen Dialog des Paares untereinander anzuregen und nur noch zur Verdeutlichung besonderer Positionen intervenieren. So könnte er an der zuletzt genannten Stelle, an die Ehefrau gewandt, intervenieren:

> T: Wenn Sie sich jetzt so richtig in Ihren Mann hineinversetzen, können Sie nachempfinden, dass es schwer war, immer so zu reagieren, wie Sie es erhofften.

Damit bestätigt der Therapeut die ersten Schritte des Paares zu einer gegenseitigen empathischen Haltung. Außerdem weist er indirekt so noch einmal darauf hin, wie dysfunktional für die Erfüllung der eigentlichen Beziehungserwartungen das tatsächliche Beziehungsverhalten war. Zur Förderung der gegenseitigen Empathie ist auch das in der systemischen Familientherapie entwickelte „zirkuläre Fragen" geeignet, durch das der jeweilige Partner aufgefordert wird, sich in den anderen hineinzuversetzen.

> T: Was glauben Sie, geht in Ihrer Frau vor, wenn Sie Ihnen sagt, dass Sie ...

Verstehen des Paarkonzepts

Trotz der gegenseitigen Klagen über das Verhalten des Partners, das meist auch mit einem wirklichen Leiden verbunden ist, gibt es nicht selten zwischen dem Paar eine Art impliziter Grundübereinkunft hinsichtlich der gegenseitigen Rollenverteilung und eine Grundüberzeugung über die Art der Beziehung. Dieses Paarkonzept ist in der Regel kaum symbolisiert. Im Laufe der Therapie aber wird es zunehmend explizit, Aufgabe des Therapeuten ist es, dies zu unterstützen, die Aufmerksamkeit des Paares hierauf zu lenken.

> T: So unausgesprochen hatten Sie trotz allem wohl auch beide eine ähnliche Vorstellung von Ihrer Beziehung, welchen Platz da jeder hat und wie die Aufgaben zu verteilen sind.

Im Sinne einer Versöhnungsarbeit liegt es, wenn beide verstehen, dass sie nicht nur das Opfer des jeweils anderen sind, sondern dass sie an ihrem Beziehungsarrangement auch selbst mitgewirkt haben, weil dieses zunächst bestimmten Bedürfnissen beider entgegen kam. In einem weiteren Schritt könnte es dann darum gehen, dieses Bedürfnis des jeweils anderen, z. B. nach kontrollierender Dominanz, nach passiver Geborgenheit, nach konfliktvermeidendem Rückzug, aus dessen früheren Beziehungserfahrungen zu verstehen.

> **Gesprächsregeln**
>
> **Paartherapie**
>
> - Wenden Sie sich beiden Partnern in gleichem Maße empathisch (und jeweils alternierend) zu.
> - Greifen Sie die gegenseitigen Klagen und Entwertungen einfühlsam auf und verdeutlichen Sie die impliziten Beziehungserwartungen, die diesen zu Grunde liegen.
> - Fördern Sie die Einsicht des Paares in das Dysfunktionale seiner Interaktionsgestaltung.
> - Seien Sie dem Paar ein gutes Modell für *einfühlendes Verstehen*, und regen Sie es an, miteinander empathisch umzugehen.
> - Helfen Sie dem Paar, sich in seinen gegenseitigen impliziten Rollenzuweisungen und Arrangements zu verstehen

8.2 Familientherapie

8.2.1 Diagnostik und Indikation

Der übliche Anlass für eine Familientherapie ist das Ersuchen einer Person um psychotherapeutische Hilfe, wobei dieses Ersuchen auch von einer Drittperson, etwa einem Elternteil, ausgehen kann, die für ihr Kind Hilfe sucht, weil dieses unter bestimmten Störungen leide. Wenn der Therapeut die Indikation zu einer Familien- und nicht zu einer ausschließlichen Einzeltherapie stellt, dann tut er dies in der Regel auf Grund der Diagnose, dass in diesem Falle die Störung des Patienten nicht nur durch individuelle Faktoren, sondern auch durch soziale Faktoren, d. h. hier durch Einflüsse der Familie, bedingt ist. Diese Diagnose basiert auf dem Eindruck, dass die interfamiliäre Kommunikation oder der Anforderungsdruck, den einzelne Mitglieder auf einander ausüben, pathogen ist. Wenn in diesem Sinne die Familie als Ganze gestört ist bzw. als „Patient" definiert wird, muss sich der Therapeut zur weiteren Differenzierung seiner Diagnose folgende Fragen stellen:

- Worin, in welchen Überzeugungen, Vorstellungen, Erwartungen, besteht das gemeinsame Familienkonzept?
- Welche Hierarchien und Machtverhältnisse herrschen in der Familie?
- Nach welchen offenen und nach welchen verdeckten Regeln wird interagiert?

In der Absicht, dysfunktionale bzw. pathogene Überzeugungen und Interaktionsmuster zu ändern, z. B. eine inkongruente Kommunikation in eine kongruente zu überführen, wird der Therapeut die Antworten auf die oben genannten Fragen wähend der Therapie mitteilen bzw. er wird die Familie zu entsprechenden Antworten und Korrekturen anregen. Eine Indikation zur Familientherapie setzt die Motivation und prinzipielle Fähigkeit zu den hierfür nötigen Änderungsprozessen voraus.

Bei familientherapeutischen Konzeptbeschreibungen, Erfahrungsberichten und Falldarstellungen vertreten nahezu alle personzentrierten Autoren neben einer induviduumzentrierten auch eine interaktionszentrierte Sichtweise. Unter dieser Perspektive wird die Familie als eine Behandlungseinheit gesehen (Plog 1975; Keil 1995; Schmid 1996; Gaylin 2002), die in ihren Aktionen durch ein gemeinsames Konzept, dem Familienkonzept bestimmt ist (Raskin u. van der Veen 1970; Levant 1984) und deren Inkongruenz am Ausmaß verdeckter, „strategischer" Kommunikationen abzulesen ist (Warner 1989). Manche personzentrierte Familientherapeuten haben diese Sichtweise sogar im Sinne der Systemtheorie konzeptualisiert (Pavel 1989).

Die Familietherapie hat inhaltlich Bezüge zur Psychotherapie von Kindern und Jugendlichen (Janisch 2001). In historischer Hinsicht sind für die Gesprächspsychotherapie insgesamt solche Bezüge zur Kinderpsychotherapie auszumachen (Schmidtchen 1991). Dieses so traditionsreiche Gebiet der Gesprächspsychotherapie kann hier jedoch nicht behandelt werden.

8.2.2 Familienkonzept und Beziehungskonstellation

Beim Thema „Paarkonzept" wurde schon manches auch für das Familienkonzept Gültige gesagt. Auch das Familienkonzept besteht in von allen Familienmitgliedern geteilten Überzeugungen und Erwartungen, z. B. der Vorstellung „Wir sind eine sehr friedfertige, harmonieliebende Gemeinschaft, der jeder Streit zuwider ist" oder „Die Welt um uns ist hässlich und gefährlich, wir als Familie müssen einen Schutzwall bilden gegen die Welt da draußen". Die Inkongruenz der Familie kann darin bestehen, dass diesem Familienkonzept gemeinsame Erfahrungen von gegenseitiger aggressiver Kontrolle und hasserfüllter Rivalität gegenüberstehen. Da aber alle Mitglieder das gemeinsame Konzept als etwas Tröstendes und Stabilisierendes erleben, fällt es auch den Mitgliedern, die in der Hierarchiebildung eher auf der Opferseite stehen, schwer, die genannten organismischen Erfahrungen und die „strategischen", d. h. manipulativen Kommunikationen, die der Aufrechterhaltung des Familienkonzeptes dienen, zu symbolisieren.

Für den Therapeuten kann es eine „Beziehungsfalle" bedeuten, wenn er zu früh den vermeintlichen Opfern dieser Strategien bespringen und sie zur Symbolisierung ihrer Erfahrung drängen und damit vom Konformitätsdruck befreien will. Ein solches Parteiergreifen erschwert natürlich seine Position gegenüber den anderen Mitgliedern und seine Möglichkeit des empathischen Zugangs und der Einflussnahme auf diese. Außerdem kann es die „Opfer" in einen belastenden Loyalitätskonflikt bringen, der diese dazu führen kann, mit Abwehr gegen die „gut gemeinten" Interventionen des Therapeuten zu reagieren.

Natürlich wird das Familienkonzept nicht immer eine so hohe Verbindlichkeit haben und der Druck zu seiner Aufrechterhaltung nicht so groß sein, sodass es den einzelnen Mitgliedern, z. B. dem Symptomträger, leichter fällt, sich etwa über bestimmte Erziehungs- oder Interaktionsstile zu beklagen. Diese Klagen können den stillen Vorbehalten, die er gegenüber seinen eigenen Eltern hat, entsprechen, oder aber er fühlt sich in der Rolle des Beklagen, weil diese Klagen denen seiner eigenen Kinder ähneln. So ist wie schon in der Paar- auch in der Familientherapie für den Therapeuten die Gefahr einer kollusiven Verstrickung groß.

> **Schlüsselthemen der Familientherapie**
>
> Siehe unter Paartherapie

8.2.3 Behandlungspraxis

Das Vorgehen in der Familientherapie zeigt viele Parallelen zu dem in der Paartherapie einerseits und zur Gruppenpsychotherapie andererseits. Dies betrifft auch die dort genannten Schlüsselthemen. Nicht selten ist es so, dass einzelne Familienmitglieder das Gespräch bald mit Klagen über die Forderungshaltung oder die Interaktionsweise der anderen beginnen, z. B. indem sich die Kinder über die Eltern beklagen oder umgekehrt. Dann wird der Therapeut, wie in der Paartherapie, empathisch auf diese Klagen eingehen, um sich dann aber bald ebenso empathisch hörend den Beklagten zuzuwenden. Er wird dabei darauf achten, nicht nur jede Parteinahme, sondern auch jede Ungleichverteilung seiner Zuwendung zu vermeiden. Auch sollten seine Verstehensangebote nicht zu sehr die Opferrolle des einen und die Täterrolle des anderen betonen, vielmehr sollte die Gegenseitigkeit der Rollenzuweisungen herausgearbeitet werden.

Stärker noch als in der Paartherapie (und erst recht in der Einzeltherapie) wird der Therapeut neben der Rolle des empathisch Mitvollziehenden auch die des Beobachters einnehmen. Hier wird er auf Art und Häufigkeit der Interaktionen zwischen den einzelnen Mitgliedern, auf ein Dominanzgefälle und Hierarchien, auf Koalitionsbildungen und verdeckte Kommunikationen achten. Wenn er glaubt, aus den Äußerungen einzelner Mitglieder auf das Wirksamwerden eines Familienkonzeptes schließen zu können, wird er dieses einfühlsam und zunächst auch anerkennend ansprechen. In bestimmten Situationen wird er auch von sich aus nach Vorstellungen über eine „ideale Familie" fragen. Im Laufe der Therapie wird er dann behutsam zusammen mit den Familienmitgliedern versuchen, seine Beobachtungen mit dem Erleben und den Vorstellungen der Teilnehmer abzugleichen, um diesen so zu helfen, Interessen und Erwartungen offener und konstruktiver miteinander auszuhandeln und zu mehr innerfamiliärer Kongruenz zu finden.

> **Gesprächsregeln**
>
> **Familientherapie**
>
> - Wenden Sie sich den Berichten oder Klagen der einzelnen Mitglieder jeweils empathisch zu und verteilen Sie Ihre Zuwendung gleichmäßig.
> - Versuchen Sie, jeden Eindruck von Parteinahme zu vermeiden.
> - Regen Sie ein Gespräch der Mitglieder untereinander an und beobachten Sie Art und Häufigkeit der Interaktionen, Hierarchiebildung und verdeckte bzw. widersprüchliche Kommunikation.
> - Versuchen Sie die Interpretation Ihrer Beobachtung so in Ihre Verstehensangebote eingehen zu lassen, dass diese für die Mitglieder zu konstruktiven Anregungen der Selbstexploration werden.
> - Fördern Sie das gemeinsame Klären des Familienkonzeptes sowie eine Auseinandersetzung mit möglichen Inkongruenzen zum organismischen Erleben.

9 Der Traum und das Traumverstehen

Da die Gesprächspsychotherapie sich in ihrem therapeutischen Vorgehen ganz betont auf die subjektive Welt des Patienten, auf die Welt seiner inneren Bilder und ganz individuellen Erlebnisse beziehen will, müsste auch der Traum als ein Teil dieser „inneren Welt" ihr ausdrückliches Interesse finden. Dies war aber merkwürdigerweise bis in die 80er Jahre hinein kaum der Fall. Erst seit dieser Zeit begann sich das zunehmend zu ändern. So erschienen 1985 das Traumbuch von Wijngaarden und 1986 das von Gendlin (dt. 1987). Eine Reihe von Beiträgen zu diesem Thema erschienen in Form von therapietheoretischen Erörterungen und Konzeptbeschreibungen, u. a. von Pfeiffer (1980, 1989), Gerl (1981), Jennings (1986), Graessner (1989), Vossen (1988), Finke (1990c, 1994), Schmid (1992), Stolte u. Koch (1992), Keil (2002).

Bei der Frage nach den Gründen für dieses späte Interesse klientenzentrierter Therapeuten an den Träumen ihrer Patienten war vielleicht das Postulat der Nichtdirektivität mitverantwortlich, das dem Therapeuten erschwert, seinen Patienten das Berichten oder gar vorheriges Protokollieren von Träumen zur Aufgabe zu machen, und zum anderen das Prinzip des *Bedingungsfreien Akzeptierens*. Letzteres schließt bei sehr konsequenter Auslegung ein Respektieren der Abwehrhaltungen des Patienten ein und verbietet dem Therapeuten den unmittelbaren Durchgriff auf das Unbewusste seines Patienten, wie es mit der Traumanalyse verbunden schien. Das Interesse an der Traumtherapie dürfte somit auch ein Indiz für eine Änderung der Beurteilung sein, mit welcher Rigorosität diese Prinzipien ggf. auf Kosten anderer therapeutischer Dimensionen zu vertreten sind. Hier zeigt sich wohl, was sich auch bei anderen Psychotherapieverfahren ankündigt: Die zunehmende Bereitschaft, eigene Positionen zu modifizieren und die anderen Verfahren anzuerkennen.

Bei der Charakterisierung der gesprächstherapeutischen Traumbearbeitung sollen sowohl die Unterschiede als auch die Gemeinsamkeiten zu den entsprechenden Positionen anderer Schulen skizziert werden. Dabei sind die Gemeinsamkeiten vor allem mit der Jung-Schule bedeutend. Dies betrifft sowohl das grundsätzliche Traumverständnis wie die eigentliche Technik der Traumbearbeitung. Allerdings gibt es innerhalb der Gesprächspsychotherapie unterschiedliche Konzepte der Traumtherapie. Sehr vereinfacht könnte man zwei verschiedene Positionen unterscheiden:
- jene Gruppe, die von der Methode des sog. Focusing ausgeht (Gendlin 1987; Graessner 1989), bei der es, grob gesprochen, um ein Fokussieren auf die leibnahen Gefühle und deren Bedeutungsgehalte als Reaktion auf die Traumgeschichte geht.
- Die andere Richtung ist als ein dialogisch-bildorientiertes Vorgehen bezeichnet worden (Pfeiffer 1989a); hier steht die phänomenologisch orientierte Beschäftigung mit den Traumbildern im Mittelpunkt der therapeutischen Arbeit. Die folgenden Ausführungen beziehen sich vorwiegend auf die letztgenannte Richtung.

9.1 Gesprächspsychotherapeutisches Traumkonzept

Die therapeutische Beschäftigung mit Träumen setzt eine Grundanschauung, ein Vorverständnis von dem voraus, was der Traum sei, was sich an ihm grundsätzlich zeigen könne. Die Arbeit mit Träumen ließe sich allerdings auch bei Vermeiden jeder Annahme über eine Sinnbildung in der Traumentstehung betreiben: Die Traumgeschichte könnte in diesem Fall hinsichtlich ihres geträumten

Sinnes unbefragt bleiben und ähnlich einer TAT-Tafel als Projektionsfolie angesehen werden, an der sich die individuelle Problematik des Patienten im Hier und Jetzt der therapeutischen Arbeit entzünden und darstellen könnte. Über die inhaltliche Bedeutung der Traumgeschichte würde also hier nichts ausgesagt, entscheidend wäre nur die Reaktion des Patienten auf diese Geschichte in der therapeutischen Situation.

Die persönlichkeits- und störungtheoretischen Konzepte der Gesprächspsychotherapie rechtfertigen aber durchaus eine epistemologisch weniger enthaltsame Position, und in der Tat gehen fast alle gesprächspsychotherapeutischen Traumtherapeuten davon aus, dass der Traum einen Sinn, eine Botschaft enthält bzw. sinnhafter Ausdruck der seelischen Aktivität des Träumers ist. Bei der Frage, welches Traumverständnis aus der gesprächspsychotherapeutischen Position ableitbar ist, muss auf Rogers' phänomenologische Grundhaltung, jedoch auch auf seine konflikttheoretische Position in der Krankheitslehre (Inkongruenzmodell) verwiesen werden. Eine wichtige Rolle beim Verstehen des Traumes spielt ebenfalls das Konzept der Aktualisierungstendenz als der schöpferischen, zukunftsgerichteten Lebenskraft. Diese findet im Traum ihren Ausdruck, und zwar unter weitgehender Überwindung der Inkongruenz, sodass Aspekte des Selbst, das Selbstideal ebenso wie das Selbstbild und das Erleben von Selbstkohärenz im Traum ihren, wenn auch z. T. verschlüsselten Ausdruck finden (Schmid 1992).

Im Folgenden sollen die wesentlichen Positionen gesprächspsychotherapeutischen Traumverstehens beschrieben werden.

Die phänomenologische Position bei der Gesprächspsychotherapie führt zu einem starken Interesse an der manifesten Traumerzählung. Diese wird nicht in erster Linie als Maskierung und Verschleierung bzw. Symptom gesehen, sondern ihr wird eine eigenständige Gültigkeit im Sinne eines unmittelbaren Offenbarungscharakters zugesprochen. So kommt es in der Traumtherapie nicht nur auf ein Interpretieren der Traumbilder, d. h. ihr Übersetzen in der Sprache des Wachbewusstseins an, sondern auf deren Nacherleben und Nachbilden.

Diese Auffassung korreliert mit daseinsanalytischen Traumkonzepten (Boss 1976) und auch mit der von Wyss (1988) vorgetragenen Position, da hier das Traumbewusstsein als ein Bewusstseinsbereich sui generis dargestellt wird, bei dem der Traum kein Symptom, nicht die Wiederkehr des Verdrängten, sondern eine eigene Weise der Selbstdarstellung ist. Allerdings wird heute auch von psychoanalytischer Seite die Bedeutung der manifesten Traumgedanken betont (Benedetti 1984). Vonseiten der Traumtherapie Jungs wurde ebenfalls dafür plädiert, die Eigenständigkeit des Traumbewusstseins anzuerkennen (Wolff 1984).

Die Beschäftigung mit den Traumbildern fordert zum Verstehen der einzelnen Bildelemente heraus. Die einzelnen Details des Traums, Personen, Landschaften, Tiere, Gegenstände, sollen aber, wie bereits ausgeführt, erst einmal für sich selbst sprechen, deshalb soll der Patient in der therapeutischen Situation diese Traumdetails noch einmal vor seinem inneren Auge in aller Plastizität und Konkretheit entstehen lassen. Er soll gewissermaßen seinen Traum in Gegenwart des Therapeuten noch einmal träumen (Gerl 1981) und dabei ggf. Dinge und Personen sprechen lassen sowie selbst mit ihnen sprechen (Pfeiffer 1989a). Das Wiederbeleben und neuerliche Durchleben der Traumbilder schafft die für den therapeutischen Prozess nötige emotionale Dichte und Unmittelbarkeit und dürfte für sich allein schon therapeutische Wirksamkeit haben. Andererseits soll aber eine Übersetzung der Traumbilder in die rationale Sprache des Wachbewusstseins, d. h. ein Verstehen im eigentlichen Sinne, nicht vernachlässigt werden, es wird im Gegenteil hierin eine Komplettierung der therapeutischen Arbeit gesehen (Vossen 1988). Bei der Symboldeutung wird für den Therapeuten das maßgebend sein, was ein durchschnittliches Verstehen zunächst an Sinngehalten nahe legt (Gendlin 1987), bzw. es wird sich, hermeneutisch gesprochen, das Vorverständnis des Therapeuten zunächst am Alltagsverständnis orientieren.

Ein Kirchturm wird beispielsweise zunächst für die Dimension des Geistigen, Erhabenen, In-die-Höhe-Strebenden stehen, eine Höhle für Geborgenheit, Schutz, vielleicht auch geheimnisvolle Dunkelheit, ein Auto für Dynamik, Kraft, Veränderung, evtl. auch Flucht. Bei diesem phänomenologischen Symbolverstehen, das in dieser Hinsicht weitgehend korreliert mit dem in der Daseinsanalyse (Boss 1976) praktizierten, wird der Therapeut natürlich immer auch nach individuellen Bedeutungen fragen. Vor allem wird er auf die „Einfälle" des Patienten achten, wird er als klientenzentrierter Therapeut dessen Bedeutungszuschreibung großen Raum geben und mit eigenen Interpretationen eher sparsam sein.

Unter einem bestimmten Blickwinkel, dies wurde oben schon angedeutet, ist diese Art einer phänomenologischen Position insofern als ein Sonderfall der hermeneutischen zu sehen, als hier zunächst eine „Alltagstheorie" als Vorverständnis des Verstehenden fungiert. Eine dezidert hermeneutische Perspektive wird schon durch das Inkongruenzmodell und das damit verbundene Konzept der verzerrten Symbolisierung nahe gelegt (s. auch Kap. 2). Besonders der Traum mit seinen emotional so aufgeladenen, aber unverständlichen, oft skurril und grotesk, manchmal auch geheimnisvoll und rätselhaft anmutenden Geschichten scheint ein Paradebeispiel für Symbolisierungsverzerrungen und für den Hinweis auf einen verborgenen Sinn zu sein. Das Verstehen des zunächst Unverständlichen, die Überführung der Traumsprache in eine „exakte Symbolisierung" (Rogers), das Entziffern eines latenten Sinnes ist dann auch eine wichtige Dimension des personzentrierten Arbeitens mit Träumen, wenn dieses Entziffern, dieses Verstehen eines verborgenen Sinns in klientenzentrierter, d. h. das Verstehen des Patienten einbeziehender, Weise erfolgt.

Die im Folgenden genannten Merkmale des personzentrierten Traumverstehens können, unter hermeneutischer Perspektive, auch als Kriterien des Vorverständnisses des Therapeuten gelesen werden, die im therapeutischen Prozess mit denen des Patienten abzugleichen sind.

9.1.1 Progressive Tendenz

Ernst Bloch (1982) betont in ausdrücklicher Kontraposition zu vergangenheits- und regressionsbezogenen Positionen Freuds den progressiven, zukunftsgerichteten, Ziele entwerfenden Charakter des Traumes, besonders hier des Tagtraumes. Auch für Jung hat der Traum diese von ihm so genannte prospektive Funtkion.

Ein solch zukunftsgerichtetes Traumverständnis entspricht nun ebenso den Positionen der Gesprächspsychotherapie. Denn die schöpferische Zukunftsgerichtetheit, der nach Rogers unabsehbare Prozess des Werdens, der offene Horizont der Möglichkeiten und nicht das im Wiederholungszwang an die Vergangenheit Gekettetsein, ist eine nicht nur das Traumverstehen leitende Grundannahme der Gesprächspsychotherapie. So ist vom klientenzentrierten Therapeuten der Traum daraufhin zu untersuchen, wieweit sich hier die vorwärts gerichteten Phantasien, die kaum eingestandenen Intentionen und die bisher nur erträumten zukünftigen Taten des Patienten finden. Das soll allerdings nicht besagen, das die Dimension der Vergangenheit ganz zu vernachlässigen ist, denn natürlich leistet der Traum auch Erinnerungsarbeit, kommt hier auch die Geschichte des Träumers zu Wort, die Geschichte seiner Selbstaktualisierung und seiner Beziehungserfahrungen.

In der Traumtätigkeit wird diese Geschichte mit dem auf die Zukunft gerichteten Entwurf des Selbst verbunden. Das, was gewesen ist, findet Anschluss an das, was sein könnte und sein soll. Der Drang nach Ganzwerdung, d. h. nach Vollendung des Entwurfes findet im Traum seine Erfüllung. Im Traum zeigen sich aber auch die Widersprüche, die Hemmnisse der Selbstverwirklichung, die Inkongruenz von regressiv beharrenden Tendenzen einerseits und den progressiven, zukunftserträumenden andererseits.

9.1.2 Die Traumgestalten als Aspekte des Selbst

Die verschiedenen Aspekte des Selbst werden in den verschiedenen Figuren bzw. Gestalten des Traums dargestellt. Jung (1982b) nannte eine solche Traumauslegung bekanntlich das Arbeiten auf der Subjektstufe. Schon bei Freud finden sich vereinzelt Hinweise für den Gedanken, dass die Person des Träumers sich in verschiedenen Traumfiguren darstelle (Thomä u. Kächele 1986). Auch bei Gendlin (1987) lautet eine der Fragen, die an den Traum zu stellen sind, welcher Teil des Träumers sich jeweils in dieser oder jener Traumperson zeige. Dieses Verstehensmuster entspricht in besonderer Weise deshalb auch dem gesprächspsychotherapeutischen Ansatz, weil hier die Welt der äußeren Ereignisse vor allem in ihrer innerpsychischen Widerspiegelung interessieren. So ist es nahe liegend, die geträumte Umwelt als eine Widerspiegelung des Selbst zu verstehen. Die Existenzphilosophie, auf die sich Rogers ja ausdrücklich beruft, beschreibt das Wesen des Menschen als ein Ringen um Selbstdefinition, bei dem die Welt in ihren verschiedenen Erscheinungen als Moment der Selbstvergewisserung dient. Für ein ursprüngliches Welterleben erscheinen die Dinge nicht in distanzierter Vergegenständlichung, sondern stets als Widerspiegelungen des eigenen Selbst. So scheint es gerechtfertigt, im Traum eine

Manifestation dieses ursprünglichen Welt-Selbst-Erlebens zu sehen und die verschiedenen Traumgestalten auch als Teile des eigenen Selbst zu deuten.

9.1.3 Traumgestalten als Aspekte der relevanten Anderen

Natürlich sind die verschiedenen Akteure der Traumgeschichte auch zu verstehen als die Darstellung jener Bezugspersonen, die für den Träumer eine bedeutende Rolle spielen (nach Jung Arbeiten auf der Objektstufe). Dabei ist es sinnvoll, diese Traumfiguren so zu verstehen, dass sie jeweils besondere Aspekte dieser Bezugspersonen, oft übertrieben, verkörpern. Diese können dann in fast karikaturhafter Überzeichnung erscheinen. In Bezug auf die reale Person kommt dann also nur ein Teilaspekt von dieser zur Darstellung.

9.1.4 Darstellung des Gegenteils

Gendlin (1987) empfiehlt, dass man sich bei der Traumbearbeitung fragen solle, ob ein bestimmtes Traumelement nicht das Gegenteil von dem bedeute, was es zunächst auszudrücken scheine. Entsetzen und angstvolles Erschrecken vor einer hereinbrechenden Gewalttat könnte dann z. B. den eigenen Wunsch nach Aggression und Herrschaft zum Ausdruck bringen. Diese „Verkehrung ins Gegenteil" würde dem unter diesem Namen schon von A. Freud (1975) beschriebenen Abwehrmechanismus entsprechen. Dieser gewissermaßen klassische tiefenpsychologische Gedanke lässt sich auch mit der klientenzentrierten Störungstheorie verbinden. Das hier wichtige Konzept der Inkongruenz geht, zumindest im Falle der Neurose, von einer Unvereinbarkeit unterschiedlicher Erfahrungsbereiche aus. Diese Divergenz führt zu einer Selbstwidersprüchlichkeit, die in einer Ambivalenz und Doppeldeutigkeit des Verhaltens zum Ausdruck kommt. Dieser Doppeldeutigkeit liegt eine hochgradig verzerrte Symbolisierung von Erfahrungen zu Grunde (s. Kap. 2). Mit dem Verstehensmuster der „Darstellung des Gegenteils" wird unterstellt, dass diese Symbolisierungsverzerrungen auch im Traum so wirksam sind, dass das Gegenteil des Gegebenen, also der Traumgeschichte, das eigentlich Gemeinte ist. Aus therapeutischen Gründen jedoch ist dieses Verstehensmuster nicht ganz unproblematisch. Denn dem Patienten das Gegenteil des von ihm manifest Erlebten zu unterstellen, kann für diesen verwirrend, vielleicht auch verletzend sein und wäre so therapeutisch wenig weiterführend. Hier ist deshalb ein behutsames Hinarbeiten („Verstehen in kleinen Schritten") auf ein solches Verständnis zu empfehlen.

9.1.5 Kompensatorische Funktion des Traums

In der Traumgeschichte kann auch ein Antagonismus zum Wacherleben gesehen werden, da sich hier jene Aspekte der Person zum Ausdruck bringen, die „am Tage" nicht gelebt werden können. Es geht hier also um die Differenz von Traumerleben und Wacherleben. Im Traum würde dann der Gegenpol des Wacherlebens dargestellt. Die im Wachbewusstsein nicht symbolisierte Aktualisierungstendenz würde träumend zur Entfaltung kommen. Jung (1982b) hat bekanntlich unter der Bezeichnung der kompensatorischen Funktion des Traums diesen Umstand beschrieben. Die am Tag nicht gelebte Seite der Psyche, der „Schatten" bzw. das „Unbewusste", die „Hinterwelt" melden sich, ihre Unterdrückung kompensierend, im Traum zu Wort. Jung denkt hier, ähnlich wie Rogers, ganz lebensphilosophisch, indem er im Unbewussten nicht nur das Verdrängte, das gezielt von der Symbolisierung Ausgeschlossene, sondern auch das Schöpferische, die Tendenz zur konstruktiven Entfaltung, „die Weisheit der Organismus" (Rogers) sieht, die sich im Schlaf, im Traum, also gewissermaßen in naturhaft-ursprünglichem Zustand, ihre Bahn bricht, um so das Ziel der Synthese, der Gestaltvollendung, der Ganzheit wieder zu erreichen. Nach den oben gemachten Äußerungen mag deutlich werden, wie sehr das Konzept der kompensatorischen Funktion des Traums auch dem Denken von Rogers entspricht.

Der Traum kann so als eine Art Probehandeln verstanden werden, in dem das Selbstkonzept genötigt ist, sich mit der organismischen Tendenz auseinander zu setzen. Bisher nicht symbolisierte Aspekte der Aktualisierungstendenz, bisher nicht wahrgenommene Wünsche und Handlungsbereitschaften könnten so in das Selbstkonzept integriert werden. Auf diese problemlösende Funktion des Traumes haben vonseiten der Psychoanalyse z. B. Fromm (1982) und auch Lüders (1982) hingewiesen.

9.2 Interventionen in der Arbeit mit Träumen

9.2.1 Vergegenwärtigen des Traumerlebens

Erfassen der Traumstimmung

Nachdem der Patient seinen Traum erzählt hat, versucht der Therapeut den Stimmungsgehalt der einzelnen Traumbilder zu erkunden und zu verdeutlichen sowie die Gefühle und Impulse, die den Patienten bei den einzelnen Traumszenen bewegten, zu verstehen und das so Verstandene dem Patienten mitzuteilen. Es handelt sich hierbei im Wesentlichen um die schon beschriebenen Stufen des *Einfühlenden Verstehens*. Der Therapeut könnte dem Patienten zu einem entsprechenden Traumbild z. B. sagen: „In dieser Situation waren Sie wie gelähmt vor Schreck."

Es geht hier darum, dass sich der Patient seiner Traumgefühle in intensiver und so erlebnisnaher Weise gewahr wird, dass er sie gewissermaßen dabei noch einmal erlebt. Nacherleben und Gewahrwerden bzw. Bewusstwerden der Gefühle, Stimmungen, Erwartungen und Impulse des Träumers in den einzelnen Traumszenen ist also Ziel dieser Intervention.

Verdeutlichen der Traumbilder

Der Therapeut versucht, im Sinne des *Konkretisierenden Verstehens* die einzelnen Traumszenen möglichst konkret in allen Einzelheiten wieder erstehen zu lassen. Durch Fragen nach optischen Details, nach Geräuschen, Gerüchen usw. versucht der Therapeut, den Patienten das Traumbild mit allen Sinnen nacherleben zu lassen.

> T: Wenn Sie jetzt dieses Bild wieder ganz intensiv vor Ihrem inneren Auge haben, versuchen Sie zu erspüren, ob ein Wind geht, wonach es riecht, ob Sie etwas hören.

Auch diese Intervention soll also dazu führen, dass der Patient den Traum in Gegenwart des Therapeuten gewissermaßen noch einmal träumt. Neben diesem Erlebensmoment dient das Konkretisieren aber auch schon der Vorbereitung zu einer Einsicht in Sinnzusammenhänge der Traumbilder. Dabei muss das Ziel dieser Interventionen nicht so sehr eine exakte Rekonstruktion des wirklich Geträumten sein, sondern es geht um eine Ausgestaltung und Konkretisierung des im Hier und jetzt aktualisierten Erinnerns. Solches Erinnern ist immer schon sowohl durch die therapeutische Beziehung wie durch die aktuellen Lebensumstände des Patienten mitgeprägt (Ricoeur 1974).

Traumhandlung und ihre Fortführung im Traumhandeln

Zunächst werden einzelne Elemente der Traumhandlung vergegenwärtigt. Sodann regt der Therapeut den Patienten zum Dialog mit den Traumgestalten an. Er könnte z. B. sagen:

> T: Wenn dieser große, so regungslos dort stehende Mann sprechen würde, was könnte der Ihnen wohl sagen?
> T: Und wenn Sie nun ihm antworten würden, was würden Sie ihm sagen wollen?

Der Therapeut kann daraufhin versuchen, wieder das Erleben im Traumhandeln zu erfassen:

> T: Sie spürten eben richtig, wie sehr es Sie ängstigte, ihn anzusprechen.

Solche Interventionen sollen einerseits eine besonders dichte Erlebnisnähe des Traumerinnerns herstellen, andererseits soll der Patient angeregt werden, seinen Traum gewissermaßen fortzuführen, die angedeuteten Linien der Traumgeschichte weiter auszuziehen. Aus gesprächspsychotherapeutischer Sicht ist es bei diesen Anregungen wichtig, dass diese ohne imperativen Akzent gegeben werden. Der Patient sollte also nicht forciert in ein intensives Erleben hineingestoßen werden. Um dem Patienten ausdrücklich einen deutlichen Entscheidungsspielraum zuzumessen, wieweit er sich den eigenen Emotionen überlassen möchte, empfiehlt es sich, zumindest zu Beginn der Therapie noch öfter, wie oben dargestellt, im Konjunktiv zu formulieren.

9.2.2 Verstehen der Traumgeschichte

Die bisherigen Interventionen sollten dem Patienten ein intensives Nacherleben seiner Traumgeschichte ermöglichen. Es wurde gewissermaßen auf der Ebene und in der Sprache des Traumes gearbeitet. Das Vermitteln von Einsichten in Sinnzusammenhänge wurde dadurch erst vorbereitet. Bei den folgenden Interventionen soll es nun ausdrücklich um diese Einsichtsgewinnung gehen. Es wird gewissermaßen auf der Ebene des Wachbewusstseins gearbeitet, der Patient wird zu Bewertungen und Interpretationen angeregt (Abb. **4**).

Aufgreifen der emotionalen und kognitiven Resonanz

Der Patient soll angeregt werden, sich mit den Eindrücken, Gefühlen und Bewertungen, die der Traum im Nachhinein in ihm auslöste, auseinander zu setzen. Dabei geht es zunächst darum, die Reaktionen auf den Traum zu verdeutlichen und sie in ihrer Verschiedenartigkeit zu differenzieren. Der Therapeut versucht auf der Ebene des *Einfühlenden Verstehens*, auch die unausdrücklichen emotionalen und kognitiven Stellungnahmen und Bewertungsvorgänge des Patienten zu erspüren und dieses Erspürte dem Patienten mitzuteilen.

> T: Wie Sie sich da verhielten, das scheint Ihnen jetzt ganz sonderbar.
> T: Dass immer wieder dieses alte, windschiefe Haus auftaucht, ängstigt Sie wohl direkt ein bisschen.

Der Patient soll sich darüber bewusst werden, was der Traum in ihm auslöste. Das Gewahrwerden der emotionalen Reaktionen auf seinen Traum soll ihn anregen, selbst nach ersten Übersetzungen der Traumsymbole zu suchen.

Erfassen der Traumthemen

Der Therapeut versucht mit dem Patienten, Einzelheiten der Traumgeschichte unter ein leitendes Thema zu bringen bzw. unterschiedliche Themen als solche anzusprechen. Ein solches Thema kann z. B. durch eine charakteristische Stimmung oder auch ein häufig wiederkehrendes Bildelement bestimmt werden. Der Therapeut könnte z. B. sagen:

> T: Immer wieder war da für Sie dieses Gefühl der Demütigung durch einen großen, herrischen Mann.

Diese Intervention soll bereits das eigentliche Verstehen umfassender Sinnzusammenhänge einleiten. So wird z. B. der Patient durch eine solche Intervention zur Symboldeutung angeregt: Was könnte die oft wiederkehrende Figur des großen, herrischen Mannes bedeuten, für welches Lebensgefühl steht sie, welche reale Person aus dem Leben des Patienten wird möglicherweise durch sie vertreten? Welcher Aspekt des eigenen Selbst kommt hier möglicherweise zur Darstellung? So wird der Patient durch dieses Strukturieren auch angeregt, aktuelle Bezüge der Traumgeschichte zu seiner Lebenssituation herzustellen.

Traum im Kontext von Lebenssituation und Lebensgeschichte

Erst jetzt wird die Frage nach der Bedeutung des Traumes umfassend gestellt. Dies bedeutet den Versuch, den Traum in seinem Zusammenhang mit der Lebenssituation und der Lebensgeschichte des Träumers zu verstehen.

Erst jetzt wird auch das therapeutische Vorverständnis (mit seinen Kriterien Symbolverstehen, progressive Tendenz, Traumgestalten als Aspekt des Selbst, Darstellung des Gegenteils) in seiner sinnerschließenden Funktion bedeutsam. Dabei ist das Symbolverstehen in gewisser Hinsicht der übergeordnete Aspekt, der die anderen einschließt. Die Symboldeutung der Figur „großer, strenger Mann" (z. B. geistiger Führer, großer Vater, strenges Gewissen, Schuldgefühle, negatives Selbstkonzept) führt dazu, diese Figur als Teil sowohl einer bedeutsamen Bezugsperson wie des eigenen Selbst zu verstehen. Unter dem Aspekt der kompensatorischen Traumfunktion könnte die Begegnung mit dieser Figur auch als der Wunsch des Träumers gelesen werden, sich von autoritären Vaterfiguren und deren Verinnerlichung als strenges Gewissen zu lösen. Unter dem Aspekt der progressiven Tendenz könnte diese Figur bedeuten, dass der Träumer sich damit beschäftigt, selbst eine Leitungsfunktion zu übernehmen, ohne dass er die Beschäftigung mit diesem Thema bereits exakt symbolisiert hätte. Die jeweilige Geltung eines solchen Verstehens muss natürlich in enger Interaktion mit dem Patienten geklärt werden, sie ist das Ergebnis des Prozesses einer Verständigung zwischen Therapeut und Patient.

Praktisch ist aus gesprächspsychotherapeutischer Sicht wichtig, dass der Patient an solche Interpretationen im Sinne eines „Verstehens in kleinen Schritten" langsam herangeführt wird und dass vor allem der Therapeut keine fertigen Interpretationen vorgibt, sondern sie als Frage nach einem möglichen Bedeutungssinn dem Patienten gegenüber „in der Schwebe hält". Das Erarbeiten des gemäßen Verstehens geschieht so als ein Akt der Konsensbildung zwischen beiden Partnern des therapeutischen Dialogs.

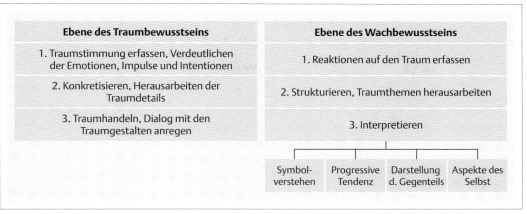

Abb. 4 Ebenen der therapeutischen Interventionen

Gesprächsregeln

Traumbearbeitung

- Lassen Sie den Patienten in der therapeutischen Situation seinen Traum noch einmal durchleben. Helfen Sie ihm, sich die Traumstimmung intensiv zu vergegenwärtigen. Lassen Sie ihn die Details der Traumgeschichte imaginierend beschreiben.
- Regen Sie den Patienten zu Interaktionen mit den Traumfiguren an.
- Klären Sie die emotionalen und gedanklichen Reaktionen des Patienten auf seine Traumgeschichte: Welche Gefühle und welche Fantasien ruft der Traum in ihm wach?
- Vermeiden Sie direkte Symbolübersetzungen („dieses" bedeutet „jenes"), verweilen Sie lange auf der Ebene der Traumsprache, bis sich der symbolische Gehalt fast wie von selbst erschließt.
- Versuchen Sie, den Patienten in den Traumfiguren und in markanten Gegenständen des Traumes Aspekte seines Selbst sehen zu lassen.
- Helfen Sie dem Patienten, in der Traumgeschichte die Bewältigung von Konflikten und die Erfüllung von Wünschen und Zielen zu entdecken.

10 Rahmenbedingungen der gesprächspsychotherapeutischen Praxis

Die Gesprächspsychotherapie gehört neben der Tiefenpsychologie/Psychoanalyse und der Verhaltenstherapie zu den drei wissenschaftlich ausgewiesenen Behandlungsverfahren (Meyer et al. 1991: „Forschungsgutachten zur Frage eines Psychotherapeutengesetzes", erstellt für das Bundesgesundheitministerium). In 2002 wurde die Gesprächspsychotherapie vom wissenschaftlichen Beirat Psychotherapie als bisher einziges Verfahren anerkannt als „Vollverfahren" bzw. „Hauptverfahren" zur Ausbildung zum (psychologischen) Psychotherapeuten. Die Psychoanalyse/Tiefenpsychologie und die Verhaltenstherapie galten dabei ohne jede wissenschaftliche Überprüfung von vornherein als anerkannt.

Die Gesprächspsychotherapie ist ein sehr häufig verwandtes Verfahren. So zeigte sich in einer Westberliner Erhebung (Studt 1989) die Gesprächspsychotherapie bei den niedergelassenen Therapeuten (Ärzte und Psychologen) als das meistangewandte Psychotherapieverfahren, noch vor der Psychoanalyse/Tiefenpsychologie und der Verhaltenstherapie. Bei einem so eingeführten Verfahren ist die Frage nach den Rahmenbedingungen seiner Praxis einschließlich der Ausbildungspraxis von besonderer Wichtigkeit.

10.1 Voraussetzungen und Gestaltungsformen für die Durchführung von Gesprächspsychotherapie

Die Anmeldung bei einem niedergelassenen Gesprächspsychotherapeuten bzw. bei einer entsprechenden Institution dürfte in der Regel telefonisch erfolgen. Hier werden dem Patienten auf Wunsch bereits bestimmte Grundinformationen gegeben, so z. B. nach der ungefähren Dauer der Therapie, der Häufigkeit und Dauer der einzelnen Sitzungen und der Kostenregelung. In zwei bis drei Vorgesprächen versucht der Therapeut sich einen Eindruck zu verschaffen über das Beschwerdebild, die Krankheitsanamnese sowie die wichtigsten demografischen und biografischen Daten. Die Informationen sollen den Therapeuten befähigen, eine Diagnose nach den genannten Kriterien, einschließlich des Ursache- bzw. Entstehungsmodells der Störung (s. Kap. 4, „Diagnostik und Indikation") zu erstellen.

Das Ziel dieser diagnostischen Bemühungen besteht zunächst im Ausschluss einer organischen oder psychotischen Erkrankung. Besteht der Verdacht auf das Vorliegen einer dieser beiden Erkrankungen, wird um eine Konsiliaruntersuchung bei Hausarzt des Patienten oder bei einem Facharzt ersucht. Mit diesem ist dann ggf. auch zu erörtern, ob unter modifizierter Zielsetzung einerseits eine psychotherapeutische, andererseits eine psychiatrisch-pharmakotherapeutische Mitbehandlung infrage kommt (s. Kap. 5, „Schizophrene Störungen" und Kap. 6, „Gesprächssychotherapie und Psychopharmaka").

Therapieplan

Auf Grund der diagnostischen (einschließlich der persönlichkeitsdiagnostischen) Überlegungen und auf Grund der Modellvorstellungen über Ursache und Entstehung der Störung kann der Therapeut einen, natürlich nur vorläufigen, Therapieplan entwerfen. Dieser gibt ihm einen Anhalt für die zu erwartende Therapiedauer und die vermutlich nötigen Schwerpunktsetzungen in der Therapie. Soll vorwiegend an der „inneren Welt" des Patienten gearbeitet und deshalb konsequent im Sinne von Einfühlen und Verstehen aus einer Alter-Ego-Position interveniert werden? Oder lässt es die Art der Persönlichkeit des Patienten und seiner Störung angeraten sein, mehr an seiner „äußeren Welt" zu arbeiten, also an seinem dysfunktionalen Interaktionsverhalten, seiner mangelnden Impulskontrolle, seiner Neigung, Leistungsanforderungen oder Beziehungskonflikten aus dem Weg zu gehen, sodass deshalb stärker lösungsorientiert aus einer Dialogposition zu intervenieren ist? Neben der Beantwortung solcher Fragen ist auch zu klären, welche Themen angesichts der Problematik des Patienten vermutlich bedeutsam sind und in welcher Reihenfolge sie bearbeitet werden sollten. Um solchen Überlegungen Orientierungsmarken vorzugeben, ist das Konzept eines phasenhaft verlaufenden Therapieprozesses brauchbar, wie es schon Carkhuff (1969) und zuletzt sehr detailliert Swildens (1991) erstellt hatten. Swildens beschreibt 5 Phasen der Therapie:

In der Prämotivationsphase geht es darum, die Therapiemotivation des Patienten, seine Erwartungen an die Therapie und den Therapeuten sowie die Therapieziele zu klären. In der Symptomphase sollen das Erleben der Beschwerden geduldig vergegenwärtigt und in der Problemphase die zentralen Lebensthemen und -konflikte bearbeitet werden. In der existenziellen und in der Abschiedsphase ist insbesondere die Klärung und Lösung der therapeutischen Beziehung vorgesehen.

In der vorliegenden Schrift sind Überlegungen, die von einem phasenhaft gegliederten Therapieverlauf ausgehen, in der wiederholt dargestellten Position enthalten, die Behandlungstechnik als eine gestufte Abfolge unterschiedlicher Interventionsschritte zu konzipieren. Auch wurde wiederholt darauf hingewiesen, dass die Indikation für den Einsatz bestimmter Interventionsformen u. a. vom Therapiestadium abhängt; so sind das Beziehungsklären und besonders das Selbsteinbringen bei vorwiegend „neurotisch" Gestörten erst in späteren Therapiephasen bevorzugt einzusetzen.

In den ersten Sitzungen werden dem Patienten Informationen über die Ziele der Therapie sowie die Rolle und die Arbeitsweise des Therapeuten gegeben. Der Gesprächspsychotherapeut wird sich in diesem Zusammenhang natürlich auch nach den entsprechenden Erwartungen des Patienten erkundigen und versuchen, in einer Erörterung mit dem Patienten diese Erwartungen mit seinen Konzepten abzustimmen.

Erfolgskontrolle und Qualitätssicherung

Eine unmittelbare Rückmeldung über das Voranschreiten oder Stagnieren des Patienten in der Therapie erhält der Therapeut über dessen Selbstexploration. Hier kann sich der Therapeut ein Bild machen über das Ausmaß, in dem der Patient sich mit sich selbst auseinandersetzt und zunehmend exakte Gefühle und Bedürfnisse symbolisieren und dysfunktionale Überzeugungen sowie Beziehungserwartungen korrigieren kann. Solche Kontrolle kann auch systematisch anhand von Therapiebegleitbögen geschehen (s. Kap. 4). Der Therapeut sollte sich in gewissen Abständen aber auch ein Bild davon machen, ob der Patient die in der Therapie gewonnenen Einsichten in der außertherapeutischen Situation auch umsetzen kann, ob dieser also z. B. Konflikten weniger aus dem Wege geht, sich weniger überangepasst verhält usw. Der Therapeut sollte zwar Verständnis für die Schwierigkeit einer solchen Umsetzung zum Ausdruck bringen, gleichzeitig seinen Patienten immer wieder dazu ermutigen, sich gemäß seiner Einsichten auch „draußen" zu verhalten. Zu solch einer Vergewisserung über den Stand der Therapie gehört auch das Bilanzieren, in dem der Patient über das aus seiner Sicht bereits Erreichte berichtet und die für die weitere Therapie noch bedeutsamen Ziele erörtert und festgelegt werden.

In der Gesprächspsychotherapie ist es üblich, dass von den einzelnen Sitzungen Tonbandaufnahmen angefertigt werden. Diese dienen dem Therapeuten in der Praxis in der Regel dazu (abgesehen von der Bearbeitung wissenschaftlicher Fragestellungen), sein eigenes Verhalten zu kontrollieren. Vor allem sind Tonbandaufnahmen in der Gesprächspsychotherapie eine wichtige Basis für die Supervision. Nicht das vom Therapeuten berichtete Vorgehen, sondern seine faktische Behandlungspraxis soll hier besprochen werden. Vor allem sollen hier nicht nur relativ globale Zielsetzungen und Strategien des Therapeuten, sondern eben auch die „Kunstfertigkeit" seiner einzelnen Interventionen erörtert werden. Dieses Vorgehen schließt übrigens keinesfalls aus, dass auch Einstellungen des Therapeuten gegenüber seinem Patienten ausführlich zur Sprache kommen.

Gestaltung des Therapieablaufs

Die gesprächspsychotherapeutische Einzeltherapie bei psychoneurotischen Erkrankungen erfordert in der Regel 40 bis 60 Sitzungen bei einer Frequenz von einer, manchmal zwei Sitzungen pro Woche. Die Dauer einer Sitzung beträgt zwischen 45 und 60 Minuten. Bei Patienten, bei denen eine längere psychotherapeutische Begleitung angezeigt ist (z. B. bei solchen mit einer bestimmten Persönlichkeitsstörung) kann es sinnvoll sein, die zur Verfügung stehende Zeit durch eine Senkung der Sitzungsfrequenz zu „strecken", also etwa nur alle 2 Wochen eine Sitzung durchzuführen oder aber die Dauer der einzelnen Sitzung zu halbieren. Letzteres käme auch Patienten mit einer Störung der konzentrativen Durchhaltefähigkeit entgegen. Manchmal empfiehlt sich auch eine „Intervalltherapie", d. h. nach Beendigung der Therapie i. e. S. die Vereinbarung von jeweils einigen weiteren Sitzungen, um etwa Krisensituationen zu bearbeiten oder um bestimmte Einsichten und Vorsätze, die unter den Belastungen des Alltags zurückgedrängt wurden, wieder zu aktivieren.

Hinsichtlich des Settings hat es sich als günstig erwiesen, wenn Therapeut und Patient sich nicht direkt, sondern schräg gegenübersitzen (Bommert 1987). Dann haben beide, der Patient und der Therapeut, leichter die Möglichkeit, dem Blickkontakt auszuweichen. Dies kann manchmal, für bestimmte Phasen sehr tiefer Introspektion, wichtig sein.

Beendigung der Therapie

Vielen Patienten fällt das Ende der Therapie schwer. Manche versuchen, den Trennungsschmerz abzuwehren, und sie verabschieden sich scheinbar emotionslos. Der Therapeut sollte aber den Abschied als solchen ansprechen und erkunden, was er für den Patienten bedeutet. Zeigt der Patient Trauer, ist diese ausführlicher zu erörtern. In diesen Zusammenhang gehört auch das oben besprochene Bilanzieren, d. h. die Rückschau auf das Erleben der Therapie und das in ihr Erreichte.

Der Therapeut sollte auch schon während der Behandlung gelegentlich deren Ende thematisieren und den Patienten auf die Zahl der Stunden, die noch zur Verfügung steht hinweisen. So kann sich der Patient besser auf das Behandlungsende vorbereiten und eventuell auch „ökonomischer" mit der noch verbleibenden Zeit umgehen. Aber auch der Therapeut sollte die noch verbleibende Stundenzahl immer „im Hinterkopf" haben.

Weiterführende Therapien

Eine Therapie kann auch mit dem keineswegs negativ zu bewertenden Ergebnis enden, dass Therapeut und Patient übereinkommen, eine andere Form der Therapie (meist auch bei einem anderen Therapeuten) anzuschließen. Dies kann z. B. eine Paartherapie sein, wenn sich der Beziehungskonflikt zum Partner als ein durch die Einzeltherapie allein nicht auflösbares Problem erweist. Dies kann auch eine Gruppenpsychotherapie sein, wenn es wünschenswert erscheint, wegen noch bestehender interaktioneller Schwierigkeiten die kommunikative Kompetenz zu verbessern. Dies kann bei z. B. in der körperlichen Expressivität sehr gehemmten, überkontrollierten Patienten auch eine köperbezogene Gesprächspsychotherapie sein, wobei ein Ergebnis der bisherigen Therapie auch darin gesehen werden kann, den Patienten erst für eine solche Therapieform befähigt zu haben.

10.2 Ausbildung zum Gesprächspsychotherapeuten

In Deutschland ist für Ausbildungsfragen in erster Linie die Gesellschaft für wissenschaftliche Gesprächspsychotherapie (http://www.gwg-ev.org) zuständig, übrigens der größte Psychotherapieverband in Europa. Die gesprächspsychotherapeutische Ausbildung ist seitens der GwG schon seit über 30 Jahren konsequent formalisiert. Zu den Zulassungsvoraussetzungen gehört ein abgeschlossenes medizinisches oder psychologisches oder vergleichbares Studium. Neben der GwG gibt es noch die Deutsche Psychologische Gesellschaft für Gesprächspsychotherapie (DPGG, jeckert@uni-hamburg.de) und die Ärztliche Gesellschaft für Gesprächspsychotherapie (ÄGG, www.aegg.de), die die ärztliche Ausbildung für den Fall regelt und organisiert, dass die Gesprächspsychotherapie als sog. Zusatzverfahren oder Zweitverfahren im Rahmen der Facharztweiterbildung oder des sog. Zusatztitels „Psychotherapie" gewählt wird. Die Anerkennung der Gesprächspsychotherapie als Hauptverfahren seitens der Ärztekammern ist beantragt.

Die zuständigen Fachverbände in Österreich sind die Österreichische Gesellschaft für wissenschaftliche Gesprächspsychotherapie (ÖGWG, www.psychotherapie.at/oegwg/default.asp) und die Arbeitsgemeinschaft Personzentrierte Gesprächsführung (APG), die mit zwei Sektionen vertreten ist, dem Forum (www.apg-forum.at) und dem IPS (www.ips-oneline.at), in der Schweiz ist es die Schweizerische Gesellschaft für Gesprächspsychotherapie (SGGT, sggtspcp@smile.ch).

Die Ausbildung für das sog. Zertifikat der GwG umfasst ca. 1000 Stunden. Davon entfallen, rundgerechnet, ein Drittel auf die Theorievermittlung, ein knappes Drittel auf die Selbsterfahrung bzw. die Lehrtherapie (sowohl Einzel- Lehrtherapie wie Gruppenselbsterfahrung) und ein gutes Drittel auf die Supervision und die sog. Trainingskurse. Vor allem die Letzteren sind (vor allem im ersten Ausbildungsabschnitt) ein typisches Element der gesprächspsychotherapeutischen Ausbildung. Hier geht es darum, in systematischen Übungen die Fähigkeit auszuformen, Interventionen sehr gezielt und in möglichst angemessenen Formulierungen geben zu können. Hier steht also die Arbeit am konkreten therapeutischen Handeln, die Ausformung therapiepraktischer Fertigkeiten im Mittelpunkt.

Literatur

Anthony EJ (1968) Reflections on twenty-five years of group psychotherapy. Int Group Psychother 18: 277–301

Argelander H (1972) Gruppenprozesse. Hamburg: Rowohlt

Atrops A, Sachse R (1994) Vermeiden psychosomatische Klienten die Klärung eigener Motive? In: Behr M, Esser U, Petermann F, Sachse R, Tausch R (Hrsg) Jahrbuch für Personzentrierte Psychologie und Psychotherapie, Bd. IV. Köln: GwG, S 41–59

Auckenthaler A (1983) Klientenzentrierte Psychotherapie mit Paaren. Stuttgart: Kohlhammer

Auckenthaler A (1989) Statt zu deuten: Psychotherapie auf der Basis von Verstehenshypothesen. In: Reinelt T, Datler W (Hrsg) Beziehung und Deutung. Berlin Heidelberg New York Tokio: Springer, S 197–212

Bandelow B (2001) Agoraphobie und Panik. Wien New York: Springer

Bastine R (1983) Therapeutisches Basisverhalten und Differentielle Psychotherapie. Kritische Anmerkungen zum Beitrag von D. Tscheulin. In: Tscheulin D (Hrsg) Beziehung und Technik in der klientenzentrierten Therapie. Weinheim: Beltz, S 65–69

Baus M (1992) Die Rolle der Interpretation in der klientenzentrierten Psychotherapie. In: Sachse R, Lietaer G, Stiles WB (Hrsg) Neue Handlungskonzepte der Klientenzentrierten Psychotherapie. Heidelberg: Asanger, S 23–37

Bechmann R, Meyer A-E (1989) Die Verbalisierung der therapeutischen Beziehung in der fokalpsychoanalytischen und in der klientenzentrierten Psychotherapie. Eine inhaltanalytische Untersuchung aus dem Hamburger Kurzpsychotherapie-Vergleich-Experiment. Psychother Med Psychol 39: 143–150

Beck H (1991) Buber und Rogers. Heidelberg: Asanger

Benedetti G (1984) Der Offenbarungscharakter des Traumes an sich und in der psychotherapeutischen Beziehung. In: Wagner-Simon T, Benedetti G (Hrsg) Traum und Träumen. Göttingen: Vandenhoeck & Ruprecht, S 179–193

Bensel W (2003) Die klientenzentrierte Therapie der Alkoholabhängigkeit. Gesprächspsychotherapie und Personzentrierte Beratung 2: 67–74

Bergson H (1962) L'energie spirituell. Paris: Press universitaires de France

Beutler LE, Engle D, Mohr D, Daldrup RJ, Bergan J, Meredith K, Merry W (1991) Predictors of differential response to cognitive, experiential, and self-directed psychotherapeutic procedures. J Consult Clin Psychology 59: 333–340

Biermann-Rajen E-M, Eckert J, Schwartz HJ (1995) Gesprächspsychotherapie, Verändern durch Verstehen. Stuttgart Berlin Köln Mainz: Kohlhammer

Biermann-Ratjen E-M (1989) Zur Notwendigkeit einer klientenzentrierten Entwicklungspsychologie für die Zukunft der klientenzentrierten Psychotherapie. In: Sachse R, Howe J (Hrsg) Zur Zukunft der klientenzentrierten Psychotherapie. Heidelberg: Asanger, S 102–125

Biermann-Ratjen E-M (2002) Die entwicklungspsychologische Perspektive des Klientenzentrierten Konzeptes. In: Keil WW, Stumm G (Hrsg) Die vielen Gesichter der Personzentrierten Psychotherapie. Wien New York: Springer, S 123–146

Binder U (2003) Depression. In: Stumm G, Wiltschko J, Keil WW (Hrsg) Grundbegriffe der Personzentrierten und Focusing-orientierten Psychotherapie und Beratung. Stuttgart: Pfeiffer bei Klett-Cotta, S 68–70

Binder U, Binder J (1991) Studien zu einer störungsspezifischen klientenzentrierten Psychotherapie. Eschborn: Klotz

Bion WR (1961) Experiences in groups. London: Tavistock

Bischof-Köhler D (1989) Spiegelbild und Empathie. Bern Stuttgart: Huber

Böckenhoff J (1970) Die Begegnungsphilosophie, ihre Geschichte – ihre Aspekte. Freiburg München: Karl Alber

Bohart AC (1990) A cognitive client-centered perspective on borderline personality development. In: Lietaer G, Rombauts J, van Balen R (eds) Client-centered and experiential psychotherapy in the nineties. Leuven: Leuven University Press, p 599–621

Böhme H, Böhme G (1996) Das Andere der Vernunft. Frankfurt/M: Suhrkamp

Böhme H, Finke J (1993) Besserungsquoten nach stationärer Gesprächspsychotherapie. Ein-Jahres-Katamnese und Veränderungen depressionstypischer Kognitionen. Fortsch Neurol Psychiatr 61: 12

Böhme H, Finke J, Gastpar M, Staudinger T (1994) Die Veränderung von Kausalattribution und Coping durch stationäre Gesprächspsychotherapie. Psychother Psychosom Med Psychol 44: 432–439

Böhme H, Finke J, Teusch L (1998) Effekte stationärer Gesprächspsychotherapie bei verschiedenen Krankheitsbildern: Ein-Jahreskatamnese. Psychother Psychosom Med Psychol 48: 20–29

Bohus M (2001) Die Dialektisch Behaviorale Therapie für Borderline-Störungen – Ein Störungsspezifisches Behandlungskonzept. In: Dammann G, Janssen PL (Hrsg) Psychotherapie der Borderline-Störungen. Stuttgart: Thieme S 94–113

Bommert H (1987) Grundlagen der Gesprächspsychotherapie, Stuttgart Berlin Köln Mainz: Kohlhammer

Borkovec TD, Mathews AM (1988) Treatment of nonphobic anxiety disorders: a comparison of nondirective, cognitive, and coping desensitization therapy. J Consult Clin Psychology 56: 877–884

Borzarth J (1996) Client-centred therapy and techniques. In: Hutterer R (ed) Client-centred and experiential psychotherapy. A paradigm in motion. Frankfurt/M: Peter Lang

Boss M (1976) Das Träumen und das Geträumte in daseinsanalytischer Sicht. In: Battegay R, Trenkel A (Hrsg) Der Traum aus der Sicht verschiedener psychotherapeutischer Schulen. Bern Stuttgart Wien: Huber, S 71–92

Bowlby J (1982) Das Glück und Trauer. Herstellung und Lösung effektiver Bindungen. Stuttgart: Klett-Cotta

Brodly B (1990) Client-centred and experiential: Two different therapies. In: Lietaer G, Rombauts J, van Balen R (eds) Client-centred and experimental psychotherapy in the nineties. Leuven: University Press, p 87–107

Buber M (1962) Das dialogische Prinzip. Heidelberg: Schneider

Carkhuff RR (1969) Helping and human relations, a primer for lay and professional helpers. Vol. 1: Selection and training, Vol. 2: Practice and research. New York Chicago San Francisco Atlanta Dallas Montreal Toronto London Sydney: Holt, Rinehart and Winston

Carkhuff RR, Berenson BG (1967) Beyond counseling and therapy. New York Chicago San Francisco Atlanta Dallas Montreal Toronto London: Holt, Rinehart and Winston

Char E, Finke J, Gastpar M (1996) Gesprächspsychotherapie der Depression im stationären und ambulanten Setting. In: Frielingsdorf-Appelt C, Pabst H, Speirer G-W (Hrsg) Gesprächspsychotherapie: Theorie, Krankenbehandlung, Forschung. Köln: GwG, S 85–93

Condrau G (1978) Die Therapeutische Beziehung aus daseinsanalytischer Sicht. In: Battegay R, Trenkel A (Hrsg), Die therapeutische Beziehung unter dem Aspekt verschiedener psychotherapeutischer Schulen. Bern Stuttgart Wien: Huber

Coons WH, Peacock MA (1970) Interpersonal interaction and personality change in group psychotherapy. Canadian Psychiatric Association Journal 15: 347–355

de Haas O (1988) Strukturierte Gesprächstherapie bei Borderline-Klienten. GwG-Ztschr 71: 64–69

Degkwitz R, Hoffmann SO, Kind H (1982) Psychisch Krank. München Wien Baltimore: Urban & Schwarzenberg

Dilling H, Mombour W, Schmidt MH (1991) ICD-10: Internationale Klassifikation psychischer Störungen. Bern Göttingen Toronto: Huber

Dilthey W (1958) Gesammelte Schriften Bd. VII. u. Bd. VIII. Stuttgart: Teubner

Eckert J (1987) Zur Diagnose von Borderline-Störungen. Überprüfung der Gütekriterien des „Diagnostisches Interview für Borderline-Störungen" (DIB). Psychother Psychosom Med Psychol 2: 68–74

Eckert J (1994) Die Auswirkungen trieb- und selbsttheoretischer Auffassungen der Aggression auf die Psychotherapie von Patienten mit Borderline-Persönlichkeitsstörungen In: Teusch L, Finke J, Gastpar M (Hrsg) Gesprächspsychotherapie bei schweren psychiatrischen Störungen. Heidelberg: Arsanger, S 42–48

Eckert J (2001) Klientenzentrierte Gruppenpsychotherapie. In: Tschuschke V (Hrsg) Praxis der Gruppenpsychotherapie. Stuttgart: Thieme, S 333–340

Eckert J, Biermann-Ratjen E-M (1985) Stationäre Gruppenpsychotherapie. Prozesse – Effekte – Vergleiche. Berlin Heidelberg New York Tokio: Springer

Eckert J, Biermann-Ratjen E-M, Wuchner M (1999) Die langfristigen Veränderungen der Borderline-Symptomatik bei Patienten nach klientenzentrierter Gruppenpsychotherapie. PPmP 49, 1–7

Eckert J, Dulz B, Makowski C (2000) Die Behandlung von Borderline-Persönlichkeitsstörungen. Psychotherapeut 45, 271–285

Eckert J, Gahlke C, Hentschel K (1990) Die Rolle von Übertagung und Gegenübertragung in der Gesprächspsychotherapie. GwG-Ztschr 79: 146

Eckert,J, Schwartz HJ, Tausch R (1977) Klienten-Erfahrung und Zusammenhang mit psychischen Änderungen in personenzentrierter Gesprächspsychotherapie. Ztschr Klin Psychol 6: 177–184

Eissler KR (1953) The effects of the structure of the ego on psychoanalytic technique. J Am Psychoan Ass 1: 104–143

Ellinghaus E (1994) Gesprächspsychotherapie mit einem Klienten mit psychosomatischen und angstneurotischen Symptomen. In: Behr M, Esser U, Petermann F, Sachse R, Tausch R (Hrsg) Jahrbuch der personenzentrierten Psychologie und Psychotherapie. Köln: GwG, S 202–210

Elliot R, Clark C, Kemeny V, Wexler, MM, Mack C, Brinkerhof J (1990) The impact of experiental therapy on depression: The first ten cases. In: Lietaer G, Rombauts J, van Balen R (Hrsg) Client-centred and experimental psychotherapy in the nineties. Leuven: University Press, p 549–577

Ends EJ, Page CW (1957) A study of three types of group psychotherapy with hospitalized male inebriates. Quart J Stud Alcohol 8: 263–277

Ends EJ, Page CW (1959) Group psychotherapy and concomitant psychological change. Psychol Monogr General and Applied 73: 1–31

Enke H, Czogalik D (1993) Allgemeine und spezielle Wirkfaktoren in der Psychotherapie. In: Heigl-Evers A, Heigl F, Ott J (Hrsg) Lehrbuch der Psychotherapie. Stuttgart Jena: Gustav Fischer, S 511–522

Epstein S (1984) Entwurf einer integrativen Persönlichkeitstheorie. In: Filipp S-H (Hrsg) Selbstkonzept – Forschung. Stuttgart: Klett-Cotta, S 15–45

Esser U (1988) Rogers und Adler. Überlegungen zur Abgrenzung und zur Integration. Heidelberg: Asanger

Esser U, Rosen C (1988) Zehn Jahre Gruppenpsychotherapie mit jungen Erwachsenen im Rahmen einer kommunalen Erziehungsberatungsstelle – Erfahrungen mit einem halboffenen Langzeitangebot. In: Esser U, Sander K (Hrsg) Personenzentrierte Gruppentherapie. Heidelberg: Asanger

Esser U, Schneider I (1989) Klientenzentrierte Partnerschaftstherapie als Beziehungstherapie – eine Positionsbeschreibung. In: Behr M, Petermann F, Pfewiffer WM, Seewald C (Hrsg) Jahrbuch für Personen zentrierte Psychologie und Psychotherapie. Bd. 1. Salzburg: Müller, S 206–228

Faber ER, Haarstrick R (1999) Kommentar Psychotherapie-Richtlinien. München Jena: Urban & Fischer

Feselmayer S, Heinzl K (1985) Die klientenzentrierte Psychotherapie mit Suchtkranken. Wiener Zeitschrift für Suchtforschung 8: 1–2, 39–49

Fiedler G (1998) Psychische Störungen durch Alkohol und ihre gesprächspsychotherapeutische Behandlung. Gesprächspsychotherapie und Personzentrierte Beratung 29: 108–118

Figge PAW, Schwab R (1997) Klientenzentrierte Psychotherapie in Gruppen. Objektiver und subjektiver Therapieerfolg unter dem Einfluß der erlebten Beziehung zum Therapeuten. In: Gesprächspsychotherapie und Personzentrierte Beratung, 1997/1. Köln: GwG, S 22–36

Finke J (1981) Das "einfühlende Verstehen" in der klientenzentrierten Gesprächspsychotherapie. Psychother Med Psychol 3: 33–36

Finke J (1985) Verstehen und Einsicht in der klientenzentrierten Gesprächspsychotherapie. ZPP (Ztschr. für personenzentrierte Psychologie u. Psychotherapie 4: 327–337

Finke J (1988) Krankheitstheorie und Krankheitsbewältigung als Problem der Arzt-Patient-Beziehung. In: Rechenberger H-G, Werthmann HV (Hrsg) Psychotherapie und Innere Medizin. München: Pfeiffer, S 230–240

Finke J (1989) Das Konzept „Widerstand" und die klientenzentrierte Psychotherapie. In: Sachse R, Howe J (Hrsg) Zur Zukunft der klientenzentrierten Psychotherapie. Heidelberg: Asanger, S 54–75

Finke J (1990a) Die lebensgeschichtliche Perspektive im klientenzentrierten Therapieprozeß. In: Meyer-Cording G, Speierer G-W (Hrsg) Gesundheit und Krankheit. Theorie, Forschung und Praxis der klientenzentrierten Gesprächspsychotherapie heute. Köln: GwG

Finke J (1990b) Dreamwork in client-centered psychotherapy. In: Lietaer G, Rombauts J, van Balen R (eds) Cliend-centered and experiantial psychotherapy in the nineties. Leuven: Leuven University Press, p 503–510

Finke J (1991) Die Krankheitslehre der Gesprächspsychotherapie am Beispiel der Depression. In: Finke J, Teusch L (Hrsg) Gesprächspsychotherapie bei Neurosen und psychosomatischen Erkrankungen. Neue Entwicklungen in Theorie und Praxis. Heidelberg: Asanger, S 73–82

Finke J (1993a) Therapietheorie – Prinzipien und Methodik der Gesprächspsychotherapie. In: Teusch L, Finke J (Hrsg) Die Krankheitslehre der Gesprächspsychotherapie. Heidelberg: Asanger, S 149–170

Finke J (1993b) Gesprächspsychotherapeutische Konzepte bei Major-Depression. Fortschr Neurol Psychiat 61: 1, 12

Finke J (1994) Empathie und Interaktion. Stuttgart: Thieme

Finke J (1999a) Beziehung und Intervention. Stuttgart: Thieme

Finke J (1999b) Das Verhältnis von Krankheitslehre und Therapietheorie in der Gesprächspsychotherapie. Person 2: 131–138

Finke J (2002) Das Menschenbild des Personzentrierten Ansatzes zwischen Humanismus und Naturalismus. Person 2: 26–34

Finke J, Böhme H, Teusch L (2000) Effekte der Kombinationstherapie: Psychotherapie mit und ohne Psychopharmaka. In: Speierer G-W (Hrsg) Neue Ergebnisse der ambulanten und stationären Gesprächspsychotherapie. Köln: GwG, S 11–19

Finke J, Teusch L (1982) Indikation und Interaktion von Psycho- und Soziotherapie in der Rehabilitation Schizophrener – Ein Erfahrungsbericht. Psychiat Prax 9: 151–154

Finke J, Teusch L (1999) Entwurf zu einer manualgeleiteten Gesprächspsychotherapie der Depression. Psychotherapeut 44: 101–107

Finke J, Teusch L (2001) Die gesprächspsychotherapeutische Behandlung der Borderline-Persönlichkeitsstörung. In: Dammann G, Janssen PL (Hrsg) Psychotherapie der Borderline-Persönlichkeitstörungen. Stuttgart: Thieme S 136–146

Finke J, Teusch L (2002) Die störungsspezifische Perspektive in der personzentrierten Psychotherapie. In: Keil WW, Stumm G (Hrsg) Die vielen Gesichter der Personzentrierten Psychotherapie. Wien New York: Springer, S 147–162

Fittkau B, Kalliner H (1989) Beziehung und Deutung aus der Sicht der Gesprächspsychotherapie. In: Reineit T, Datler W (Hrsg) Beziehung und Deutung. Berlin Heidelberg New York Tokio: Springer, S 180–196

Fleming BM, Thornton DW (1980) Brief reports: coping skills training as a component in short-term treatment of depression. J Consult Clin Psychology 48: 652–654

Foulkes SH (1971) Dynamische Prozesse in der gruppenanalytischen Situation. In: Heigl-Evers A (Hrsg) Psychoanalyse und Gruppe. Göttingen: Vandenhoeck

Franke A (1978) Klienten-zentrierte Gruppenpsychotherapie, Stuttgart Berlin Köln Mainz: Kohlhammer

Frenzel P (2001) Prozesse Personzentrierter Therapie. In: Frenzel P, Keil WW, Schmid PF, Stölzl N (Hrsg) Klienten-/personenzentrierte Psychotherapie. Wien, Facultas Universitätsverlag, S 272–293

Frohburg I (1992) Unterschiedliche Konzepte adaptiver Interventionsstrategien in der Gesprächspsychotherapie. In: Sachse R, Lietaer G, Stiles WB (Hrsg) Neue Handlungskonzepte der Klientenzentrierten Psychotherapie. Eine grundlegende Neuorientierung. Heidelberg: Asanger, S 67–80

Fuhrmann, EW (1990) Some aspects of combining focusing with person-centered therapy in working with psychosomatic clients. In: Lietaer G, Rombauts J, van Balen R (eds) Client-centered and experiential psychotherapy in the nineties. Leuven: University Press, p 733–739

Gaebel W (1986) Die Bedeutung von psychiatrischer Diagnose und Indikation in der Gesprächspsychotherapie. ZPP 5: 399–408

Gaylin NL (2002) Der Personzentrierte Ansatz in der Familientherapie. In: Keil WW, Stumm G (Hrsg) Die vielen Gesichter der Personzentrierten Psychotherapie. Wien New York: Springer, S 319–333

Gendlin ET (1962) Experiencing and the creation of meaning. Evanston: North-Western University Press

Gendlin ET (1964) Schizophrenia: Problem and methods of psychotherapy. Rev Exist Psychol 4: 168–186

Gendlin ET (1987) Dein Körper – Dein Traum-Deuter. Salzburg: Müller

Gendlin ET (1998/^{1}1996) Focusing. Stuttgart: Pfeiffer bei Klett-Cotta

Genser B (1987) Zur Interaktion von Psychotherapeut und Patient in der stationären Alkoholentwöhnungstherapie. GwG-Ztschr 68: 23–30

Gerl W (1981) Mit Träumen arbeiten – dort wo der Klient ist. GwG-Info 45: 35–38

Goldman A, Greenberg L (1992) Comparison of integrated systemic and emotionally focused approaches to couples therapy. J Consult Clin Psychology 60: 962–969

Goldstein MJ (1987) Drug and family therapy in the aftercare of acute schizophrenics. Arch Gen Psychiatr 35: 1169–1177

Graessner D (1989) Traumbearbeitung und Focusing. GwG 74, 34–48

Graessner D (1990) Entstehung von psychischen Störungen und psychischen Erkrankungen aus klientenzentrierter Sicht (unveröffentl. Manuskript)

Grawe K (1976) Differentielle Psychotherapie I. Indikation und Spezifische Wirkung von Verhaltenstherapie und Gesprächspsychotherapie. 1. Aufl. Bern: Huber

Grawe K (1988) Psychotherapeutische Verfahren im wissenschaftlichen Vergleich. Prax Psychother Psychosom 33: 153–167

Grawe K (2000) Allgemeine Psychotherapie. In: Senf W, Broda M (Hrsg) Praxis der Psychotherapie. Stuttgart: Thieme, S 314–325

Grawe K, Donati R, Bernauer F (1994) Psychotherapie im Wandel – Von der Konfession zur Profession. Göttingen Bern Toronto Seattle: Hogrefe

Grawe S (1976) Ehepaartherapie in Gruppen mit Eltern mit verhaltensgestörten Kindern. In: Jankofski W, Tscheulin D, Fietkau H-J, Mann F (Hrsg) Klientenzentrierte Psychotherapie heute. Göttingen: Hogrefe

Greenberg LS, Watson JC (1998) Experiential therapy of depression: differential effects of client-centered relationship conditions and process experiential interventions. Psychother Res 8: 210–224

Greenberg LS, Paivio SC (1997) Working with emotions in psychotherapy. New York: Guilford Press

Greenberg LS, Watson JC, Lietaer G (eds) (1998) Handbook of experiential psychotherapy. New York: Guilford Press

Gutberlet M (1990) Wut, Haß, Aggression in der Gesprächspsychotherapie. GwG-Ztschr 78: 26–30

Hassebroek B (1997) Generalisierte Angststörung. In: Eckert J et al. (Hrsg) Praxis der Gesprächspsychotherapie. Stuttgart: Kohlhammer, S 91–102

Heidegger M (1963) Sein und Zeit. Tübingen: Niemeyer

Heigl-Evers A (1972) Konzepte der analytischen Gruppenpsychotherapie. Göttingen: Vandenhoeck & Ruprecht

Heinerth K (1997) Borderline-Persönlichkeitsstörung. In: Eckert J et al. (Hrsg) Praxis der Gesprächspsychotherapie. Stuttgart: Kohlhammer, S 50–72

Henning H (1989) Bemerkungen zum Borderline-Syndrom. GwG-Ztschr 76: 348–349

Henning H (1991) Klientenzentrierte Paartherapie. In: Finke J, Teusch L (Hrsg) Gesprächspsychotherapie bei Neurosen und psychosomatischen Erkrankungen. Neue Entwicklungen in Theorie und Praxis. Heidelberg: Asanger, S 179–186

Hobbs N (1973) Gruppenbezogene Psychotherapie. In: Rogers CR (1973a) Die klientbezogene Gesprächspsychotherapie [Client-Centred Therapy (^{1}1951)]. München: Kindler, S 255–286

Hoffmann SO (1987) Forschungstendenzen im Bereich von Psychotherapie und Neurosenlehre in den letzten 15 Jahren. Psychother Med Psychol 37: 10–14

Höger D (1989) Klientenzentrierte Psychotherapie – Ein Breitbandkonzept mit Zukunft. In: Sachse R, Howe J (Hrsg) Zur Zukunft der klientenzentrierten Psychotherapie. Heidelberg: Asanger, S 197–222

Hölzle C (1986) Bulimie- und klientenzentrierte Psychotherapie? ZPP 5: 457–463

Humphreys MP, Finke J (1994) Gesprächspsychotherapie bei Patienten mit narzisstischer Persönlichkeitsstörung. In: Teusch L, Finke J, Gastpar M (Hrsg) Gesprächspsychotherapie bei schweren psychiatrischen Störungen. Heidelberg: Asanger, S 53–60

Hutterer R (1998) Das Paradigma der humanistischen Psychologie. Wien: Springer

Janisch W (2001) Spezifische Settings- und Zielgruppen. In: Frenzel P, Keil WW, Schmid PF, Stölzel N (Hrsg) Klienten-/personenzentrierte Psychotherapie. Wien: Facultas Universitätsverlag, S 324–344

Jaspers K (1959) Allgemeine Psychopathologie. Bern Heidelberg New York: Springer

Jennings JL (1986) A dream is the dream is the dream. Person-centred Rev 1: 310–333

Johnson SM, Greenberg LS (1985a) Differential effects of experiential on problem-solving intervention in resolving marital conflict. J Consult Clin Psychology 53: 175–184

Johnson SM, Greenberg LS (1985b) Emotionally focused marital therapy: an outcome study. J Marital Fam Ther 11: 313–317

Jülisch-Tscheulin B (1988) Clientenzentriertes Handeln bei alkoholabhängigen Unterschichtpatienten auf einer Entwöhnungsstation. In: GwG (Hrsg) Orientierung an der Person. Köln: GwG, S 71–78

Jung CG (1982a) GW Bd. 8, § 31. Olten: Walter

Jung CG (1982b) GW Bd. 8, § 519–543 (Vom Wesen der Träume). Olten: Walter

Keil WW (1995) Konzepte der Klientenzentrierten Familientherapie. Personzentriert 1: 9–25

Keil WW (1997) Hermeneutische Empathie in der klientenzentrierten Psychotherapie. Person 1: 5–13

Keil WW (1998) Der Stellenwert von Methoden und Techniken in der Klientenzentrierten Psychotherapie. Person 1: 32–44

Keil WW (2001) Klientenzentrierte Therapietheorie. In: Frenzel P, Keil WW, Schmid PF, Stölzl N (Hrsg) Klienten-/personenzentrierte Psychotherapie. Wien: Facultas Universitätsverlag, S 119–146

Keil WW (2002) Der Traum in der Klientenzentrierten Psychotherapie. In: Keil WW, Stumm G (Hrsg) Die vielen Gesichter der Personzentrierten Psychotherapie. Wien New York: Springer, S 427–443

Keil WW (2002) Die Klientenzentrierte Psychotherapie mit süchtigen Menschen. In: Keil WW, Stumm G (Hrsg) Die vielen Gesichter der Personzentrierten Psychotherapie. Wien New York: Springer, S 533–549

Keil WW (2003) Familientherapie. In: Stumm G, Wiltschko J, Keil WW (Hrsg) Grundbegriffe der Personzentrierten und Focusing-orientierten Psychotherapie und Beratung. Stuttgart: Pfeiffer bei Klett-Cotta, S 111–115

Keil WW, Stölzl N (2001) Beziehung, Methodik und Technik in der Klientenzentrierten Therapie. In: Frenzel P et al. (Hrsg) Klienten-/personenzentrierte Psychotherapie. Wien: Facultas Universitätsverlag, S 226–271

Kendler KS, Masterson CC, Ungaro R, Davis KL (1984) A family history study of schizophrenia-related personality disorders. Am J Psychiatry 141: 424–427

Kierkegaard S (1963/¹1848) Der Begriff Angst. Hamburg: Rowohlt

Kiesler DJ (1966) Some myths on psychotherapy research and the search for a paradigm. Psychological Bulletin 65: 110–136

Kiesler DJ (1982) Interpersonal theory for personality and psychothreapy. In: Anchin JC, Kiesler DJ (eds) Handbook of interpersonal psychotherapy. New York: Pergamon, p 3–24

King M, Sibbald B, Ward E, Bower P, Lloyd M, Gabbay M, Byford S (2000) Randomised controlled trial of non-directive counselling, cognitive-behavior therapy and usual general practitioner care in the management of depression as well as mixed anxiety and depression in primary care. Health Technology Assessment 4: 1–84

Klerman GL, Weisman MM, Glick I, Wilner PJ, Mason B, Schear MK (1994) Medication and psychotherapy. In: Bergin AL, Gafield L (eds) Handbook of psychotherapy and behavior change. New York: Guilford Press, p 734–782

Korbei L, Teichmann-Wirth B (2002) Zur Einbeziehung des Körpers in die Klientenzentrierte-Personzentrierte Psychotherapie: Zwei Perspektiven. In: Keil WW, Stumm G (Hrsg) Die vielen Gesichter der Personzentrierten Psychotherapie. Wien New York: Springer, S 377–410

Körkel J (1999) Umgang mit dem Alkoholrückfall. In: Gölz J (Hrsg) Moderne Suchtmedizin. Stuttgart: Thieme

Korunka C (2001) Die philosophischen Grundlagen und das Menschenbild des Personzentrierten Ansatzes. In: Frenzel P, Keil WW, Schmid PF, Stölzl N (Hrsg) Klienten-/personenzentrierte Psychotherapie. Wien: Facultas Universitätsverlag, S 33–56

Kriz J (1999) Systemtheorie für Psychotherapeuten, Psychologen und Mediziner. Wien: UTB-Facultas

Lamberti C (1997) Morbus Crohn. In: Eckert J, Höger D, Linster HW (Hrsg) Praxis der Gesprächspsychotherapie. Stuttgart: Kohlhammer, S 103–117

Levant RF (1984) From person to system: Two perspectives. In: Levant RF, Shlien JM (eds) Client-centered therapy and the person-centered approach: new directions in theory, research and practice. New York: Preger, p 243–260

Lietaer G, Keil WW (2002) Klientenzentrierte Gruppenpsychotherapie In: Keil WW, Stumm G (Hrsg) Die vielen Gesichter der Personzentrierten Psychotherapie. Wien New York: Springer, S 295–317

Linster HW (2000) Klientenzentrierte Paartherapie. In: Kaiser P (Hrsg) Partnerschaft und Paartherapie. Göttingen: Hogrefe, S 270–291

Lorenz K (1966) Über tierisches und menschliches Verhalten. Gesam. Abhandl. Bd. 1. München: Piper

Lorenzer A (1976) Sprachzerstörung und Rekonstruktion. Frankfurt/M: Suhrkamp

Luborsky L, Singer B, Luborsky L (1975) Comparative studies of psychotherapies: Is true that "everyone has won and all must have prizes?", Arch Gen Psychiatry 32: 995–1008

Luderer HJ (1986) Störungsspezifische Konzepte bei der klientenzentrierten Therapie Alkoholabhängiger. Ztschr Personzentr Psychol Psychother 5: 447–456

Lüders W (1982) Traum und Selbst. Psyche 36: 813–829

Macke-Bruck B (2003) Psychosomatik. In: Stumm G, Wiltschko J, Keil WW (Hrsg) Grundbegriffe der Personzentrierten und Focusing-orientierten Psychotherapie und Beratung. Stuttgart: Pfeiffer bei Klett-Cotta, S 261–264

Mann K, Günthner A (1999) Suchterkrankungen. In: Berger M (Hrsg) Psychiatrie und Psychotherapie. München: Urban & Schwarzenberg, S 345–403

Martin JC (1975) Gesprächspsychotherapie als Lernprozeß. Salzburg: Otto Müller

Mathews B (1988) The role of therapist self-disclosure in psychotherapy: a survey of therapists. Am J Psychother 42: 521–531

Mearns D, Thorne B (1988) Person-centred counselling in action. London: Sage

Mente A, Spittler H-D (1980) Erlebnisorientierte Gruppenpsychotherapie (2 Bände) Paderborn: Jungfermann

Mertens W (1990a) Einführung in die psychoanalytische Therapie. Bd. 1. Stuttgart Berlin Köln: Kohlhammer

Mertens W (1990b) Einführung in die psychoanalytische Therapie. Bd. 2. Stuttgart Berlin Köln: Kohlhammer

Mertens W (1991) Einführung in die psychoanalytische Therapie. Bd. 3. Stuttgart Berlin Köln: Kohlhammer

Meyer A-E (1981) The Hamburg short psychotherapy comparison experiment. Basel München Paris London New York Sydney: Karger

Meyer A-E (1990) Kommunale Faktoren in der Psychotherapie als Erklärung für nicht grob unterschiedliche Ergebnisse – ein Mythos mehr in der Psychotherapieforschung. ZPP 5, 147–194

Meyer A-E (1991) Laudatio auf Carl Ransom Rogers. GwG-Ztschr. 81: 53–55

Meyer A-E (1993) Geleitwort zu: Teusch L, Finke J (Hrsg) Krankheitslehre der Gesprächspsychotherapie. Heidelberg: Asanger

Meyer A-E, Wirth U (1988) Die Beeinflussung effektiver Störungen durch psychodynamische und durch Gesprächspsychotherapie. Ergebnisse einer empirischen Vergleichsstudie. In: Zerssen D, Möller H-J (Hrsg) Affektive Störungen. Heidelberg Berlin: Springer

Minsel WR (1974) Praxis der Gesprächspsychotherapie. Wien Köln Graz: Böhlaus

Mitterhuber B, Wohlschlager H (2001) Differentielle Krankheitslehre der Klientenzentrierten Therapie. In: Frenzel P, Keil WW, Schmid PF, Stölzel N (Hrsg) Klienten-/personenzentrierte Psychotherapie. Wien: Facultas Universitätsverlag, S 147–189

Moshagen DH, Funktionelle Beschwerden – somatoforme Stöungen. In: Moshagen DH (Hrsg) Klientenzentrierte Therapie bei Depression, Schizophrenie und psychosomatischen Störungen. Heidelberg: Asanger, S 33–67

Müller B (1994) Klientenzentrierte Psychotherapie einer 35-jährigen Frau mit neurotischen Depression. In: Behr M, Esser U, Petermann F, Sachse R, Tausch R (Hrsg) Jahrbuch der personenzentrierten Psychologie und Psychotherapie. Köln: GwG, S 184–201

Murafi A (2004) Personenzentrierte Therapie bei einer depressiven Klientin mit narzisstischer Persönlichkeitsstörung. Eine Falldarstellung aus einer psychiatrischen Klinik. Person (im Druck)

Orlinsky DE (1994) Learning from many masters. Psychotherapeut 39: 2–9

Orlinsky DE, Howard KI (1986) Process and out-come in Psychotherapy. In: Garfield L, Bergin AE (eds) Handbook of psychotherapy and behavior change. New York: Wiley

Page RC, Weiss JF, Lietaer G (2002) Humanistic group psychotherapy. In: Cain DJ, Seeman J (eds) Humanistic psychotherapies. Handbook of research an practice. Washington DC: American Psychological Association, p 339–368

Panagiotopoulos P (1993) Inkongruenz und Abwehr. Der Beitrag von Rogers zu einer klientenzentrierten Krankheitslehre. In: Eckert J: Höger D, Linster H (Hrsg) Die Entwicklung der Person und ihre Störung. Bd. 1. Köln: GwG, S 43–55

Pavel F-G (1978) Die klientenzentrierte Psychotherapie. München: Pfeiffer

Pavel F-G (1989) Integrierte klientenzentrierte Therapie von Systemen. In: Behr M, Petermann F, Pfeiffer WM, Seewald C (Hrsg) Jahrbuch für Personen zentrierte Psychologie und Psychotherapie. Bd. 1. Salzburg: Müller, S 229–256

Petersen H (1997) Anorexia nervosa. In: Eckert J, Höger D, Linster HW (Hrsg) Praxis der Gesprächspsychotherapie. Stuttgart: Kohlhammer, S 31–49

Pfeiffer WM (1985) Der Widerstand in der Sicht der klientenzentrierten Psychotherapie. In: Petzold H (Hrsg) Widerstand, Ein strittiges Konzept in der Psychotherapie. Paderborn: Junfermann, S 209–226

Pfeiffer WM (1986) Ist das Rogers'sche Persönlichkeits- und Therapiekonzept im Hinblick auf Psychiatrische Erkrankungen angemessen? ZPP 4: 367–377

Pfeiffer WM (1987) Übertragung und Realbeziehung in der Sicht klientenzentrierter Psychotherapie. ZPP 6: 347–352

Pfeiffer WM (1989a) Arbeit mit Träumen. GwG-Ztschr 74: 68–70

Pfeiffer WM (1989b) Klientenzentrierte Psychotherapie im Kontext von Kultur und Mode. In: Sachse R, Howe J (Hrsg) Zur Zukunft der klientenzentrierten Psychotherapie. Heidelberg: Asanger, S 223–247

Pfeiffer WM (1991a) Krankheit und zwischenmenschliche Beziehung. In: Finke J, Teusch L (Hrsg) Gesprächspsychotherapie bei Neurosen und psychosomatischen Erkrankungen – Neue Entwicklungen in Theorie und Praxis. Heidelberg: Asanger, S 25–44

Pfeiffer WM (1991b) Wodurch wird ein Gespräch therapeutisch? Zur kulturellen Bedingtheit psychotherapeutischer Methoden. Psychother Psychosom Med Psychol 41: 93–101

Pfeiffer WM (1993) Die Bedeutung der Beziehung bei der Entstehung und der Therapie psychischer Störungen. In: Teusch L, Finke J (Hrsg) Krankheitslehre der Gesprächspsychotherapie. Heidelberg: Asanger, S 19–39

Plog U (1975) Partnertherapie. In: GwG (Hrsg) Die klientenzentrierte Gesprächspsychotherapie. München: Kindler, S 204–211

Plog U (1976) Differentielle Psychotherapie. Bern Stuttgart Wien: Huber

Pomrehn G, Tausch R, Tönnies S (1986) Personenzentrierte Gruppenpsychotherapie: Prozesse und Auswirkungen nach 1 Jahr bei 87 Klienten. Zeitschrift für Personenzentrierte Psychologie und Psychotherapie 5: 19–31

Prouty G (2002) Prä-Therapie: Eine Einführung zur Philosophie und Theorie. In: Keil WW, Stumm G (Hrsg) Die vielen Gesichter der Personzentrierten Psychotherapie. Wien New York: Springer, S 449–512

Prouty G F (1990) Pre-Therapy: A theoretical evolution in the person centred/experiential psychotherapy of schizophrenia and retardation. In: Lietaer G, Rombauts J, van Balen R (eds) Client-centred and experiential psychotherapy in the nineties. Leuven: University Press, S 645–658

Quitmann H (1985) Humanistische Psychologie. Göttingen Toronto Zürich: Hogrefe

Rank K, Stephan A, Grüß U, Weise H, Weise K (1986) Gesprächspsychotherapie als Basiskonzept der psychiatrischen Grundversorgung. ZPP 5: 379–390

Raskin NJ (1986) Klientenzentrierte Gesprächspsychotherapie. In: Sulz SK (Hrsg) Verständnis und Therapie der Depression. München Basel: Reinhardt, S 298–312

Raskin NJ, van der Veen F (1970) Client-centered family therapy: some clinical and research perspectives. In: Hart JT, Tomlinson TM (eds) New directions in client centered therapy. Boston: Houghton Mifflin, S 8387–406

Reisch E (1988) Ein klientenzentriertes Konzept zur Psychosomatik. GwG-Ztschr 72: 54–60

Reisch E (1994) Verletzbare Nähe – ein klientenzentrierter Weg zum psychosomatischen Patienten. München: Pfeiffer

Reisch E (2002) Zur Arbeit mit Personen mit psychosomatischen Störungen. In: Keil WW, Stumm G (Hrsg) Die vielen Gesichter der Personzentrierten Psychotherapie. Wien New York: Springer, S 552–562

Reisel B (2001) Ein personzentriertes Entwicklungsmodel: In: Frenzel P, Keil WW, Schmid PF, Stölzl N (Hrsg.) Klienten-/personenzentrierte Psychotherapie. Wien: Facultas Universitätsverlag, S 96–118

Ripke T (1994) Patient und Arzt im Dialog. Stuttgart: Thieme

Ripke T (2000) Patienten mit somatoformen Störungen oder Befindensstörungen in der personzentrierten ärztlichen Allgemeinpraxis. In: Speierer G-W (Hrsg) Neue Ergebnisse der ambulanten und stationären Gesprächspsychotherapie. Köln: GwG, S 87–98

Rogers CR (1957) The necessary and sufficient conditions of therapeutic personality change. Journal of Consulting Psychology 21: 95–103

Rogers CR (1972) Die nicht-direktive Beratung. München: Kindler [(^{1}1942) Counseling and Psychotherapy. Boston: Houghton Mifflin]

Rogers CR (1973a) Die klient-bezogene Gesprächspsychotherapie. München: Kindler [(^{1}1951) Client-centred therapy. Boston: Houghton Mifflin]

Rogers CR (1973b) Entwicklung der Persönlichkeit. Stuttgart: Klett-Cotta [(^{1}1961) On becoming a Person. A therapist's view of psychotherapy. Boston: Houghton Mifflin]

Rogers CR (1975/^{1}1972) Partnerschule. München: Kindler

Rogers CR (1977/^{1}1962) Ein Bericht über Psychotherapie mit Schizophrenen. In: Therapeut und Klient. München: Kindler

Rogers CR (1977/^{1}1974) Gespräch mit Gloria. In: Therapeut und Klient. München: Kindler

Rogers CR (1977/^{1}1975) Klientenzentrierte Psychotherapie. In: Therapeut und Klient. München: Kindler

Rogers CR (1984) Encounter-Gruppen. Das Erlebnis der menschlichen Begegnung. Frankfurt/M: Fischer [(^{1}1970) Carl Rogers on encounter groups. New York: Harper & Rowl]

Rogers CR (1987) Eine Theorie der Psychotherapie, der Persönlichkeit und der zwischenmenschlichen Beziehung. Köln: GwG [(^{1}1959) A theory of therapy, personality, and interpersonal relationships, as development in the client-centred framework. In: Koch S (ed) Psychology, a study of a science. study 1: conceptual and systemic. Vol. 111: Formulation of the person an the social context. New York Toronto London: McGraw-Hill]

Rogers CR (1989) Freiheit und Engagement, Personenzentriertes Lehren und Lernen. Frankfurt/M: Fischer

Rogers CR (1990) Kommentar zu Shliens Aufsatz „Eine Gegentheorie zur Übertragung" In: Behr M et al. (Hrsg) Personenzentrierte Psychologie u. Psychotherapie. Jahrbuch 1990. Köln: GwG, S 75–81 [(^{1}1987) Comment on Shlien's article „A counter-theory of transference". Person-centered Review 2: 182–1881

Rogers CR, Gendlin ET, Kiesler D, Truax CB (1967) The therapeutic relationship and its impact: a study of psychotherapy with schizophrenics. Madison: Universtiy of Wisconsin Press

Rogers CR, Buber M (1992) Rogers im Gespräch mit Martin Buber. In: Behr M, Esser U, Petermann F, Pfeiffer WM, Tausch R (Hrsg) Personenzenzentrierte Psychologie u. Psychotherapie, Jahrbuch Bd. 3. Köln: GwG, S 184–201

Rogers CR, Rosenberg R (1980) Die Person als Mittelpunkt der Wirklichkeit. Stuttgart: Klett-Cotta

Rogers CR, Schmid PF (1991) Person-Zentriert, Grundlagen von Theorie und Praxis. Mainz: Grünewald

Rogers N (2002) Personzentrierte Expressive Kunsttherapie: Ein Weg zur Ganzheit. In: Keil WW, Stumm G (Hrsg) Die vielen Gesichter der Personzentrierten Psychotherapie. Wien New York: Springer, S 411–426

Röhl K (1988) Möglichkeiten und Grenzen der Klientenzentrierten Gruppenpsychotherapie in der Psychiatrischen Klinik. In: Esser U, Sander K (Hrsg) Personenzentrierte Gruppentherapie. Heidelberg: Asanger

Roos J (2000) Peinlichkeit, Scham und Schuld. In: Otto JH, Euler HA, Mandl H (Hrsg) Emotionspsychologie. Weinheim: Psychologie Verlagsunion, S 264–271

Sachse R (1992) Zielorientierte Gesprächspsychotherapie. Göttingen: Hogrefe

Sachse R (1995) Der psychosomatische Patient in der Praxis. Stuttgart: Kohlhammer

Sachse R (1997) Persönlichkeitsstörungen. Göttingen: Hogrefe

Sachse R (1999) Lehrbuch der Gesprächspsychotherapie. Göttingen: Hogrefe

Sachse R (2002) Histrionische und narzisstische Persönlichkeitsstörungen. Göttingen: Hogrefe

Sachse R, Maus C (1991) Zielorientiertes Handeln in der Gesprächspsychotherapie. Stuttgart Berlin Köln: Kohlhammer

Sachse R, Urbaniak B, Leisch M (1999) Psychotherapie psychosomatischer Magen-Darm-Erkrankungen. Psychologische und somatische Veränderungen und Reduktion der Gesundheitskosten. Dortmund: Ruhr-Universität Bochum/Tales Institut

Sander K (1975) Der Einfluß von Ausgangs-Persönlichkeitsmerkmalen des Klienten auf den Behandlungserfolg in klientenzentrierter Gesprächspsychotherapie. Zschr Klin Psychol IV 2: 137–147

Sartre JP (1965) Der Existenzialismus ist ein Humanismus. Reinbek: Rowohlt, S 145–192

Sartre JR (1953) Das Sein und das Nichts. Rowohlt: Hamburg

Saß H, Wittchen H-U, Zaudig M (1996) DSM-IV: Diagnostisches und statistisches Manual Psychischer Störungen. Göttingen: Hogrefe

Scheler M (1923) Wesen und Formen der Sympathie. Bonn: Friedrich Cohen

Schmid PF (1992) „Die Traumkunst träumt, und alle Zeichen trügen..." Der Traum als Encounter und Kunstwerk. In: Frenzel P, Schmid PF, Winkler M (Hrsg) Handbuch der Personzentrierten Psychotherapie. Köln: Edition humanistische Psychologie, S 391–409

Schmid PF (1994) Personzentrierte Gruppenpsychotherapie. Bd. 1: Autonomie und Solidarität. Köln Edition humanistische Psychologie. Paderborn: Junfermann

Schmid PF (1996) Personzentrierte Gruppenpsychotherapie in der Praxis. Bd. 2: Die Kunst der Begegnung. Paderborn: Junfermann

Schmid PF (1998) Am Anfang ist Gemeinschaft. Stuttgart: Kohlhammer

Schmid PF (1999) Person-centered essentials. Person 3: 139–141

Schmid PF (2001a) Personzentrierte Gruppenpsychotherapie. In: Frenzel P, Keil WW, Schmid PF, Stölzl N (Hrsg) Klienten-/personenzentrierte Psychotherapie. Wien: Facultas Universitätsverlag, S 294–323

Schmid PF (2001b) Personzentrierte Persönlichkeit- und Beziehungstheorie. In: Frenzel P, Keil WW, Schmid PF, Stölzl N (Hrsg) Klienten-/personenzentrierte Psychotherapie. Wien: Facultas Universitätsverlag, S 57–95

Schmid PF (2002) Anspruch und Antwort: Personzentrierte Psychotherapie als Begegnung von Person zu Person. In: Keil WW, Stumm G (Hrgs) Die vielen Gesichter der Personzentrierten Psychotherapie. Wien New York: Springer, S 75–106

Schmidtchen S (1991) Klientenzentrierte Spiel- und Familientherapie. Weinheim: Psychologie Verlagsunion.

Shlien JM (1990) Eine Gegentheorie zur Übertragung. In: Behr M, Esser U, Petermann F, Pfeiffer WM (Hrsg) Personenzentrierte Psychologie und Psychotherapie. Jahrbuch 1990. Köln: GwG, S 43–74

Slavson SR (1956) The fields of group psychotherapy. New York: International University Press

Sommer K, Sauer J (2001) Indikation und Diagnostik in der Klientenzentrierten Therapie. In: Frenzel P, Keil WW, Schmid PF, Stölzl N (Hrsg) Klienten-/personenzentrierte Psychotherapie. Wien: Facultas Universitätsverlag, S 190–225

Speierer G-W (1994) Das Differentielle Inkongruenzmodell, Gesprächspsychotherapie als Inkongruenzbehandlung. Heidelberg: Asanger

Speierer G-W (1979) Ergebnisse der ambulanten Gesprächspsychotherapie. Fortschritte der Medizin 97: 1527–1533

Speierer G-W (1991) Zur Inkongruenzdynamik als spezifischem Indikationskriterium der Gesprächspsychotherapie bei hysterischen Neurosen. In: Finke J, Teusch L (Hrsg), Gesprächspsychotherapie bei Neurosen und psychosomatischen Erkrankungen. Neue Entwicklungen in Theorie und Praxis. Heidelberg: Asanger, S 59–72

Speierer G-W (1993) Zur Krankheitslehre der Gesprächspsychotherapie: Krankheits- und therapiespezifische Besonderheiten bei psychosomatischen Störungen. In: Teusch L, Finke J (Hrsg) Die Krankheitslehre der Gesprächspsychotherapie. Heidelberg: Asanger, S 103–114

Speierer G-W (1998) Neue Forschungsergebnisse zum Regensburger Inkongruenzanalyse Inventar (RIAI) und zur Gesprächspsychotherapie bei Personen mit Alkoholabhängigkeit. Gesprächspsychotherapie und Personzentrierte Beratung 4: 237–240

Speierer G-W (2000) AlkoholpatientInnen Psychopathologie Begleitsymptome, Indikationsstellung, Therapieziele und Behandlungseffekte aus der Sicht der Gesprächspsychotherapie. In: Speierer G-W (Hrsg) Neue Ergebnisse der ambulanten und stationären Gesprächspsychotherapie. Köln: GwG, S 31–48

Spielhofer H (2001) Organismisches Erleben und Selbsterfahrung. Person 1: 5–18

Spittler HD (1986) Konzepte der Gruppe in der Gesprächspsychotherapie. In: Petzold H, Frühmann R (Hrsg) Modelle der Gruppe in Psychotherapie und Psychosozialer Arbeit. Bd. 1. Paderborn: Junfermann, S 373–388

Sprenger R, Finke J (1994) Gesprächspsychotherapie einer Patientin mit narzisstischer Persönlichkeitsstörung. In: Behr M, Esser U, Petermann F, Pfeiffer WM (Hrsg) Jahrbuch für Personenzentrierte Psychologie und Psychotherapie, Bd. 2. Köln: GwG, S 211–220

Stolte B, Koch S (1992) Der Umgang mit Träumen in der klientenzentrierten Psychotherapie. Unveröfftl. Dipl. Arb., Braunschweig

Strupp HH (1973) Psychotherapy: Clinical research and theoretical issues. New York: Aronson

Stumm G (2003a) Existentielle Perspektive. In: Stumm G, Wiltschko J, Keil WW (Hrsg) Grundbegriffe der Personzentrierten und Focusing-orientierten Psychotherapie und Beratung: Stuttgart: Pfeiffer bei Klett-Cotta, S 96–99

Stumm G (2003b) Historische Entwicklung. In: Stumm G, Wiltschko J, Keil WW (Hrsg) Grundbegriffe der Personzentrierten und Focusing-orientierten Psychotherapie und Beratung: Stuttgart: Pfeiffer bei Klett-Cotta, S 164–168

Stumm G, Keil WW (2002) Das Profil der Klienten-/Personzentrierten Psychotherapie. In: Keil WW, Stumm G (Hrsg) Die vielen Gesichter der Personzentrierten Psychotherapie. Wien New York: Springer, S 1–62

Stumm G, Kritz J (2003) Organismus. In: Stumm G, Wiltschko J, Keil WW (Hrsg) Grundbegriffe der Personzentrierten und Focusing-orientierten Psychotherapie und Beratung. Stuttgart: Pfeiffer bei Klett-Cotta, S 219–221

Swildens H (1991) Prozeßorientierte Gesprächspsychotherapie. Köln: GwG

Swildens H (1994) Gesprächspsychotherapie bei Borderline-Patienten. In: Teusch L, Finke J, Gastpar M (Hrsg) Gesprächspsychotherapie bei schweren psychiatrischen Störungen. Heidelberg: Arsanger, S 49–52

Swildens H (1997) Agoraphobie mit Panikattacken und Depression. In: Eckert J, Höger D, Linster HW (Hrsg) Praxis der Gesprächspsychotherapie. Stuttgart: Kohlhammer, S 13–30

Swildens H (2000) Die gesprächspsychotherapeutische Behandlung der abhängigen Persönlichkeitsstörung: Das Problem der Abhängigkeit in der Klientenzentrierten Gesprächspsychotherapie. In: Speierer G-W (Hrsg) Neue Ergebnisse der ambulanten und stationären Gesprächspsychotherapie. Köln: GwG, S 75–86

Tarrier N, Kinney C, McCarthy E, Humphreys L, Wittkowski A, Morris J (2000) Two-year follow-up of cognitive-behavioral therapy and supportive counseling in the treatment of persistent symptoms in chronic schizophrenia. J Consult Clin Psychology 68: 917–922

Tasseit S (1997) Familien und Paare in der gesprächspsychotherapeutischen Behandlung von Suchtkranken. Gesprächspsychotherapie und Personzentrierte Beratung 3: 171–178

Tasseit S (1999) Harm reduction – der neue Hit der Suchttherapie? Zur Notwendigkeit eines gesprächspsychotherapeutisch orientieren Ansatzes in der Alkoholismustherapie. Gesprächspsychotherapie und Personzentrierte Beratung 3: 181–188

Tausch C, Langer I, Bergeest H (1984) Personzentrierte Gruppengespräche bei Paaren mit Partnerschwierigkeiten. ZPP 3: 489–497

Tausch R (1970) Gesprächspsychotherapie, Göttingen: Hogrefe

Teusch L (1986) Behandlungsabbrüche und Verlegungen schizophrener Patienten im Verlauf der stationären Behandlung mit psychotherapeutischen Schwerpunkt. Psychiat Prax 13: 177–184

Teusch L (1986) Gesprächspsychotherapie schizophrener Patienten. ZPP 5: 391–398

Teusch L (1990a) Klientenzentrierte Gruppenpsychotherapie schizophrener Patienten. In: Behr M, Esser U, Petermann F, Pfeiffer WM (Hrsg) Jahrbuch für Personenzentrierte Psychologie und Psychotherapie, Bd. 2. Köln: GwG, S 144–158

Teusch L (1990b) Positive effects and Limitations of client-centred-therapy with schizophrenic patients. In: Lietaer G, Rombauts J, van Balen R (eds) Client-centred and experiential psychotherapy in the nineties. Leuven: University Press, p 637–644

Teusch L (1991) Praxis der Gesprächspsychotherapie bei Neurosen, psychosomatischen Erkrankungen und in der psychosomatischen Grundversorgung. In: Finke J, Teusch L (Hrsg) Gesprächspsychotherapie bei Neurosen und psychosomatischen Erkrankungen. Heidelberg: Asanger, S 125–139

Teusch L (1993) Diagnostik in der Gesprächspsychotherapie. In: Teusch L, Finke J (Hrsg) Krankheitslehre der Gesprächspsychotherapie. Heidelberg: Asanger

Teusch L (1994) Gesprächspsychotherapie bei schizophrenen Störungen. In: Teusch L, Finke J, Gastpar M (Hrsg) Gesprächspsychotherapie bei schweren psychiatrischen Störungen. Neue Konzepte und Anwendungsfelder. Heidelberg: Asanger, S 90–99

Teusch L (1995) Gesprächspsychotherapie in Kombination mit verhaltenstherapeutischer Reizkonfrontation bei Panikstörung mit Agoraphobie – Grundlagen und klinisch-experimentielle Überprüfung. (Unveröffentl. Habil.)

Teusch L, Bayerle U, Lange HU, Schenk GK, Stadtmüller G (1983) The client-centered approach to schizophrenic patients – first empirical results. In: Minsel WR, Herff W (eds) Research on psychotherapeutic approaches. Frankfurt/M: Lang, p 140–148

Teusch L, Böhme H (1991) Results of a one-year follow-up of patients with agoraphobia and/or panic disorder treated with an inpatient therapy program with client-centered basis. Psychother Psychosom Med Psychol 41: 68–76

Teusch L, Böhme H (1991) Was bewirkt ein stationäres Behandlungsprogramm mit gesprächspsychotherapeutischern Schwerpunkt bei Patienten mit Agoraphobie und/oder Panik? Ergebnis einer Ein-Jahres-Katamnese. Psychother Psychosom Med Psychol 41: 68–76

Teusch L, Böhme H (1999) Is the exposure principle really crucial in agoraphobia? The influence of client-centered „nonprescriptive" treatment on exposure. Psychotherapy Research 9: 115–123

Teusch L, Böhme H, Finke J (2001) Konfliktzentrierte Monotherapie oder Methodenintegration? Veränderungsprozesse von Gesprächspsychotherapie mit und ohne verhaltenstherapeutische Reizkonfrontation bei Agoraphobie mit Panikstörung. Nervenarzt 72: 31–39

Teusch L, Böhme H, Finke J, Gastpar M (2001) Effects on client-centered psychotherapy for personality disorders alone and in combination with psychopharmacological treatment: an empirical follow-up study. Psychother Psychosom 70: 328–336

Teusch L, Böhme H, Finke J, Gastpar M, Skerra B (2003) Antidepressant medication and the assimilation of problematic experiences in psychotherapy. Psychotherapy Research 13: 307–322

Teusch L, Böhme H, Gastpar M (1997) The benefit of an insight oriented and experiential approach on panic and agoraphobia symptoms. Results of controlled comparison of client-centered therapy and combination with behavioral exposure. Psychother Psychosom Med Psychol 66: 293–301

Teusch L, Böhme H, Gastpar M (1997) The benefit of an insight-oriented and experiential approach on panic and agoraphobia symptoms. Psychother Psychosom 66: 293–301

Teusch L, Degener T (1990) Gesprächspsychotherapeutische Behandlung von Angstkranken in einem mehrdimensionalen Behandlungskonzept – ein Erfahrungsbericht. In: Meyer-Cording G, Speierer G-W (Hrsg) Gesundheit und Krankheit. Theorie, Forschung und Praxis der klientenzentrierten Gesprächspsychotherapie heute. Köln: GwG

Teusch L, Finke J (1995) Grundlagen eines Manuals für die gesprächspsychotherapeutische Behandlung von Panik und Agoraphobie. Psychotherapeut 40: 88–95

Teusch L, Finke J (1999) Gesprächspsychotherapie bei Angststörungen: Grundlagen, Therapie, Ergebnisse. Gesprächspsychotherapie und Personzentrierte Beratung 30: 241–254

Teusch L, Gastpar M (2000) Psychotherapie und Pharmakotherapie In: Senf W, Broda M (Hrsg) Praxis der Psychotherapie. Stuttgart: Thieme, S 673–677

Teusch L, Köhler K-H, Finke H (1987) Die Bearbeitung von Wahnphänomenen in der klientenzentrierten Gesprächspsychotherapie. In: Olbrich H (Hrsg) Halluzination und Wahn. Berlin: Springer

Thase ME, Greenhouse JB, Frank E et al. (1997) Treatment of major depression with psychotherapy or psychotherapy-pharmacotherapy combinations. Arch Gen Psychiatry 54: 1009–1015

Thomas BA (1991) Gruppen Gesprächspsychotherapie in der Versorgung psychisch Kranker. In: Finke J, Teusch L (Hrsg) Gesprächspsychotherapie bei Neurosen und psychosomatischen Erkrankungen Neue Entwicklungen in Theorie und Praxis. Heidelberg: Asanger, S 163–177

Truax CB (1966) Reinforcement and nonreinforcement in Rogerian psychotherapy. J Abnormal Psychother 71: 1–9

Truax CB (1970) Effects of client-centred psychotherapy with schizophrenic patients: nine years pretherapy and nine years posttherapy hospitation. J Consult Clin Psychol 3: 417–422

Truax CB, Carkhuff RR (1965) Personality change in hospitalized mental patients during group psychotherapy as a function of the use of alternate sessions and vicarios therapy pretraining. J Clin Psychol 27: 132–136

Truax CB, Carkhuff RR (1967) Toward effective counseling and psychotherapy: training and practice. Chicago: Aldine Publishing Company

Truax CB, Wargo DG, Carkhuff RR (1966) Antecedents to outcome in group psychotherapy with outpatients. Effects of therapeutic conditions, alternate sessions, vicarious therapy pretraining, and patient self-exploration. Unpublished manuscript, Univ. Arkansas

Trüb H (1951) Heilung aus der Begegnung. Stuttgart: Mett

Tscheulin D (1992) Wirkfaktoren psychotherapeutischer Intervention. Göttingen: Hogrefe

Uhde A (1986) Anorexia nervosa und klientenzentrierte Psychotherapie? ZPP 5: 465–471

van Balen R (1992) Die therapeutische Beziehung bei C. Rogers: Nur ein Klima, ein Dialog oder beides? In: Behr M, Esser U, Petermann F, Pfeiffer WM, Tausch R (Hrsg) Personenzentrierte Psychologie u. Psychotherapie. Jahrbuch 1992. Köln: GwG, S 162–183

van Kessel W, Keil WW (2002) Die interaktionelle Orientierung in der klientenzentrierten Psychotherapie. In: Keil WW, Stumm G (Hrsg) Die vielen Gesichter der Personzentrierten Psychotherapie. Wien New York: Springer, S 107–119

van Kessel W, van der Linden P (1993) Die aktuelle Beziehung in der klientenzentrierten Psychotherapie: Der interaktionelle Aspekt. GwG-Ztschr 90: 19–32

Vossen T (1988) Traumtherapie-personenzentriert. GwG-Ztschr 72: 30–43

Vossen T (1993) Psychische Krankheit betrachtet aus der Sicht einer klientenzentrierten entwicklungspsychologischen Theorie. In: Teusch L, Finke J (Hrsg) Die Krankheitslehre der Gesprächspsychotherapie. Heidelberg: Asanger, S 41–68

Waldenfels B (1991) Der Kranke als Fremder – Gesprächspsychotherapie zwischen Normalität und Fremdheit. In: Finke J, Teusch L (Hrsg) Gesprächspsychotherapie bei Neurosen und psychosomatischen Erkrankungen. Neue Entwicklungen in Theorie und Praxis. Heidelberg: Asanger, S 95–123

Warner MS (1989) Empathy and strategy in family system. Person-Centered Review 43: 324–343

Warner MS (1998) A client-centered approach to therapeutic work with dissociated and fragile process. In: Greenberg L, Watson J, Lietaer G (eds) Handbook of experiantial psychotherapy. New York: Guilford Press, p 368–387

Watson JC, Gordon LB, Stermac L, Kalogerakos F, Steckley P (2003) Comparing the effectiveness of process-experiential with cognitive-behavioral psychotherapy in the treatment of depression. J Consult Clin Psychology 71: 773–781

Watson JC, Greenberg LS (1996) Pathways to change in the psychotherapy of depression: Relating process to session change and outcome. Psychotherapy: Theory, Research, Practice, Training 33: 262–274

Weise H, Weise K (1981) Möglichkeiten der Gesprächspsychotherapie in der Versorgung psychisch Kranker. Psychiatr Neurol Med Psychol 33: 674–680

Westermann B, Schwab R, Tausch R (1983) Auswirkungen und Prozesse personzentrierter Gruppenpsychotherapie bei 164 Klienten einer psychotherapeutischen Beratungsstelle. Zeitschrift für klinische Psychologie 12: 273–292

Wexler DA (1974) A cognitive theory of experiencing, self-actualising, and therapeutic process. In: Wexler DA, Rice LN (eds) Innovation in client-centred therapy. New York: Wiley, pp 49–116

Wijngaarden HR (1985) Luisteren naar droomen. Amsterdam: Boom Meppel

Wijngaarden HR (1991) Traum, geführter Tagtraum und aktive Imagination in der Klientenzentrierten Psychotherapie. In: Finke J, Teusch L (Hrsg) Gesprächspsychotherapie bei Neurosen und pychosomatischen Erkrankungen. Heidelberg: Asanger, S 187–195

Yalom ID (1974) Gruppenpsychotherapie. Grundlagen und Methoden. Ein Handbuch. München: Kindler

Zielke M (1979) Indikation zur Gesprächspsychotherapie, Stuttgart Köln Mainz: Kohlhammer

Zuhorst G (1987) Die Dimension der Subjektivität in der Biographieforschung. In: Jüttemann G, Thomae H. Biographie und Psychologie. Berlin Heidelberg: Springer, S 97–107

Zuhorst G (1993) Eine Gesprächspsychotherapeutische Störungs-/Krankheitstheorie in biographischer Perspektive. In: Teusch L, Finke J (Hrsg), Krankheitslehre der Gesprächspsychotherapie. Neue Beiträge zur theoretischen Fundierung. Heidelberg: Asanger, S 71–88

Sachverzeichnis

A

Abhängigkeitswunsch 43
Abstinenzmotivation 137, 145
Abwehr 54, 58, 62, 64, 107, 156
Abwehrbearbeitung 61, **63**, 66
Abwehrintention 65
Abwehrverhalten 65
Aggressivität 74
Agoraphobie 97ff, 148
Ähnlichkeit, bestätigende 51
Aktualisierungstendenz 9, 11, 23
– gestörte 11
Alkoholabhängigkeit 136
Allianz, therapeutische 22
Alltagskommunikation 74
Alter Ego 2, 4, 17, 28, 60
Altruismus 95
Ambivalenz 31, 78
Anerkennen 5, 14, 22
Anerkennung 3
– soziale 12
Angst 13, 25, 66, **97**, 98, 108, 140
Angststörung 97, 99
Anorexia nervosa 141
Anorexie 142
Anpassungsbereitschaft 95
Anteilnahme 70, 100
– persönliche 25
Anticraving-Substanz 148
Antidepressiva 87, 147, 149
– paniksuppressive 147
Antimanika 148
Anxiolytika (Tranquilizer) 147
Arbeitsbeziehung 22
Ärger 38, 65, 73, 114, 140
Ärgerbewältigung 140
Ärgertoleranz 140
Aufgreifen
– des vorherrschenden Gefühls 91
– haltungsprägender Gefühle 93f
– selbstreflexiver Gefühle 94f, 123
Ausbildung, gesprächs-
  psychotherapeutische 175
Autarkie 98, 120
Autonomie 31, 40, 44, 70, 103, 118
– Angst vor 127
Autonomieentwicklung 2
Autonomieerleben 116
Autonomietendenz 43, 91
Autonomieverlust 144

B

Bagatellisieren 89
Basisvariable 19
Bedingungsfreies Akzeptieren
  3, 19f, 22, 24, 32, 46, 69, 90, 135
Beendigung der Therapie 175
Begegnung 4, 7
Benzodiazepine 147
Beobachterbeziehung 21
Beobachterperspektive 60
Bestätigende Ähnlichkeit 71
Bestätigung 26, 51, 71, 90
Beurteilung 71
Bewältigungsinstrument 140
Beziehung
– therapeutische 20, **47**
– zwischenmenschliche 13
Beziehungsangebot 1, 20
Beziehungsanspielung 53, 59
Beziehungsanspielungen 52
Beziehungsansprache 51, 59
Beziehungserleben 81
Beziehungserwartung 56, 88
– dysfunktionale 159
– enttäuschte 161
Beziehungserwartungen 153
Beziehungsfähigkeit 14
Beziehungsgefühle 115
Beziehungsklären **47**, 48, 50, 58, 91, 102f, 109, 123
Beziehungskonflikt 39, 48
Beziehungskonstellation 160
Beziehungskonzept 48
Beziehungsschema 152
Beziehungsstörung 14
Beziehungstechnik 19
Beziehungsverlust 52
Beziehungswahrnehmung 57
Borderline-Störung 111f, 149
Bulimie 141ff

C

Carbamazepin 148
confrontation 61

D

Denkstörungen 135
Depression 13, **86**, 89, 92, 143, 147, 149
Depressivität 118
Diagnostik 79, 80, 81
Dialogbeziehung 5, 17, 60, 140
Dialogperspektive 60
Dosierung, falsche 75
Dysthymie 87

E

Echtheit 4, 18ff, **60**, 67, 111
Einfühlen 44
Einfühlendes Verstehen 3f, 19f, **28**, 32, 34, 46, 60, 69, 86, 90
Einfühlendes Wiederholen 122, 125
Einfühlungsbereitschaft 45
Einzigartigkeit 121
Emotionen 36, **38**, 41, 110
– negative 139
Empathie 5, 26, **28**, 29, 33, 107, 135, 154
– ausdrucksvermittelte 29
– imaginationsvermittelte 29
– situationsvermittelte 29
Empathiefähigkeit 110
Empörung 114
Encounter-Gruppe 151
Entstehungsmodell **10**, 173
Enttäuschung 102, 114
Enttäuschungswut 93
Entwertung 123, 161
Entwicklungsgeschichte 17
Erfolgskontrolle 174
Erinnern 17
Erleben **1**, 48
– depressives 90
Erlebnisaktivierung 43
Erlebnisweise, alternative 108
Ermutigen 26, 69, 90
Essattacke 141
Essgier 144
Essstörung 141
Existenzphilosophie 167
Expertenperspektive 60
Expositionsbehandlung 97

F

Facilitator 154
Familientherapie 163f
Focusing 6
Formulierung, unangemessene 75
Fremdaggressivität 93
Fremdbild 63
Fremdkonzept **12**, 81, 160
Fremdwahrnehmung 110
fully functioning person 9
Fürsorglichkeit 52

G

Geborgenheitsbedürfnis 145
Gefühl 38
– selbstreflexives 40
Gelassenheit 15
Genese, lebensgeschichtliche 13
Geschichtsfähigkeit 17
Gesprächsregel 77
Gestaltungstherapie 8
Getriebenheit, aggressive 115
Grundhaltung, bejahende 24
Gruppendynamik 152
Gruppenpsychotherapie 151
Gruppentherapeut 158

H

Hermeneutik 28
Hypothese, entwicklungs-
   psychologische 31

I

Ich-Botschaft 72, 76, 78, 90
Idealisierung, enttäuschte 114
Identifikation 72
Identität 118
Identitätserleben 17, 69, 115, 134
immediacy 49
Impulskontrolle, mangelnde 116
Impulskontrollstörung 112
Indikationsmodell, adaptives 83
Indikationsstellung 79, 82
Inkongruenz 9, 11, **12**, 31, 78, 98,
   113, 120
– dispositionelle 110
– lebensgeschichtliche Genese 13
Inkongruenzkonstellation 87
Inkongruenzmodell 166
Interaktion 7
Interaktionsmuster
– dysfunktionale 162
– maladaptive 70
Interaktionsverhalten 59, 81
Interpretieren 32
Intervention, therapeutische 171
Introspektion 87, 157

K

Klage 161, 164
Klagsamkeit 55, 88
Klientenzentriertheit 2, 6, 128
Ko-Abhängiger 140
Kommunikation, interfamiliäre 163
Kommunikationserfahrung 18
Konfrontieren 21, 60, **61**, 64ff, 122,
   134, 155
Kongruenz 4, 19, 67f
Konkretisieren 39
Konkretisierendes Verstehen **38**,
   124, 169
Kontaktabwehr 130
Körperbild, negatives 143
Körperkonzept, negatives 144
Körpersensationen 99
Körpertherapie 8, 144, 175
Kränkbarkeit 124
Krankheitskonzept 106
– körperbezogenes 105
Krankheitslehre 15
Kränkung 162
Kulturgemeinschaft 13

L

Lebensereignis, spezifisches 13
Lebensgeschichte 16, 170
Leitsymptomatik 80
Lithium 148
Loyalitätskonflikt 164

M

Minderwertigkeitsgefühl 94, 120
Missbrauch, sexueller 113
Misstrauen 66, 128
Mitteilen
– einer Beurteilung 155
– von Ähnlichkeit 68, 130
– von Anteilnahme 68, 127, 138
– von Beurteilungen 68
– von positiven Bewertungen 127

N

Nähe-Distanz-Konflikt 120
Näheangst 109, 117, 130
Nähebedürfnis 58
Nähewunsch 91
Naturphilosophie 11
Neuroleptika (Antipsychotika) 147

O

Ohnmachtserleben 117
Opferperspektive 130
Organismisches Erleben 42, 63, 81
Organismus 10

P

Paarkonzept 160
Paartherapie 159
Panikstörung 97
Passivität 127
Persönlichkeitsdiagnostik 80
Persönlichkeitsnivellierung 136
Persönlichkeitsstil 83
Persönlichkeitsstörung 75, 109, 151
– abhängige 126
– narzisstische 119
– paranoide 128
Persönlichkeitsstruktur 83
Persönlichkeitstheorie 9, 10
Pharmakotherapie 147
Phasenprophylaktika 148
Phasenprophylaktikum 149
Prämotivationsphase 174
Problembewältigung 33
Problemdruck 87
Problemklärung 32
Problemphase 174
Protagonist 154, 155
Process-Experiential-Psycho-
   therapie 6
Prozessdiagnostik 81, 82
Prozessorientierte Gesprächs-
   psychotherapie 6, 174
Psychoedukation, klienten-
   zentrierte 132
Psychopharmaka 147

Q

Qualität des Erlebens 36
Qualitätssicherung 174

R

Rauscherleben 138
Reden, externalisierendes 56
Resignation 156
Resonanz
– emotionale 59, 68, 73, 170
– – negative 76
– kognitive 170
Ressourcen 23
Ressourcenaktivierung 24
Ressourcenmobilisierung 69
Richtlinientherapie 160
Risikoverhalten 116f
Rollenflexibilität 157
Rollenverteilung 160
Rosenthal-Effekt 82
Rückfallprävention 138

S

Scham 65, 130
Schamabwehr 130

Sachverzeichnis

Schamgefühl 96, 101f, 107, 137, 139, 142
Schizophrenie 135
– paranoide 131f
Schlankheitsideal 142
Schuldgefühl 93f, 104, 137, 139
Selbstabgrenzung 130, 134f
Selbstaggression 94
Selbstakzeptanz 23, 31
Selbstbefangenheit 16, 33
Selbstbestrafung 118
Selbstbeurteilung 112
Selbstbild 63
– negatives 88, 143
Selbstdestruktion 117
Selbsteinbringen 60, 67f, 100, 111, 134
Selbstempathie, mangelnde 124
Selbstentfremdung 12, 16
Selbstentgrenzung 138
Selbsterfahrungsgruppe 151
Selbstexploration 66, 77, 81, 87, 107
Selbstheilungskräfte 5, 14
Selbstideal 88
– überhöhtes 95, 125
Selbstidealisierung 27
Selbstkontakt, mangelnder 116
Selbstkontrolle 145
– absolute 142
Selbstkonzept 9, 12, 40, 43, 81, 105, 108
– negatives 137
Selbstkonzeptbezogenes Verstehen 123
Selbstöffnen 24, 51, 67f, 73, 75, 111, 122
Selbstverleugnung 127
Selbstverlust 117
Selbstverstehen 1, 4, 16
Selbstwahrnehmung 110
– mangelnde 115
Selbstwertstabilisierung 69
Selbstwertzweifel 124
self-disclosure 68
Sicherheitsbedürfnis 102f
Sinngehalt 29, 30
Sinnzusammenhang 35, 43
Situationsbezug 38
Solidarität 26
Sozialisationsgemeinschaft 13
Stimmungsstabilisator 149

Störung
– nach ICD-10 82
– somatoforme 104
Störungsdiagnostik 80
Störungslehre, verfahrensspezifische 81
Störungsmodell, erklärendes 81
Störungstheorie 10
– klientenzentrierte 168
Suchtpotenz 148
Suizidvertrag 92
Sündenbock 156
Symbolisierung 30
Symbolisierungshypothese 30
Symbolisierungsstörung 86
Symbolisierungsverzerrung 30, 167f
Symbolverstehen 170
Symptomatik
– depressive 25
Symptomphase 174

T

Tagtraum 167
Teilnehmer-Beziehung 21
Therapieablauf 174
Therapieplan 173
Therapiepraxis 15
Therapieprinzip 15
Therapietechnik, störungsorientierte 86
Therapietheorie 10, 14f
Therapieverfahren, humanistisches 1
Todesangst 100
Trauer 92
Trauma 11
Traumanalyse 165
Traumgestalt 168
Traumtherapie 165, 166
Trennungsangst 102f
Trennungsschmerz 92
Trennungswunsch 103
Trotz 156

U

Übertragung 47f
Übertragungskonzept 7, 48
Umakzentuierendes Wiederholen 37, 124, 133

Umakzentuierung 37
Umsorgungsbedürfnis 127
Umsorgungswunsch 52
Ungeduld 73
Unmittelbarkeit 49
Unselbstständigkeit 127
Untergruppenbildung 156
Ursachenmodell 173

V

Valproinsäure 148
Verbalisieren emotionaler Erlebnisinhalte (VEE) 20
Verkehrung ins Gegenteil 168
Verlustbewältigung 94
Verlusterleben 92
Vermeidung 156
Vermeidungsstrategie 41
Vermeidungsverhalten 101
Verstehen 57
– konkretisierendes 38
– nachfolgendes 45
– organismusbezogenes 41, 43
– selbstkonzeptbezogenes 39
– vorauseilendes 45
Verstehensangebot 6, 16, 34f, 155

W

Wachbewusstsein 166, 168
Wahnbedürfnis 134
Wahnstimmung 133
Wahnsymptomatik 131, 133
Wahnwahrnehmung 134
Wahrnehmung 48
– sinnliche
– – Störungen 131
Weltangst 129
Widerspruch 61f
– logischer 63
Widerstand 64
Wut 114
Wutaffekt 112

Z

Zeitpunkt, falscher 75
Zugegensein, reales 136
Zusatzvariable 19
Zwang 13
Zwiegespräch 46